행복의 조건

AGING WELL

하버드대학교 · 인생성장보고서
행복의 조건

| **조지 베일런트** 지음 | **이시형** 감수 | **이덕남** 옮김 |

≋ 프런티어

옮긴이 | 이덕남

경남 밀양에서 태어나, 경희대학교 국문학과를 졸업하고 같은 대학 영문학과에서 석사학위를 받았다. 옮긴 책으로 《스마트 러브》《화, 욱하는 순간에 대한 이야기》《꿈은 알고 있다》등이 있다.

하버드대학교 인생성장보고서

행복의 조건

그들은 어떻게 오래도록 행복했을까?

제1판 1쇄 발행 | 2010년 1월 10일
제1판 69쇄 발행 | 2024년 11월 8일

지은이 | 조지 베일런트
감수 | 이시형 박사
옮긴이 | 이덕남
펴낸이 | 김수언
펴낸곳 | 한국경제신문 한경BP

주소 | 서울특별시 중구 청파로 463
기획출판팀 | 02-3604-590, 584
영업마케팅팀 | 02-3604-595, 562 FAX | 02-3604-599
H | http://bp.hankyung.com E | bp@hankyung.com
F | www.facebook.com/hankyungbp
등록 | 제 2-315(1967. 5. 15)

ISBN 978-89-475-2738-5 03180

프런티어는 한국경제신문 출판사의 인문 브랜드입니다.
책값은 뒤표지에 있습니다.
잘못 만들어진 책은 구입처에서 바꿔드립니다.

'행복의 조건'을 찾아 떠난 위대한 여정

해외 학회나 심포지엄에서, 그의 발표는 늘 내게 학술적 지식의 전달을 넘어서는 감동을 안겨주었다. 아무나 넘볼 수 없는 세월과 끊임없는 열정을 담은 그의 연구는 하루, 한 달, 일 년이 모여 이루는 인생이란 단순히 그 시간들의 합 이상임을 확실하게 보여주었다.

이렇듯 내게 하버드대학교의 조지 베일런트 George E. Vaillant 교수는 오랫동안 존경과 부러움의 대상이었다. 내가 그의 저서 《행복의 조건 Aging Well》을 만난 건 행운이다. 그리고 감수를 맡게 된 건 더 큰 영광이다. '건강한 인간의 전 생애에 걸친 전향적 연구'로서 세계적인 권위를 지닌 '하버드대학교 성인발달연구'는 그 자체로 크게 의미 있는 시도다. 그리고 조금 서둘러 결론을 말하자면, 지금 바다 건너 대한민국에서 살아가는 우리에게도 소중한 통찰의 계기가 되어준다. 정신없이 돌아가는 현대사회에서, 세계 그 어느 나라보다 역동적인 변화를 겪으며 경제 불안을 비롯한 각종 스트레스에 노출된 채 살아가는 우리이기에 더 그럴 것이다.

책을 앞에 놓고 지난날을 돌이켜보건대, 정신과 전문의인 내가 지금처럼 건강·장수 연구에 진력하게 된 것은 결코 우연이 아니었다. 예일대학교 재학 시절, 나는 은사이신 고故 프레드릭 레들리히Frederick Redlich 전 의과대학장, 그리고 정신과 교수이자 가족치료학자인 테오도어 리츠Theodore Lidz 등이 진행한 생애연구에서 일생의 방향을 정할 강력한 영향을 받았다. 그리고 내가 지금껏 애독서로 간직하는 책 가운데는 다름 아닌 베일런트 교수가 1977년에 성인발달연구의 중간보고서 격으로 펴낸《성공적 삶의 심리학Adaptation to Life》이 있다. (세속적 의미로 성공할 가능성이 높았던 하버드대학교 출신들이 중년이 되기까지 삶에 적응하는 모습을 통해 성공과 인간 성장의 진정한 의미가 무엇인지 살펴보는 책으로, 중년까지만 다룬 중간보고이긴 해도 생애연구에 더 없이 귀중한 자료다.) 짧지 않은 세월에 걸쳐 이런 자극을 받으면서 나는 전문가로서만이 아니라 한 인간으로서 근본적인 행복과 건강에 점점 더 관심을 갖게 되었다.

《행복의 조건》이 출간되는 이 시점에도 '하버드대학교 성인발달연구'는 진행 중이다. 이제 여든을 훌쩍 넘어선 연구 대상자들이 모두 세상을 떠나는 순간 연구는 막을 내릴 것이다. 하지만 2009년 6월, 미국의 유력 월간지《애틀랜틱 먼슬리Atlantic Monthly》는 그해까지 약 72년에 걸쳐 진행된 이 연구의 진행과정과 지금까지 밝혀낸 결과, 그리고 그 함의에 관해 심층기사를 실었다. 과학적 데이터를 뛰어넘는 극적인 기록들과 가슴 깊은 곳을 울리는 시적 깨달음은 연구가 완전히 끝나지 않았어도 인생의 지침이 되어주기에 충분하다.

한두 가지 예만 들어보자. 연구 대상들이 50대일 무렵 내놓은 중간결과에서 우리는 '(건강하고 장수하려면) 병원 가는 것보다는 배우는 데 시간을 더 투자하라'는 조언을 얻는다. (내가 "공부가 돈보다 값진 희망과 행복을 만든다"고 강력하게 설파하는 것과 일맥상통한다.) 그리고 연구 대상자들이 80대에 접어든 최근, "50대 이후 사람의 삶을 결정하는 가장 중요한 변수는 47세 무렵까지 만들어놓은 인간관계"라는 연구결과가 발표되었다. 한 문장의 연구 결과 뒤에 엄청난 자료와 끈기를 요하는 연구방법이 버티고 있다는 것이 상투어처럼 들리는 결론에 무시할 수 없는 신뢰의 빛을 입힌다. 그 빛은 입에 은수저를 물고 태어났다는 것만으로는 보장되지 않는 삶의 영역이 분명히 있고, 바로 거기서 '행복의 조건'을 재구축할 수 있다는 확신을 주기에 모자람이 없다.

사실, 지금 우리는 유례없이 빠른 속도로 100세 시대를 맞이하고 있다. 하지만 '행복'과 '성장'에 관한 우리의 기준이 달라진 시대상을 따라잡고 있을지는 의문이다. 나는 공적으로나 사적으로나, 몸과 마음의 건강을 증진하여 삶의 질을 높이는 것을 소명으로 삼아 활동하고 있다. 사실 '삶의 질'을 높이는 것은 비단 나이 든 사람들만의 문제가 아니라 사람이라면 누구나, 특히 성인의 문턱을 넘은 사람이라면 주체의식을 가지고 끊임없이 목표로 삼아야 하는 것이다. 《행복의 조건》을 통해 행복과 성장의 의미를 좀 더 활발하게 공유할 터전이 마련되었으면 하는 마음이다.

베일런트 교수가 인터뷰하는 최근 모습을 보노라면, 연구에 바친 세월만큼 깊이를 지닌 노학자 본인이 어느새 '건강하고 행복한 삶'의 본보기가 된 것 같아 가슴이 뭉클하다. 한국에서 행복하고 건강한 삶을 설파하며 나이 들어가는 나 역시 그로부터 강렬한 지적, 정서적 자극을 받는다.

사실 나는 이제야 그와 내가 34년생 동갑내기라는 사실을 알고 놀랐다. 막연하게 그가 나보다는 연배가 높으리라고 생각했던 건, 처음 강연장에서 보았을 때부터 대가다운 풍모가 느껴졌기 때문일 것이다. 지금 생각하기에 그 풍모란, 수많은 인생의 굴곡을 학자적 호기심과 인간적 박애로 지켜봐온 사람을 둘러싼 아우라가 아니었을까 한다. 그는 젊은 시절의 자신을 되돌아보면서, 고작 나이 마흔셋에 무엇을 알았겠느냐고 겸손해하지만 그건 어디까지나 학자적 양식일 뿐, 이제 이 분야에서 그는 단연 세계적 대가다.

감수라기보다 내 소회의 일단을 적은 것같이 되었지만, 장수시대를 맞아 성인이라면 누구나 한 번쯤 읽어야 할 명저를 소개하는 소감을 다음과 같은 말로 끝맺고자 한다.

"평생 누릴 행복을 찾아가기에 아직은 늦지 않았다. 로마의 철학자 세네카의 말처럼 '삶을 배우려면 일생이 걸린다'. 늘 배우며 살라."

새해를 맞이하며
이시형
(정신과 전문의, 힐리언스 선마을 촌장)

《애틀랜틱 먼슬리》심리학 특집기사

무엇이 우리를 행복으로 이끄는가?

조슈아 울프 솅크

행복한 삶에도 공식이 있을까? 하버드대학교 연구팀은 1930년대 말에 입학한 2학년생 268명의 삶을 72년 동안 추적하면서 바로 이 질문에 대한 답을 찾아왔다. 얼마 전, 기자는 인간의 성장에 관한 역사상 가장 폭넓고 장기적인 연구의 자료실에 들어가도 좋다는 허가를 받았다. 지극히 과학적이면서도 다분히 문학적인 이 연구는 인간의 조건에 대해, 그리고 오랫동안 그 연구를 주도해 온 조지 베일런트 교수의 명석하고 복잡다단한 내면에 대해 심오한 통찰을 던진다.

사례 218번

자, '훌륭한 인생'의 예로 이 정도는 어떨까?

그는 80세까지 풍족하고 평탄하게 살아왔고 병원 신세를 진 적도 없었다. 아내가 암을 앓았지만 지금은 병을 극복하고 그의 곁에 머물러 있다. 결혼생활을 평가하라는 질문서에 그는 최고점수인 9점을 주었다.

그는 자식을 둘 두었고 손자들도 보았다. "인생을 다시 살게 된다면, 무슨 문제가 닥쳤을 때 남의 도움을 구하겠으며, 누구에게 도움을 청하겠는가?"라는 질문에, 그는 "바보 같은 소리인지 모르겠지만, 지난 삶에서 아무것도 바꿀 마음이 없다."라고 답했다. 그가 살아온 과정을 축약해서 몇 가지 법칙을 뽑아내고 체계적으로 적용할 수만 있다면 얼마나 좋겠는가.

📓 사례 47번

말 그대로, 그는 술에 취해 쓰러져서는 숨을 거두었다. 우리도 그가 그렇게 삶을 끝내리라고는 생각하지 않았다.

2008년 가을, 기자는 '하버드대학교 성인발달연구' 자료실에서 한 달여를 보냈다. 268명에 이르는 연구 대상자들은 대학 2학년생 시절 이후로 참전, 결혼과 이혼, 직업적 성공과 실패를 겪고 아버지와 할아버지 역할을 거쳐 은퇴 후의 삶에 이르기까지, 정기적으로 건강검진과 심리검사를 받고 답변서를 제출했으며 수차례 면담을 거쳤다.

하버드대학교 의과대학 교수이자 정신과 전문의인 조지 베일런트는 42년 동안 이들을 가까이에서 살펴보았고, 그들이 경험 속에서 체득한 삶의 교훈들을 깊이 연구해 왔다. 그 자신의 삶 또한 연구와 서로 긴밀하게 연관되어 있으며, 둘 중 어느 하나를 빼놓고는 둘 다 제대로 이해하기 어렵다. 기자는 베일런트가 현재 74세로 은퇴를 앞두고 있고, 아직 살아 있는 연구 대상자들도 죽음을 얼마 앞두고 있는(생존자 중 절반 정도는 80대 후반에 이르렀다) 지금 이 시기가 연구자와 연구 대상자 양쪽을 고찰하기에 적기라고 판단했다. 그리

고 연구자들에게만 공개되었던 사례 자료들을 일반인으로서는 처음
으로 열람할 기회를 얻기에 이르렀다.

기나긴 여정 : 과감한 시도에서 표류를 거쳐 무르익을 때까지

이 연구는 1938년, 백화점 재벌 윌리엄 T. 그랜트의 후원하에 당
시 하버드대학교 공중보건학부의 알리 복 박사가 시작했다.(그래서
'그랜트 연구'라고도 한다.) 증상과 질병에 초점을 둔 당시 의학계
의 주된 흐름을 벗어나, 총체적으로 건강하고 행복한 삶의 원동력은
무엇인지 밝히겠다는 취지였다. 1967년 베일런트가 연구를 이어받
기까지 이 장기적인 연구는 후원자, 연구 책임자, 당대의 학계 트렌
드 사이에서 적잖이 표류했다. 하지만 장기적인 종단 연구는 그 단점
과 한계에도 불구하고, 시간이 지남에 따라 와인처럼 숙성해 갔다.

1960년대, 연구 대상자들이 40줄에 접어들었고, 극적인 성공을
거둔 사람도 적지 않았다. 그들 중 네 명은 미 상원의원에 출마했고,
한 명은 대통령 자문위원회에서 일했으며, 한 명은 대통령이 되었
다. 베스트셀러 소설가도 한 명 있었다. 1948년 초, 심각한 정신질환
을 겪은 연구 대상자는 20명에 이르렀다. 50세에 이른 연구 대상자
중 3분의 1이 베일런트가 규정한 정신질환 범주에 한 차례 이상 포
함되었다. 하버드 출신 엘리트라는 껍데기 아래엔 고통받는 마음이
있었다. 연구를 시작했던 알리 복은 이해할 수가 없었다. 그는 1960
년대 어느 날, 베일런트에게 이렇게 말했다. "내가 뽑았을 땐 다들
정상이었단 말이지. 정신과의사들이 이들을 이렇게 망쳐놓은 게 분
명해."

📓 **사례 141번**

그에게 대체 어떤 일이 일어났던 걸까?

유복한 가정에서 동화 속 이야기처럼 행복하게 자라난 남자가 있다. 그의 아버지는 사려 깊고 유머감각이 풍부하고 인내심이 많았으며, 어머니는 온화하고 예술적 감각이 풍부했다. 하버드 재학 시절 그는 고매한 인격과 지성, 훌륭한 판단력과 건강, 이상을 두루 갖춘 모범적 인재였다. 그는 빛나는 존재였으며, 연구원들은 그가 내적·외적으로 충만한 인물이 될 거라고들 했다.

그런데 갑자기 변화가 생겼다. 결혼을 하고 외국에서 살게 된 뒤로 흡연과 음주를 시작했고, 내면 깊숙이 숨어 있던 적개심을 드러내기 시작했다. 30대 중반에 이르자 그는 면담 요청에도 응하지 않았고 질문서에도 답변이 없었다. 베일런트의 간청에 가까스로 '곧 연락하겠다'는 답신이 왔지만, 그 뒤로 들려온 소식은 그가 갑작스럽게 병으로 세상을 떠났다는 것이었다.

그의 친구에 따르면, 그는 생의 마지막 나날 동안 떠돌이처럼 살았으며 마약에도 손을 댔다고 한다. 그러나 훌륭한 유머감각만은 여전했는지, 친구는 그가 "내가 살아오면서 만난 사람 중에 가장 복잡한 내면을 지녔으면서 매력적인 사람이었다."고 말했다. 전쟁 영웅이자 평화주의자, 그리고 열렬한 야구팬……. 신문에 실린 부고에서 그는 아주 굉장한 사람 같았다.

베일런트의 저서에서 연구 대상자들은 기본적으로 익명으로 소개되지만, 사실 그들 중에는 (얼마 되지 않은 공개 자료로 미루어볼 때) 유명 인사들도 많다.《워싱턴포스트》의 전설적 편집장이자 현재

부사장으로서 '워터게이트 사건'을 심층 보도했던 벤 브래들리도 있고, 모든 기록이 회수되어 2040년까지 공개 불가 상태인 존 F. 케네디 전 대통령도 있다. (아이러니하게도, 기자는 케네디 전 대통령의 자료가 비공개 상태라는 사실 때문에 그가 이 연구의 대상자였음을 알았다.) 냉혹하고 야심찬 명문가 출신 특권층이자 매혹적인 난봉꾼, 격의 없는 재치와 신체적 활력의 표상이었으나 그 이면에서는 만성질환으로 고통받던 케네디의 삶은 누가 보기에도 이 연구에서 표방하는 '정상·보통'인 사람의 일생과는 거리가 있어 보인다. 거기서 바로 이 연구의 한계가 드러난다. 당초 연구는 수많은 삶들을 '현미경 슬라이드 위에 펼쳐놓겠다'는 기개로 시작되었다. 하지만 '성공적인 인생'이라는 추상적인 개념에 꿰어 맞추기에 인생은 너무나도 거대하고 불가사의했으며, 난해하고 모순투성이였다. 진짜 삶에 접근하려면 예리한 과학의 칼날을 '이야기'의 힘으로 둥글게 다듬을 필요가 있었다.

조지 베일런트는 연구에서 얻은 분석 자료와 다양한 삶의 면면을 '이야기'로 풀어낼 만한 자질이 풍부했다. 그는 1934년 유복한 가정에서 태어나 성장했다. 대공황 시기에도 부유한 생활은 계속되었으며, 부모님은 이상적이고 낭만적이었다. 베일런트의 아버지는 고고학자 조지 C. 베일런트다. 아버지는 현장을 누비는 '인디애나 존스'가 되기를 포기하고 뉴욕 자연사박물관장 등으로 자리를 잡아 사회적 명망을 얻으며 성공한 삶을 살았지만, 조지 베일런트가 열 살 되던 해 44세의 나이로 갑자기 권총 자살을 해 충격을 던져주었다.

그로부터 몇 년 뒤, 베일런트는 우연히 아버지의 하버드대학교 동문회 25주년 회보를 받아보았고, 마치 뭔가에 홀린 듯이 몇 날 며칠 동안 거기 실린 대학생들의 사진과 글, 47세에 이른 사람들의 삶에 빠져들었다. 장기 종단연구에 대한 관심은 이미 이때부터 싹트기 시작했고, 그로부터 몇십 년이 흐른 1967년 33세에 하버드대학교 그랜트 연구에 참가하면서 본격화되었다. 그는 평생을 그 연구에 바쳐왔으며, 앞으로 남은 일생도 그 연구와 함께할 것이다.

행복의 조건은 '인생의 고통에 어떻게 대응하는가'에 달렸다

베일런트는 '사람들이 겪는 고통이 얼마나 많고 적은가'보다는, '그 고통에 어떻게 대처하는가'를 집중적으로 파고들었다. 그가 주로 사용한 분석 도구는 고통이나 갈등, 불확실성에 대한 '무의식적 방어기제'였다. 프로이트의 딸 안나 프로이트^{Anna Freud}가 공식화한 이 방어기제는 스스로 인정하는가 부정하는가에 따라 자신의 실제 삶을 얼마든지 가공하고 왜곡할 수 있는 무의식적 생각과 행동을 말한다.

베일런트는 방어기제란 아주 기본적인 생물학적 과정에 대응하는 정신세계의 현상이라고 설명한다. 예를 들어, 상처가 나면 몸 안에서 평형을 유지하고자 하는 반응에 따라 피가 응고된다. 이와 마찬가지로, 크고 작은 도전에 직면할 때마다 우리의 방어기제는 감정적인 기복을 따라 출렁인다. 혈액의 응고라는 현상 덕분에 과다출혈로 인한 사망을 막을 수도 있는 반면 그것이 관상동맥을 막으면 심장마비로 이어지기도 하듯이, 방어기제 역시 우리를 구원할 수도, 나락으로 이끌 수도 있다. 베일런트는 방어기제를 가장 건강하지 못한 '정신병적^{psychotic}' 방어기제에서부터 '미성숙한^{immature} 방어기제' '신경증적인^{neurotic} 방어기제' '성숙한^{mature} 방어기제'에 이르는 네 가지 범주로 분류한다(자세한 것은 이 책 2장 참고).

"우리가 흔히 정신병이라고 이름 붙인 것들은 대부분 방어기제를

'현명하게' 발달시키기 못했다는 반증일 뿐이다. 방어기제를 잘 활용한다면, 우리는 얼마든지 정신적으로 건강하고 양심적이고 유머러스하고 창의적이고 이타적인 인간이 될 수 있다. 그러나 방어기제를 부정적으로 이용하면, 정신병 진단을 받고 이웃들로부터 외면당하고 사회에서도 부도덕적이라는 낙인이 찍힐 것이다."라고 베일런트는 말한다.

이러한 관점은 장기적인 연구를 통해 형성되었다. 의사들은 주어진 기간 내에 발생한 어떤 문제를 치료하는 데만 초점을 두지만, 베일런트는 전기 작가처럼 좀 더 폭넓은 시각으로 한 인간의 총체적인 삶을 이해하려 했고, 인류학자나 자연주의자처럼 한 시대를 포착하려 했다. 결국 대부분의 '정신병적' 방어기제들은 걸음마 시기 아이들에게 나타나며, '미성숙한' 방어기제들은 유아기가 끝날 즈음에 나타났다가 성숙하면서 사라지는 경우가 많다. 사춘기에 이른 그랜트 연구 대상자들은 성숙한 방어기제보다 미성숙한 방어기제를 두 배나 더 사용했으며, 이 과정은 노년까지 지속되었다. 50세에서 75세 사이에 이르러서는 이타주의나 유머가 훨씬 더 빛을 발하게 되는 반면, 모든 미성숙한 방어기제들은 거의 사라져간다.

그러므로 한 사람의 삶에서 특정 시기만 훑어보면 크나큰 판단착오가 벌어지고 만다. 스무 살 때 이타주의의 표본처럼 보이던 사람이 알고 보니 정신파탄자일 수도 있고, 젊은 날에 그야말로 구제불능으로 보이던 사람이 훗날 정신적으로 성숙한 인간으로 거듭날 수도 있다.

삶의 황혼기에 뽑은 행복의 일곱 가지 조건

나이가 들어서도 계속 일하고 사랑할 수 있는 힘은 어디에서 오는가? 연구 대상자들이 은퇴할 즈음, 베일런트는 신체적, 정신적으로 건강한 노화를 예견하는 일곱 가지 주요한 행복의 조건들을 꼽았다.

첫 번째는 고통에 대응하는 성숙한 방어기제이고, 이어서 교육, 안정된 결혼생활, 금연, 금주, 운동, 알맞은 체중이었다. 50대에 이르러 그중 5, 6가지 조건을 충족했던 하버드 졸업생 106명 중 절반은 80세에도 '행복하고 건강한' 상태였고, 7.5퍼센트는 '불행하고 병약한' 상태였다. 반면, 50세에 세 가지 미만의 조건을 갖추었던 이들 중 80세에 '행복하고 건강한' 상태에 이른 사람은 아무도 없었다. 50세에 적당한 체형을 갖추었다 하더라도, 세 가지 미만의 조건을 갖춘 사람들이 80세에 이전에 사망할 확률이 네 가지 이상의 조건을 갖춘 이들보다 세 배는 높았다.

행복한 인생을 결정짓지 '않는' 요소들

그렇다면 아무런 관련이 없는 요소는 무엇인가? 이른바 상식이라고 하는 것들과는 꽤나 다른 사실들이 밝혀졌다. 50세 때의 콜레스테롤 수치는 노년의 건강과는 아무런 관련이 없다. 사회에 순응하는 능력도 대학이나 성인기 초반에는 크게 영향을 끼치지만, 그 중요성은 시간이 지날수록 옅어져간다. 어릴 적 성격도 시간이 지나면 영향력이 줄어든다. 어릴 때 수줍음 많고 겁쟁이였던 사람이나 외향적이었던 사람이나 70세에 '행복하고 건강한' 상태에 이를 확률은 거의 같았다. "충분히 오랜 기간 동안 한 사람의 삶을 뒤따라가다 보면, 건강한 삶을 가로막았던 조건들이 변하는 것을 볼 수 있다. 장기적으로 볼 때, 콜레스테롤 수치를 잘 살펴보아야 할 시기가 있는 반면 무시해야 될 시기도 있다는 말이다."라고 베일런트는 요약했다.

그 밖에 몇 가지 놀라운 사실들

이외에도 몇 가지 흥미로운 사실이 더 있다.

운동의 힘 대학 시절의 규칙적인 운동은 노년의 신체적 건강보다 정신적 건강에 훨씬 더 긍정적인 영향을 끼친다. 또한 우울증은 신체건강을 악화시키는 주된 요인으로 밝혀졌다. 50세에 우울증 진단을 받은 사람들 가운데 70퍼센트 이상이 63세 이전에 사망하거나 만성질환을 앓았다. 또한 비관론자들이 낙관주의자들에 비해 훨씬 더 신체적으로 고통받는 것처럼 보였는데, 이는 비관론자들이 다른 사람들과 거의 교류를 하지 않고 스스로를 잘 돌보지 않기 때문일 것이다.

전쟁의 힘 연구 대상자의 80퍼센트 이상이 제2차 세계대전 참전자였기에, 베일런트는 전쟁의 영향력에 대해서도 연구할 수 있었다. 격렬한 전투에서 살아남은 사람들은 만성적인 신체적 질병에 더 잘 걸렸고, 참가했던 전투 규모가 작았거나 전투를 경험하지 않은 이들에 비해 훨씬 일찍 사망했다.

인간관계의 힘 베일런트의 또 다른 주요 관심사는 인간관계의 힘이었다. "행복하고 건강하게 나이 들어갈지를 결정짓는 것은 지적인 뛰어남이나 계급이 아니라 사회적 인간관계다." 행복의 조건에 따뜻한 인간관계는 필수다. 부모가 아니더라도 형제자매나 친척, 친구, 스승과 그런 관계를 맺을 수 있다. '47세 즈음까지 형성된 인간관계'는 방어기제를 제외한 어떤 다른 변수들보다 훨씬 더 이후의 인생을 예견하는 데 중요한 지표가 된다. 형제자매간의 우애가 특히 더 큰 영향력을 끼친다. 65세까지 충만한 삶을 살았던 연구 대상자들 중 93퍼센트는 어린 시절 형제자매들과 친밀한 관계였다. 2008년 3월에 한 인터뷰에서 "성인발달연구 대상자들에게 배운 점이 무엇인가?"라는 질문에, 베일런트는 "인생에서 가장 중요한 것은 바로 다른 사람들과의 관계라는 사실이다."라고 답했다.

하버드대학교 성인발달연구의 또 다른 두 축

베일런트는 범죄학자인 셸던 글루엑과 그의 아내 엘레노어 글루엑이 진행하다가 중지한 상태였던 '글루엑 연구'를 '그랜트 연구'에 흡수하면서 연구 지평을 극적으로 확장해 나갔다. 글루엑은 1939년에 보스턴 이너시티 소년원에 수감되어 있던 소년들을 대상으로 청소년 범죄를 연구하면서, 비슷한 환경에서 자랐으나 전과가 없는 평범한 소년들을 대조 표준집단으로 삼았다. 대부분 이민자인 부모들과 함께 욕실도 없는 집에서 가난하게 사는 아이들이었다. 1970년대에 베일런트와 그의 연구팀은 수년에 걸쳐 대조 표준집단 소년들의 삶을 재추적했고, 그 결과 오늘날 하버드대학교 성인발달연구에는 '그랜트 연구 대상자(하버드 졸업생 집단)'와 '글루엑 연구 대상자(이너시티 집단)' 이렇게 두 그룹이 포함되었다. 더 나아가 베일런트는 전설적인 천재아 연구인 '스탠포드 터먼 연구'에서 여성 90명을 선정하여 그들과의 면담도 진행했다. 터먼 연구는 1920년대에 캘리포니아에서 아이큐가 높은 천재아들을 연구하면서 시작되었다.

그러나 베일런트는 연구 그룹들 사이에 차이점들을 광범위하게 고려했다. 예를 들어 도덕률 평가에서, 68세에서 70세 사이 이너시티 그룹은 78세에서 80세 사이 터먼이나 하버드 졸업생 그룹과 유사했는데, 이는 대부분 교육 수준이 낮고 비만도나 음주, 흡연 정도가 높아서 빚어지는 차이였다. "이 네 가지 변수만 통제된다면 부모의 사회적 계급, 아이큐, 현재 수입 수준은 중요하지 않다."고 베일런트는 말한다. 그러나 어디까지나 그 변수들을 '통제할' 수 있느냐 없느

냐가 가장 중요한 변수이긴 하다. 베일런트는 대학을 졸업한 70세 이너시티 출신자는 하버드 졸업생과 건강상태가 거의 동일하다고 했다. 그러나 이너시티 출신자 중 대학 졸업자는 6퍼센트에 해당하는 29명뿐이었다.

긍정심리학과 행복의 연구

1990년대 말, 이른바 '긍정심리학Positive Psychology'이라는 물결이 일었고, 베일런트도 이에 가세했다. 펜실베이니아대학교의 촉망받는 심리학 교수 마틴 셀리그먼Martin Seligman은 건강한 삶에 대한 과학적 연구의 포문을 열었고, 이는 곧 학계와 대중 문화계에 광범위하게 퍼져나갔다.

베일런트는 명실 공히 그 분야의 대부로 올라섰고, 심리학이 질병 치료만이 아니라 일상적인 삶의 질을 높일 수 있다는 메시지를 역설했다. 여러 면에서 베일런트의 역할은 '선동가'였다. 2008년 10월, 베일런트는 셀리그먼이 지도하는 대학원생들에게 긍정적인 감정, 즉 경외감, 사랑, 자비, 감사, 용서, 기쁨, 희망, 신뢰의 힘에 대해 강연을 했다. 강연 도중 베일런트는 "행복론 저서들에서 '행복해지려고 노력하라. 그러면 불행보다 행복을 한층 더 좋아하게 될 것이다'라고 하는데, 그 말은 틀림없는 사실입니다."라고 말하면서, "그런데 왜 사람들은 정신과의사에게 와서 어제 자기한테 칭찬을 늘어놓은 사람을 피하려고 급히 길을 건넜다고 말하는 걸까요?" 하고 질문을 던졌다.

이어서 베일런트는 그 이유는 사실 긍정적인 감정이 부정적인 감정보다 더 상처받기 쉽기 때문이라고 설명했다. 긍정적인 감정이 미래지향적이기 때문이다. 두려움과 슬픔은 고통에 처한 순간 즉각 표출된다. 반면에 감사와 기쁨은 시간이 지날수록 더 나은 건강과 더 끈끈한 인간관계를 낳을 수 있지만 단기적으로는 오히려 그 때문에 실제로 위험에 처할 수도 있다. 왜냐하면 부정적인 감정은 사람으로 하여금 스스로를 고립시키게 하지만, 긍정적인 감정은 거부나 상심 같은 흔한 상황 앞에 취약하게 만들 수 있기 때문이다. (이런 상황을 잘 보여주는 예가 이 책 2장에 등장하는 애덤 카슨이다.) 베일런트 는 장기 종단연구의 책임자로서 혜안을 가지고 이렇게 행복론 연구 자들이 간과하곤 하는 미묘한 지점을 지적했다.

행복학 연구자들이 풀지 못한 것들

물론 행복학 연구자들은 여러 가지 간단하고 행동으로 옮길 수 있 는 성과를 제시했다. 예를 들어, 사람은 기본적인 욕구만 충족되고 나면 단지 돈 때문에 크게 더 행복해지지는 않는다. 그러나 결혼과 믿음은 행복의 조건이다. (이는 행복한 사람들은 기혼자이거나 영성 이 강한 사람들이기 쉽다는 말일 수도 있다.) 행복한 정도를 일정하 게 유지하려는 경향이 행복에 큰 영향을 끼치긴 하지만 어디까지나 부분적이다. 그런데 왜 개인의 행복지수가 가장 높다고 보도되는 나 라들에서 자살률도 가장 높은 것일까? 아이들이 가장 중요한 기쁨 의 원천이라고 말하는데, 왜 아이들 때문에 '부정적인 결과(슬픔이나 분노)'가 나타날 때가 많은 것일까?

이런 역설적인 상황에 대한 질문들을 아직 풀지 못하는 것은 대부 분 방법론 때문이다. 일리노이대학교 심리학 교수이자 행복 연구의 대가인 에드 디너Ed Diener는 최근 세계 갤럽 여론조사에서 얻은 자료 들을 통해 긍정심리학을 뒷받침하는 경험적 토대를 마련했다. 조사 는 145국 36만 명과의 면담을 토대로 이루어졌다. 디너 박사는 이렇게 말한다. "이 자료들을 통해 이제까지 답할 수 없었던 질문들을 많은 부분 일반화할 수 있을 것이다. 그러나 자료들 대부분이 비교적 깊이가 덜하기는 하다. 조사에 따르면 교회에 다니는 사람들은 살면서 기쁨을 더 많이 누린다. 왜 그런지는 우리도 알 수 없다. 조지 베일런트 교수는 하버드 졸업생들이라는, 결코 일반화될 수 없는 작은 집단을 대상으로 연구를 해왔다. 그러나 그의 자료는 훨씬 깊이가 있으며, 그는 거기서 한꺼번에 수많은 결과를 도출해 냈다."

마틴 셀리그먼은 에드 디너에 대해, 더 훌륭하고 더 쉽게 반복할 수 있고 더 투명한 과학을 위해 노력하는 긍정심리학의 '기술자engineer'라고 평가한다. 반면 베일런트 교수의 연구에 대해서는 심리학의 원천, 즉 '마음에 대한 연구the study of soul'라고 하면서 이렇게 말한다. "심리학을 과학적으로 연구하기 위해서는 전제는 되도록 적게 세우고, 마음에 대해서는 충분히 많이 설명해야 한다. 영혼(프시케)의 불가사의를 설명해 내려는 모든 긍정심리학자들은 한층 깊이 있는 자료를 원한다. 베일런트는 이 운동을 이끄는 시인이며, 우리 모두가 더 깊이 있는 자료를 갈망하고 있다는 사실도 그 덕분에 깨닫게 되었다."

베일런트는 셀리그먼의 수업에서 강연하게 되었다는 말을 기자에게 전하면서 "기쁨과 비탄은 섬세하게 직조되어 있다.Joy and woe are woven fine."는 윌리엄 블레이크William Blake의 시구를 인용할 거라고 했다. 젊은 날의 베일런트는 강연 기회가 생기면 수많은 이야기와 연구 데이터를 가지고 '고통의 밝은 뒷면', 즉 우리가 적응과 성숙을 통해 어떻게 쇳조각을 금으로 변화시킬 수 있을지를 설명하곤 했다. 이제 만년의 베일런트는 '기쁨과 인간관계의 어두운 면', 아니면 적어도 어떻게 인간의 가장 심오한 열망이 가장 원초적인 두려움에서 비롯되는지를 한층 조리 있고 명료하게 풀어낸다.

사례 218번(앞에서 계속)

언뜻 보면 그는 이 연구의 표본 같다. 연구 대상자들 중에서 정신건강, 정서적 안정, 사회적 관계 등 모든 면에서 상위 10퍼센트에 속했으며, 실제로 그렇게 모든 면을 충족한 사람은 전체 연구 대상자 중 단 세 명뿐이었다.

대학생 때 치명적인 사고를 한 번 겪었지만 그 뒤로 겉으로는 건강해 보였으며 정서적으로도 흔들림이 없어 보였다. 그가 13세였을 때, 어머니는 아버지의 절친한 친구와 눈이 맞아 달아났다. 2년 뒤 부모님이 재결합하긴 했지만, 집안에 드리운 정서적 불안은 변함없었다고 그의 집을 방문했던 연구원이 보고했다. 그런데도 그는 부모의 이혼이 '그저 영화 속에 나오는 것과 비슷했다'고 말했고, 자기도 아마 언젠가는 결혼생활에서 그런 문제를 겪게 될 것이라고 담담하게 말했다.

하지만 그의 자료에는 늘 '가지 않은 길'에 관한 은근하면서도 결코 사라지지 않는 호기심이 서려 있었다. 대학 2학년 때에는 어떻게 하면 많은 돈을 벌 수 있을지를 강조하면서도, 의과대학에 가면 더 부유한 삶을 누릴 수 있을지 궁금해하기도 했다. 전쟁이 끝난 뒤에는 그동안 너무 긴장하고 살아서인지 예전에 비해 돈에 관심이 적어졌다고 했다. 33세에는 "인생을 다시 산다면 기꺼이 의과대학에 들어가겠지만, 지금은 늦었다."라고 했다. 44세에는 운영하던 회사를 팔았으며, 고등학교에서 학생들을 가르치는 일이 어떨까 하는 말을 꺼냈다. 또한 인류를 위해 아무것도 기여하지 못했다며 후회를 했다. 74세에 이르러, 다시 인생을 살 수 있으면 의과대학에 갔을 거라는 말을 또 되풀이했다. 사실, 예전에 그는 아버지가 군복무를 피해 의과대학에 가라고 강요하는 게 괴로워서 전혀 다른 길을 가게 되었다고 말한 바 있었다.

그의 자료에는 파악하기 어려운 점도 있었다. 그는 63세에 "바보 같은 소리인지 모르겠지만, 지난 삶에서 아무것도 바꿀 마음이 없다."라고 말했다. 그가 스스로를 기만하는 것인지 아닌지 우린들 어떻게 알겠는가? 베일런트 박사는 바로 이런 태도로 현실을 대하는 것이 바로 무의식적인 현실 왜곡이라고 했다. 바로 이 지점에서 실마리를 당기기 시작하면, 수많은 의문의 실타래들이 풀려나가기 시작한다. "기본적인 신념, 삶의 철학, 또는 삶을 살아가면서 또는 역경을 헤쳐 나가면서 도움이 되었던 문구가 무엇인지" 묻자, 그는 "그다지 자기 반성적인 사람이 아니라서 대답하기가 어렵다. 하지만 '감당하기 어려운 일이란 없다'라거나 '모두 다 헛되어 바람을 잡으려는 것이로다'라는 전도서 구절을 늘 마음에 새기고 있다. 그래서인지 적어도 지금까지는 참을 수 없는 비탄에 빠져본 적이 없다."라고 대답했다.

47번 사례

그는 이 연구의 안티히어로이자 익살꾼, 전복적인 철학가였다. 첫 면담에서부터 떠들썩하게 웃음을 터뜨리고 팔로 의자를 두들겨대며 거리낌 없이 성격을 분출했다. 그는 몹시 유쾌하고 유머감각이 풍부하며, 흥분을 잘하고 활기찬 성격을 타고난 사람이었다. 그는 "가족들은 내가 '정상적인 보통 아이'라고 하면 엄청난 우스갯소리로 여겼다."라고 쓰기도 했다.

그는 양심적 병역기피자로서 참전을 피했다. 1946년 질문서에는 이렇게 답했다. "나는 이제까지 수없이 많은 질문을 받아왔다. 이제 내가 사람들에게 몇 가지 질문을 하고 싶다. 오늘날, 도대체 어떤 기준으로 사람들에게 '순응적'이라는 평가를 내리는가? 행복? 만족감? 희망? 사람들이 불과 몇십 년 뒤에 파멸해 버릴지도 모르는 이 사회에 순응해서 살고 있다면, 그런 것들이 도대체 사람들에 관해 무엇을 증명해 준다는 말인가?"

그는 일찍 결혼해 세 아이를 두었고 다양한 특이 직종에 종사했다. 그는 작가가 되고 싶었지만 그 꿈은 요원해 보였다. 술을 마시기 시작했다. 대학 시절에는 자신의 인생을 '술 없는 파티'라고 말했던 그였다. 1948년에는 셰리주를 마셨고, 1951년에는 정기적으로 술을 입에 대었다. 1964년에는 과식, 지나친 흡연과 음주에 빠진 데 비해 운동은 거의 하지 않았다.

이혼 뒤 나라 반대편으로 이사를 가서 재혼을 했지만 그것도 실패했다. 그러나 다시 새로운 삶이 펼쳐졌다. 그는 전업 작가로 책을 출판하여 성공을 거두었다. 어려운 상황을 어떻게 극복해 낼 수 있었는가 하는 질문에, 그는 "보살피고 노력하는 것이 중요하다. 누군가의 보살핌과 노력이 쓸모없고 어리석어 보일지라도, 그 영향력이 미래의 어딘가에 이르게 되어 있다."고 답했다. 성인발달연구의 영향력에 대해 물었을 때에는, "신의 선택을 받았다는 작은 징표였다. 이젠 사실 그런 징표도 필요치 않지만, 감사한다."라고 대답했다. 베일런트 박사가 그에 대해 "정신 상태가 모순적이다."라고 썼을 정도로, 그는 분명 우울한 상태인데도 활기와 기쁨이 넘쳤다.

그는 작가로서 이력을 열정적으로 쌓아나갔고, 동성애자 인권운동에서도 유력인사가 되었다. 부모와 자녀들에게 한층 부드러워졌고, 헤어진 아내와도 화해했다. 산책은 꾸준히 했지만, 술은 끊지 않았다.

1981년 즈음, 베일런트 박사는 이렇게 썼다. "그와의 논쟁이 계속 마음에 맴돈다. 그는 과연 정신건강과 알코올 중독과 관련된 모든 규칙을 깨고 영원히 예외로 남을 수 있을까? 오직 시간이 말해 줄 뿐이다." 그러나 그는 64세에 아파트 계단에서 넘어져 사망하고 말았다. 부검 결과 혈중 알코올 수치가 무척 높게 나왔다.

저서 《성공적 삶의 심리학》에서 베일런트는 그를 '앨런 포^{Alan Poe}'(비참한 인생에도 불구하고 19세기 최고의 독창가라는 평가를 받는 작가 에드거 앨런 포^{Edgar Allan Poe}에 빗댐―옮긴이)라는 가명으로 소개하면서 이타주의와 승화, 감화력을 칭송하면서도, 그의 뒤에는 늘 죽음과 자살, 빈민굴의 그림자가 어른거린다며 우려를 표했다. 그러나 그는 비꼬는 투로 "물론 언젠가 사망진단서를 받는다는 건 빼도 박도 못하는 사실이죠. 어쩌면 당신이 이 글을 읽고 있을 즈음에 내가 이미 죽었을 수도 있죠. 내가 죽더라도 내 이야기, 특히 내 생애 최고의 나날이었던 지난 5년 동안의 이야기는 책에 실어주시길."이라고 썼다.

다시 처음으로 : 행복의 조건을 찾아서

정해진 몇 가지 법칙으로 행복한 삶을 평가할 수 있을까? 넓은 의미에서 보면, 과연 누가 행복한 삶을 살고 있다고 감히 말할 수 있을까? 베일런트도 직관보다는 사실적이고 실험적인 방법을 중시하는 학자지만, 그런 그도 종종 문학적이고 철학적인 관점에 서서 말할 때가 많다. (《성공적 삶의 심리학》에서 그는 연구 대상자들의 삶에 대해 "과학으로 판단하기에는 너무나도 인간적이고, 숫자로 말하기에는 너무나도 아름답고, 진단을 내리기에는 너무나 애잔하고, 학술지에만 실리기에는 영구불멸의 존재다."라고 썼다.) 베일런트는 자신의 연구 자료들을 '수백 명에 이르는 카라마조프의 형제들'에 비유하기도 했다.

사실 인간의 삶에서는 어떤 연구 자료에도 담아낼 수 없는 울림이 퍼져나온다. 물리적인 자료들은 활자로 나타난다. 우리는 사람들이 들려준 대답 또는 침묵 속에서 그들의 목소리를 듣는다. 거기서 비밀들이 흘러나온다. 어떤 사람은 여든이 다 된 나이에 자기가 동성애자라는 사실을 깨닫기도 했다. 친밀감과 깊이가 이런 수위에 이르면, 그들의 삶은 톨스토이나 도스토옙스키만큼이나 덕망을 지닌다.

조지 베일런트, 이야기꾼이자 연구 자체

베일런트는 그 삶들이 빚어내는 소설의 주요 독자가 아니라 바로 작가다. 질문을 만들고 면담을 하고 기록하고 해석하는 일이 주로 그의 손에서 이루어졌다.

베일런트는 사람들의 삶을 연구하면서 자신이 어떻게 살아가야 하는지 배우고 있으며, 성공적으로 삶의 과제를 완수한 사람들과 면담을 나누면서 인생의 요령을 터득하려고 했다. 물론 많은 면에서 베일런트는 이미 그것을 터득하고 있다.

실제로 베일런트의 저서들은 세계적으로 널리 읽히며 자주 인용된다. 그는 세계 각지에서 강연을 하고 있으며, 그의 동료들과 제자들은 조지의 공감 능력과 더불어 인간관계를 친밀하게 이끌어가는 능력에 경의를 표한다. 마틴 셀리그먼은 "조지 베일런트는 사람들 안에 깃든 가장 훌륭한 면을 보며, 또 그것을 끄집어낼 줄 안다."고 극찬했다.

한편 베일런트의 친한 친구와 가족들은 전혀 다른 이야기를 하기도 한다. 그가 다른 사람들과 쉽게 거리감을 좁히지 못하는 것 때문에 괴로워하는 스타일이라는 것이다. 오랜 친구이자 정신과의사인 제임스 배럿 주니어James Barret Jr.는 "조지는 속을 잘 안 보이는 사람이다. 절친한 친구도 많지 않다. 조지는 친화력에 조금 문제가 있다고 할 수 있다."라고 말했다. 어쩌면 그렇기 때문에 베일런트는 무엇보다 친화력과 사랑의 중요성을 강하고 명료하게 강조했으며, 그 때문에 자신의 인생에서 가장 큰 고투를 벌여왔다고 할 수 있다.

그러나 베일런트는 자신의 삶에서 방어기제가 어떻게 적용되고 있는지는 모르고 있는 것 같다. 하지만 스스로도 모른다는 건 알고 있는 듯하다. 베일런트는 자기 자신도 왜곡 때문에 자기 삶에 대해 잘 이해하지 못하는 것 같다고 말하곤 했다. 성인발달연구 자료는 이러한 현상을 아주 잘 설명해 주고 있다. 한 예로 1946년 조사에서, 제2차 세계대전에 참전한 연구 대상자들 중 34퍼센트가 적군의 포탄 아래 놓였으며, 25퍼센트는 적군을 죽였다고 답변했다. 그런데 1988년에 똑같은 질문을 던졌을 때, '적군에 포탄 아래 놓였다'는 40퍼센트로 늘었고, '적군을 죽였다'는 14퍼센트로 줄어들었다. 이 결과에 대해 베일런트는 "잘 알려져 있다시피, 시간이 지날수록 기억 속에서 옛 전투의 모험성은 커지고 위험성은 약화되게 마련이다."라고 말했다. 왜곡은 분명 보호 기능을 할 수 있다. 그림으로 실험한 결과, 젊은 사람들에 비해 나이 든 사람들은 혐오스러운 이미지는 덜 기억하고 유쾌한 이미지는 더 잘 기억하는 경향을 보였다.

위대한 연구, 의미 있는 삶

베일런트는 아내의 고향인 오스트레일리아에서 해마다 일년 가운데 반을 보내지만, 여전히 공동 연구 책임자로서 연구에 깊이 참여하고 있다. 보스턴에 있을 때는 연구실 밖에서 활동을 계속하며, 전화상으로도 꾸준히 연구 대상자들의 삶과 죽음이 그리는 궤적을 좇고 있다.

얼마 전 나는 베일런트 교수에게 연구 대상자들이 세상을 떠나면 어떻게 하냐고 물어보았다. "오늘 아침에 연구 대상자 중 한 사람의 아들에게서 이메일을 받았어요. 올 1월에 아버지가 돌아가셨답니다. 아마 여든아홉 살이었을 거예요." 어떤 기분이 드느냐고 묻자, 그는 잠시 말을 멈추었다가는 "그리 아름다운 대답은 못 될 것 같네요. 누군가 죽으면 나는 마침내 그에게 무슨 일이 일어났는지 알게 됩니다. 그 소식들이 컴퓨터 안에 깔끔하게 정리되어 입력되면 내 일은 그걸로 끝입니다. 이따금 슬픔에 잠기거나 누군가를 잃었다는 기분이 들기도 하지만, 그 과정은 대개 무척 냉정하게 이뤄지죠. 내 아버지가 예기치 않게 돌아가셨을 때부터 난 대체로 죽음에 대해 무감각한 편이었어요."라고 대답했다. 그러고는 "사실 나는, 성인 발달의 모범이 못 되죠."라며 한마디 덧붙였다.

베일런트의 담담한 고백을 들으면서 마음에 사무치는 교훈 한 가지가 떠올랐다. 방어기제를 변화시키는 것보다 방어기제를 관찰하는 것이 훨씬 더 쉬운 일이다. 오직 인내와 유연함만을 통해서만 가시 돋은 갑옷을 좀 더 부드러운 방어막으로 갈아입을 수 있다. 생각건대, 바로 여기에 행복한 삶의 핵심이 있을지도 모르겠다. 원칙을 따라가거나 문제를 피하는 게 아니라, 인생의 고통과 전제들을 진심으로 받아들이고 겸손한 자세를 취하는 것이 바로 행복한 삶의 열쇠라는 생각이 든다.

조지 베일런트는 이를 밝혀내기 위해 노력하면서, 스스로 모델은 되지 못했지만 경험이 풍부한 안내자가 되었다. 연구 과정과 그 결과에 대한 깊은 애착이 있었기 때문에, 베일런트는 늘 연구 대상자들이 들려주는 이야기와 질문에 귀를 기울였다. 어느 연구 대상자의 죽음에 충격을 받았는지 묻자, 그는 47번 사례, 즉 많은 이들에게 영감을 주었지만 수많은 깨우침과 헤아릴 수 없는 미스터리를 남기고 떠난 비운의 사나이, 그리고 마지막 순간까지 진정 후회 없이 살기를 추구했던 '앨런 포'를 꼽았다.

이 글은 미국 최고 권위지 《애틀랜틱 먼슬리 *Atlantic Manthly*》(2009년 6월호)에 실린 기사 〈What Makes Us Happy?〉(by Joshua Wolf Shenk)를 발췌 번역한 것으로, 저작권사로부터 사용 허가를 받고 게재했음을 밝힙니다.

차례

1장
성인발달연구, 그 기나긴 여정

나는 노인들과 이야기 나누기를 좋아한다.

노인들은 우리가 걸어가야 할 인생의 길을 먼저 지나왔다.

그러므로 앞으로 겪게 될 삶이 어떠할지

그들에게서 배울 수 있다.

_소크라테스, 플라톤의 《공화국》에서

21세기에 들어서면서 노년의 의미에 대한 상충된 논의들이 봇물처럼 쏟아져 나왔다. 뉴스에서는 장수 노인들의 훈훈한 이야기와 양로원에서 생활하면서 세상을 떠날 날만을 기다리는 노인들의 끔찍한 이야기가 대비를 이루며 나란히 흘러나왔다. 저녁 뉴스에서는 스스로 무용지물이라 여기며 노쇠한 몸을 이끌고 죽을 날만 기다리는 이들의 황폐한 인생을 조명하다가는, 곧바로 원기 왕성한 85세 마라톤 선수나 CEO들, 젊음을 고스란히 간직한 노작곡가들의 화려한 삶을 소개한다. 현대의학이 가져다준 장수라는 선물은 인간에게 저주일까, 아니면 축복일까? 인간은 남은 생애를 어떤 방식으로 관리할 수 있을까? 우리는 바로 이 질문들에 대한 답을 찾아보고자 한다.

1874년, 앙리 아미엘 ^{Henri Amiel}(스위스의 철학자이자 시인, 비평가—옮긴이)은 "어떻게 늙어가야 하는지 아는 것이야말로 가장 으뜸가는 지혜요, 삶이라는 위대한 예술에서 가장 어려운 장章이다."라고 썼다.[1] 그로부터 한 세기가 훌쩍 지나 80세가 넘게 사는 사람들이 점점 더 많아지면서 앙리 아미엘의 성찰이 그 어느 때보다 절실하게 다가오는 이때, 우리는 과연 누구로부터 그 지혜를 얻어야 할지 결정해야 한다. 살다 보면 인생의 역할 모델로 삼을 만한 80대 노인들을 만날 때가 있다. 혈기 왕성하고 적극적으로 살아가는 할아버지 할머니들을 만날 때마다 그들이 그렇게 살아온 비결이 무엇인지, 그들이 지닌 힘의 원천이 무엇인지, 그들의 과거가 우리의 미래에 어떻게 투영될지 궁금해진다. 물론 정답이란 없다. 하지만 성공적으로 나이 들어간다는 것이 어떤 것인지 이해하려면 노인들에게 진지하게 자문을 구해야 한다. 인구통계학자들 말대로라면, 지금 젊은 성인들은 평균 80세 이상 살 수 있다. 그게 사실이라면, 은퇴 후 80세까지 즐겁게 살아갈 방법을 터득하기 위해서 저마다 이상적인 모델을 찾아야 한다.

이 책에서 나는 '인간이 나이 들어간다는 것'에 대해 오랜 세월에 걸쳐 연구해 온 하버드대학교의 성인발달연구Study of Adult Development를 토대로 그 모델을 제시할 것이다. 성인발달연구는 3개 집단, 총 814명을 연구 대상으로 삼았다. 세 집단은 모두 적어도 60여 년 이전에 집단별로 정신적, 신체적으로 다른 양상을 보이던 10대들로 선별되었으며, 연구는 그들의 전 생애에 걸쳐 면밀하게 진행되어 왔다. 여러분은 이 책을 읽어나가면서 사람들이 어린 시절부터 죽을 때까지 어떻게 생활하는지 전 과정을 지켜볼 것이다. 인간이 성장하고 늙어가면서 만족스러운 삶 또는 그렇지 못한 삶에 이르는 원인을 살펴보기 위해 구체적인 실증 자료는 물론 이론적 틀도 제공할 것이다.

이 광범위한 연구의 첫 번째 연구 대상은 하버드 법대 졸업생 집단이다. 그들 중에는 음산한 임대 아파트에서 생을 마감한 사람도 있고, 외교관이나 각료, 베스트셀러 작가, 비즈니스계 거물이 된 사람도 있다. 두 번째 연구 대상 집단은 루이스 터먼Lewis Terman 교수의 천재아 연구에서 찾아낸 여성들이다. 그들 중에는 재능은 뛰어나지만 당대의 성차별주의에 눌려 자기 역량을 발휘하지 못한 여성들도 있고, 65세를 넘긴 뒤에야 창조적 역량을 발휘하기 시작한 여성들도 있다. 세 번째 연구 대상은 이너시티Inner City(대도시 중심부의 저소득층 거주 지역—옮긴이) 출신 고등학교 중퇴자로 사회에 첫발을 내디뎠지

만, 이후 직업에서뿐만 아니라 삶에서도 크게 성공을 거둔 남성들이
다. 성인발달연구는 우리의 할아버지 할머니 또는 그 부모들이 사춘
기 이후 어떻게 살아왔는지를 다룬다는 점에서 독보적이다. 노년이
란 모름지기 지뢰밭이나 마찬가지다. 그러니 발자국이 지뢰밭 너머
까지 이어졌다면, 지금 바로 그 발자국을 따라가라.

성인발달연구는 성공적인 노화란 어떤 것이며, 그것은 어떻게 이
룰 수 있는지에 대해 의미 깊고 신뢰할 만한 자료를 남겨왔다. '성공
적인 노화successful aging'라는 말 자체가 모순된다고 반박할 사람도 있
을지 모른다. '노화'라는 말은 '상실' '쇠퇴' '죽음'을 연상시키는
반면, '성공'은 '획득' '승리' '열정적인 삶'을 연상시키므로 그럴
법도 하다. 그러나 정신질환을 앓지 않으면서 노년을 보내는 대다수
노인들은 죽음이 임박한 마지막 몇 달 전까지는 소박한 행복을 누리
며 산다.[2,3] 이 노인들은 다른 연령대에 비해 우울증에 시달리는 일
이 적으며, 치명적인 병에 걸리기 전까지는 건강상태도 비교적 양호
하다. 그러므로 '성공적인 노화'가 모순어법이라고 볼 수는 없다.

그러나 친애하고 존경하는 우리 할머니 할아버지들의 모습 중에
는 자연의 이상 현상처럼 보이는 분도 있다. 122세까지 줄곧 담배를
피운 프랑스의 잔느 칼망Jeanne Louise Calment(세계에서 가장 오래 산 프랑
스 여성으로 1997년 122.4세로 생을 마감했다—옮긴이) 여사처럼 말이
다. 분명 그들의 삶 속에는 우리가 미처 알아내지 못한, 놀라운 활력
이 숨어 있을 것이다. 물론 말년에 이르러 '고작 이런 꼴이나 보려고
여태 살았나?' 하고 한탄하게 될까 두려운 이들도 있을 것이다. 그
러나 성인발달연구에 따르면, 노인들 대다수는 자신의 생명을 사랑
하며 건강하게 살아간다. 성인발달연구의 대상자들은 노화라는 피
할 수 없는 위기를 극복해 나가면서 끊임없이 새로운 삶을 창조해

1장 성인발달연구, 그 기나긴 여정

낸 것처럼 보인다. 본인들도 그 사실에 놀랐고, 그 모습을 지켜본 우리도 마찬가지였다. 그들은 슬픔과 상실, 패배의 순간에도 얼마든지 삶에서 훌륭한 가치를 찾아낼 수 있다고 우리에게 확신을 불어넣어 준다. 그들은 삶이 힘겹다 해서 기가 꺾이지도 않았고, 사람들이 왜 그토록 살고 싶어하는지를 결코 잊지 않는다.

우리는 2년에 한 번씩 꾸준하게 연구 대상자들에게 설문지를 보냈다. 그중에는 "여러분을 아침에 일어나고 싶게 만드는 가장 중요한 요인은 무엇인가?"라는 질문도 있었다. 이 질문에 대해 84세가 된 한 노인은 "살고 일하고 어제까지 몰랐던 것들을 배우기 위해서, 그리고 내 아내와 소중한 순간들을 나누기 위해서."라고 대답했다.

78세 노인은 똑같은 질문에 대해 "그날 하기로 계획해 둔 일들 때문이다. 나는 내 삶을, 내가 할 수 있는 모든 일들을 사랑한다. 바깥에서 활동하는 것도 좋아한다. ……이렇게 살아서 소중한 친구들과 함께할 수 있다는 것 자체가 기쁨이다."라고 답했다. 그는 50년간 함께 살아온 아내와의 성생활도 "매우 만족스럽다."고 답했다.

성인기 내내 지속되어 온 실험에 기꺼이 임해 준 너그러운 이들 덕분에 나는 지난 40여 년 동안 그들을 연구하고 그들과 대화를 나누는 특권을 누려왔다. 그리고 실험 결과, 그 누구도 예상치 못했던 놀라운 사실들이 밝혀졌다.

39

앤서니 피렐리 | 이너시티 집단

암울한 유년기를 딛고 화려한 노년을 맞이하다

이제 칠순을 맞이한 앤서니 피렐리를 살펴보자. 그는 인생 초년에 이미 성공적인 삶에 위협이 되는 요소란 요소는 다 경험했다. 열악한 사회경제적 처지에다 부모의 불화, 우울증에 시달리는 어머니, 학교 문턱에도 못 가본 아버지, 콧구멍만 한 아파트에서 우글거리는 여덟 형제……. 성인발달연구가 시작되기 전에는 이런 요소들이 한 인간을 비참한 노년으로 귀결시키고 마는지 아닌지 연구해 본 사람이 아무도 없었다.[4~6] 다들 앤서니 피렐리가 젊은 시절 실패의 쓴잔을 마셨으리라 예상했겠지만 60여 년에 걸쳐 꾸준히 그의 자취를 밟아온 결과, 놀랍게도 그는 눈부시게 성공했고 화려한 노년을 맞이했다.

이탈리아에서 태어난 그의 부모는 영어를 읽지도 못했다. 아버지는 공장 직공으로 일하면서 쥐꼬리만 한 월급을 받아왔고 그나마도 허름한 동네 선술집에서 술값으로 다 날리곤 했다. 아버지는 "비열하기 짝이 없었으며" 걸핏하면 "무엇이든 손에 잡히는 대로" 거머쥐고 앤서니의 형들에게 가혹하게 매질을 했다. 형들은 "피투성이가 된 채 비명을 지르며 집 밖으로 뛰쳐나가곤 했다. ……아버지는 형들이 다치든 말든 아랑곳하지 않았다." 앤서니는 자신이 아주 어렸을 적에, 형들은 거의 일주일에 한 번꼴로 구타를 당했지만 여동생과 자기는 매를 맞지 않았다고 말했다.

피렐리가 세 살 되던 해, 어머니는 그만 조울증에 걸리고 말았다. 그녀는 아이들을 통제할 기력이 없었고, 아이들도 무력한 어머니에 대한 존경심을 상실해 버렸다. 부모님은 얼굴을 맞대기만 하면 다투었고 툭하면 별거 생활을 했다. 피렐리가 열세 살이 되었을 때, 결국 부모는 이혼을 하고 말았으며 피렐리는 아버지를 따라갔다. 그 당시 우리 연구원이 찾아갔을 때, 그의 아버지는 아들이 무단결석을 하든 말든 아무런 관심도 없어 보였다.

1941년 탐방 연구원 다섯 명이 앤서니 피렐리의 집을 처음으로 방문했을 때, 피렐리는 "보스턴의 웨스트엔드 빈민가에 있는, 중앙 난방도 되어 있지 않은 다 쓰러져가는 5층짜리 공동주택에서 초라하기 그지없는 생활을 하고 있었다." 연구원들은 "아늑함이라고는 전혀 없고 들어가보기조차 싫은 집이었다. 궁핍 그 자체였다. 아이들의 행색도 모두 이루 말할 수 없이 초라했다."라고 기록했다. 소년으로 성장한 피렐리의 모습은, 1998년 다섯 번째로 찾아온 탐방 연구원에게 훌륭한 고층 아파트를 소개해 주는 활력 넘치는 대사업가의 모습과는 사뭇 달랐다. 당시 동행했던 정신과의사는 열세 살 소년 피렐리를 다음과 같이 묘사했다.

아버지로부터 꾸지람을 들을까 봐 잔뜩 긴장하고 두려움에 질려 움츠러든 상태였다. ……소년은 매우 유순해 보였으며, 제 나름대로 좋은 인상을 주려고 노력하는 것 같았지만, 결코 자연스러워 보이지는 않았다. 전체적으로 볼 때, 그 아이는 너무 관습에 얽매여 있어서 진정한 자기만의 생각을 가지는 것조차 어려워 보였다. 소극적인 편이어서 활기차게 움직이는 운동경기에는 참여하려 하지 않는 대신 우표 수집이나 배 모형 조립과 같이 조용히 혼자 하는 취미활동은 꽤 여러 가지였다. 우리는 그 아이가 감수성이 아주 예민하고 미학적 감각이 뛰어나다는 인상을 받았다.

이에 덧붙여 정신과의사는 피렐리가 "정서적으로 안정된 상태이고…… 가족들의 감정을 존중할 줄 알며…… 비참한 환경 속에서 자라난 아이가 총명함과 인성으로 어떻게 역경을 이겨내는지 그 완벽한 본보기가 되고 있다."고 기록해 두었다.

당시 아이들은 한 학년이 끝날 때마다 새 학년이 되는 것을 축하하는 의미에서 새 옷을 선물로 받았다. 그러나 피렐리의 부모는 새 옷을 장만할 형편이 못 되어 늘 학교에서 옷을 얻어오곤 했다. 이후 피렐리는 아버지가 왜 자기에게 더 잘해 주지 않았는지 궁금하게 여겼다. "아버지는 우리에게 잘해 주고 싶다는 생각을 해본 적이 없던 것 같아요. 왜 그랬을까요?" 어린 나이에 미국으로 이주해 온 어머니가 영어를 배우지 않았던 점도 이해하기가 힘들었다. 몇 년이 지난 뒤, 나이 터울이 많은 누이 애나는 갓난아기 때부터 일고여덟 살이 될 때까지 자기 손으로 피렐리를 키웠다고 말해 주었다. 결손가정에서 자라난 여느 아이들과 달리 피렐리 팔형제는 하나의 동아리로 단단하게 결속되어 서로서로를 돌보았다. 그로 인해 모든 것이 달라졌다. 피렐리는 학교에서 우등생 명단에 올랐으며, 기술고등학교를 졸업한 뒤 열일곱 살에 공군에 입대했다. 그리고 제대하기 직전 위문 댄스파티에서 지금의 아내를 만나 열아홉 살에 결혼했다. 그는 아내의 가족들을 사랑했는데, 그 이유를 자기가 자라온 가정과 달리 "아내의 가정에는 늘 즐거움이 가득했어요. ……처가 식구들에게서 심각한 문제라고는 찾아볼 수 없었어요."라고 설명했다.

피렐리는 공군에서 제대한 뒤 전문 기술자로 일자리를 잡았다. 그의 형 빈스는 성년이 된 피렐리에게 가장 중요한 인물이었다. 빈스는 일주일에 한 번씩 피렐리를 데리고 나가 점심을 사주면서 동생의 장래 계획에 대해 이야기를 나누었다. 공부를 다시 시작하라고 강력하게 권한 사람도 바로 형 빈스였다.

두 번째 탐방 연구원이 찾아갔을 때, 25세에 접어든 피렐리는 제대군인원호지원금을 받아 마련한 주택에 거실을 아름답게 꾸며놓고 살고 있었다. 연구원들은 피렐리가 "차분한 성격을 지닌 성실한 노동자로 성장해 있었다."라고 기록했다. 당시 피렐리는 야간에는 벤틀리대학교 재무회계학과에서 회계학을 공부하고 있었다. 그는 스승에게 감사할 줄 아는 학생이었고, 교수들로부터 깊은 감명을 받았다고 말했다. 그는 특히 대학 설립자인 해리 벤틀리Harry C. Bentley를 존경했으며, 벤틀리 교수가 현대 회계학의 창안자나 다름없다고 믿었다. 피렐리는 벤틀리 교수의 과목에서 좋은 성적을 얻고 싶어했다. 벤틀리 교수는 "회계를 배워두면, 무슨 일이든 할 수 있을 거야."라고 말해 주었고, 피렐리는 그 말을 가슴 깊이 새겼다.

5년 뒤, 세 번째 탐방 연구원들이 찾아갔을 때, 피렐리는 전망이 아름다운 랜치 하우스(칸막이가 없고 지붕이 낮은 단층집으로 미국 교외에 많다—옮긴이)에 살았다. 연구원은 피렐리가 "자기 일을 성실히 했고, 자식들에게 자기 어린 시절보다 좋은 환경을 만들어주기 위해 세심하게 배려했다."라고 기록했다. 피렐리는 두 아들에게 아낌없이 사랑을 베푸는 헌신적인 아버지였다. 결혼 초반에 피렐리의 아내는 가계에 보탬이 되고자 직장생활을 했고, 이후 레스토랑에서 실내장식과 직원 관리를 맡았다. "아내는 어려운 상황을 현명하게 헤쳐나가는 여성이에요. 둘 사이에 문제가 생길 때마다 우리는 얼굴을 맞대고 앉아 허심탄회하게 이야기를 나누었고, 아내는 늘 문제를 정확하게 짚어냈지요." 피렐리는 아내 덕분에 외고집을 다스리게 되었다며 고마워했다. 피렐리와 아내 모두 춤추기를 좋아해서 짬이 날 때마다 사람들과 어울려 춤을 추곤 했다.

한편으로 이렇듯 매사에 감사할 줄 안다는 것이 피렐리의 독보적
인 강점이었다. 서른 살이 된 피렐리는 공인회계사로 자리를 잡았
고, 전문 기술직을 떠난 지 오래였다. 고객들은 피렐리를, 그리고 그
의 '사업에 대한 열정'을 신뢰했다. 하지만 그가 잇따라 기회를 얻고
마침내 업계에서 확고하게 자리를 잡은 것은 무엇보다도 그의 다정
하고 낙천적인 성품 덕분이었다.

47세에 피렐리는 교외에 있는 수영장과 테니스장이 딸린 대저택
에서 가족들과 평화롭게 살았다. 네 번째 탐방 연구원은 "그들은 서
로를 무척 아끼고 사랑했다."고 기록했다. 피렐리는 무슨 질문에든
진지하게 대답했고 우리 연구에 대해서도 지적 호기심을 보였다. 원
한다면 그동안 완성된 연구논문을 보내줄 수도 있다고 연구원이 얘
기하자 피렐리는 무척 고마워했다. 그는 이 연구에 참여하게 되어
영광이며, 자신이 제공한 정보가 누군가에게 조금이나마 도움이 되
기를 간절히 바란다고 했다.

라인홀트 니부어Reinhold Niebuhr(미국의 프로테스탄트 신학자로 《도덕적
인간과 비도덕적 사회》의 저자—옮긴이)의 '평온의 기도'를 성실하게
지킨 덕분에 피렐리는 평생 동안 용기와 인내심을 지닐 수 있었다.
피렐리는 가장 절친한 벗이었던 형 빈스가 갑작스럽게 세상을 떠났
다고 전하면서, "인생은 수많은 장들로 채워진 책 한 권이나 마찬가
지"라고 말했다. 인생의 한 장이 끝나면 반드시 다음 장으로 넘어가
야 하며, 늙는다는 것도 그리 나쁘지만은 않다고 했다. 수줍음 많고
감수성이 예민하며 두려움에 차 있던 소년은 특허 논쟁에서 거대 다
국적기업에 맞서 당당히 승리하는 사업가로 변모했다.

63세가 된 피렐리는 관상동맥 혈전증이 심각해져 사업에서 물러
났다. 자신이 '늙어간다'는 사실을 깨달은 뒤에는 모든 사업을 자식

들에게 물려주었다. 65세 즈음, 그는 사업에서 얻은 모든 지분을 자신을 믿고 의지했던 동료들에게 모두 되돌려주었다. 그는 건강이 허락하는 한 남은 생애를 아내와 하고 싶던 일들을 하면서 조용히 보내려고 했다. 화려하게 성공한 여느 사람들과 달리, 피렐리는 손에 쥐고 있는 것을 언제 놓아야 하는지 분명하게 인식하고 있었다. 그는 평생 아껴왔던 귀중한 우표들을 경매로 팔았다. 그가 하나하나 희귀한 우표를 모으면서 느꼈던 즐거움을 다른 이들도 경험하기를 바랐기 때문이다.

칠십 노인이 된 앤서니 피렐리는 보스턴의 고층 아파트 현관에서 다섯 번째 탐방 연구원들을 맞이해 주었다. 피렐리는 밝은 색 테니스 셔츠에다 멋스러운 감색 운동복 차림이었다. 백발이 성성했지만 플로리다 해변에 있는 겨울 별장에 다녀와서인지 얼굴은 까맣게 그을려 있었다. 최근에 혈관이식 수술을 받긴 했지만, 여전히 활력이 넘치고 건강해 보였다. 피렐리는 은퇴하기를 잘했다고 생각했으며 자신의 생활에 만족했다.

앤서니 피렐리는 연구원을 창가로 안내해 바깥 전망을 보여주었다. 보스턴 공원의 아름다운 경치와 백조 보트, 둥근 금빛 지붕을 얹은 주의회 의사당과 멀리 찰스 강이 한눈에 내려다보였다. 왼편으로는 곧게 쭉쭉 뻗은 가로수 길이 이어진 커먼웰스 가를 따라 대저택들이 즐비하게 늘어서 있었다. 그러나 피렐리는 연구원에게 오른편 풍경을 유심히 살펴보라고 말했다. 희망이라곤 찾아볼 수 없었던 유년 시절에 피렐리가 살았던 그곳, 첫 번째 연구원이 찾아갔을 때 보았던 그 누추한 공동주택들이 서 있던 자리였다.

피렐리는 이제 가족에 대해 이야기할 때도 한결 느긋했다. 고통스러웠던 유년기는 차츰 긍정적 추억으로 바뀌었으며, 마음에는 감사와 용서가 들어찼다. 어머니에 대해서도 측은한 마음을 느꼈다. "어머니는 세상에서 가장 다정한 여인이었어요. 어머니는 자식들이 학교에서 어떻게 생활하는지 알 수 없었기 때문에 아이들과 터놓고 대화를 나눌 수 없었고, 결국 스스로를 궁지에 몰아넣고 말았던 거예요. 학교생활 자체가 어머니를 난처하게 만든 거죠. 학교에 다녀보신 적이 한 번도 없었으니까요. 아이들 학교공부를 도와주지 못하는 것도 괴로운 일이었을 거예요. 아이들을 위해 해줄 일이 아무것도 없다고 생각했을 거예요." 그는 부모님이 자신은 아랑곳없이 자식 돌보는 일에 모든 것을 헌신했다고 기억했다. 그는 어머니가 그 적은 돈으로 어떻게 그토록 오랫동안 가족의 생계를 유지할 수 있었는지 의아하게 여겼다.

피렐리는 세월이 흐르면서 자신이 관용의 폭이 넓어졌다는 것을 알아채지 못하는 것 같았다. 오히려 아버지의 성격이 세월이 흐름에 따라 원만해졌다고 믿었다. 그는 이제 아버지를 '훌륭한 가장'으로 기억했고, 자기가 학교로 돌아가 공부를 다시 시작할 수 있었던 것도 아버지 덕분이라고 믿었다. 피렐리는 "아버지는 근방에서 가장 아름다운 정원을 가꾸셨고, 아들들에게 매를 댄 것은 자신의 실패를 대물림하지 않기 위해서였죠."라고 말했다. 피렐리는 아버지가 어린 여동생과 자기에게는 매를 들지 않았다고 여러 번 강조했다. "우리는 한 번도 맞아본 적이 없어요." 그도 그 이유가 궁금했다. 그는 "여동생과 내가 한참 자라날 때는 세월이 더 좋아져서 그랬을 거예요."라고 말했다. 시간이 흐르면서 형들은 어려운 상황을 극복해 냈고 아버지도 조금씩 나아지셨다. 그는 '세월이 약'이라고 생각했다. 앞으로 보게 되겠지만, 오래 묵은 원망을 키우기보다는 관용의 자세로 감싸안는 것이 성공적인 노화에 훨씬 더 도움이 된다.

이처럼 관용을 키워온 피렐리였지만, 어린 시절 부모와 함께 생활하면서 겪었던 일들이 자신의 인격 형성에 어떤 영향을 끼쳤는지 물었을 때는 "영향이 아주 컸어요. 아버지와는 정반대 인물이 되고 싶었으니까요. 아버지처럼 무능한 존재가 되고 싶진 않았어요. 내 인생의 목표는 야망을 가지는 것이었으니까요."라고 답했다. 어린 시절, 자신을 보살펴준 누이 애나도 소중했지만 피렐리에게는 돈을 많이 번 삼촌 부부도 누이 못지않게 소중한 인물이었다. 삼촌 부부 이야기는 다섯 번째 면담에서 처음 나왔다. 그들은 다정다감했고, 피렐리 형제들에게 무척 잘해 주었다. 사람들은 나이가 들어가면서 자기 삶에 대해 이야기하는 방식도 그때그때마다 조금씩 달라진다. 주로 미래 삶에 영향을 끼친 일들을 떠올리지만, 무엇이 실제로 영향을 끼쳤던 요인이었는지 분간하기 어려울 때도 있다.

자수성가한 여느 사람들과 달리, 일선에서 물러난 피렐리는 후계자들이 사업체를 훌륭하게 운영해 나가는 것에 감사하고 만족했다. 피렐리는 여전히 일주일에 한두 시간씩 차량 판매업을 돌보기는 하지만, 그가 세워놓은 탄탄한 경영체제를 믿고 의지했다. 사무실에 자주 드나들면 외려 직원들이 일하는 데 방해가 될 거라고 여겼다.

일흔이 된 그에게 지난 40년 동안 가장 절친한 친구가 누구였는지 묻자 "집사람이라오."라며 주저 않고 대답했다. 서로에게 얼마나 의지하고 있는지 묻자 "한 사람이 죽으면 나머지 한 사람도 따라죽을 정도지요."라고 대답했다. 그들은 얼마 전 결혼 50주년을 맞았다. 큰아들은 컬럼비아대학교에서 수학 박사학위를 취득했으며, 작은아들은 대학에 다니고 있었다.

그는 심장마비를 앓았고 심장 절개 수술까지 받았다. 그러니 건강상태가 나쁘다고 할 수도 있겠지만, 피렐리는 전혀 아픈 줄 모르고

살았다. 그는 전이나 다름없이 신체적인 활력을 유지했고, 꾸준히
테니스를 쳤다. 일이 그립지 않은가 하는 물음에는 "다른 것들을 하
느라 너무 바빠서 일을 그리워할 시간도 없지요. ……지루함 따위
는 한순간도 모르고 산다오."라고 의기양양하게 말했다. 일흔이 된
피렐리는 인생을 제대로 즐길 줄 아는 사람이었다.

피렐리의 이야기에서 핵심은 가난한 이민자의 아들이 부자가 되
었다는 것이 아니다. 피렐리의 생애를 통해 얻을 수 있는 진정한 교
훈은, 그는 불우한 유년기에 얽매이지 않았으며, 어린 시절 자기가
가지지 못했던 것들을 자식들에게 만들어주었다는 것이다. 그는 50
년 동안 아내를 사랑했으며, 몸에 병이 생겼을 때조차도 아프다고
느낀 적이 없었다. 그는 원망이 아니라 감사하는 마음으로 자신이
쌓아올린 전부를 다른 사람에게 되돌려주었다. 과거가 미래를 예견
할 수 있을지는 모르나, 결코 우리의 노년을 결정지을 수는 없다.

60세에 이른 성인 중 평균 3분의 1만이 80세를 넘긴다. 그러나 성
인발달연구의 세 집단 중에서 대학교육을 받은 60세 성인의 70퍼센
트가 80세를 넘겼다. 평균보다 두 배나 많은 수치다. 다시 말해, 우
리 연구의 대상자들은 평균 이상의 수명을 누리며 오랜 은퇴 생활을
한다. 그리고 2000년에 태어난 아이들은 대부분 그만큼의 수명을 누
리게 될 것이다. 이 책에서 노년에 이른 사람들의 생애를 더듬어가
다 보면, 성공적인 노화에서 가장 근본적인 요소가 무엇인지 밝혀질
것이다. 나보다 열 살에서 스무 살 위인 연구 대상자들은 모두 삶의
온갖 역경들을 딛고 온 이들이며, 나는 그들이 남긴 발자국을 따라
40여 년간 연구를 진행해 왔다. 이 책을 통해 독자들도 나의 연구에

동참하게 되기를 바란다. 피렐리의 이야기를 진지하게 살펴보면, 한 사람이 어떻게 다른 사람들이 예상했던 것과 전혀 다른 삶의 결실을 맺게 되는지 그 숨겨진 해답을 찾을 수 있다.

이제까지 성인발달연구로부터 찾아낸 수많은 주요 성과들은 다음과 같다.

- 우리에게 일어났던 나쁜 일들이 우리 미래를 결정하는 것은 아니다. 행복한 노년은 우연히 만난 훌륭한 인물들 덕분에 보장되기도 한다.
- 인간관계의 회복은 감사하는 자세와 관대한 마음으로 상대방의 내면을 들여다볼 때 이루어진다.
- 50세에 행복한 결혼생활을 하고 있다면 80세에도 행복한 노년을 누릴 수 있다. 그러나 놀랍게도 50세에 콜레스테롤 수치가 낮다고 해서 80세에 반드시 건강하고 행복한 것은 아니다.
- 알코올 중독은 (불행한 유년 시절과는 관계 없이) 분명 실패한 노년으로 이어진다. 알코올 중독은 부분적으로 장차 얻을 수 있을 사회적 지원을 가로막는 요인이기 때문이다.
- 은퇴하고 나서도 즐겁고 창조적인 삶을 누려라. 그리고 오래된 친구를 잃더라도 젊은 친구들을 사귀는 법을 배워라. 그러면 수입을 늘리는 것보다 한층 더 즐겁게 살 수 있다.
- 객관적으로 신체건강이 양호한 것보다 주관적으로 건강상태가 좋다고 느끼는 것이 성공적인 노화에 훨씬 더 중요한 요소다. 다시 말해 스스로 자신이 병자라고 느끼지 않는 한 아프더라도 남이 생각하는 것만큼 고통스럽지 않을 수 있다.

유전자 결정론이 아직도 지배적인 것처럼 보이지만, 우리는 유전적 요소들을 변화시킬 수 있다는 데 희망을 걸고 있다. 연구 대상자들의 삶이 길잡이 역할을 해주고 있다. 그들 덕분에 우리는 발달과 성장의 법칙에 따라 삶을 예측하고 만들어갈 수 있게 되었다. 벤저민 스포크Benjamin Spock와 그의 연구원들은 자녀의 성장을 예측하고, 자녀에게서 바뀔 수 있는 것과 있는 그대로 받아들여야 하는 것이 무엇인지 이해할 수 있도록 부모들을 가르쳤다. 마찬가지로 이 책은 노년에 이른 성인들에게 그와 똑같은 것을 가르치고자 한다. 찰스 디킨스Charles J. H. Dickens의 《크리스마스 캐럴A Christmas Carol》에 나오는 스크루지 영감의 말을 기억하라. "인간의 삶에는 저마다 독특한 결말이 기다리고 있다. 그 예정된 길을 꾸준히 따라가다 보면 반드시 그 결말에 도달할 것이다. 그러나 그 길에서 이탈하면, 생의 결말도 바뀔 것이다."

첫 번째 관문 : 긍정적 노화의 정의

나는 성인발달연구에서 발견해 낸 중요한 성과들부터 살펴볼 것이다. 그 과정에서 긍정적 노화의 정의를 발전시키고 확장해 볼 것이다. 그러나 우선 몇몇 핵심 가설부터 설명하고 넘어갈 필요가 있다. 사회과학자에서 시인에 이르기까지 다양한 논평자들은 노화가 좋은 것인가 아닌가 하는 문제에 대해 갖가지 의견을 내놓을 것이기 때문이다. "나와 함께 늙어갑시다! / 인생의 절정은 아직 오지 않았다오."라며 우리에게 손을 내미는 로버트 브라우닝Robert Browning의 말을 믿는가? 만일 그렇다면, 희곡 〈리어왕〉은 리어왕과 코딜리어의 죽음이 아니라 그 둘이 아름다운 황혼 속으로 사라지면서 끝나야 마 땅하지 않은가? 사실 노년에 접어든 셰익스피어가 염세적인 시각으 로 각색하기 전의 〈리어왕〉은 그렇게 끝나게 되어 있었다.

연구 대상자 중 한 저명한 소설가는 브라우닝의 관점을 지지하는 뜻에서 다음과 같은 글을 써서 보내왔다.

모든 이들의 예상과 달리, 나는 나이가 들어갈수록 점점 더 행복해 지는 듯합니다. 미국인들 사이에는 젊음은 훌륭하고 멋들어진 것이나 노년은 두려움 그 자체라는 생각이 팽배해 있습니다. 그러나 나의 경 우, 일을 하면서 조금씩 나의 부족함들을 채워나가고 무난하게 잘사는 법을 배우기까지 60년이라는 세월이 걸렸습니다.

나의 삶은 병든 부모, 전쟁, 상대적 빈곤, 한 번의 결혼 실패, 회의, 술, 방황 등 비참함의 연속이었습니다. 그러나 노년에 이르러 나는 내 가 무엇을 하고 있는지 알게 되었고, 다른 사람을 존중할 줄 알며, 비 교적 안정된 경제적 기반을 갖추고 사랑하는 아내와 살고 있으며, 어 떤 어려움도 극복할 수 있다는 자신감도 생겼습니다.

좋은 이야기이긴 하다. 그러나 윌리엄 셰익스피어는 《뜻대로 하세 요As You Like It》에서, 노년은 "제2의 유년기이자 순전한 망각의 장 / 이 도 없고, 눈도 없고, 입맛도 없고, 모든 것이 사라졌다."라고 강조했 다. 셰익스피어는 리어왕의 노망기 어린 자아도취를 도무지 봐주기 어려운 것으로 표현했다.

노년에 대한 논쟁에서 딱 부러지게 결론을 내리기란 어려운 일이 다. 어느 쪽이나 다 옳기 때문이다. 노년에 비참해질 수도 있고 즐거 워질 수도 있다. 그러나 한 가지 분명한 것은 긍정적으로 늙어간다면 변화나 질병, 갈등 상황에 부딪히더라도 얼마든지 적극적으로 헤쳐나갈 수 있다는 점이다. 그러므로 노화에 대한 제3의 관점, 흑백논리에 치우치지 않는 새로운 관점이 존재할 수도 있다.

연구 대상자 중에 55세가 된 한 시인은 죽어가는 순간에도 위엄이 있어야 한다고 강조했다. 그는 "죽기 전 마지막 의식이 남아 있는 순간 얼굴에 향수 어린 미소를 가득 머금는 사람이 있는가 하면, 숨이 끊어지기 직전까지 매듭짓지 못한 사업에 연연하며 시간을 되돌리려고 사력을 다하는 사람이 있다. 그 두 사람의 차이는 무엇일까? 나라고 그 차이를 알겠는가마는, 한번쯤 그 차이에 대해 생각해 보는 것도 가치 있는 일이라고 확신한다."고 했다. 그는 또한 성공적인 노년과 성공적이지 못한 노년의 차이에 대해서도 결론을 내렸다. "바로 즐거움을 누릴 줄 아는 여유가 있는가 없는가다. 나는 그것이야말로 우리가 살아가면서 잊지 말아야 할 가장 중요한 요소라고 생각한다. 삶은 즐길 필요가 있다!"

이 장에서 내가 학자연하면서 성공적인 노년이라는 용어를 쓸 때마다, 여러분은 늘 '즐거움'이라는 말을 떠올리면 된다. 머리로 말하는 것보다는 가슴으로 말하는 것이 훨씬 더 생동감 있다.

분명 성공적인 노년에 이르는 길은 수없이 많을 것이며, 어느 한 가지 길이 옳다고 말할 수는 없을 것이다. 그러나 목표는 분명하다. 20년을 네 번씩이나 보내고도 한 해쯤 더 걸릴 여정을 어떻게 하면 즐겁게 만들 수 있겠는가 하는 물음이 바로 이 책의 초점이다.

우리는 노인 중에서도 나이가 아주 많은 노인들에게 그 길을 일러 달라고 청할 필요가 있다. 이제까지는 50대와 60대의 말을 인용해 왔다. 브라우닝, 셰익스피어, 앞에 언급했던 소설가와 시인은 모두 중년의 나이에 그처럼 위엄 있는 어조로 노년에 대해 기록했다. 그들이 무엇을 알았겠는가? 앤서니 피렐리도 겨우 70세였다.

학식이 깊었던 미국의 문학평론가 맬컴 카울리Malcolm Cowley도 80세가 되자 노년에 대한 불안감에 휩싸였다.[7] 랄프 왈도 에머슨R. W. Emerson은 57세에 〈노년Old Age〉이라는 에세이를 썼으며, 알렉스 콤포트Alex Comfort는 56세에 《만족스러운 나이A Good Age》를, 시몬느 드 보부아르Simone de Beauvoir는 60세에 《노년La Vieillesse》을 썼다. 그리고 가장 많이 인용되는 작품으로 키케로M. T. Cicero가 62세에 쓴 《노년에 관하여 De Senectute》가 있다. 카울리는 그의 역작 《여든에 바라본 세상The View from Eighty》에서, "스스로 노년에 대해 전문가라고 불렸던 이들은 삶이 아니라 문학을 알았을 뿐이다."라고 지적했다. 나도 그와 동감이다.

122세까지 살았던 칼망 부인 같은 이들에게 조언을 구할 수만 있다면 가장 이상적일 것이다. 시간이 흘러 이루 말할 수 없이 쇠약해진 탓에 토지보호 회의에도 참석하지 못하고, 귀가 잘 들리지 않아 계보학회 강연에도 참석하지 못하게 되었을 때, 과연 칼망 부인은 삶에 대해 어떻게 생각했을까? 그러나 애석하게도 칼망 부인은 이미 세상을 떠났고 연구의 대상자도 아니었으므로, 우리는 어쩔 수 없이 이 장 도입부에 등장했던 84세 연구 대상자의 목소리에 귀를 기울일 것이다. 바로 긍정적 노화란, 사랑하고 일하며 어제까지 알지 못했던 사실을 배우고, 사랑하는 이들과 함께 남은 시간을 소중하게 보내는 것이라는 말이다.

하버드대학교 성인발달연구

이 시점에서 성인발달연구에 대해 자세하게 살펴보자. 성인발달

연구는 병든 사람들이 아니라 건강하게 잘살고 있는 사람들을 연구
대상으로 삼았기 때문에 의학계에서는 찾아보기 힘든 연구라고 할
수 있다. 성인발달연구는 진행 과정에서 노년에 이른 성인 남녀로
구성된 세 연구 대상자 집단을 흡수하게 되었다. 세 집단은 모두 오
늘날까지 70년에서 90년 가까이 연구되어 오고 있다. 첫 번째 집단
은 1920년대에 태어나 사회적 혜택을 받으며 자라난 268명의 하버
드대학교 졸업생들로 구성되어 있다. 이것은 세계에서 가장 오랫동
안 진행되어 온 신체적, 정신적 건강에 대한 전향적 연구prospective study
다. 두 번째 집단은 1930년대에 출생한 이들 중 사회적 혜택을 누리
지 못한 이너시티 고등학교 중퇴자 456명으로 구성되어 있다. 이것
은 세계에서 가장 오랫동안 진행되어 온 '블루칼라' 성인의 발달에
대한 전향적 연구다. 세 번째 집단은 1910년대에 태어난, 지적 능력
이 뛰어난 중산층 여성들 90명으로 구성되어 있다. 이것은 세계에서
가장 오랫동안 진행되어 온 여성의 발달에 관한 전향적 연구다. (회
고에 바탕을 둔 연구가 아니라 사건 발생과 동시에 연구가 이루어졌
다는 것을 의미하기 위해 '전향적' 연구라는 표현을 썼다.)

하버드 졸업생(그랜트) 집단

성인의 발달과정을 다루는 '그랜트 연구'는 하버드대학교의 알리
복Arlie Bock과 클라크 히스Clark Heath가 처음 시작했다.[8] 학생 신분이었
던 이 두 공중보건의는 건전한 성장에 관한 연구를 위해 사업가 윌
리엄 그랜트William T. Grant로부터 재정적으로 지원을 받았다. 1938년 9
월 30일, 알리 복은 연구 대상자들이 2000년이 넘어서까지도 연구

에 적극적으로 동참할 것이라고는 꿈에도 생각지 못한 채 신문 보도
를 통해 연구의 목적을 다음과 같이 밝혔다.

이제까지 의사들은 병이 발생한 이후에야 환자들을 돌보아온 것이
사실이다. 공중위생학과는 이런 방식을 개선할 것을 제안하며, 어떤
조건들이 세상에 정상적인 젊은이들을 내보내는 원동력이 되는지를
분석해 나갈 것이다. 구체적 사실들이 현재의 가설들을 대체할 것이
다. 우리는 좀 더 실제적인 연구를 필요로 한다.

연구 대상을 처음 선정하는 과정에서 각 학과마다 40퍼센트가량
은 임의로 제외했다. 1학년 평점이 C 또는 그 이하인 학생들이 졸업
필수학점을 채울 수 있을지 의문이었기 때문이다. 나머지 60퍼센트
에 해당하는 1학년 학생들의 건강기록부를 면밀히 검토한 뒤, 그중
에서 신체적, 심리적 건강상태에 근거해 다시 절반을 제외했다. 해
마다 2학년생 300명의 명단을 하버드 학장들에게 제출했고, 그중에
서 학장들이 '건강하다'고 인정하는 남학생 100명을 선정했다.

1939년에서 1942년까지 2학년생 268명이 연구 대상자로 선정되
었다. 이 학생들 중 12명은 재학 중에 연구 대상에서 제외되었고, 그
뒤로 50년 동안 8명이 더 줄어들었다. 나머지 248명은 거의 70년 동
안(또는 죽기 전까지) 연구에 성실하게 꾸준히 참여해 주었다. 그들은
2년에 한 번씩 설문지를 받았으며, 5년마다 건강검진기록부를 제출
하고, 15년에 한 번씩 면담에 응했다. 대상자의 아내나 자녀들에게
도 남편이나 아버지가 어떻게 생활하는지, 그리고 그들 자신의 생활
은 어떤지에 대해 상세하게 물었다.

1940년에 하버드대학교에 입학한 남학생들이 모두 부유하고 특

권을 누렸던 것은 아니다. 그러나 그들 대부분은 백인이었고, 조부모들이 미국 출생인 경우가 많았다. 장남이 대부분이었고, 선정된 학생들 중 2퍼센트만이 왼손잡이였다. 보통은 왼손잡이가 10퍼센트 정도 되는데 말이다. 하버드 집단은 타고난 재능을 잘 지켜나가거나 아니면 그 이상으로 발전시키는 능력을 고려하여 선정했고, 선정된 학생들 대다수가 기대에 부응했다. 268명 가운데 4명은 미국 상원의원에 출마했다.

연구 대상에 포함된 뒤 각 학생들은 담당 정신과의사에게 8회 정도 면담을 받았다. 면담 내용은 주로 가족관계, 장래 계획, 가치체계 등이었다. 정신과의사들은 환자가 아니라 한 인간으로서 학생 한 명 한 명을 이해하려고 노력했다.

가족요법 전문가인 루이스 그레고리 데이비스Lewise Gregory Davies 또한 하버드 집단 학생들을 만났다. 그녀는 각 학생들한테 살아온 내력을 자세하게 들었으며, 부모들을 만나기 위해 미국 전역을 돌았다. 각 학생들의 본가를 방문한 데이비스는 조부모나 가까운 친지들의 인품을 포함해 가족사를 자세히 살펴보았고, 사회적 지위를 어림해 보기도 했다. 또한 어머니들로부터 학생들의 성장과정에 관해 자세하게 들었고, 가족의 정신병력 여부도 함께 조사했다.

처음에는 가죽 표지의 큼지막한 기록부에 잉크로 자료를 기록하여 수작업으로 분석했다. 그러다가 1965년부터는 천공穿孔 카드(데이터를 표현하기 위해 규칙에 따라 직사각형 구멍을 뚫어 사용하는 종이 카드 형태의 초기 저장매체 —옮긴이)에, 1975년부터는 자기녹음 테이프에, 마침내 1990년부터 사무실 데스크톱 컴퓨터의 하드 드라이브에 자료를 입력하기 시작했다. 이 글을 쓰고 있는 2000년 현재, 60년 동안 모아온 모든 자료는 나의 노트북 컴퓨터에 저장되어 있다.

사회경제적으로 볼 때, 하버드 졸업생 집단에는 특권층 출신이 많지만 모두가 다 그렇지는 않다. 1940년, 하버드 집단의 부모 중 3분의 1은 일년 수입이 1만 5천 달러 이상이었지만, 7분의 1은 2천 5백 달러(시간당 1달러 25센트) 미만이었다.(당시 하버드대학교 일년 학비는 1천 5백 달러, 공인 간호사의 일년 수입은 2천 달러였다.) 하버드 졸업생들의 아버지 중 3분의 1이 전문교육을 받았지만, 반 정도는 대학을 졸업하지 못했다. 그러므로 하버드 집단의 절반 정도는 장학금을 받거나 일을 하면서 학교에 다녀야 했다.

제2차 세계대전이 발발하자, 하버드 집단 학생들은 뛰어난 학력 말고도 신체적, 정신적 요건에서 당시의 동년배들과 뚜렷하게 비교가 되었다. 신체적 결격 사유로 징집에서 제외되는 수가 통계로 볼 때 평균 268명 중 77명 정도로 예상되었지만 실제로는 11명밖에 되지 않았다. 정신의학적 사유로 제외되는 수도 268명 중 36명 정도로 예측했지만 실제로는 단 3명만 해당됐을 뿐이다.

대공황 시절에도 아버지들의 연간 수입이 2백만 달러나 되었던 몇몇 예외를 제외하면, 1940년대 하버드대 출신 대부분은 아버지 세대보다 사회적 신분이 더 높아졌고 경제적으로 성공을 거두었다. 제2차 세계대전에서 군복무를 마치고 제대한 하버드대 학생들은 높은 고용율과 달러 가치의 상승, 제대군인원호법의 특혜를 누렸으며, 대학원 교육까지 보장받았다. 또한 그들은 금연이나 중년의 건강에 관심이 높았던 1960~1980년대의 추세에 영향을 받기도 했다.

평균 47세에 이른 하버드 졸업생 연구 대상자들의 연간 소득은 10만 5천 달러 정도였고, 공화당 지지자들보다는 민주당 지지자들이 더 많았다. 1954년 당시 하버드 졸업생 연구 대상자의 16퍼센트만이 매카시 청문회를 지지했으며, 1968년 베트남전 개입을 단계적으로 줄이는 것에 찬성하는 이들은 91퍼센트에 이르렀다. 다시 말해 하버드 졸업생 연구 대상자들은 웬만한 기업 부장급 수준의 소득과 사회적 지위를 누렸지만, 취미생활이나 정견, 생활양식 면에서는 대학교수들 수준에 버금갔다.

하버드 졸업생 연구 대상자들 중 75세 이전 사망자 비율은 동년배 백인 남성들의 평균과 비교해 볼 때 절반밖에 되지 않았고, 연구 대상자에 들지 못한 하버드 졸업생과 비교해도 3분의 1밖에 되지 않았다. 연구 대상자의 60퍼센트는 이미 80세 생일을 넘겼거나 아니면 곧 넘길 것이다. 1920년에 출생한 미국 백인 남성들 가운데 30퍼센트만이 그와 같은 수명을 누릴 것으로 예상된다.

이너시티 집단

1939년, 하버드 법대의 젊은 법학교수였던 셀든 글루엑Sheldon Glueck은 소년원에 수감된 청소년과 법적인 문제를 일으킨 적이 없는 14세 남학생 각각 500명을 대상으로 전향적 연구를 진행할 기금을 확보했다.[9] 셀든 글루엑과 뛰어난 사회사업가인 그의 아내 엘레노어는 17세, 25세, 32세를 기준으로 연구를 진행해 나갔다.[10] 하버드 졸업생 연구 대상자들처럼 이너시티 소년들도 처음부터 내과의사, 심리학자, 정신과의사, 사회학자, 사회인류학자들로 구성된 연구팀의 조사에 기꺼이 응해 주었다. 글루엑을 주축으로 한 연구팀은 범죄학과 관련해서 권위 있는 두 권의 책을 발간했다. 《청소년 범죄의 해결 Unraveling Juvenile Delinquency》[11]은 글루엑이 직접 집필하여 1950년에 출간했으며, 그로부터 44년이 지나 글루엑 부부가 타계하자 중학교 교사이자 범죄학자였던 로버트 샘슨Robert Sampson과 존 라움John Laub이 《범죄의 형성Crime in the Making》[12]을 집필했다.

소년원에 수감된 소년들과 대조 표준집단이었던 평범한 소년 집단 주변에도 얼마든지 비행의 유혹에 빠질 만한 사회적 위험요소들이 산재해 있었다. 그들 역시 이너시티에 있는 학교에 다니고 있었고, 지능지수도 비행 청소년들과 비슷한 수준(평균 아이큐 95)이었다. 4명 중 1명은 2년 이상 유급을 당했으며, 비행 청소년들과 마찬가지로 범죄율이 높은 지역에 거주하고 있었다. 부모들은 대부분 이탈리아, 아일랜드, 영국, 캐나다 등 다른 나라 태생이었다. 이너시티 청소년의 절반 정도는 앤서니 피렐리처럼 황폐한 빈민가에서 유년 시절을 보냈는데, 욕조나 샤워 시설을 갖추지 못한 집이 절반을 넘었다. 1940년 당시 전체 보스턴 가구 중 욕조나 샤워 시설이 없는 집은 고작 16퍼센트 정도에 지나지 않았는데도 말이다. 이너시티 청소년 가정의 절반은 다섯 군데 이상의 사회복지단체에 등록되어 있었으며, 3분의 2 이상이 원조를 받아 생계를 꾸려나갔다.

글루엑 부부는 1960년부터 1962년까지 이너시티 연구 대상자들과 마지막 면담을 했다.[13] 그 당시 글루엑 부부는 연구 자금이 부족해 500명 중 나이가 어린 44명을 연구 대상에서 제외한 상태였으나 그 뒤로는 그마저 여의치 않아 연구가 아예 중단되고 말았다.[14] 1975년 내가 기금을 확보해 47세가 된 연구 대상자들과 다시 면담을 하기까지 약 15년 동안은 모든 접촉이 끊어진 상태였다. 나는 글루엑으로부터 연구를 물려받은 뒤부터, 하버드 졸업생 집단과 마찬가지로 그들에게도 2년마다 한 번씩 설문지를 보냈다. 2000년에 받은 답변서가 가장 최근에 받은 것인데, 당시 그들은 68세에서 74세 사이였다. 그들 역시 5년마다 건강검진기록부를 제출했다.

터먼 여성 집단

하버드 집단에 비견되는 여성 집단을 만들기 위해, 나와 아내 캐롤라인 베일런트는 스탠퍼드대학교의 천재아 연구(터먼 연구)팀의 협조를 받아 터먼 연구 대상자 672명 중 여성 90명을 선정했다.[15, 16] 터먼 연구는 1922년, 스탠퍼드대학교 교육학과의 터먼 교수가 캘리포니아의 도시지역 학교에 다니는 아이큐 140 이상인 아이들을 연구하기 위해 시작했다.

연구를 시작하기 전, 터먼 교수는 프랑스의 비네Binet 지능검사를 미국에 도입해 명성을 쌓았다. 터먼 교수는 오클랜드, 샌프란시스코, 로스앤젤레스에 있는 공립중학교 각 학급에서 담임교사가 가장 총명하다고 인정하는 아이들 7퍼센트를 선정했다. 그런 다음 스탠퍼드-비네 지능검사Stanford-Binet Intelligence Scale를 통해 아이들 각각을 다시 심사했다. 터먼은 이런 방식으로 캘리포니아 도시지역 학생 중 아이큐 140 이상인 1퍼센트를 선정했다. 아이들은 대부분 1908년에서 1914년 사이에 태어났다.

터먼의 당초 목적은 세 도시에 거주하는 아이들 중 가장 총명한 아이들을 가려내는 것이었다. 그러나 선정 작업을 끝내고 전체 학교를 다시 살펴본 그는 80퍼센트 범위 내에서만 선정 작업이 이루어졌다는 것을 알게 되었다. 총명하지만 눈에 잘 띄지 않거나 수줍음을 타는 아이들은 담임교사들이 간과하기 일쑤였다. 게다가 캘리포니아 주의 사립학교(터먼은 사교육을 인정하지 않았다)와 중국인학교에 다니는 아이들은 임의로 제외했다. 그러므로 총명한 상류층 아이들이나 중국계 미국인 아이들은 제외된 셈이다. 당시의 교사들은 민족적 편견이 심했기 때문에 총명한 아이들 중 영어를 제2언어로 하는 아이들 또한 알게 모르게 제외하는 경우가 많았다. 예를 들어, 터먼 연구의 대상자였던 한 여자아이의 아버지는 시인이자 체스의 달인이었고 전임 시장이었다. 게다가 그는 3년 동안 대학원에서 원예학을 전공하기도 했다. 그러나 담임교사는 교양을 두루 갖춘 그 아버지를 '일본인 정원사'라며 경멸했다.

천재아를 연구했던 루이스 터먼이 1922년에 시작해 1956년까지,[17] 1956년에서 1970년까지[18]는 멜리타 오든Melitta Oden, 1970년에서 1989년까지[19]는 터먼 연구팀의 일원이었던 로버트 시어스Robert Sears, 1990년에서 2000년까지 앨버트 하스토프Albert Hastorf에 이르기까지 장장 80년 동안 터먼 연구가 이어졌다. 4대에 걸친 연구자들은 터먼 연구 대상자들에게 5년에 한 번씩 설문지를 보냈으며, 1940년과 1950년에는 개별 면담도 했다. 65년 동안 추적 조사가 이루어진 뒤에 보니, 사망이나 질병이 아닌 다른 이유로 연구 대상자에서 제외된 경우는 전체의 10퍼센트도 되지 않았다. 한 가지 안타까운 점이라면, 터먼 여성 연구 대상자들에게는 정기적으로 건강검진기록부를 제출해 달라고 요청하지 않았다.

성격면에서, 터먼 여성 연구 대상자들은 유머와 상식이 풍부하고 인내심과 리더십을 두루 갖추었으며, 학급에서 인기가 많았다. 다른 아이들에 비해 신체건강 및 영양상태가 양호했고 정서적으로 안정되어 있었으며, 두통이나 중이염을 앓는 일도 드물었다. 유아 때 형제가 사망하는 비율도 다른 아이들에 비해 반 정도밖에 되지 않았다. 마지막으로 하버드 졸업생 집단과 마찬가지로, 터먼 여성 집단의 80세 미만 사망률도 동년배 미국 백인 여성들의 평균에 비해 절반밖에 되지 않았다.

1987년, 스탠퍼드대학교 교수 로버트 시어스와 앨버트 하스토프의 배려에 힘입어 터먼 여성 90명과 면담을 재개하게 되었을 당시, 그중 29명은 이미 사망했고, 21명은 건강이 좋지 않거나 주위의 협조 부족으로 만나보지 못했다. 우리는 나머지 40명을 대상으로 다시 면담을 진행해 나갔다. 면담 당시 그들의 평균 연령은 78세였다. 1999년에 마지막으로 만났던 하버드 출신 연구 대상자와 같은 나이였다. 극도로 건강상태가 좋지 않다고 알려졌던 몇몇을 제외하면, 우리가 만나보지 못한 50명의 여성들은 실제로 면담을 가졌던 40명의 여성과 크게 다르지 않은 삶을 살았을 것으로 생각된다.

다르면서도 같은 그들 : 세 집단 비교

마지막 연구가 진행되던 당시, 터먼 여성들은 모두 70세에서 79세에 이르는 일반 노인old-old이었고, 하버드 출신의 3분의 1은 80세 이상의 고령 노인기oldest-old에 들어서고 있었다.[20] 이너시티 출신은 반 정도만이 60세에서 69세에 이르는 젊은 노인기young old를 넘기고 일반 노인기old-old로 들어섰다. 68세에서 70세가 된 이너시티 출신자의 신체 노화 수준은 터먼 여성 집단과 하버드 졸업생 집단의 78세에서 80세와 비슷했다.[21] 이와 같은 건강상의 차이는 이너시티 집단의 낮은 교육 수준, 비만, 심각한 알코올 중독, 지나친 흡연 때문에 생겨난 것이다. 그 네 가지 원인만 잘 다스린다면 부모의 사회적 신분, 아이큐, 소득이 낮더라도 건강에 그리 심각한 문제가 되지는 않았다. 달리 말해, 대학을 졸업하고 70세에 이른 29명의 이너시티 출신자의 건강은 70세가 된 하버드대학교 졸업자의 건강과 동일한 상태였다.

성인발달연구에서 같은 집단에 속한 연구 대상자들 사이에 비교적 유사한 점이 많이 발견되는 것은 사실이지만, 한 사람 한 사람을 떼어놓고 살펴보면 같은 집단 내에서도 많은 차이가 존재한다. 이너시티 연구 대상자의 아버지들 중에는 아무도 없지만, 하버드 졸업생들의 아버지 세 명 중 한 명은 의사, 변호사, 사업가 등 사회 최상층(1등급)이었다.[22] 하버드 졸업생의 아버지들 중에는 아무도 없지만, 이너시티 연구 대상자의 아버지 세 명 중 한 명은 비숙련 노동자인 사회 최하층(5등급)에 속한다. 터먼 여성들의 부모들은 대부분 중산층(3등급 또는 4등급)이거나 숙련 노동자들이다. 물론 그중에는 하버드 졸업생의 아버지들과 똑같은 지위를 가진 이들도 있고, 이너시티 출신자의 아버지들보다 신분이 낮은 경우도 있다.

다음 표를 통해 세 집단을 한눈에 비교해 볼 수 있다. 앞서 언급했듯이, 터먼 여성 집단의 평균 아이큐(비네 지능검사)는 151이고, 이너시티 집단의 평균 아이큐(웩슬러-벨르뷔 지능검사)는 95이며, 하버드 졸업생들의 아이큐(미 육군 알파 지능검사)는 130에서 135로 추정된다. 터먼 여성들의 아버지는 평균 12년 동안 학교교육을 받은 데 비해, 이너시티 출신자들의 아버지는 8년, 하버드 졸업생의 아버지는 16년 동안 학교교육을 받았다. 이너시티 출신자들의 어머니 중에는 대학교육을 받은 사람이 없지만, 하버드 졸업생의 어머니 3분의 1이 대학을 졸업했다. 이는 터먼 여성들의 어머니에 비해 두 배가 많은 수치였다. 이너시티 출신자 세 명 중 한 명은 고등학교도 제대로 못 마쳤지만, 터먼 여성의 4분의 1, 하버드 졸업생의 4분의 3은 대학원까지 마쳤다.

세 가지 전향적 연구 모두 연구 대상자, 부모, 교사들과의 면담을 토대로 이루어졌다는 점에서 공통점을 지닌다. 공식 기록을 자료로

세 집단 비교

	하버드	이너시티	터먼 여성
평균 출생년도	1921	1930	1911
연구 시작년도	1939~42	1940~44	1920~22
연구 대상자 수	268	456	672
최종 면담 시기	1999	2000	1988*
최종 면담시 사망률	38퍼센트	37퍼센트	37퍼센트
설문지 작성	2년마다	2년마다	4, 5년마다
건강검진기록부 제출	5년마다	5년마다	없음
백인 여부	100퍼센트	99퍼센트	99퍼센트
아이큐	130~135	95	151
부모의 사회적 계층**	1~3등급	3~5등급	2~4등급
대학원 진학률	76퍼센트	2퍼센트	23퍼센트
70세 미만 사망률	23퍼센트	37퍼센트	약 20퍼센트
50세 평균 연간소득	105,000달러	35,000달러	35,000달러

* 이 책에 쓰인 데이터가 생성된 연도다. 터먼 연구는 지금도 계속 진행 중이다.
** 1등급=상류층, 2등급=중상류층, 3등급=중류층, 4등급=숙련노동자, 5등급=비숙련노동자
  〔홀링쉐드와 레들리히(Hollingshead and Redlich)의 《사회계층과 정신질환*Social Class and Mental Illness*》 중에서〕

이용할 때도 있었고, 한 사람의 삶이 성공적인지 아닌지를 가리기 위해 다양한 정보들을 이용하기도 했다. 이 책에서 나는 연구 대상 자들이 면담 과정에서 한 말들을 직접 인용할 것이지만, 결론을 내릴 때는 언제나 객관적인 근거를 판단 기준으로 삼을 것이다. 말이 아니라 행동이 미래를 예측하고 과거를 반영한다고 생각하기 때문이다.

예를 들어, 한 이너시티 출신자의 계부에 대해 어머니는 "그는 매일 작은 병으로 한 병 정도만 마셨어요."라고 말했지만, 실제로는 얼마 전까지 술이라면 닥치는 대로 마셔대는 술주정뱅이였다. 그녀는 계부가 적당히 술을 마셨으며 술 때문에 일에 지장이 생기지는 않았다고 주장했다. 그러나 실제 현장을 조사해 보니 사실은 전혀 달랐다. 5년 전 한 사회복지사의 기록에 따르면, 그 계부가 "술주정 때문에" 일자리에서 쫓겨난 것으로 보이며, 만취 상태로 경찰서에 끌려간 적도 많다고 했다. 한 아동복지사는 "계부는 사람들과 어울리지도 못할 정도로 술주정이 너무 심했다."라고 기록했다. 2년이 더 지나는 사이 계부는 과음 때문에 세 번 더 경찰서 신세를 졌으며, 알코올 중독으로 두 차례나 국립병원을 들락거렸다. 5년 뒤에도 그의 아내는 "남편은 하루에 작은 병으로 와인 한 병만 사들고 왔을 뿐이에요."라고 주장했지만, 사망진단서의 주요 사망원인란에는 "간경변과 알코올 중독"이라고 기록되어 있었다. 이와 같이 부모의 사랑이나 부부관계처럼 애매하긴 하나 중요한 판단 근거가 되는 요소들은 각기 다른 시기에 여러 사람들의 관점을 통해 실증해 볼 수 있었다.

이들 세 집단이 모든 사람들을 대표한다고 볼 수는 없다. 그러나 인구통계학적으로 볼 때, 세 집단은 각기 매우 다른 잠재능력virtue을 지니고 있으면서도 각 집단 내에는 상당한 동질성이 존재한다. 그러므로 집단들 사이의 유사성과 집단 내에 존재하는 차이점들은 다양한 미국 백인들에게 일반화할 수 있을 것이다. 이 연구가 완벽하다고 할 수는 없겠지만, 현재로서는 세계에서 가장 오랫동안 진행되어

온 성인 발달에 관한 연구임에 틀림이 없다.

　이 책을 읽어나가면서 독자들은 터먼 여성들이나 사회적 혜택을 덜 받은 이너시티 출신자들에 대한 이야기보다 하버드 졸업생들의 예가 훨씬 자주 등장하는 것에 못마땅해할지도 모르겠다. 다양한 이유들로 인해 하버드 졸업생 집단에 대한 정보를 상대적으로 더 많이 수집한 것이 사실이다. 그러나 세 집단 각각으로부터 도출해 낸 결론은 대체로 비슷했다.

나, 조지 베일런트와 성인발달연구

　앞으로 보겠지만, 이 책은 한 인물의 삶에 대한 평가와 실증 자료들로 가득 차 있기는 하나 많은 점에서 전자를 더 강조하고 있다. 그러므로 독자들은 가장 많은 판단을 내리게 될 '나(저자)'라는 사람에 대해서 알아둘 필요가 있을 것이다. 결국 모든 관찰들 속에는 알게 모르게 나 개인의 선입견과 편견이 개입되어 있을 것이기 때문이다. 나는 1934년 뉴욕 시에서 태어났으며, 아버지는 열 살 때 돌아가셨다. 열세 살 때, 나는 1922년 하버드대학교에서 출간한 〈졸업 후 25년〉이라는 보고서를 읽고 완전히 매료되었다. 물론 그 당시에는 내가 25번째 동창회에 참석한 하버드 1942년 졸업생들과 면담을 하게 되리라고는 상상도 못했다. 나는 하버드대학교에 입학했고, 그럭저럭 50여 년 동안 하버드대학교와 인연을 맺어왔다. 대부분의 사람들처럼 나 또한 정치적으로 무소속이라고 생각하지만, 되돌아보면 대통령 선거에서 지난 44년 동안 민주당에만 표를 던져왔던 것이 사실이다.

고고학자인 아버지와 달리 나는 대학에서 사회과학, 특히 인류학 강의는 한 번도 수강해 본 적이 없다. 대신 나는 토머스 쿤^{Thomas Kuhn}이라는 젊은 강사한테 과학사를 배웠다. 그는 인문학 전공자였지만 의예과 과정 강의를 맡고 있었다. 나는 공중보건 부문에서 정신과의사가 되기 위해 하버드 의대에 진학했다. 그러나 증상이 완화되어 가는 정신분열증 환자나 헤로인 중독을 극복해 나가는 이들과 면담을 가지면서, 10세에서 50세까지 그들의 임상 기록을 찾아내는 일에 몰두하기 시작했다. 나는 그들이 삶의 변화를 겪으면서 성숙해 가는 모습을 발견했고, 거기에 마음이 끌렸다. 나는 성인도 꾸준히 발달한다는 사실을 발견하고, 직업적 생애를 바쳐 그 주제에 대해 더 깊이 연구해 볼 가치가 있다고 여겼다.

하버드 집단에 대한 연구가 30년째에 접어들던 1967년, 그랜트 연구에 동참할 기회를 얻었을 때의 기쁜 마음은 말로 다할 수가 없다. 나는 공중보건의 대신 연구교수가 되었다. 고고학에는 관심이 없다고 늘 큰소리쳐 왔지만, 나는 아버지가 돌아가신 뒤 20년이 넘는 세월 동안 하버드 졸업생들이 남긴 과거의 흔적들을 찾아 먼지가 뽀얗게 앉은 자료들을 샅샅이 뒤지면서, "결국 그 빌어먹을 고고학으로 돌아오고 말았군."이라고 혼잣말을 늘어놓기도 했다. 1967년, 하버드 졸업생들은 25번째 하버드 동창회로 모여들기 시작했다. 서른세 살이 된 나는 그들에 관한 방대한 기록들을 미리 검토한 정신과의사 자격으로 그들과 직접 면담을 진행할 수 있었다. 연구 기록에는 나이 어린 청소년들로 묘사되어 있던 그들이 어느새 청소년을 자녀로 둔 성숙한 아버지가 되어 내 앞에 나타난 것이 신기하고 놀라웠다. 47세가 된 그 '보통' 남성들은 대부분 자기 분야에서 정상에 도달해 있었다. 나는 몇 년 동안 병리학을 연구하는 데 열중했지

만, 이제 건강을 연구해 보는 것도 그것만큼이나 흥미로우리라는 생
각이 들었다.

1972년 즈음, 평균 47세에 이른 100명의 하버드 졸업생과 다시
면담을 하면서 나는 변화무쌍한 삶의 궤도를 제대로 이해하는 것이
얼마나 어려운 일인지 실감했다. 그러나 나는 지치기는커녕 오히려
복잡다단한 삶의 변화에 흥미가 생겼다. 1977년, 나는 성인의 성숙
에 관한 책 《성공적 삶의 심리학Adaptation to Life》23을 출간했다. 그 당시
나는 하버드 졸업생들이 이미 성장을 멈추었을 것이라고 추측했다.
고작 나이 마흔셋에 무엇을 알았겠는가?

1970년, 내가 오랫동안 진행해 온 헤로인 중독자들에 대한 추적
연구 덕분에, 셸든과 엘레노어 글루엑은 은퇴하면서 청소년 범죄자
들과 그에 대응하는 대조 표준집단에 관한 귀중한 자료 관리를 나에
게 맡겨주었다. 사회적 혜택을 누리지는 못했지만 밝고 건전하게 생
활해 온 대조 표준집단은 당연히 화려한 특권을 누려온 하버드 졸업
생들과 훌륭한 대조를 이루었다. 나는 국립알코올남용및중독연구소
National Institute of Alcohol and Alcohol Abuse에서 기금을 받아 1974년부터 1978
년까지 동료들과 함께 이너시티 출신자들과 다시 면담을 시작했다.
첫 면담을 가졌을 때, 그들은 하버드 졸업생들과 나이가 똑같았다.

연구 대상자들과의 면담은 흥미진진하면서도 한편으로는 진이 빠
지는 작업의 연속이었다. 실제로 연구 대상자들은 서로에 대해 많은
것을 알고 있었고, 면담에도 성실하게 임해 주었다. 놀랍고 또 고마
운 일이었다. 연구 대상자들과 이야기를 나누노라면 마치 오래전에
헤어졌던 옛 친구를 만나는 듯한 느낌이 들 때가 많았다. 사람들 속
에서 사랑하는 법을 깨달았던 연구 대상자들은 내가 편안하게 다가

갈 수 있도록 배려해 주었고, 흥미진진한 연구에 참여하게 된 것을 행운으로 생각한다고 말해 주었다. 그러나 평생 다른 사람에 대한 두려움을 안고 살아오면서, 사랑이라고는 한 번도 받아본 적이 없는 연구 대상자들은 나를 무력하고 어색하게 만들었다. 그들과 대화를 나눌 때면 할 얘기가 많은데도 아무 말도 하지 않는다는 느낌이 들어 진이 빠지거나 우울해지기도 했다.

1980년에 들어서자, 성인의 발달이라는 개념에 대해 냉혹한 비판이 줄을 이었다. 하버드 졸업생들은 60세가 되었고, 나의 25주년 하버드 동창회도 지나갔다. 나는 하버드 졸업생들의 남은 생애 동안 그들의 자취를 좇는 데 전념했으며, 그때부터 드디어 노화에 대해 본격적으로 연구하기 시작했다. 사실 그때까지만 해도 나는 노인학에는 전혀 관심이 없었다. 예전에 고고학에 대해 그랬던 것처럼. 그러나 예전에 마흔다섯 살의 삶은 어떨까 궁금하게 여겼던 것과 마찬가지로, 마흔여섯이 되자 은퇴 뒤의 삶에 대해 관심을 가지게 되었다. 나는 정신분열증, 알코올 중독, 헤로인 의존증, 인격장애 등 치유가 불가능하다고 여겨지던 병의 '회복' 과정에 관한 연구를 이미 끝마친 뒤였으므로, 내게 남은 다음 도전과제는 바로 '노년'을 건설적으로 관리하는 문제였다. 그때부터는 국립알코올남용및중독연구소가 아니라 국립노화연구소National Institute of Aging에서 기금을 받았다. 1985년, 나는 소수집단만을 연구해서는 인간의 성장을 제대로 이해할 수 없겠다는 생각이 들었다. 래드클리프 칼리지(지금은 하버드대학교에 합병됨)의 헨리 머레이 연구소와 스탠퍼드대학교(특히 앨버트 하스토프 교수)의 아낌없는 협조 덕분에, 나의 아내 캐롤라인 베일리언트와 나는 루이스 터먼의 천재 여성들과 면담을 진행할 수 있었다. 1987년 우리가 면담을 재개했을 때, 터먼 여성들은 66세에서 79세 사이였다. 당시 내 나이는 쉰둘이었다. 그로부터 10년이 더 흘러 75세에서 80세가 된 하버드 졸업생들과 면담을 하게 되었을 때, 그제야 비로소 나는 세 집단에게서 어떤 교훈을 얻어야 하는지 제대로 이해하기 시작했다. 이제는 나도 연금을 받는 나이가 되었다.

전향적 연구가 우리에게 주는 것

나는 성인발달연구가 전향적으로 진행된다는 점에서 중요한 의미를 지닌다고 강조해 왔다. 그 이유는 무엇인가? 전향적 연구의 가치는 그 독창적 관점에서 빛을 발한다. 장기 추적연구는 기억력에 의존한다. 그러나 전향적 연구는 사건 발생 당시 사실을 있는 그대로 기록하므로 기억력에 의존하는 것보다 훨씬 사실적이고 구체적이다. 그러므로 우리는 연구 대상자들의 80년에 이르는 삶 전체를 구체적으로 이해하기 위해 그들의 삶을 청소년기부터 꾸준히 좇았다. 전향적 연구의 특징을 좀 더 구체적으로 살펴보면 다음과 같다.

첫째, 전향적 연구 덕분에 우리는 행복한 노년을 성공적으로 맞이한 노인들과 조기사망한 이들의 성장 배경을 대비해 볼 수 있다. 조기사망은 단지 신의 주사위 놀음으로 결정되는 것인가, 아니면 인간의 힘으로 막을 수 있는 것인가? 젊은 나이에 죽는 이들은 장수하는 이들보다 주위의 사랑을 덜 받았거나 정신적으로 건강하지 못했는가, 아니면 단순히 유전자가 달랐기 때문인가? 이전에도 '성공적인 노화'에 대한 연구들이 있긴 했지만 대부분 60세나 70세 이상 노인들을 대상으로 삼았으므로 이와 같은 질문에 답할 만한 전향적 자료가 불충분했으며, 당연히 조기사망에 대해서도 전혀 언급이 없었다.

나는 이 책 7장에서 방금 제시한 물음에 대해 답할 것이다.

둘째, 전향적 연구를 수행할 경우 몇 해 전에 일어난 사건을 조사할 때 연구 대상자들의 기억에 의존하지 않아도 된다. 1941년 10월, 군 입대를 하루 앞둔 한 젊은 하버드 졸업생은 미국인들 사이에 점점 깊어가는 독일에 대한 반감과 관련해 "나는 완전히 자포자기 상태예요. 유럽에서 일어나는 전쟁은 우리와 아무런 상관이 없다고 생각해요."라고 말했다. 그러나 1966년에서 1967년 겨울, 그는 미국이 베트남전에 개입해야 한다는 린든 존슨Lyndon Johnson의 군사정책에 전적으로 동의했으며, 개입 반대를 주장하는 아들의 견해를 비난했다. 그는 제2차 세계대전 당시, 자기 자신도 미국의 개입에 반대하면서 대중시위에 참가했었다는 사실을 까맣게 잊어버리고 있었다.

셋째, 전향적 연구를 통해서만 프로이트의 퇴행 개념을 객관적으로 설명할 수 있다. 하버드대 2학년생이었던 프리츠 레더는 프로이트의 성 이론이 자기 자신과는 무관하다고 주장했다. 그는 정신과의사인 연구원에게 혼전 성관계를 가진 친구와 절교할 것이라고 자랑스럽게 말했다. 그 정신과의사는 "프리츠가 성관계를 나쁘게 생각하는 것처럼 말했지만, 그의 머릿속엔 사실 성에 대한 관심으로 가득 차 있었다."라고 평가했다. 열아홉 살이 된 프리츠는 '교활한 자유주의자들'에 대해서도 편견이 심했으며, 하버드 자유주의동맹의 '선전문구'를 찢어버리기도 했다. 그는 "제겐 한 가지 욕구가 있어요. 터무니없는 것이긴 하지만요. 전 언제나 현실과 무관한 목표와 야망을 가져왔던 것 같아요."라고 털어놓기도 했다.

이후 그는 자기 삶을 글로 옮기기도 했다. 서른 살이 된 그는 젊은 날에 가졌던 그 '터무니없는 욕구'가 어머니에게서 나왔다는 것을 깨달았다. 그는 자기에게 가장 심각한 걸림돌이 바로 어머니라고 생각했다. "나는 어머니의 지배에서 벗어나려고 평생 동안 발버둥쳤어요. ……나는 세계관의 변화를 겪으면서 인생의 목표가 완전히 바뀌었어요. 이제 내 목표는 위대한 과학자가 되는 것이 아니라, 사람들과 함께 일하며 사는 것이에요." 49세가 되자 프리츠도 프로이트의 이론과 혼전 성관계를 인정하게 되었으며, 더 이상 '은밀한 자유주의'를 경멸하지 않았다. 그는 이제 '세상의 빈곤은 바로 세상의 부유함 때문에 생긴 것'이라는 사실도 이해하게 되었다.

50세가 된 그와 면담을 가졌을 때, 프리츠는 "신은 죽었소. 인간은 너무도 잘살고 있고 우리에게 멋진 미래가 펼쳐질 거요."라고 주장했다. 그는 대학에 입학하자마자 종교에 대한 회의를 느꼈고, 그때부터 교회에 나가지 않았다고 했다. 그러나 그의 기억은 사실과는 딴판이었다. 대학 2학년 당시의 기록을 보면, 그는 일주일에 네 번 예배에 참석한다고 되어 있다.

잘못된 기억은 거기서 끝나지 않았다. 프리츠가 55세였을 때, 나의 책 《성공적 삶의 심리학》에 그 내용을 넣어도 되는지 허락을 받기 위해서 나는 그가 서른 살 즈음에 인생에 대해 써서 보내주었던 글을 그에게 다시 보냈다. 그러나 그는 짤막한 글과 함께 글을 되돌려보내왔다. "조지, 다른 사람에게 가야 할 물건이 내게로 잘못 전해진 것 같소." 그는 대학 시절의 모습이 진정한 자기 자신의 모습이라고 믿을 수가 없었다. 사람들은 성장해 가면서 누구나 거짓말쟁이가 되는 모양이다.

넷째, 전향적 연구는 잘못된 기억도 얼마든지 적용 가능하고 창조적일 수 있다는 것을 밝혀준다. 터먼 여성들 중에서 마틸다 라이어의 삶을 예로 들어보자. 78세가 된 마틸다에게 어린 시절 의사가 되고 싶어하지 않았느냐고 묻자, 그녀는 정색을 하면서 "여성의 삶이 얼마나 고달픈데요. 의사가 될 수 있다는 생각은 한 번도 해본 적이 없어요."라고 말했다. 그러나 그녀는 열네 살 때 터먼 연구원에게 의사가 되고 싶다고 분명히 말했다. 대학에서 그녀는 의과대학 예과 과정을 이수했으며, 서른 살에 실시한 스트롱 직업흥미검사Strong Vocational Interest Inventory에서는 의학 분야가 그녀의 적성에 가장 잘 맞는다는 결과가 나왔다. 어린 시절, 마틸다 라이어는 의사 이외에도 천문학자, 시인, 과학자의 꿈을 꾸기도 했다.

라이어가 스무 살이 되었을 때, 한 터먼 연구원은 그녀에 대해 "그녀는 자기가 시도하는 모든 일에서 재능을 발휘했다."라고 묘사했다. 버클리대학교에서 라이어는 대학 문예지의 편집장이 되었다. 또한 올스타 수영선수팀 일원이었고, 어린 나이에 캘리포니아 전역을 여행하면서 강의를 하고 논문을 발표했다. 그러나 여성에 대한 편견이 심한 데다 대공황으로 인해 여성의 취업이 어려워지자 마틸다 라이어의 재능도 묻혀버렸다. 결국 그녀는 작은 마을에 들어가 시간제 교사로 물리를 가르치기 시작했는데, 남편이 직장을 잡자 그 직업마저도 포기해야만 했다. 1930년대에 캘리포니아 여성 교사들은 남편이 취업될 경우 교직에서 물러나야만 했기 때문이다.

마틸다 라이어가 78세에 이르렀을 때, 우리는 그녀에게 사회가 허용하는 범위와 그녀가 지닌 잠재력의 격차를 어떻게 극복했는지 다시 질문했다. 그러자 그녀는 "나는 나 자신에게 잠재력이 있다는 생각은 한 번도 해보지 않았어요. ……요리하고 정원 가꾸기나 배워야 했죠."라고 대답했다. 라이어의 이야기는 작은 시골 마을에 살면서 사회적 편견과 대공황, 가난을 몸소 겪으면서 더욱 절망적으로 재구성되었다.

그러나 마틸다 라이어의 생애는 젊은 시절에는 가난하고 힘겹더라도 나이 들어가면서 서서히 행복해질 수 있다는 가능성을 보여주었다. 서른 살 때, 마틸다 라이어의 직업흥미검사 결과에는 의사 이외에 음악가도 포함되어 있었다. 성인이 된 뒤, 마틸다는 진정한 자기 재능을 계발할 만한 여유를 찾지 못한 채 대부분의 세월을 흘려보내다가 60세가 되어서야 드디어 바이올린을 배우기 시작했다. 마틸다는 그로부터 얼마 뒤 남편과 이혼했으며, 절친한 친구로부터 훌륭한 바이올린을 선물받은 뒤 본격적으로 음악 인생을 시작했다. 그녀는 최근 6년 동안 로스앤젤레스에서 바이올린 독주회를 열어왔으며, 78세가 된 지금까지 음악을 사랑한다.

다섯째, 전향적 연구를 진행할 경우, 연구 대상자들은 수치감을 극복할 시간 여유를 충분히 가질 수 있다. 그 덕분에 고의로 사실을 왜곡하는 일도 없어진다. 예를 들어, 한 연구 대상자는 이렇게 말했다. "나는 답변을 조금 늦게 하긴 했지만 모든 질문에 솔직하게 대답해 왔다. 매우 안 좋은 일이 생겨 입을 꾹 다물고 있다가도, 다음 설문지가 도착하면 모든 일이 잘 해결되었다고 털어놓곤 했다. 아니 그렇게 말하려고 노력했다. 당시 내게 실제로 어떤 일들이 일어났는지 알고 싶다면, 다음번에 제출했던 답변서 아니면 그다음 답변서를 읽어보면 된다. 내가 처한 상황을 직시하고 어떻게 대처해야 할 것인지 정해 둔 뒤 당분간 문제를 묻어두었던 것이, 장기적으로 볼 때 나에게 많은 도움이 되었다."

여섯 번째, 전향적 연구에서는 원인과 결과가 확연하게 드러난다. 예를 들어, 나는 알코올 중독에 빠진 연구 대상자들에게 알코올 중독의 원인이 우울증이라고 진단 내릴 때가 종종 있었으며, 당사자들도 대부분 나의 생각에 동의했다. 그러나 정신과의사 두 명이 각기 알코올 중독과 우울증에 초점을 두고 연구해 온 기록들을 살펴본 결과, 전혀 다른 결론이 나왔다. 알코올 중독 증세가 먼저 나타나고, 그다음에야 비로소 우울증 증세가 나타나는 게 일반적이었다. 두 가지 증세를 동시에 앓는 경우, 우울증에 걸려 있다는 것은 인식하고 있으면서도 알코올 중독이라는 사실은 모르고 있는 사람이 허다했다. 지나온 시간을 회고하면서 얘기하다 보면 이처럼 원인과 결과가 뒤바뀌기도 한다.[24] 하지만 전향적 연구를 적용하면 원인과 결과가 뒤바뀌는 일은 없다.

전향적 연구가 남기는 아쉬움

오랜 기간에 걸친 전향적 연구가 그처럼 중요하다면 왜 좀 더 많은 연구에 그 방법을 적용하지 않는가? 대답은 간단하다. 비용이 많이 들고 대가를 치러야 하기 때문이다. 인간의 생애에 대한 전향적 연구는 돈과 행운, 연구자의 인내심, 연구 대상자의 성실한 참여 면에서 비싼 대가를 지불해야 한다.

첫째, 후원 단체들은 '오래도록 진행되는 한 가지 연구'에 계속 기금을 대고 싶어하지 않는다. 그러므로 전도유망한 전향적 연구들 대부분이 재정적 어려움 때문에 중단되고 말았다. 60년에서 80년이라는 긴 세월 동안 성인발달연구를 지속하는 데 소요된 비용만 해도 수백만 달러에 이르며, 이 경비는 20개가 넘는 단체로부터 기금을 후원받아 충당했다.

둘째, 조 디마지오의 56경기 연속 안타 기록은 그의 재능과 끈질긴 인내심에다 행운이 따라주었기 때문에 가능했다. 마찬가지로 성인발달연구의 연구 대상자들은 연구가 진행되는 동안 성장을 거듭

하여 노년에 접어들었고, 학문적·재정적 변수도 적잖이 발생했다. 이에 따라 터먼 연구, 글루엑 연구, 하버드(그랜트) 연구를 지속시키는 데에도 엄청난 행운이 필요했다.

셋째, 초기 연구자들의 인내심 부족이나 사망으로 인해 연구들이 중단되는 경우가 많다. 그러므로 몇 세대에 걸쳐 성인발달연구를 지속하려면 연구자들의 인내심 또한 빼놓을 수 없이 중요한 요소다.

그러나 솔직하고 겸허하게 돌아보면, 전향적 연구를 가능하게 한 가장 본질적인 요소는 바로 연구 대상자들의 성실성과 인내심이었다. 파손된 골동품 조각과 마찬가지로, 전향적 연구에서도 연구 대상자와 단절이 생기고 나면 다시 관계를 복원하기란 불가능하다. 다른 연구들과 비교해 보면, 다행히 성인발달연구는 스웨덴의 '룬드비 연구' 다음으로 감손율이 낮았다.[25]

이외에도 전향적 연구를 어렵게 하는 것으로 '후광효과Halo effect(어떤 대상이나 사람에 대한 일반적 견해가 그 대상이나 사람의 구체적 특성을 평가하는 데 영향을 끼치는 현상—옮긴이)'가 있다. 후광효과로 인해 사람들은 과거에 가졌던 편견을 토대로 현재를 평가하게 된다. 평범한 와인이라도 일반 와인 병이 아니라 샤토 라피트Château Lafitte(프랑스의 특등급 와인—옮긴이) 상표가 붙은 병에 담겨 있으면 맛이 다르게 느껴진다. 이러한 한계를 극복하기 위해 우리는 수많은 예방조치를 취해 놓았다. 연구 대상자들의 유년기를 평가하는 사람들이야 당연히 미래 사실을 알 수 없었고, 현재를 평가하는 사람들에게는 유년기에 관한 자료를 공개하지 않았다. 또한 평가자들끼리도 서로 평가 결과를 공유하지 못하게 했다. 30명가량의 연구원들이 이 연구에 참여했는데, 우리는 이들에게 선입견을 버리고 독자적으로 평가를 내려달라고 요청했다. 30년 동안 이 연구의 책임을 맡아온 나는 연구 대상자들의 과거에 대해 너무나 잘 알고 있으며, 그 때문에 객관적으로 평가를 내리기 어려울 때가 많았다. 그 때문에 나는 수치 평가에는 거의 참여하지 않았다.

그러나 무엇보다 가장 결정적이고 중요한 결점은 장기 전향적 연구가 보편성을 충족시킬 수 없다는 점이다. 규모나 역사적 시간, 구성 면에서 한계가 있기 때문이다. 우리의 연구는 하버드 졸업생, 청소년 범죄에 빠지지 않은 이너시티 출신자, 지능이 우수한 터먼 여성들을 대상으로 삼았기 때문에 비교적 조건이 양호한 사람들의 삶의 양태만을 설명해 줄 수 있을 뿐이다. 그러므로 이 책이 인간 일반을 모두 아우를 수 없을 것이라고 의문을 던지는 독자들이 많을 것이다. 그러나 정상적인 생물학적 성장을 이해하기 위해 최적의 기후와 생장조건이 필요하듯, 인간 일반에 대한 연구도 그와 비슷하게 진행되어야 한다는 것이 내가 해줄 수 있는 대답이다.

세계 인구 중에서 무작위로 1만 명을 선정한 뒤 그들을 대상으로 성공적인 노화에 대한 연구를 시도했다고 가정해 보자. 그랬다면 모든 인간을 대표할 수 있고 정치적으로도 적합한 표본집단을 선정할 수도 있었을 것이다. 그러나 너무나 이질적인 구성이 되고 말아, 결국 연구는 실패로 돌아갔을 것이다. 뿐만 아니라 무작위로 선택하는 방법이 정상적이거나 유익한 방법이라고 할 수도 없다. 게다가 사회학이나 인구통계학과 달리, 생물학은 노아의 방주에 오른 모든 생명체를 일제히 연구하는 학문도 아니다. 생물학자들은 쥐들의 간 효소를 연구하고, 과일파리들의 유전적 특성을 연구하며, 바다뱀의 신경절을 통해 신경생리학을 연구한다. 더욱이 교란변수를 통제하는 것도 필수적이다. 예를 들어, 연구 대상자들이 교육을 10년 동안 받았는가 아니면 16년 동안 받았는가에 따라 신체적 장애가 생길 확률도 놀라울 정도로 차이가 났다. 그러므로 신체적 장애가 생겨나는 원인을 연구하려면 다른 변수들은 상수로 설정해 두어야 한다.

연구 대상자들이 대부분 미국인이라는 점도 한계로 지적될 수 있을 것이다. 그러나 비교문화 연구를 보더라도, 세계 각지에 살고 있는 사람들의 정신건강이 우리가 생각하는 것만큼 그렇게 차이가 많이 나지 않는다는 사실을 알 수 있을 것이다. 예를 들어, 뉴욕 건설 노동자, 일본 귀족, 호주 원주민이 섭취하는 음식의 종류를 살펴보면 엄청난 차이가 나겠지만, 각 음식에 담긴 기초식품군 사이의 영양 균형은 별반 차이가 나지 않을 것이다. 어찌 되었건 세 연구 집단이 모두 대표성을 띠지 않는다는 것은 엄연한 사실이므로, 독자들은 내가 이끌어내는 결론들에 세심한 주의를 기울일 필요가 있다.

몇 년 전, 연구 대상자 테드 머튼이 다음과 같은 글을 보내왔다.

당신은 이처럼 훌륭한 자료들을 수집하면서도, 우리가 어떻게 노년을 맞이할 것인지에는 전혀 관심이 없는 것처럼 보입니다. 이제 더는 못하는 일이 무엇이고, 정치적 견해는 무엇이며, 종교가 있는지, 건강 상태는 어떤지 등을 물어보셨지만, 우리가 지닌 삶의 열정은 무엇이며, 어떻게 삶에 적응해 가는지, 우리가 지나온 나날을 통해 노년을 예측할 수 있는지에 대한 호기심은 찾아볼 수 없었습니다. 청소년기나 성인 초반기를 연구하듯 철저하고 재치 있고 열정적으로 노년을 연구한다면 풍부한 자료를 얻을 수 있을 텐데도 퇴화 진행과정만 기록하고 싶어하는 것처럼 보였습니다. 젊은 사람들이 나이 든 사람들보다야 매력적인 건 사실이지만, 그렇다고 해서 꼭 그들이 더 흥미로운 대상은 아니지 않습니까? 우리는 이미 한창때가 지났지만, 그렇다고 연구할 가치마저 사라져버렸을까요? 노년의 미래에 대해 좀 더 많은 관심을 가져주세요.

이 책은 바로 그의 현명한 충고에 답하기 위한 노력의 일환이다. 나는 건설적이고 흥미로운 노년을 위한 지침을 제공하기 위해 산 경험에 귀를 기울이겠다. 다음 2장부터 6장에 걸쳐 활기찬 인생의 밑받침이 되는 성장과정을 다룰 것이며, 7장부터 10장에서는 인생의 마지막 20년에서 가장 중요한 요소, 즉 첫째 병에 걸렸더라도 아픔을 느끼지 않고 살아가고, 둘째 은퇴한 뒤에도 창조성과 놀이를 즐길 수 있는 능력을 회복하며, 셋째 지혜를 쌓고, 넷째 정신적 숭고함을 가꿔가는 것에 대해 자세히 살펴보겠다. 마지막으로 11장과 12장에서는 성인발달연구에서 배운 교훈들을 요약해서 제시하겠다.

다니엘 레빈슨Daniel Levinson(미국의 임상심리학자이자 성인발달심리학자—옮긴이)은 50세에 《남자가 겪는 인생의 사계절The Seasons of a Man's life》에서, 60세를 향해 가는 사람들은 "모든 젊음이 곧 사라져버릴 것 같은 두려움에 휩싸인다. ……젊은 기운들은 모두 사라져버리고, 기력도 관심도 내적 자질도 모두 빠져나가 앙상한 골격만 남은 노인이 되어 짧고 시시한 노년을 보내게 될까 봐 두려워한다."[26]라고 우울하게 기록했다. 이와 반대로 베티 프리단Betty Friedan(전미여성협회 초대회장을 지냈고 낙태법 폐지 운동에 앞장서며 현대 여성의 인권 신장에 중요한 역할을 한 미국의 사회개혁자이자 여성운동가—옮긴이)은 70세에 《나이의 원천The Fountain of Age》이라는 책에서 다음과 같이 말했다. "우리는 노년기에 새로운 인간관계, 의미 있는 일이나 활동, 배움과 지혜, 친교와 보살핌이 가능하리라고 생각해 본 적이 거의 없다. ……
노년에도 계속해서 인간이 성장해 간다고 보는 관점은 사고방식의
혁명적 전환 위에서나 가능하다."[27] 이 책에서 나는 그와 같이 사고
방식을 전환해야만 하는 명확한 근거를 제시하겠다.

앞으로 나는 연구 결과를 입체적으로 전달하기 위해 사례를 되도
록 많이 소개하려 한다. 그 예에서 연구 대상자의 이름은 모두 가명
으로 소개될 것이며, 그들의 가족이나 친구 이름, 지명 등도 임의로
정한 부분이 많다. 독자들 중에는 혹시 지인들 중 누가 이 책에 소개
된 인물과 매우 흡사하다고 여길 수도 있겠지만, 동일한 인물이 아
니라는 것을 곧 깨달을 것이다. 생존해 있는 연구 대상자들한테는
이와 관련해서 양해를 구했다.

2장

사람은 안팎으로 어떻게 성숙하는가

이제까지 나는 쇳조각에서 금을 만들어내는

삶의 연금술을 선보여왔다.

_테드 머튼, 78세 된 하버드 연구 대상자

노화, 즉 나이 들어간다는 것은 대단히 복잡한 개념이며, 사람마다 매우 다른 의미로 받아들인다.

노화란?

1. 쇠퇴 : 20세 이후부터 뇌세포가 일년에 수백만 개씩 죽는다.
2. 자연의 흐름에 따른 변화 : 젊은 여성의 매혹적인 금발도 나이가 들면서 사랑스러운 백발로 바뀐다.
3. 죽기 직전까지 계속해서 성장하는 것 : 떡갈나무나 특등급 와인 샤토 마고Château Margaux처럼.
4. 위의 세 가지 모두.

물론 정답은 '위의 세 가지 모두'다.

첫 번째 대답은 틀림없는 정답이다. 어느 누구도 산 채로 이 세상을 떠날 수는 없다고 우디 앨런Woody Allen도 말하지 않았던가. 두 번째 대답은 바로 이 책의 주요 주제다. 그러나 이 장에서는 세 번째 대답을 살펴보겠다. 성인의 발달과정에서는 어떤 일들이 일어나는가? 칠십 노인이 스물다섯 살 난 젊은이보다 더 잘할 수 있는 일은 무엇인가? 나는 이 질문에 답하기 위해 두 가지 관점, 즉 사회적 성숙과 정서적 성숙이라는 관점으로 인생 후반을 살펴볼 것이다.

성인발달이론은 아직도 문화와 시대를 초월하는 보편적 원칙을 제시할 수 있는 현자를 기다리는 실정이다. 안타깝게도 나 역시 그럴 만한 현자는 못 된다. 지금 내가 할 수 있는 최선의 방법은, 현명한 예술가이자 인류학자이며 정신분석학자인 에릭 에릭슨의 이론에 입각해서 사회적 성숙을 설명하는 것이다. 그리고 정서적 성장과 관련해서는 역시 거장인 지그문트 프로이트의 비자발적 대응기제(이른바 '방어기제') 이론을 토대로 삼으려 한다. 편협한 판단이라며 못마땅하게 여기는 독자들도 있겠지만, 지금으로서는 이 두 가지 이론이 가장 훌륭한 관점을 제공해 준다고 생각한다.

사회적 지평의 확장 : 발달과업의 완수

의사와 부모들은 20세기에 이르러서야 비로소 어린이들의 성격 발달을 제대로 이해하기 시작했다. 19세기까지만 해도 의사들은 어린이들을 어른의 축소판이라고 여겼다. 지난 세기에 비로소 출현한 소아학도 대부분 부모들의 희미한 기억에만 의존해서 유아의 발달 과정을 연구하는 데 그쳤다. 그러다가 사진술이 발달하고 유아 관련 서적, 유아 전문의들의 상담 사례가 쌓이고, 성장과 발달에 대해 전향적 연구들을 시작하면서, 비로소 부모들의 기억에만 의존할 때 생기는 한계를 극복하게 되었다. 장 피아제Jean Piaget나 낸시 베일리Nancy Bayley, 벤저민 스포크 등의 연구 성과 덕분에 이제 우리는 아이들의 발달과정을 어느 정도 예측할 수 있게 되었다. 원시 조상들이 달이 차고 기우는 것을 예측했던 과정처럼 말이다.

그러나 성인의 발달은 여전히 수수께끼 상태로 남아 있었다. 인간의 발달은 성聖 이그나티우스 로욜라Ignatius Loyola가 "아이가 일곱 살

될 때까지 나에게 맡겨보시오. 그러면 인간으로 만들어드리리다."라고 말했던 것처럼 유아기에 완료되는 것도 아니고, 법적 성인 연령인 18세나 21세가 되면 멈추는 것도 아니다. 윌리엄 제임스^{William James}가 "습관은 사회의 거대한 속도 조절 바퀴다. ……우리가 치르게 될 삶의 전쟁은 양육 과정이나 유년기의 선택에 따라 달라질 것이다. ……서른 살 즈음이 되면 석고처럼 성격이 굳어버려 좀처럼 달라지지 않을 것이다."[1]라고 썼다 하더라도, 남성들은 그의 말에 관심조차 두지 않는다. 또한 지그문트 프로이트가 "서른 살에 접어들면서부터 여성들의 신체는 섬뜩할 정도로 경직되고 변화가 불가능하다."[2]라고 환기시키더라도, 여성들은 그의 말을 귀담아 듣지 않는다.

중세와 르네상스 시대 지식인들은 성인기의 삶에 대해 지대한 관심을 보였다.[3] 그들은 사람이 평생에 걸쳐 바람직하게 성장하는 모습을 매우 상세하게 글과 그림에 담기도 했다. 그러나 그들은 초자연적이고 영적인 점성술 용어로 그 전형을 그려놓았을 뿐이다. 그러므로 성인의 발달을 과학적 연구의 주제로 다루는 것은 아주 새로운 시도라고 볼 수 있다.

1842년, 아돌프 케틀레^{Adolphe Quetelet}는 과학자 중에서는 최초로 "인간은, 이제까지 연구된 바 없었던 전혀 특수한 법칙들에 따라 태어나고 성장하고 죽는 것이 아닐까?"[4]라고 의문을 제기했다. 그러나 그 '특수한 법칙들'에 대한 연구는 수십 년이 흐른 뒤에야 비로소 시작되었다. 1914년 말, 미국 노인의학의 아버지로 불렸던 이그나츠 나스케르^{Ignatz Nascher}가 그 주제에 대해 획기적인 연구서를 집필했지만, 그 책에 관심을 보이는 출판업자를 찾기란 쉽지 않았다.[5]

1922년, 클라크대학교의 창설자이자 '사춘기^{adolescence}'라는 용어를 대중화시켰던 스탠리 홀^{Stanley Hall}은 다행히 그의 책《노년기

Senescence》[6]를 발행해 주겠다는 출판업자를 찾았지만, 실제 판매 부수는 매우 적었다. 1928년, 선뜻 1만 달러를 지원하겠다고 나선 카네기재단의 후원 아래 스탠퍼드대학교는 최초로 성인 심리를 연구하기 시작했다. (그러나 미국 내에 노인학 연구가 본격적으로 뿌리내리기 시작한 것은 제2차 세계대전을 지나 원자핵 분열에 관한 연구가 완성된 뒤였다.)

1930년대에 캘리포니아 버클리대학교에서 심리학자 해럴드 존스 Harold Jones, 낸시 베일리, 진 맥팔래인Jean MacFarlane의 주도하에 최초로 아동 성격 발달에 관한 전향적 연구가 시작되었다. 그들이 세웠던 인간발달연구소는 에릭 에릭슨의 연구에 직접적으로 영향을 끼쳤다 (에릭 에릭슨이라는 이름은 앞으로 자주 언급될 것이다). 같은 시기 버클리대학의 심리학자인 샬럿 뷸러Charlotte Buhler와 그의 제자인 엘스 프랑켈-브룬스위크Else Frenkel-Brunswik는 일반인들의 전기와 자서전 400편을 수집했다.[7] 그들은 회고적retrospective 연구를 통해 성인 발달의 법칙을 연구해 보려고 시도했다. 프랑켈-브룬스위크의 영향을 받았던 제인 뢰빙거Jane Loevinger, 베티 프리단, 다니엘 레빈슨, 에릭 에릭슨 등 수많은 버클리대학 젊은 교수들과 대학원생들이 이후 성인발달 연구를 더욱 발전시켜 나갔다.

뷸러와 프랑켈-브룬스위크는 1600년에서 1900년 사이에 실존했던 독일 예술가들을 중심으로 성인 발달에 관해 연구했다. 독일 예술가들은 '성인의 발달'을 50세가 될 때까지 상승하다가 그 뒤로 죽음에 이르는 순간까지는 하강하는 것으로 그렸다.[8] 프랑켈-브룬스위크는 "45세 즈음부터 쇠퇴의 징후들이 보였다. 이때부터 제3의 시기, 즉 퇴보 성장기로 진입했다."[9]라고 기록했다. 이 장 첫머리에 제시했던 네 가지 노화의 정의 중에서 그녀는 첫 번째 답을 선택했을 것이다. "시간이 흐르고 흘러 성숙하고 또 성숙하여 / 다시 시간이 흐르고 흘러 쇠약해지고 또 쇠약해질 것이니"[10]라고 경고했던 셰익스피어도 마찬가지였을 것이다.

프랑켈-브룬스위크는 비록 노화를 비관적으로 바라보았지만, 자기도 모르는 사이에 자기 관점과 상충되는 기록을 남겨놓았다. 그녀는 "중년을 넘기면서 배우는 연출자가 되고 운동선수는 감독이 되었다. 일반적인 사교활동은 줄어들지만, 이 시기에 봉사활동을 시작하는 이들이 많아진다."[11]라고 기록했다. 개인의 '의무와 소망'에 대한 그녀의 연구 논문에는 "25세에는 소망하는 내용의 92퍼센트가 자기 개인과 관련된 것이지만, 60세의 소망은 자기 개인과 관련해서 29퍼센트, 가족들과 관련해서 32퍼센트, 인류 전체와 관련해서 21퍼센트가 된다."라고 기록되어 있다. 그녀는 에릭 에릭슨이 이후 '폭넓은 사회적 지평' '생산성'이라고 칭했던 것과 똑같은 성인 발달 유형을 설명하고 있다.[12]

에릭 에릭슨은 대학교육이라곤 받아본 적이 없는 덴마크계 화가 지망생이었지만, 지그문트 프로이트의 딸 안나 프로이트의 도움을 받아 1930년대 초반에 심리학자가 되었다. 그는 1934년에 미국으로 이주했고, 하버드대학교와 예일대학교를 거쳐 1939년 버클리대학교에 자리를 잡았다. 에릭슨은 1940년대 내내 인간발달연구소에서 연구를 했다. 몇 년 뒤 그는 "나는 10년에 걸쳐 건강한 아이들 50명의 성장과정을 연구할 수 있었다."[13]라고 회상했다. 그 뒤 50년 동안 에릭슨은 연구 대상자 아이들과 그 부모들이 성장해 가는 과정을 계속해서 지켜보았다.[14] 에릭슨은 비교문화 연구와 아동 성장에 대한 전향적 관점을 통해 인류학적으로 공고히 받아들여지고 있던 프로이트의 고찰을 대신해 보려고 시도했다. 에릭슨은 프로이트의 '구강기'항문기'남근기'잠복기'를 '기본적 신뢰 대 불신'자율성 대 수치심'주도성 대 죄책감'근면 대 열등감'이라는 좀 더 실제적인 용어로 바꾸었다. 에릭 에릭슨은《유년기와 사회*Childhood and Society*》15라는 책을 출판함으로써, 성인의 발달이 쇠퇴가 아니라 진보라는 개념을 명확하게 밝힌 최초의 사회과학자가 되었다.

성인들의 발달과정을 살펴본 에릭슨은, 나이가 들수록 점점 더 사회적 지평이 확장된다고 믿었다. 50세 이후의 삶은 아래쪽으로 향하는 내리막길이 아니라 바깥으로 뻗어나가는 길이었다. 성인 발달은 '정체성 대 정체성 혼란'친밀감 대 소외'생산성 대 정체'통합 대 절망'이라는 네 단계를 거쳤다.

사회적 지평의 확장을 일반화하기 위해 에릭슨은 인간발달연구소에서 성인의 인성 발달을 50년에 걸쳐 추적 조사했던 버클리대학교의 심리학자 노마 한*Norma Haan*의 연구 성과를 중요한 근거로 삼았다.16 에릭슨이 연구 대상으로 삼았던 아이들이 성장해 70세를 넘기자, 노마 한은 그들을 다시 연구하기 시작했다. 한은 남성과 여성 모두가 오랜 세월을 살아오면서 좀 더 '외향적'이고 '자기 확신'이 강해지며 '다정한 성격'을 지니게 된다고 기록했다. 이 세 가지 요소는 바로 사교 능력이 발달했음을 보여주는 것이다.

하버드대학교의 성인발달연구는 나에게 에릭슨의 이론을 실증적으로 연구해 볼 기회를 주었다. 저속 촬영기법으로 피어나는 꽃 사진을 찍는 것과 마찬가지로, 나는 똑같은 자리에 서서 연구 대상자들이 청년에서 증조할아버지 증조할머니가 되어가는 모습을 지켜볼 수 있었다. 청년시절에 모던 재즈에 심취했던 한 하버드 연구 대상자를 예로 들어보자.

50세가 되어 재즈 대신 클래식을 더 좋아하게 된 그는, 자식들이 모던 로큰롤을 좋아한다고 못마땅하게 여겼다. 그는 자신은 예전과 달라진 바가 없는데 요즘 젊은이들의 음악적 취향이 예전보다 저급해졌다고 생각했다. 그러나 그의 옛 기록들을 살펴본 결과, 변한 것은 바로 '그'였다.

성인의 사회적 발달은 연속적으로 이루어지며, 시간이 지날수록 개인의 사회적 지평은 점점 더 넓어진다. 연못에 돌멩이 하나를 던진다고 상상해 보자. 잔물결들이 끝없이 생겨날 것이며, 먼저 생겨난 물결은 나중에 생겨난 물결을 지우는 것이 아니라 겹겹이 에워싸면서 넓게 퍼져갈 것이다.[17] 성인의 발달도 그와 마찬가지다.

성인의 발달과정을 설명하기 위해서는 에릭슨이 쓴 '단계'라는 용어보다는 로버트 해빙허스트Robert Havinghurst의 '발달과업developmental task'[18]이라는 용어가 과학적으로 더 정확하다고 생각한다. 성인 발달에서 '단계'라는 용어는 하나의 메타포에 지나지 않는다. 게다가 연구 대상자들을 관찰해 본 결과, 성인의 발달은 아이들의 지능 발달처럼 순차적으로 일어나지는 않았다. 피아제에 따르면, 아이들이 성장의 다음 '단계'로 넘어가기 위해서는 반드시 이전 단계를 모두 거쳐야만 한다고 되어 있다. 그러나 성인의 발달과업들은 늘 그런 것은 아니지만, 연속적으로 일어나지 않는 경우가 더 많다.

성인의 발달과정을 평가하기 위해 우선 각 연구 대상자가 어떻게 특정 과업을 처음으로 수행했는지를 살펴보았다. 이론적으로 각 과업이 수행되는 사회적 반경은 그다음 과업의 사회적 반경 안에 포함된다. 나는 여기서 여섯 가지 연속적 과업을 모델로 삼았다. 첫째,

청소년기에는 부모로부터 독립된 존재로 설 수 있는 '정체성identity'을 확립해야 한다. 둘째, 자기중심주의를 극복하고 상호관계를 통해 동료들과 어울릴 수 있도록 '친밀감intimacy'을 발전시켜야 한다. 셋째, 성인은 사회는 물론 자신에게 가치 있는 일을 할 수 있도록 '직업적 안정career consolidation'을 이루어야 한다. (이 세 번째 과업은 에릭슨의 여덟 가지 발달과업에 내가 추가한 것이다.) 넷째, 더 넓은 사회 영역을 통해 다음 세대를 배려하는 '생산성generativity' 과업을 이루어야 한다. 다섯째, 다음 세대에게 과거의 전통을 물려주는 '의미의 수호자keeper of the meaning'가 되어 과거와 미래를 연결해 줄 수 있어야 한다. 여섯째, '통합integrity'이라는 과업을 완성함으로써 개인의 삶은 물론 온 세상의 평온함과 조화로움을 추구해야 한다.

성인이 이루어야 할 여섯 가지 발달과업은 다음과 같다.

● 정체성 청소년들은 성인기에 들어서기에 앞서 정체성을 확립해야 한다. 정체성이란 부모로부터 독립된 자기만의 생각, 즉 자기만의 가치, 정치적 견해, 열정, 취향 등을 가지는 것이다. 그런 다음에야 비로소 삶의 다음 단계인 친밀감으로 나아가고, 배우자와 정서적 결속을 맺고 친밀하게 지낼 수 있다.

에릭슨의 '정체성'은 유아기의 마지막 과업, 즉 가족으로부터 사회, 경제, 주거, 이념적으로 완전히 독립한 뒤에 확립된다. 완전한 독립은 동일시와 내면화 과정을 통해, 그리고 현대생활에 적응하는 능력을 키움으로써 성취할 수 있다. 정체성은 자기중심주의의 산물이 아니므로 단순히 가정을 박차고 나오거나 가족을 떠나 결혼을 한다고 해서 이루어지는 것이 아니다. 가족 중심의 가치에서 벗어나 자신만의 가치를 세우는 것은 무

작정 가정을 뛰쳐나오는 것과는 엄연히 다르다. 그러한 분리·
개별화 과정은 평생 동안 끊임없이 반복될 것이다.

연구 대상자들 중 50세까지도 정체성을 확립하지 못한 이들은,
그 나이가 되어서도 가정으로부터 독립하지 못하거나 시설 기
관에 의존했다. 그들은 중년이 되어서도 일을 통해 성취감을
맛보지 못했고, 친구관계를 지속적으로 유지할 수도 없었다.

● 친밀감 이제 갓 성인이 된 이들의 입장에서 보면, 다른 사람과
함께 서로 의지하고 돕고 헌신하면서 만족스럽게 10년 또는 그
이상을 어울려 살아간다는 것은 이상적이지도, 또 가능해 보이
지도 않을 것이다. 우선 그 임무를 성취하려면 자신만의 세계
에서 벗어나 다른 사람에게까지 관심을 확대해야 한다. 친밀감
은 마치 자전거 타기처럼 일단 한번 몸에 익히기만 하면 그 뒤
로는 특별히 노력하지 않아도 계속 유지해 나갈 수 있다. 터먼
집단에 포함된 몇몇 미혼여성들 중에는 가까운 동성친구와 친
밀감을 쌓아나가는 이들도 있었다. 남성 연구 대상자들은 대부
분 아내와의 관계를 통해 친밀감을 경험했다. 하버드 집단 가
운데 자신을 동성애자라고 밝힌 이는 단 2퍼센트뿐이었으며,
이너시티 집단은 선정 과정에서 이미 동성애자를 제외했다. 친
밀감은 문화와 시대에 따라 매우 다른 양상으로 성취되는 듯
보이지만 대부분의 온혈동물들이 그렇듯, 인간도 결국은 대를
잇기 위해 짝을 짓는다는 점에서 비슷한 양상을 띤다고 볼 수
있다.

● 직업적 안정 이 과업을 이루려면 개인의 정체성을 확립하는 데

서 더 나아가 일의 세계에서 사회적 정체성을 확립해야 한다. 사막 한가운데에서는 취미는 가질 수 있어도 직업은 가질 수 없다. 직업은 다른 사람과의 관계를 전제로 성립되기 때문이다. 성격에 심각한 결함이 있어 평생 직장생활을 하지 못하는 사람들도 분명 적지 않다. 에릭슨은 직업적 안정에 대해 말할 때, 자기 정체성과 직업 정체성을 명확하게 구별하지 않을 때가 많았다. 그러나 나는 '일' 또는 취미가 '직업'으로 변화되는 데에는 만족, 보상, 역량, 헌신이라는 네 가지 결정적 기준이 존재한다고 믿는다. 그 기준으로 본다면 '아내와 엄마', 최근에는 '남편과 아빠'의 역할도 직업이라고 볼 수 있다.

때로는 직업적 안정을 이루는 과정이 '이기적'인 것처럼 보이기도 한다. 그러나 그런 '이기심'조차 없는 사람이라면 자아마저 상실하고 말 것이다. 헨리크 입센Henrik Ibsen은 《인형의 집A Doll's House》에서 남편을 버리고 달아난 노라의 '이기적인' 탈출을 그리고 있다. 그러나 정작 비열하고 이기적인 사람은 노라에게 자기와 아이들만 돌보라고 요구했던 노라의 남편이었다. 물론 자식까지 버리고 집을 떠났다고 해서 노라가 진정 직업적 안정을 이루었다고 볼 수는 없다. 노라가 자식과 가정을 버리는 것은 실제 삶에서 곧이곧대로 따라하라는 처방이 아니라 그저 하나의 메타포일 뿐이다. 그러나 노라가 인형의 집을 박차고 나가 스스로 만족할 수 있는 일을 선택하지 않았다면, 그녀는 자기 딸에게 정신적 조언자가 되고 싶다는 희망을 품어보지도 못했을 것이다.

● 생산성 생산성은 다음 세대를 헌신적으로 지도할 만한 능력을

갖추었을 때 성취되는 과업이다. 생산성은 처음 세 가지 성인 성장의 과업을 성취함으로써 완성된 '자아'를 과감히 내던질 수 있는 능력을 반영한다. 친밀감이 상호의존적인 관계를 형성할 수 있는 자질을 기반으로 성취되듯이, 생산성은 자기보다 나이 어린 사람들을 보살피는 동시에 다른 사람의 자율성을 존중하면서 상호관계를 형성할 수 있는 능력을 기반으로 성취된다. 생산성은 공동체 형성을 의미하며, 사회 각 분야에서 젊은 성인들을 상담하고 지도하는 과정에서 성취할 수 있다. 연구한 바에 따르면, 30세에서 45세 사이에는 개인적인 성취에 대한 욕구가 상대적으로 낮아지는 대신 공동체나 인간관계를 위한 욕구는 커지기 시작한다.[19] 학장이나 여성 리더, 거물급 사업가가 되려는 바람을 어리석은 야망이나 유아기적인 자기애의 산물로 여길 수도 있다. 그러나 그렇게만 생각하다 보면 자칫 다른 성인들에 대한 책임감을 확립하는 데 꼭 필요한 정신사회적 능력을 간과할 수 있다. 다른 사람에게 공감을 얻는 지도력을 갖추려고 노력하다 보면, 지도자의 위치에 오른다는 것이 단순히 자기 확대에서 그치는 것이 아님을 깨달을 것이다. 우리의 세 연구 집단을 살펴보면, 생산성 과업을 훌륭하게 성취해 낸 사람이 그러지 못한 사람보다 70대에 이르러 삶의 즐거움을 누리게 될 가능성이 세 배는 더 높은 것으로 나타났다.

● 의미의 수호자 이 다섯째 과업은 현명한 판사의 역할에서 전형적으로 나타난다. 에릭슨 역시 이 임무의 중요성을 언급했지만, 그는 이를 생산성이나 통합에 포함시키고 있다. 생산성과 그에 따른 미덕인 '보호'는 어느 특정한 사람을 돌보는 데 한정

된다. 그러나 의미의 수호자라는 역할과 그에 따른 미덕인 지혜와 정의는 특별하게 대상을 가리지 않는다. '정의'는 '보호'와 달리 어느 한쪽만을 지지하지 않는다. 의미의 수호자는 자기 아이들의 성장보다는 인류의 집단적 성과물, 즉 인류의 문화와 제도를 보호·보존하는 데 초점을 둔다. 혹자는 삶에 대해 냉정하고 공평한 태도를 취하는 것이 나이 든 사람들의 케케묵은 완고함이라고 폄훼하기도 하지만, 그는 분명 핵심을 놓치고 있다. 에릭 에릭슨이 지적했듯이, 모든 성장의 과업에는 친밀감과 고립, 생산성과 퇴보라는 변증법적 긴장이 내재되어 있다. 의미의 수호자와 긴장관계를 이루는 것이 바로 엄숙함이다. 다시 말해, 자기의 문화를 보존하다 보면 자연스럽게 자기가 속한 공동체를 넘어 사회적 지평을 확장하는 데 관심을 쏟게 된다. 이는 사소한 차이가 아니다. 생산성 과업을 성공적으로 성취한 로널드 레이건은 구소련을 '악마의 제국'이라며 적대시했지만, 에이브러햄 링컨과 같은 훌륭한 지도자는 시민전쟁의 상처를 치유하고 용서를 구하기 위해 최선을 다했다. 이 두 사람의 사회적 성숙도에는 분명히 차이가 있다.

생산적 성취도가 높은 '개인'은 직접적이고 미래 지향적인 관계, 즉 정신적 조언자나 스승이 되어 다른 개인을 돌본다. 이와 달리 의미의 수호자는 과거의 문화적 성과를 대변하고, 과거의 전통을 보존하는 방향으로 단체나 조직, 모임을 이끈다. 올림픽의 조직위원이나 심판이 맡은 역할은 올림픽에서 생산적인 임무를 수행하는 감독의 역할과는 매우 다르다. 게다가 조직위원이나 심판들 중에는 머리카락이 하얗게 센 사람들이 많다. 여성 원로나 족보 연구가, 골동품 복원가들도 모두 의미의 수호자에 포함될 수 있다. 의미의 수호자는 생산적 성취도가 높은 사람들보다 체력이나 기술면에서는 능력이 떨어질지도 모른다. 그러나 한 가지 분명한 것은, 30대 젊은이보다는 70대 노인이 의미의 수호자 역할을 훨씬 더 훌륭하게 수행해 낸다는 사실이다.

에릭슨의 '사회적 지평의 확장'이라는 개념을 좀 더 자세히 살펴보기 위해 어느 문화에서나 볼 수 있는 할머니 할아버지의 역할을 예로 들어보겠다. 70세 할머니는 젊은 시절 자기 자식들을 키울 때보다는 손자들을 돌볼 때 더 친근하고 더 현명하며 이해심이 더 풍부하다. 할아버지들은 지팡이와 틀니에 의존하고 할머니들에겐 돋보기나 보청기가 필요하겠지만 그들은, 아니 오직 그들만이 손자들에게 특별한 믿음을 끌어낼 수 있고, 과거에 대해 의미 있는 가르침을 줄 수 있다.

● 통합 이 과업은 인생의 위대한 과업들 중 맨 마지막에 성취된다. 에릭슨은 '세상의 이치와 영적 통찰에 도달하는 경험'이 바로 '통합'이라고 정의했다. 아무리 값비싼 대가를 지불하더라도 이 세상에 '나'라는 존재는 오직 하나뿐이며, 한 번 태어나 한 번 죽는 존재라는 사실을 겸허하게 있는 그대로 받아들이는 것이 바로 통합이다.[20] 생산성의 미덕이 '보호'라면, 에릭슨이 제시한 통합의 미덕은 바로 '지혜'다. 에릭슨은 "마지막 기력이 다하는 순간까지도 지혜는 남아 있다. 지혜 덕분에 우리가 죽음 앞에서 생명에 대해 초연해질 수 있다. 신체적, 정신적 기능은 쇠퇴해 가더라도, 지혜를 통해 꾸준히 통합을 경험하고 배우고 성취해 나갈 수 있다."[21]고 말했다.

이례적으로 한순간에 발달과업을 성취하는 이들도 있고, 스스로 과업의 성취를 가로막는 이들도 있다. 알렉산더 대왕, 라파예트 장군, 나폴레옹, 잔 다르크는 모두 20대에 생산성을 갖춘 지도자가 되었다. 위대한 의학자인 윌리엄 오슬러William Osler는 40세에 느지막이 결혼을 하면서 비로소 친밀감 과업을 성취했다. 물론 결혼한 뒤에는 훌륭한 의학교수이자 가장 왕성하게 활동하는 의사로서 경력을 쌓아나갔다. 루트비히 반 베토벤은 음악가로서 훌륭하게 소명을 다했지만, 그 누구와도 친밀감을 누려보지 못했다. 이처럼 성인의 발달은 고정된 법칙대로만 진행되는 것이 아니다. 그러나 하버드, 이너 시티, 터먼 여성 세 집단[22]을 살펴본 바에 따르면, 의미의 수호자가 되려면 반드시 생산성의 과업을 먼저 성취해야 한다는 데에는 예외가 없었다.[23]

　물론 여성과 남성 사이에는 많은 차이가 있게 마련이다. 그러나 수십 년 동안 관찰해 본 결과, 양성 모두 에릭슨이 말한 연속적인 사회적 지평의 확장 과정을 따르는 것으로 나타났다. 최근 미시간대학교, 밀스칼리지, 스미스칼리지에서 장기간에 걸쳐 여성 성장을 연구한 바에 따르면, 30세에서 60세 사이에 생산성은 물론 권력과 권위에 대한 자신감이 증대되었다.[24] 실제로 여성들이 전체 남성에 비해 더 나은 심신의 안녕을 누리고 있다는 '근거들'이 여러 저술에서 밝혀졌다.[25] 여기서 성인 발달에 대한 윌리엄 제임스나 지그문트 프로이트의 비관론이 잘못된 것임을 신중한 종적 연구를 통해 다시 한번 확인할 수 있다.

　삶의 어느 한 단계가 다른 단계보다 못하다거나 더 가치 있다고 말할 수는 없다. 성인 발달은 달리기 시합도 아니고 도덕적인 면에서 강제성을 지니는 것도 아니다. 성인 발달은 나와 우리 이웃들이 어느 지점에 와 있는지 인식할 수 있도록 도와주는 지도다. 또한 그것은 '건강health'이라는 단어의 어원인 '전인성wholeness'에 이바지하기도 한다. 노년에 이르면 수많은 상실을 몸소 겪을 것이며, 계속해서 스스로를 뛰어넘어 성장하지 못한다면 결국 그 상실감에 압도당하고 말 것이다.

CASE STUDY 애덤 카슨 | 하버드 졸업생 집단

삶의 여섯 가지 연속 과제를 훌륭히 완수하다

30년 전, 나는 1969년에 면담을 나누었던 하버드 졸업생 애덤 카슨의 삶을 토대로 정체성, 친밀감, 직업적 안정, 생산성이라는 연속적 과업에 대해 설명한 바 있다.[26] 1997년 애덤 카슨과 다시 만났을 때, 나는 그의 삶을 토대로 생산성에서 의미의 수호자로, 나아가 통합으로 성숙해 가는 과정을 설명해 보고 싶었다.

애덤 카슨은 하버드대학교를 졸업한 뒤 의사가 되었다. 카슨이 대학에 다닐 때, 연구원은 카슨과 그의 아버지를 함께 만나 면담을 가졌다. 그들은 둘 다 헛기침을 자주 했으며, 아버지는 자꾸만 머리를 긁적였고 카슨은 목 주변을 긁어댔다. 하지만 50년 뒤 내가 만났을 때, 근사한 70대 노인이 된 카슨에게서는 예전의 신경성 틱 장애를 찾아볼 수 없었다. 그 사이 어떤 일이 일어났던 걸까?

● 정체성 애덤 카슨이 부모로부터 독립하는 데는 오랜 시간이 걸렸다. 카슨은 열아홉 살이 되었지만 여전히 가족으로부터 독립하지 못했다. 부모는 애덤 카슨을 모범적인 어린아이로 묘사했다. 카슨의 어머니는 "아주 어릴 적부터 애덤은 행동이나 의욕, 그 어느 것 하나 나무랄 데 없이 완벽했어요. ……나는 애덤에게만 도움을 청했어요. 애덤은 내 부탁이라면 무슨 일이든 아주 기쁜 마음으로 해주었죠. ……애덤은 가정에서 늘 사려 깊고 협조적이었어요. 그런데다 방 하나를 가득 채울 만큼 상을 많이 받아왔어요. 애덤은 내가 아는 어떤 아이보다도 감성적으로 성숙한 청년이에요."라고 말했다.

카슨의 아버지는, 그의 '완벽한' 아들이 열여섯 살에서 열여덟 살 사이에 자질구레한 말썽을 부리기도 했다는 연구원의 말을 수긍하긴 했지만, 실제로 어떤 일들이 일어났는지는 절반도 채 모르고 있었다. 애덤 카슨은 가족들 몰래 오토바이를 구입했고 성관계도 경험했으며, 특히 춤을 좋아하고 소질도 있어서 의학 공부를 포기하고 전문 무용수가 되고 싶다는 생각도 했다.

그 때문인지 카슨이 열아홉 살이 되었을 때 정신과의사는 그에 대해 "정신력이 강하고, 감성이 풍부하며, 활기차고 행복하고 낙관적이다."라고 평가했다.

유년기의 엄격한 규율에서 잠시 벗어났던 애덤 카슨은 이내 다시 제자리로 돌아왔다. 스물다섯 살이 되자 카슨의 생활 면면이 모두 아버지의 자랑거리였다. 아버지는 카슨이 "내면에 아름다운 감성을 지니고 있다."며 자랑스럽게 여겼다. 카슨은 하버드대학교 의과대학에 다녔으며 매사추세츠 종합병원에서 인턴으로 근무했다. 그 뒤로 록펠러연구소에서 대학원 과정을 마쳤으며, 병원을 개업하는 것보다는 연구에 더 관심이 많았기 때문에 다시 하버드대학교로 돌아와 학생들을 가르치고 연구에 열중했다. 그러나 청소년기에 카슨에게 극찬을 아끼지 않았던 그 정신과의사는, 스물여덟 살이 된 카슨 박사에 대해서는 "그다지 도량이 넓어 보이지 않았다."고 평가했다. 전문 무용수가 되는 게 꿈이었지만, 카슨은 자신의 꿈을 포기하고 아버지의 바람대로 의학에 몸담았다.

● 친밀감 애덤 카슨은 스물두 살에 결혼했다. 그의 아내는 이성으로서의 반려자라기보다는 다정한 누이처럼 그에게 다가왔다. 스물여섯 살에 카슨은 "나는 이 세상 그 무엇보다도 나의 결혼을 소중하게 여긴다. 나는 결혼생활에서 무한한 행복을 얻고 있다."라고 썼다. 그러나 세월이 흐르면서 결혼에 대한 생각도 바뀌었다. 카슨 박사는 미숙한 스물여섯 살짜리 '애송이'였던 그에게 꼭 어울리는 금욕적인 아내와 결혼했지만, 아내는 정체성 확립을 향해 나아가는 카슨의 앞길을 너무 이른 시기에 가로막아버렸다. 인류학자인 연구원은 스물아홉 살이 된 카슨에 대해 "몸집은 커졌지만 가족에게 의존적이고 확신이 부족하며 정해진 유형을 좇는 데만 급급한 사람"이라고 평가했다. 심리학적 진단에서도 "실질적인 감각이 떨어지고 주변 환경에 수동적으로 의존하며, 자기 운명에 대한 확신이 없고 소극적으로 운명을 기다리기만 할 뿐이다. 여성들의 성적 매력을 부정하며, 자기 감정을 드러내지 않으려고 사회적 테두리 안에서 허용되는 일들만 추구한다."라고 나왔다. 시간이 갈수록 결혼생활은 무미건조해졌고 부부간에 다툼이 잦아졌다. 서른여덟 살

무렵, 결혼생활에 지칠 대로 지쳐버린 카슨은 자살을 떠올리기도 했다. 그러나 당시 면담을 했던 정신과의사의 기록에 따르면, "카슨은 우울한 감정이 아니라 피로감을 느끼고 있을 뿐"이었다. 다시 말해 카슨은 본인의 감정조차 구분하지 못하는 상태였다. 그럼에도 카슨은 그 뒤로도 15년 동안 그 상태로 결혼생활을 지속했고, 다행히 그것만으로도 친밀감의 최소 기준치는 충족될 수 있었다.

● 직업적 안정 카슨 박사의 연구 성과 역시 부진하긴 했지만, 앞의 친밀감과 마찬가지로 직업적 안정의 경우에도 그럭저럭 최소 기준치를 충족시킬 만한 수준은 되었다. 서른여섯 살에 그가 보낸 편지에는 "개업은 완전히 포기한 상태였어요. 오로지 연구에만 매달렸죠.(헌신) 날이 갈수록 연구에서 얻는 기쁨이 점점 더 커지고 있어요. 개업을 했더라면 그런 보람을 결코 느끼지 못했을 거예요.(만족)"라고 쓰여 있었다. 그러다가 마침내 그는 유명한 의과대학에서 종신 재직권이 있는 부교수가 되었다.(보상과 역량) 그러나 성인의 발달은 고등학교를 졸업했다고 멈추는 것이 아니지 않던가. 카슨은 계속해서 진화하고 있었기 때문에 종신 재직권이라는 증표를 손에 넣었다는 것만으로는 충분히 만족할 수 없었다.

● 생산성 1967년 애덤 카슨을 처음 만났을 때, 47세인 카슨은 스물아홉 살 때의 기록과는 전혀 다른 사람이 되어 있었다. 이혼한 뒤 새 아내를 맞은 카슨은 첫 결혼에 대해 "아내에게 믿음이 안 가는 사람이라는 느낌을 받았어요."라고 회상했다. 스물여

섯 살 때는 느끼지 못했던 감정을 뒤늦게 깨달은 게 아니라 세월이 흐르는 사이에 카슨 자신이 변화했기 때문에 그런 느낌을 받았을 것이다. 카슨은 "요즘도 주기적으로 우울증이 찾아와요."라고 말했으나 이제 그의 우울증은 단순히 '피로감'이 아니라 감정 때문인 게 분명했다. 실제로 애덤 카슨은 결코 지친 상태가 아니었다. 이혼을 하고 다시 행복한 결혼생활을 되찾은 카슨은 "요즘 성욕이 너무 강해서 문제라면 문제예요."라고 말할 정도였다. 그는 최근 자신의 성생활을 적나라하게 들려주기까지 했다.

한때 소심하기 그지없었던 카슨이었지만 병원을 개업한 뒤에는 매력적인 의사로 탈바꿈했다. 진료실에서는 보스턴의 찰스 강이 보였다. 카슨은 상냥하고 평온하고 친절했으며, 연구자가 아닌 개업의로 환자들과 생산적인 관계를 맺는 것에서 기쁨을 만끽하는 듯했다. 그때 나는 서른세 살이었고, 그런 내게 카슨은 매우 도량이 넓어 보였다. 연구 대상자는 물론 연구자도 똑같이 성인의 발달과정을 거친다. 그 당시 나는 여전히 경력을 쌓기 위해 노력하는 중이었지만, 카슨은 이미 더 넓은 세상으로 관심을 돌리고 있었다.

결혼과 직업에서 중요한 변화를 거친 카슨 박사는 부모를 대하는 태도도 달라졌다. 스물여덟 살 때 카슨은 아버지에 대해 "나는 아버지를 닮은 구석이 많긴 하지만, 모든 면에서 아버지가 나보다 뛰어납니다."라고 말했다. 사실 카슨은 당시 전력을 다해 연구에 몰두하던 시기였고, 그의 아버지는 이미 자기 분야에서 성공을 거둔 뒤였다. 그러나 변호사인 아버지는 현실감을 중시했으며, 화려한 개인 사무실을 열고 고객들과 친밀한 관계를 유지해 오고 있었다. 47세가 된 카슨은 이제 더 이상 아버지의 훈계에 좌지우지되지 않았으며, 자기가 가장 잘할 수 있는 일에 힘을 쏟기 시작했다.

연구에 주력하다가 병원 개업으로 방향을 전환한 뒤, 카슨은 학계의 위계질서로부터 벗어나게 되었다. 그 뒤 그는 "진정 나 자신을 위해 무엇인가를 이루어나가고 있다"는 사실을 깨달았다. 그는 "환자를 돌보는 것이 훨씬 더 적성에 잘 맞는다."라고 말했다. 연구를 위해서는 끊임없이 노력해야 하지만, 카슨의 관심은 눈앞에 보이는 세계 그 이상으로 확장되지 못했다. 50세가 되어서도 카슨의 눈에는 가족, 부모, 교회 일만 들어올 뿐이었다. 1960년대의 국가적 혼란도 관심 밖의 일일 뿐이었다. 그는 훌륭한 의사이긴 했지만 넓은 도량을 갖춘 시민은 되지 못했다.

● 의미의 수호자 65세가 된 애덤 카슨은 18년 전과는 또 다른 모습이 되어 있었다. 단순히 환자를 돌보는 것을 넘어 의학에 대한 관심이 한층 폭넓어졌으며, 의학의 전통과 윤리적 기초에 관심을 가지기 시작했다. 병원 원장인 그는 환자를 돌보는 일보다는 행정업무를 처리하고 회의에 참가하고 위원회를 주관하는 일로 더 바빠졌다. 다시 의과 학생들을 가르치기 시작했는데, 젊은날에 관심을 쏟았던 분자생물학이 아니라 환자들과 의사소통하는 방법을 가르쳤다. 애덤 카슨은 마침내 의미의 수호자가 되어 있었다.

카슨 박사의 관심사가 개인적인 영역을 뛰어넘어 세계로 확장된 것은 사실이었지만 여전히 한계는 있었다. 카슨은 지난해 가장 큰 고민거리가 여름 별장을 짓는 일이었다고 말하면서 "그것은 심오하지도 영적이지도 않으며, 의학과도 아무런 관련이 없는 고민이었다."라고 덧붙였다. 지난해 가장 만족스러웠던 일은 무엇이었는지 묻자 "여름 별장을 완성했던 것"이라고 대답했다. 은퇴 이후의 계획 역시 평범하기 짝이 없었다. "그냥 무위도식하지는 않을 거예요. 꾸준히 무슨 일이든 하겠죠." 그는 이어서 항해하는 데 더 많은 시간을 보내거나, 부동산 관련 분야에서 일을 하게 될지도 모른다고 말하더니 갑자기 웃음을 터뜨리면서, 골프나 카드 게임, 신경과민 등은 먼 훗날의 얘기로 남겨두고 싶다고 했다.

카슨에게 유일한 희망이라면 은퇴 뒤에도 교회 일을 돌보면서 좀 더 폭넓은 사고와 가치관을 가지는 것이었다. 그는 교회에서 사회문제위원회 의장을 맡고 있었으며, 의학의 영적인 기능 등에 대해 토론회를 주최하기도 했다.

70세가 되자, 카슨은 자기 병원을 맡아줄 젊은 의사를 찾은 뒤 은퇴했다. 그는 "병원이 그립지 않아요. 4년 전부터 내가 정말로 하고 싶었던 일을 조금씩 준비해 왔거든요."라고 말했다. 그는 의학윤리 정립을 위해 새로 건립된 헤이스팅스연구소 Hastings Institute 일을 시작했다. 카슨은 사랑하는 부모에게 열정을 쏟아왔듯이, 평생 국제의학윤리에 새로운 열정을 쏟아부었다. 자기만의 뜰을 가꾸기보다는 의학윤리를 향상시키기 위해 세계로 뻗어나갔다. "윤리와 도덕의 본질과 원천에 대해 관심이 많아졌어요. 요즈음 나는 지역환경 포럼에 자원해서 생태학 관련 프로그램을 맡아 운영하고 있어요. 지난 4년은 지역환경운동에 거의 모든 시간을 투자했어요. 회의에 참가하고 프로그램을 개발하고 논문을 발표하고 연설을 하고 현장 답사를 다니기도 했지요."

애덤 카슨은 헤이스팅스연구소를 위해 기금조성 운동을 벌였다. 카슨은 그 일을 위해 윤리학뿐만 아니라 회계나 컴퓨터 관련 분야의 지식을 섭렵해 나갔다. 카슨은 내가 만났던 그 어느 70대보다 더 열정적이고 거침없이 새로운 지식을 배우고 익혔다. 새로 나온 소프트웨어 프로그램 사용법을 터득한 그는 "내 연배들은 이 프로그램에 대해 아무것도 모르겠지만, 나는 잘 알아요."라며 자랑스러워했다. 제임스 왓슨과 프랜시스 크릭이 2중나선구조를 발견하기 몇 년 전, 록펠러연구소에 있던 애덤 카슨은 이미 그들보다 앞서 DNA에 대한 연구를 끝마쳤다. 그러나 그는 얼마 전부터 DNA 사용을 통제하기 위해 생태윤리학적 규제안을 만드는 데 몰두해 왔다. 젊은이들이 없다면 진보가 불가능하다. 그러나 노인들이 없다면 문화 자체가 형성되지 않을 것이다.

● **통합** 애덤 카슨이 75세 되던 해에 그를 다시 만났다. 그 무렵 애덤 카슨이 인생에서 가장 받아들이기 힘든 것 중 하나는 너무 쉽게 지쳐버린다는 사실이었다. 애덤은 열정을 다해 자신의 일상에 대해 이야기했지만, 연로한 데다 전이성 전립선암을 치료하기 위해 화학요법을 받아서인지 얼마 지나지 않아 지친 기색을 드러냈다. 노인들은 쉬이 피로감을 느끼고 느닷없이 울컥 슬픔에 잠길 때가 많다. 그러나 그렇다고 해서 흥분과 기쁨의 감정까지 잦아드는 것은 아니다. 카슨은 들뜬 목소리로 인간 배아 복제에 성공한 과학자와 만났던 이야기를 해주었다. 그

과학자를 만날 당시, 카슨은 뉴잉글랜드를 비롯해 예전에 가보지 못한 지구 곳곳으로 모험 여행을 떠나곤 했다. 18세에서 47세, 그리고 75세가 되면서 카슨은 점점 더 '도량이 넓은' 사람으로 바뀌어갔다.

이제 카슨의 정신세계는 성공회 교구위원보다는 일본의 신사 사제나 라코타 인디언 부족의 샤먼들과 더 흡사했다. "신 자체에 대해서는 아는 바가 없어요. 하지만 나는 분명 창조의 힘을 믿고 있어요. 처음에는 개인적인 삶의 기적보다는 삶의 끝없는 창조적 순환에 대한 존경에서 시작하는 게 좋을 거예요. 살아 있는 생명체들은 모두 윤리 기준을 가지고 있어요. 비단 사람만 그런 건 아니지요. 우리 모두는 그 기준에 따라 통합, 안정, 아름다움을 추구할 수 있지요. 그 과정에서 창조라는 광채를 지닌 일체감을 경험하게 됩니다. 우리 모두는 땅에서 태어나 땅에서 성장하고 다시 땅으로 돌아가게 될 거예요." 카슨 박사는 이제 자기만의 자잘한 걱정거리들에서 멀찌감치 물러나 있었다.

에릭슨은 노인들이 이루어야 할 통합의 과업 중 하나로 젊은이들이 죽음을 두려워하지 않도록 가르치는 일을 꼽았다. 그 맥락에서 나는 카슨에게 전이성 전립선암이 그의 삶에 어떤 영향을 끼쳤는지 물었다. 카슨은 갑작스러운 통증이 느껴질 때마다 "단순히 나이가 들어서 그런 것인지, 아니면 신진대사에 문제가 생겨서 그런 것인지 몰랐어요. 그러나 나는 운명론자라서, 올 것이 왔구나 생각했지요."라고 설명했다. 그는 항암 호르몬 주사를 맞아야만 하는 점을 지적하면서, "이 사실이야말로 자살 도구나 다름없어요. 내 아내가 나보다 먼저 죽거나 참기 어려울 정도로 고독한 상태에 이르면, 나는 더 이상 주사를 맞지 않을 겁니다. 그러면 순식간에 수천 개의 암세포가 자라나겠죠."라고 말했다. 면담을 마치면서 애덤 카슨은 지금이 자기 인생에서 가장 행복한 시절이라고 거듭 강조했다.

카슨이 지구의 운명을 염려한다고 해서 가까운 주변을 돌보지 않는 것은 아니었다. 매사추세츠 도버에 있는 아름다운 정원에 대해 이야기를 나누는 사이 해가 지기 시작했고, 바람이 쌀쌀해졌다. 카슨은 갑자기 말을 멈추더니 "조지, 따뜻한 스웨터를 가져다줄게요."라고 말했다. 1967년, 나는 왜 이 남자의 환자들이 그를 사랑할 수밖에 없었는지 그 이유를 알 것 같았다.

그러나 카슨이 각 삶의 과업을 성취해 가는 과정 역시 여느 사람들의 경우와 마찬가지로 불완전했다. 인간의 성장은 흑 아니면 백으로 구분되기보다는 회색을 띤다. 면담이 끝나갈 무렵, 카슨은 마치 학교에서 받아온 상장을 부모에게 보여주면서 우쭐해하는 학생처럼 불쑥 "한 가지 구경시켜 드릴까요."라고 말했다. 그는 수줍은 듯이 나가더니 고운 금색 선물 상자 속에서 가죽 장정이 아름다운 책 한 권을 꺼내왔다. 책 속에는 족히 100통은 넘을 법한 환자들의 감사 편지가 담겨 있었다. 그의 70세 생일에 카슨의 아내는 남편 몰래 환자들의 주소를 알아내어 그들에게 사랑하는 의사와 오랫동안 맺어온 소중한 관계를 기념하는 뜻으로 축하 편지를 보내달라고 서신을 띄웠다. 환자들이 보내온 편지마다 정성이 담뿍 담겨 있었고, 사진을 동봉한 편지도 더러 있었다. 카슨은 나에게 그 책을 내밀면서 "조지, 당신이 어떻게 받아들일지는 모르겠지만, 나는 이 편지들을 차마 한 번도 읽어보지 못했소."라고 말했다. 그의 눈에는 어느덧 눈물이 고여 있었다. 나는 변함없이 환자들을 사랑하는 마음에 깊은 감동을 받았지만, 한편으로 카슨이 환자들이 되돌려준 사랑을 마음 편히 받아들이지 못하는 데 아연했다. 그는 무심결에 "이 이야기는 꺼내지 말았어야 했는데……."라고 말했다.

카슨은 다른 사람에게 훌륭한 친구가 되어줄 수는 있어도, 친구가 되기 위해 다가오는 사람들은 쉽게 받아들이지 못했다. 그는 자기 환자들이 사랑을 담아 보내준 편지들을 소중하게 간직했지만 차마 읽어볼 엄두를 내지 못했다. 삶의 마지막 단계에 이른 지금까지도, 슬픔은 애써 억누른다고 없어지는 것이 아니라 잃어버린 사랑을 기억함으로써만 치유될 수 있다는 사실을 카슨은 충분히 이해하지 못하고 있었다. 그러나 완벽한 사람은 없다. 그러므로 발전할 가능성은 누구에게나, 언제나 있는 것이다.

애덤 카슨은 부모가 바라던 완벽한 젊은이이긴 했지만, 내가 이상형으로 꼽는 완벽한 노인은 아니었다. 1981년 카슨의 아내가 우리에게 보내온 편지로 그에 관한 이야기를 정리하려 한다.

"애덤은 내가 만나본 사람 중에 가장 훌륭하고 성실하고 사려 깊은 남자입니다. 아주 너그럽기도 하고요. 애덤이 그토록 현명하고 건강한 남자라는 사실에 매우 놀랐습니다. 그의 예리한 판단력과 통찰력에 놀랄 때가 많지요. 직관력도 아주 뛰어나고요. 내가 얼마나 운이 좋은지 아는 사람은 당신밖에 없을 겁니다. 애덤은 모든 환자들, 친구들, 가족들에게 크나큰 사랑을 베풀고 있답니다."

공자는 2천 5백 년 전에 벌써 애덤 카슨 인생의 마지막 30년을 예측했다.

"50세에는 천명을 알고知天命, 60세에는 귀가 순해지고耳順, 70세에는 마음이 하고 싶은 바를 따라도 법도에 어긋나지 않는다從心." [27]

다음에서는 품위 있고 만족스러운 노년을 맞는 데 매우 중요한 요소인 세 가지 과업, 즉 생산성, 의미의 수호자, 통합에 대해 더 자세히 살펴볼 것이다.

욕망과 억압의 균형 잡기 : 방어기제의 성숙

노년이라고 놀고 마시는 것이 생활의 전부는 아니다. 나이가 들면 신경도 둔해지고 반사작용도 느려진다. 40대가 되면 훌륭한 유격수가 되기 어려우며, 민간 항공사의 조종사들은 환갑이면 퇴직한다. 75세를 넘기면 눈과 귀가 어두워지고 기억력이 떨어지고 관절이 쇠약해져 활동에 제약이 오기 시작한다. 내가 이 글을 쓰는 사이, 카슨 박사는 전립선암으로 세상을 떠났다. 그러나 인간은 평생 동안 무의식적 방어기제들을 통해 스스로를 치유할 수 있다. 뇌가 병들지 않는다면 75세가 되어서도 25세 때보다 그 기제들을 더 능수능란하게 사용할 수 있다.

오래전 플라톤, 현명한 마부는 '욕망'과 '복종'이라는 두 마리

말을 균형 있게 다룰 줄 안다고 했다. 그러나 그 뒤로 2천 년 동안 감성보다는 지성을, 욕망보다는 복종을 우위에 두는 패러다임이 더 중요하게 받아들여졌으며, 마침내 감정을 배제하고 무조건적 복종과 합리성을 강조하는 마르크스주의와 행동주의에 이르러 그 패러다임은 절정을 이루었다. 그러나 오랜 기간에 걸친 추적 조사는 플라톤의 관점이 옳았다는 것을 입증해 주었다. 위험에 처할 때 사람들은 감정이나 욕망을 못 본 척 지나친다. 프랑스혁명의 달콤한 합리적 계몽주의는 한 해 만에 막을 내렸으며, 이어서 대혼란이 엄습했다. 수십 년 동안 탐욕스러운 자본주의의 '욕망'을 무시해 오던 마르크스주의 역시 실패하고 말았다. 알코올 중독을 치료할 때에도 이성적인 인지·행동요법보다는 '마음의 언어'에 관심을 기울이고 유머를 적절하게 이용하는 것이 더 효과적이다.[28, 29] 사람들은 누구나 복종과 욕망을 균형 있게 유지하고 싶어한다.

그렇다면 균형을 유지할 수 있는 방법은 무엇인가? 우드스톡 세대(1969년 8월 미국 뉴욕 주 우드스톡에서 열린 록페스티벌의 정신을 계승하여 반전, 민권 운동의 주축이 된 세대—옮긴이) 에 전파된 달콤한 감성적 자유는 엄격한 합리주의보다 더 나을 바가 없었다. 우리는 현명한 마부의 중용, 즉 열정과 이성의 조화를 되찾기 위해 다시 아리스토텔레스나 플라톤으로 돌아가야 한다. 이러한 심리적 균형은 자제력이나 단속이 아니라, 무의식적인 정신 조절 기제를 통해 획득된다.

성공적인 삶은 지나친 욕망과 모험, 또는 과도한 경계나 자기보호로 이루어지는 것이 아니다. 우리 중 누구도 백 살까지 살기 위해 쿠바 산 궐련이나 스카치위스키, 프랑스 요리, 이탈리아식 낭만을 포기한 채 건강 지상주의자가 되기를 원치 않는다. 그렇게 계속 모든 욕망을 포기한 채로 서른 살까지 살아보라. 아마 살아 있어도 살아 있다는 느낌을 받지 못할 것이다. 언제든 기쁜 마음으로 남에게 베풀고, 자기가 필요할 때면 언제든 다른 사람에게 도움을 청하며, 자아를 발전시키기 위해 어느 정도까지는 욕심도 부려보면서 균형감 있게 살아갈 때 성공적으로 늙어갈 수 있다. 그러한 균형감은 에릭슨이 제시했던 것처럼 순차적으로 삶의 과업을 이루어나가면서, 그리고 무의식적 방어기제들을 도입해 나가면서 성취된다.

　무의식적 방어기제들 중에는 투사 projection, 수동 공격성 passive aggression, 분열 dissociation, 행동화 acting out, 환상 fantasy처럼 나쁜 영향을 끼치는 기제들도 있다. 우리는 흔히 이러한 기제들을 사춘기나 인격장애의 특성과 연관짓기도 한다. 투사가 일어날 경우, 받아들이기 힘든 감정을 다른 사람에게 전가한다. 수동 공격성을 가진 사람들은 자기 자신을 향해 매우 도발적인 방식으로 화를 풀기도 한다. 우리가 연극무대에서 흔히 볼 수 있듯이, 고통스러운 감정으로부터 스스로를 분리시키려 하거나 불쾌한 상황에서 유쾌한 척 과장하는 배우들의 연기는 매력적으로 다가오기도 한다. 그러나 실제생활에서 이렇게 '분열된' 모습을 보인다면 사람들에게 비난을 받기 십상일 것이다. 벌컥 화를 내거나 충동적으로 반응을 보이는 등 '경솔하게 행동(행동화)'하면 생각이나 감정이 흐려진다. 정신분열적 '환상'은 현실의 인간관계 대신 가상의 친구들에게 빠지게도 한다.

　사춘기나 인격장애 환자들에게서 흔히 나타나는 이처럼 바람직하지 못한 기제들(앞으로는 '미성숙한 방어기제'라고 부를 것이다)은 때로 '죄악'의 형태에 이르기도 한다. 사회적 비난의 대상이 되는 행동들로는 자기도취나 자위(환상), 사디즘이나 마조히즘(수동 공격성), 편견이나 흠잡기(투사), 범죄행위나 아동학대(행동화), 과음이나 무관심(분열) 등이 있다. 이러한 미성숙한 방어기제들은 모두 단기적으로는 위안을 주지만, 결국 이전보다 한층 더 상태를 악화시킬 뿐이다.

시간이 지나면서 미성숙한 방어기제들은 좀 더 바람직한 방어전략들(앞으로는 '성숙한 방어기제'라고 부를 것이다)로 발전된다. 승화, 유머, 이타주의, 억제가 그 예다. 이러한 성숙한 방어기제들은 바람직하고 도덕적이다. 7장에서 살펴보겠지만, 그 기제들은 건강하게 나이 드는 데 기여하는 바가 크다.(이 기제들을 좀 더 자세하게 살펴보고 싶다면 부록 B와 C를 참조하라.)

건강한 70대 노인들은 20대 젊은이들보다 성숙한 기제들을 자주 이용한다. 프로이트는 "젊어서 창녀가 늙어서 수녀가 된다."라고 말했다. 좀 더 정확하게 말하면, 성적 욕망이 넘치는 젊은 이탈리아 귀족은 나이가 들면서 아시시의 성 프란체스코(프란체스코회의 창립자로, 평생을 청빈하게 산 가톨릭 성인─옮긴이)처럼 이타적으로 바뀐다. 그러므로 짓궂은 장난으로 다른 아이들을 괴롭히던 어린아이들의 수동 공격성도 나이가 들어가면서 점차 다른 사람을 웃음 짓게 만드는 성숙한 유머로 발전할 수 있다. 다시 말해 철없는 행동을 일삼는 사춘기 아이들도 모범적이고 성숙한 성인으로 자라날 수 있다. 그러나 성숙을 위해서는 정서의 발달과 수년에 걸친 경험, 다른 사람의 마음을 읽는 능력이 필요하다. 또한 뇌가 생물학적으로 끊임없이 발전해야 한다. 뇌의 연결경로, 특히 욕망과 이성을 통합하는 연결경로는 40세 이후로도 계속해서 성숙한다.[30, 31]

한편 승화sublimation를 통해 영혼의 연금술이 발휘된다. 성숙한 예술가들은 유년기의 고통을 작품으로 승화시키기도 한다. 한 연구 대상자가 쓴 글을 예로 들어보자. "나는 내 아내보다 성욕이 두 배는 더 강하다. 우리는 서로를 만족시키기 위해 다양한 전희를 즐긴다.

우리 부부는 성행위도 예술처럼 연습을 통해 꾸준히 발전시켜야 한다고 믿고 있다."

성숙한 유머humor감각을 가진 사람들은 고통이 어떤 것인지 정확하게 볼 줄 안다. 그들은 다른 사람에게 불쾌감을 주거나 스스로 불안해하지 않고 자유롭게 자기감정을 표현할 수 있다. 유머를 구사하려면 카드로 집 모양을 쌓아올릴 때와 마찬가지로 적절한 순간을 잘 포착해야 한다. 우리는 본 대로 느끼지만, 모든 것을 행동에 옮기지는 않는다. 유머를 잘 이용한다면 고통도 웃음으로 변화시킬 수 있다.

이타주의altruism는 자기가 받고 싶은 것을 다른 사람에게 베풂으로써 즐거움을 느끼는 것이다. 예를 들어, 어린 시절 성적 학대를 당한 사람들 중에는 자기도 모르게 다른 사람을 학대하려 드는 이들이 있는 반면, 미혼모 보호시설이나 학대 피해자들을 위한 전화상담소 일을 돕는 이들도 있다.

억제suppression 또는 금욕stoicism은 이타주의나, 승화, 유머와 같은 깊은 인간애와는 관련이 없다. 실제로 심리치료사들은 억제가 어떤 성과라기보다는 일종의 실패라고 생각한다. 그러나 효과적으로만 사용하면 억제는 균형을 잘 잡은 돛대 역할을 할 수 있다. 모든 제약들은 욕망이라는 바람을 덮어버리는 것이 아니라 적극적으로 욕망을 불러일으키게끔 되어 있다. 금욕적이면서 동시에 현실을 부정하는 폴리애나Pollyanna(미국의 여류 작가 엘레노어 포터의 소설 《폴리애나》의 주인공—옮긴이)는 "먹구름도 뒤쪽은 은빛으로 빛난다.(괴로움의 이면에는 즐거움도 있다는 속담—옮긴이)"고 말하며, 결국은 우산을 두고 집을 떠난다. 억압repression과 억제는 둘 다 지금 당장 마음에서 욕망을 떨쳐내게 해준다. 하지만 시간이 흘러 때가 무르익었을 때 욕망을 되살릴 수 있는 것은 그중 억제뿐이다. 그러므로 지그문트 프로이트는 욕구를 망각(억압)하는 것이 아니라 연기(억제)하는 것이 성숙의 증거라고 보았다.

이 네 가지 성숙한 방어기제들은 성숙뿐 아니라 미덕과도 연관된다. 이타적으로 행동하고(이타주의), 예술적 창조로 갈등을 해소하거나 쇳조각을 황금으로 변화시키며(승화), 밝은 면만 보려고 인내하거나(억제), 지나치게 심각한 태도를 취하지 않는(유머) 행동이 모두 미덕에 포함된다. 억제나 유머는 빅토리아 시대 교훈극의 주된 소재였다. 실제로 이 네 가지 방어기제는 매우 의식적으로 노력해야만 갖출 수 있는 것처럼 보일 것이다. 마음속 이야기를 털어놓기 전에 열까지 숫자를 세거나 겉치레뿐인 허영을 가볍게 웃어넘길 수 있을 만한 자제력이 있다면, 인생은 훨씬 더 수월해질 것이다.

📓 **CASE STUDY** **수잔 웰컴** | 터먼 여성 집단

쇳조각에서 금을 만들어낸 삶의 연금술사

터먼 여성 집단의 수잔 웰컴을 예로 들어보자. 처음 만났을 때 웰컴은 흰머리가 희끗희끗 나 있고 몸매가 뚱뚱한 76세 평범한 여성이었다. 옷모양새는 마치 몸에 무명 밀가루 부대를 척하니 걸쳐놓은 것처럼 보였다. 그러나 면담을 끝낼 즈음 수잔 웰컴은 내가 이상적으로 꿈꾸어오던 할머니로 변신해 있었고, 입은 옷도 하와이 여왕이 입은 무무(헐겁고 화려한 하와이 여자의 드레스―옮긴이)처럼 우아하게 나부꼈다. 웰컴은 처음에는 평범하기 그지없는 가난한 미망인에 지나지 않았다. 그러나 두 시간 뒤 웰컴은 나와 아내에게 노년에 대한

긍정적인 열정을 불러일으키는 현명한 여인으로 바뀌어 있었다. 이 장 첫머리에 제시했던 것처럼, 웰컴은 '쇳조각으로 금을 만드는 삶의 연금술'을 보여주었다. 수잔 웰컴의 집은 세상을 향해 열려 있었다. 그녀의 거실과 바깥세상 사이를 가로막고 있는 거라고는 빗장 벗겨진 문짝 하나가 전부였다. 우리 부부가 만나왔던 터먼 여성들은 대부분 문을 닫아걸거나 보안 시스템을 갖춘 집에서 외부와 동떨어져 살고 있었다. 그러나 수잔 웰컴은 마치 타히티 섬에 있는 초원 움막에 사는 것처럼 막힘없이 자유롭게 생활하고 있었다.

우리가 도착했을 때 웰컴은 전화 통화 중이었다. 웰컴은 전화 속 상대방에게 세심한 주의를 기울이면서도 다정하게 손을 흔들며 낯선 두 방문객을 거실로 안내했다. 그런 뒤 짧막하지만 용건을 놓치지 않고 꼼꼼히 통화를 마쳤다. 기다리는 동안 우리는 고양이가 어수선한 거실 안팎으로 어슬렁거리며 돌아다니는 모양을 지켜보았다. 우리 부부는 낡은 화덕 위에 놓여 있는 놋그릇에 감탄했고, 벽난로 선반 위에서 재깍거리는 시계 소리에 귀를 기울였다. 선반 옆 벽면에는 수많은 사진들이 걸려 있었다.

이 장면들은 모두 웰컴의 삶을 상징적으로 보여주는 요소들이다. 웰컴은 외부세계를 자기 공간 속으로 불러오면서도, 동시에 자기 자신이나 친구들이 원하는 바를 놓치지 않았다. 곧 다른 전화가 걸려왔고, 저녁에는 지역 음악회 일로 바빠서 우리와 함께 저녁식사를 하지 못할 것 같다고 양해를 구했다. 다시 한 번 외부세계가 그녀의 거실로 들어왔고, 그녀는 그 세계 속으로 들어갔다. 우리가 방문했던 그날 아침, 76세 노인인 웰컴은 벌써 투표소에도 다녀왔다.

면담이 시작되자 웰컴은 연구 대상자들 중에서 가장 형편없는 어머니를 둔 사람이 바로 자기일 거라고 강조했다. 다시 새로운 생이

주어진다면 지금과 무엇이 달라지면 좋겠느냐고 묻자, 웰컴은 "오빠나 여동생이 있으면 좋겠고, 또 새로운 엄마가 생겨도 좋겠죠."라고 들뜬 목소리로 대답했다. 우리는 웰컴이 이루지 못한 꿈이 무엇인지 알아내기 위해 슬쩍 그 질문을 던졌지만, 웰컴은 가장 중요한 문제를 먼저 지적했다. 수잔 웰컴의 어머니는 요리를 즐기지 않았고, 딸에게 요리나 바느질을 가르치지도 않았다. 그뿐 아니라 딸의 의견을 존중하지 않았으며, 어린아이는 '골칫덩어리'일 뿐이라고 여겼다. 어린 시절, 웰컴은 어머니가 아이들을 미워한다고 생각했다. 어머니는 툭하면 수잔을 낳지 않았더라면 좋았을 거라고 말하곤 했다. 웰컴은 그 점이 가장 못마땅했다.

웰컴의 어머니는 다섯 살 난 딸 수잔을 보드빌(노래, 춤, 촌극 등을 엮은 오락 연예—옮긴이) 업계에 밀어넣었고, 딸이 벌어온 돈을 자기가 다 써버렸다. 그리고 아동노동금지법을 피해 가기 위해, 딸에게 "누가 몇 살이냐고 물으면 여섯 살이라고 말해라."고 시켰다. 이보다 더 심각한 것은, 원리주의 종교 속에서 자라난 웰컴이 춤추고 거짓말하는 것을 죄라고 믿었던 점이다. 또한 어머니에게 화를 내는 것도 죄라고 믿었다. 요컨대 웰컴의 어머니는 에릭슨이 말하는 유아기에 꼭 성취해야 하는 세 가지 발달과업, 즉 기본적 신뢰, 자율성, 주도성을 성취하지 못하도록 딸을 가로막았다.

어린아이가 그런 갈등 상황을 합리적으로 해결해 나가기란 쉽지 않은 일이다. 그러므로 수잔 웰컴은 어린 시절 수동 공격성을 통해 어머니에 맞서 스스로를 방어했다. 어린 수잔은 스스로 좌절함으로써만 어머니를 이길 수 있었다. 수잔은 "부모님은 내가 훌륭해지길 바랐어요. 하지만 부모님이 나를 독립적인 존재로 내버려두지 않으셨으니 그분들을 만족시켜 드릴 수는 없었어요."라고 설명했다. 그 결과, 수잔은 무대 위에서는 뛰어난 춤 솜씨를 발휘했지만, 학교 선생님의 눈에는 '매우 다루기 힘들고, 리듬 감각이 형편없는 아이'일 뿐이었다. 어린 수잔 웰컴과 면담을 가졌던 심리학자는 "이 아이는 사람들 앞에 한 번도 나서본 적이 없었던 것처럼 보인다."라고 기록해 놓았다. 수잔의 담임선생님은 "친구들이 수잔을 괴롭히길 좋아했다."라고 기록했다. 이처럼 수동 공격성은 자아를 위축시키는 동시에 다른 사람들의 학대를 불러들이는 방어기제다.

딸에게 사진으로 찍은 것처럼 정확히 악보를 기억하는 재능이 있다는 것을 발견한 웰컴의 어머니는, 처음에는 그 재능을 키워주려고 노력했다. 하지만 딸에게 피아노를 치라고 들볶으면서도 유독 바흐의 곡은 연주하지 못하게 했다. 웰컴은 어머니가 좋아하는 스트라우스의 왈츠 곡들만 연주할 수밖에 없었다. 결국 웰컴은 아예 피아노 자체를 포기해 버림으로써 어머니에게 반기를 들었다. "나는 어머니의 지배에서 벗어나고 싶었어요!"

웰컴은 버클리대학교에 다닐 때에도 스스로 좌절함으로써 반항을 계속했다. 웰컴은 아버지는 중학교 과정을 마쳤을 뿐인데 자기는 대학까지 다니고 있다는 사실 때문에 무의식적으로 부담감을 느꼈으며, 그 결과 생애 처음으로 형편없는 점수를 받아오기도 했다. 게다가 웰컴은 간호사는 '전문기술을 갖춘 의사의 노예'일 뿐이라고 믿었지만, 부모에게 반항하는 의미에서 대학을 그만두고 간호학교에 진학해 버렸다. 웰컴은 다른 사람에게 화를 내는 대신, 자기 얼굴에 침을 뱉었다. 그런 상황에서 웰컴은 어떻게 그토록 가치 있는 자아를 창조해 낼 수 있었을까? 어떻게 그토록 생산적 존재가 되고 품위 있게 늙어갈 수 있었을까?

20대에 웰컴에게는 중요한 세 가지 사건이 있었고, 그 덕분에 반항심이 넘치는 사춘기의 수난을 극복하고 다른 사람에 대한 성숙한 배려와 인내(이타주의와 억제)를 몸에 익힐 수 있었다. 첫째, 웰컴은 닮고 싶은 훌륭한 조언자를 발견했다. 둘째, 그녀는 어머니에게 화를 내는 것이 죄라기보다는 자연스러운 감정 표출일 뿐이라고 받아들이게 되었다. 셋째, 사랑하는 배우자를 만나 40년 이상 행복한 결혼생활을 유지했다. 이 세 가지 사건은 웰컴을 성숙하게 만드는 가장 소중한 촉매제가 되었고, 마침내 웰컴은 마음속에 사랑하는 사람을 담고, 사랑하는 감정을 있는 그대로 인정하며, 안전하게 그 감정을 지켜갈 수 있게 되었다.

1920년대에 터먼 여성들 중 훌륭한 조언자를 만난 사람은 극히 드물었고, 대부분은 어머니를 조언자로 삼았다. 그러나 수잔 웰컴에게 인생에 중요한 영향을 끼친 조언자가 있었는지 묻자, 그녀는 주저 없이 "프랑스어 선생님이 계셨어요."라고 대답했다. 세상에서 가장 낭만적인 언어를 가르쳤던 그 선생님은 웰컴과 같은 교회에 다녔고, 그 덕분에 웰컴의 엄격한 종교적 믿음도 차츰 부드러워졌다. 그뿐 아니라 선생님은 옷 만드는 데도 소질이 있어 도안 없이도 옷을 척척 만들었다. 그런 선생님의 가르침 덕분에 웰컴은 "나는 어머니보다 프랑스어도 잘했고 바느질도 훨씬 잘했어요."라고 자랑할 수 있게 되었다. 프랑스어 선생님은 요리도 가르쳐주었고, 어머니가 늘 '위험하다'며 말리기만 했던 활동들에도 적극 참여해 보라며 격려해 주었다.

웰컴의 대모이자 사랑하는 프랑스어 선생님이 돌아가셨을 때, 웰컴의 어머니는 선생님의 장례식에도 참석하지 못하게 했다. 인생의 조언자를 잃은 뒤 어떻게 지냈는지 묻자, 웰컴은 "너무 불행하다는 생각밖에 없었어요."라고 대답했다. 그러나 진정한 사랑을 보여주었던 한 여성을 통해 내면을 강하게 다진 웰컴은 슬픔을 이기기 위해 간호학교를 그만두고 음악에서 마음의 위안을 찾았다. 어머니는 피아노를 치라고 했지만 웰컴은 그 뜻을 거스르고 바이올린을 선택했으며, 교회 합창단에서 연주를 맡았다. 선생님을 잃은 슬픔으로 우울한 나날이 계속되었지만, 울적할 때마다 미친 듯이 바이올린을 켰다. 그러다가 또래들과 함께 현악 4중주단을 구성했다.

애덤 카슨과 수잔 웰컴은 매우 다른 가정에서 자라났다. 카슨의 아버지는 사랑을 현명하게 표현하지는 못했지만 아들을 극진히 아끼고 사랑했다. 반면 웰컴의 어머니는 딸을 전혀 사랑하지 않았던 것 같았다. 그러나 두 사람은 모두 타고난 재능을 스스로 발견하거나 에릭슨이 제시했던 과업을 충분히 성취하기도 전에 성인이 되고 말았다. 30세가 되어서도 카슨과 웰컴의 성격은 안정을 찾지 못했다. 그러나 웰컴은 40세를 넘기면서 평정을 찾기 시작했다. 어떤 변화가 생겼는지 묻자 "예전에는 나 자신에게 연민을 느낄 때가 많았어요. 하지만 이젠 그렇지 않아요."라고 대답했다.

수잔 웰컴은 이야기를 나누다 말고 갑자기 벌떡 일어서더니 "사진을 보면 늘 모든 게 분명해지죠."라고 힘주어 말했다. 그녀는 우리에게 존경하는 프랑스어 선생님 사진을 보여주면서 이야기를 들려주었다. 다른 연구 대상자들과 달리 웰컴은 모든 인물들을 세례명으로 불렀다. 사실 어수선하기 짝이 없는 거실을 가득 채우고 있는 것은 토템상이나 사랑하는 이들의 상징물들이었다. 옛사랑에 대한 기억을 보존하는 것도 성숙했다는 증거다. 반세기가 지났지만 프랑스어 선생님과의 추억, 바느질 탁자, 바이올린 악보대, 그림들이 모두 변함없이 웰컴의 방을 채우고 있다. 퀼트 관련 소식지 최근호가 탁자에 놓여 있었다. 프랑스어 선생님에게서 배운 바느질을 아직도 하고 있다는 증거였다. 죽은 이들은 누군가의 추억 속에서 영원히 죽지 않고 살아남는다.

웰컴은 스물일곱 살 때 갑상선종 제거 수술을 받은 뒤 이른바 에피퍼니(평범한 사건이나 경험을 통해 직관적으로 진실의 전모를 파악하는 일—옮긴이)를 경험했다. "어머니에게 화를 내지 않으려고 억제했던 마음이 갑상선종과 함께 잘려나간 것 같아요. 나는 처음으로 어머니와 거리낌 없이 대화를 나눌 수 있었어요." 웰컴은 자신의 유년기가 불행했다는 것, 어머니를 미워하고 있었으며, 어머니의 지배와 간섭을 공포에 질릴 정도로 싫어했다는 것을 그때 처음으로 깨달았다. 그 뒤로는 화를 누그러뜨리기 위한 방법으로 수동 공격성을 쓰는 대신 이타주의를 발휘하기 시작했다. 수잔 웰컴은 보잘 것 없는 쇳조각을 애정 어린 봉사라는 황금으로 변화시키려고 노력했다.

행복한 결혼생활 또한 웰컴의 정서적 발전을 도왔다. 스물아홉 살에 웰컴은 루이스 터먼에게 다음과 같은 내용의 편지를 보냈다. "나는 그 무엇보다 남편과 아기를 먼저 생각해요. 이제 나 자신이 초라하다는 생각은 하지 않아요. 결혼한 뒤에야 비로소 행복이 무엇인지 깨달았어요." 그리고 40세에는 터먼 연구원에게 "내 능력의 한계를 깨달을 때가 많지만, 아들을 키우는 일만큼 즐거운 일은 세상에 없어요."라고 말했다. 어머니는 웰컴을 숨 막히게 했지만, 웰컴은 아이들을 통해 행복을 경험했다. 웰컴은 또한 자신이 가진 지적 재능을 '신이 준 선물'이라고 생각했다. 원한이나 회한을 품고 사는 인생보다는 매사에 감사하는 마음으로 사는 삶이 언제나 더 재미있다. 웰컴은 주부로 살아가는 것에 감사하고 만족했다.

42년 동안 결혼생활을 지속할 수 있었던 원천이 무엇이냐고 묻자, 수잔 웰컴은 "글쎄요. 우린 그저 서로를 사랑했을 따름이에요."라고 짤막하게 대답했다. 이전에 터먼 연구에 제출했던 웰컴의 글 중에는 "남편이 죽은 지 5년이 지났지만 아직도 남편 생각만 하면 눈물을 참을 수 없다. 그럴 때마다 나는 남편과 함께했던 42년 동안의 멋진 나날을 떠올리며 앞으로 남은 생을 살아가리라 다짐한다."는 내용이 있었다. 그녀는 남편과 함께 야영도 하고 남편이 손수 만든 배로 항해에 나서기도 했다. 남편이 앞을 볼 수 없게 되었을 때, 웰컴은 날마다 남편을 위해 연극을 하듯 생생하고 재미있게 책을 읽어주었다. 연기자였던 웰컴은 옛 실력을 발휘해 가며 다양한 사투리를 흉내내곤 했다. 다시 한 번 더 쇳조각이 금으로 바뀌었다.

44세에 수잔 웰컴은 다시 간호사가 되었다. 이번에는 자신을 학대하기 위해서가 아니라 인생에 대한 감사의 마음을 세상에 되돌려주고 싶어서였다. 47세에 다시 피아노 연주를 시작한 웰컴은 어릴 때 쳤던 바로 그 피아노로 다른 여성들에게 피아노를 가르쳤으며, 여성들이 저녁에 춤을 추면서 운동을 할 때 피아노를 연주해 주곤 했다. 웰컴에게 피아노나 춤은 이제 더 이상 억압의 상징이 아니라 생산성의 매개물이 되어 있었다.

웰컴의 이타주의나 중용의 미덕이 가장 빛을 발했던 예로, 그녀가 여죄수들을 돕는 일에 특별히 관심을 기울여온 것을 들 수 있다. 간호사, 주부, 연주가로서는 어울리지 않는 관심이지만, 그녀가 25년 동안 어머니의 억압적 '지배'로부터 벗어나기를 갈망해 왔던 점을 생각하면 이해가 간다.

76세가 된 웰컴을 찾아가보니, 아직도 남편이 쓰던 당구대가 거실 한가운데를 차지하고 있었다. 그러나 지금은 당구대 위에 넓은 합판을 올려놓고 바느질이나 재단용 테이블로 쓰고 있었다. 주말이면 남편이 쓰던 그 당구대가 새로운 남자친구를 사귀는 데 유용하게 쓰이기도 했다. 이웃에 사는 소년들이 찾아와 함께 당구를 즐기곤 했으니까. 물론 다른 터면 여성들이었다면 단단하게 걸쇠를 잠그거나 경비원을 시켜 애송이 녀석들이 집에 한 발짝도 들어서지 못하게 막았을 것이다. 가끔은 76세 할머니 웰컴이 당구 게임에서 10대 아이들을 이기기도 했다. 그러나 웰컴에게 경쟁은 놀이로 변화될 때만 흥미로운 것이었다. '경쟁하다compete'라는 동사도 어원을 따져보면 '함께 추구한다'라는 의미를 지닌 'competere'에서 나온 말이다.

수잔 웰컴은 또한 여러 단계의 영적 발전을 거치면서 성숙에 이르렀다. 교회를 위해 봉사하는 이타주의는 음악이나 당구, 바느질을 통해 자신을 승화시키는 것만큼 그녀에게 중요한 일이었다. 어린 시절에 웰컴은 이른바 '개신교'를 믿었다. 가톨릭을 믿는 같은 반 아이들은 개신교를 믿는다는 이유로 웰컴을 괴롭히기도 했다. 너무 거만하다는 것이었다. 집에서는 부모님이 가톨릭 신자들을 멀리하라고 가르쳤다. 투사와 편견은 성숙한 방어기제가 아니다. 다른 사람을 배척하는 종교적 편가르기도 마찬가지다. 애덤 카슨과 마찬가지로 수잔 웰컴 역시 자기 자신만의 발전을 위한 종교적 믿음에서 벗어나 모든 사람들을 품어 안을 수 있는 종교활동이 바로 성숙이라고 여겼다. 성숙하면 성숙해질수록 웰컴의 사회활동 반경도 점점 더 확장되어 갔다.

수잔 웰컴은 열다섯 살부터 남모르게 성공회 교회에 다니기 시작했다. 어쩐지 음울한 원리주의 교회보다는 활기찬 성공회 교회가 훨씬 더 매력적으로 보였다. 30대에 남편과 함께 오하이오 주로 이사한 뒤부터는 독실한 성공회 신자가 되었다. 웰컴은 처음에는 교회의 여성 자문위원회에서 활동하다가 점차 활동범위를 넓혀 애크론 공의회의 일원이 되었고, 그 뒤 오하이오 공의회의 실무위원회에서 활동했다. 이 위원회는 오하이오 주에 있는 기독교 교회들을 거의 다 포괄하고 있었다. 비로소 다른 사람에게 마음을 열고 영적 활동을 시작한 것이다. 주 위원회에는 위원이 9명 있었는데, 대부분이 성직자들이었다. 수잔 웰컴은 유일한 여성 위원인 데다 혼자만 대학 졸업자가 아니었다.

10년 전 수잔 웰컴은 그 위원회에서 간사로 일하기 시작했으며, 성공회 활동에 도움이 되고자 타자를 배웠다. 이는 매우 대범한 시도였다. 웰컴은 한때 버클리대학교에 다닌 적이 있는데, 당시 그 대학 풍토로 볼 때 여성이 타자를 배운다는 것은 품위가 떨어지는 일이었기 때문이다. 최근에는 다시 남자 직원이 웰컴의 자리를 물려받았고, 요즘은 회보 발행을 맡고 있다. 웰컴은 우리에게 회보 두 부를 건네면서, 거기에 자기가 쓴 글도 두 편이나 실려 있다고 자랑했다. 다른 터먼 여성들처럼 웰컴도 어린 시절에는 소설가를 꿈꿨지만, 지금은 회보 발행자가 된 것에 만족하고 있었다. 남편의 당구대는 또 다른 용도로도 요긴하게 쓰였다. 웰컴은 그 널찍한 당구대 위에서 교회 우편물 발송 작업도 했으니까 말이다.

이타적 행위는 다른 사람을 위해 자기가 해주고 싶은 일을 하는 것이 아니라, 다른 사람들이 바라는 일을 해주는 것이다. 훌륭한 소설가는 백만 명 중에 한 명 날까 말까 하다. 그러나 60세 이후, 대학 중퇴자인 데다 노동자의 아내이며 혼자 힘으로 타자 실력을 연마한 이 여성은 수많은 책자를 발간했으며, 성공회 활동으로 크나큰 영예를 얻었다. 가장 최근에 그녀가 주관했던 이종파 간 토론에서는, 각 종교마다 성모 마리아를 어떻게 명명하는지에 대해 의견을 나누었다. 최근 그녀가 속한 위원회는 그리스정교와도 교류를 시도하고 있다.

수잔 웰컴은 세계교회협회에서도 활동하고 있었다. "400년간 지속되어 온 균열을 치유하기 위해 작으나마 노력을 기울였고, 그 활동을 통해 커다란 만족감을 얻었어요." 웰컴은 얘기를 하다 말고 불쑥 일어서더니 함께 일하는 신부, 목사들과 나란히 찍은 사진을 가져왔다. "우리는 함께 일본음식을 먹으러 나가곤 한답니다. 한 신부님이 일본어를 아주 잘하거든요. 그분들은 제 형제자매나 다름없어요."라고 설명했다. 늘 형제가 있었으면 하고 바랐던 그녀에게 다시 한 번 쇳조각이 금으로 바뀌는 놀라운 일이 일어났다.

자녀들에 대해 묻자, 웰컴은 "우리 아이들에게 많은 것을 배워요. 내가 모르는 것들을 아이들이 알고 있을 때 얼마나 기쁜지 몰라요."라고 대답했다. 한 예로 아들 윌리엄 얘기를 들려주었다. "어느 날 윌리엄이 인형극에 참가하겠다고 말했어요. 인형극 의상 만드는 일을 도와주겠다고 하자, 의상은 없어도 된다고 하더군요. 자기는 조명을 담당한다고 했어요. 그때 나는 '내 아들이 내가 모르는 일을 하고 있구나' 하고 생각했죠. 얼마나 멋지던지. 아들에게 시각예술에 대해 많이 배웠어요. 그 아이가 지금은 그래픽 아티스트가 되었답니다."

성공적인 노화가 무엇이라고 생각하는지 묻자, "성공적인 노화란 자기가 늙어간다는 생각을 잊고 사는 것이라고 생각해요."라고 대답했다. 말은 그렇게 하지만 그녀는 늙어간다는 것을 생각하기조차 싫은 모양이었다. "나는 아직도 할 일이 너무 많아요." 사실 웰컴도 병을 앓고 있는 상태였다. 그러나 웰컴에게는 병을 극복하는 것이 아니라 아픔을 느끼지 않고 살아가는 것이 더 중요했다.

웰컴은 자기는 가진 재산이 많으며, 자선단체에 기부할 돈도 따로 마련해 두었다고 말했다. "가진 재산을 모두 움켜쥐고만 있는 건 바람직하지 않잖아요." 웰컴은 소비 액수가 많다는 이유로 미국세청에서 세금을 환불해 준 적도 있다며 자랑삼아 말했지만, 실제로 그녀가 받는 연금은 얼마 되지 않았다. 그러나 가슴속에 많은 사람들을 담고 살아가면 마음도 그만큼 풍요로워진다. 웰컴은 비록 얼마 안 되는 수입으로 소박하게 살고 있지만, 그녀의 삶은 모험들로 가득 차 있었다. 웰컴은 유럽 여행도 세 번이나 다녀왔다.

웰컴에게는 아들이 둘이나 있다. 그뿐 아니라 며느리들과도 가깝게 지내고 있으며, 손자도 셋이나 있다. 손자 둘은 벌써 결혼을 했는데, 웰컴은 손자며느리들과도 허물없이 지내고 있다. 맏아들의 전처까지 합하면 자식이 열 명이나 있는 셈이다. 웰컴은 그 사실만으로도 부자가 된 느낌이라고 했다.

주위 사람들과는 어떻게 지내느냐고 묻자(하버드 졸업생들을 당혹하게 만드는 질문 중의 하나였다), 웰컴은 모든 이웃 사람들과 거리낌없이 터놓고 지낸다고 말했다. 이웃에 사는 남자가 시계를 고쳐주러 오기도 하고, 웰컴이 이웃 아이들을 위해 마술공연도 열었다고 한다. 그뿐 아니라 아들이 애크론에서 유치원에 다닐 때 '애크론 어머니회'를 만들었는데, 그때 사귄 친구들과 지금까지 40년 동안 한 달에 한 번씩 꾸준히 만나면서 친밀한 관계를 유지해 온다고 했다. 옛 친구들이 죽은 뒤 어떻게 그 친구들의 공백을 메웠는지 묻자, 웰컴은 교회 여성단체에서 사귄 젊은 친구들이 많기 때문에 그 점은 염려할 필요가 없다고 대답했다. 그녀는 또 한 번 선반 위에 놓여 있는 사진 속 젊은 성직자 '형제들'을 가리켰다. 웰컴은 여자친구들이 나이가 들어 세상을 떠나면, 카리스마 넘치는 중년 남성들이나 당구 잘 치는 10대 아이들과 사귀면서 친구 잃은 쓸쓸함을 달랬다고 했다.

나는 웰컴의 인생을 통해 성숙한 70대 노인들도 여전히 삶을 즐길 수 있다는 사실을 알게 되었다. 성숙한 방어기제를 가진다면 성인들은 현실세계에서 겪게 되는 내적 갈등을 해소할 수 있으며, 더 나아가 영적인 방식으로 세계를 변화시킬 수 있다.

CASE STUDY 빌 로먼 | 하버드 졸업생 집단

음주와 미성숙한 방어기제가 삶을 폐허로 내몰다

나이가 든다고 해서 반드시 성숙해지는 것은 아니다. 가뭄으로 인해 잘 익은 곡식이 메말라버리기도 하고, 불량 코르크 마개 하나 때문에 최상급 보르도 와인의 질이 떨어져버리기도 한다. 장차 더비 경마대회(세계적으로 가장 명성 있는 영국의 경마대회―옮긴이)에서 강력한 우승 후보였던 경주마도 골절상 한 번에 아무짝에도 쓸모없는 말로 전락하기도 한다. 사고나 질병, 사회적 재난 등을 겪지 않고 늙어가는 데에는 어느 정도 행운이 뒤따라야 한다.

성인들이 성숙한 방어기제를 가지지 못할 경우 어떤 일이 발생하는가? 에릭슨이 제시했던 삶의 과업들을 모두 무시해 버리는 이들에게는 어떤 일이 일어나는가? 인간의 성숙은 결국, 중년에 이르기까지 계속되는 두뇌 발달에 달려 있다. 두뇌에 손상을 입을 경우 정상적인 성숙 과정이 파괴되거나 역전되며, 한 개인은 영원히 위태로운 미성숙 상태로 남는다. 우리 연구에서 가장 흔히 볼 수 있었던 두뇌 손상의 원인은 알코올 중독이나 심각한 우울증이다.

빌 로먼의 경우가 바로 알코올 중독의 대표적인 예다. 빌 로먼은 불행하게 살아왔지만, 상류계급의 관습에 얽매여 아무런 내색도 하지 못했다. 그래서인지 57세인 그는 집이 아니라 자신이 운영하는 법률사무소에서 면담을 받겠다고 했다. 겉보기로는 나이보다 훨씬 젊어 보였다. 훤칠하고 수려한 외모는 부드러운 미소 덕분에 더 빛을 발하는 것 같았다. 로먼은 뉴욕 시 법정 변호사답게 유창하고 교양 있는 말투를 구사했다. 혈색이 좋아 보이고 화려하게 옷을 갖춰 입어 마치 건강하고 부유한 정치가처럼 보였다. 말수는 적었지만 간간이 유머를 섞어가며 면담에 자연스럽게 응해 주었다.

그러나 그의 침착하고 세련된 겉모습은 사교를 위한 위장일 뿐, 자세히 살펴보면 불안한 기색이 역력한 데다 사람과 눈도 마주치지 않았다. 로먼은 다른 사람이 자기 삶 속으로 들어오는 것을 편안하게 받아들이지 못했다. 그는 면담을 즐기는 것이 아니라 마치 불행한 사춘기 소년처럼 행동했고, "연구가 이토록 오랫동안 지속될 줄 알았더라면 처음부터 참여하지도 않았을 거예요."라며 불평을 늘어놓기도 했다. 로먼은 면담이 진행되는 내내 페이퍼나이프를 만지작거렸고, 말하기 껄끄러운 내용이 나올 때면 페이퍼나이프로 손을 찌르는 시늉을 하기도 했다. 그러나 말로는 좀체 자기감정을 드러내지 않았으며, 면담 내내 우울하고 깊은 생각에 잠겨 있는 것처럼 보였다. 비록 수입은 웰컴보다 스무 배나 많았지만, 휴가도 즐기지 않았고 시민활동에도 참여하지 않았으며 이성에게도 흥미가 없었다. 자신 말고는 그 누구도 믿지 않았다. 아서 밀러의 희곡 〈세일즈맨의 죽음Death of the salesman〉에 등장하는 주인공 윌리 로먼처럼, 알고 지내는 사람들은 수없이 많았지만 60 평생을 살아온 빌 로먼에게 '남은 것이라곤 아무것도 없었다'. 그는 자기 마음속에 어느 누구도 받아들이지 않았다.

그러나 빌 로먼의 생활이 늘 그랬던 것은 아니다. 아버지는 1929년 사업에 실패한 뒤 자살했다. 하지만 로먼은 아들을 자랑스럽게 여기는 어머니 품안에서 성장했다. 어머니는 젊은이들을 사랑했으며, 자기 아들이 다른 아이들과 잘 어울려 지낸다고 생각했다. 그의 형도 연구 대상자였는데, 생산적이고 성공적인 성인으로 성숙했다.

게다가 로먼은 버지니아의 대저택에서 성장기를 보냈다. 대리석 기둥과 회양목이 잘 어우러진 아름다운 저택 앞으로 완만하게 펼쳐진 아름다운 정원은 멀리 블루리지 산맥에까지 닿았다. 그뿐 아니라 뉴욕 시에 방이 스무 칸에다 하인이 열여섯이나 있는 으리으리한 저택을 소유하고 있었다. 자가용도 여덟 대나 있었다. 로먼은 형과 사이가 좋았으며, 어머니에 대해 얘기할 때면 다정함이 넘쳤다. 빌 로먼은 성 마가 기숙학교에 다닐 때 축구팀 주장을 맡기도 했다. 하버드 재학 시절에는 가장 인기가 높았던 대학 동아리에서 활동했으며, 성적도 우수했다. 대학 시절의 로먼은 소박하고 침착했으며, 매력적이고 성숙한 청년이었다.

제2차 세계대전 동안에도 로먼은 매우 모범적인 모습을 보여주었다. 그는 벌지 전투(제2차 세계대전 당시 서부전선에서 벌어진 독일군 최후의 대반격 ―옮긴이)에 참전해 루르 지방과 라인 강을 가로지르며 공을 세운 대가로 종군기념 청동 성장星章을 세 개나 받았다. 로먼의 부대 지휘관은 로먼에 대해 "충성심이 투철하며, 아무리 어려운 상황에서도 침착하고 냉철한 자세를 잃지 않았다. 또한 언제나 유머감각이 있었다."라고 묘사했다. 그는 중위로 진급하고 얼마 지나지 않아 대위가 되었다. 25년 동안의 기록을 종합해 본 연구원은 "이 청년은 얼마든지 더 발전할 가능성이 있다."라고 평가했다. 로먼은 전쟁이 끝난 뒤 하버드 법대로 다시 돌아왔고, 우수한 성적으로 졸업했다. 뉴욕으로 건너가 변호사 사무실을 개업했으며, 주말마다 클럽 회원들과 골프나 브리지 게임을 즐겼다.

그러나 로먼에게는 또 다른 일면이 존재했고, 대학 시절 처음으로 그 모습이 드러났다. 사교생활을 즐겼던 로먼은 주말마다 술을 마셨다. 술 때문에 사나흘 동안 '우울증'에 시달리기도 했으며, 세상을 '매우 초라한 곳'이라고 여긴 적도 많았다. 대학 시절, 그와 면담을 나누었던 정신과의사는 로먼이 "다른 사람의 도움을 받으려 하지 않고 무관심하며, 자기중심적이고 문제를 회피하는 성격을 지녔다."고 보았다. 로만은 평소에는 매우 책임감이 강한 사람이었다. 그러므로 정신과의사의 혹독한 평가는 아마도 지나치게 술을 많이 마시는 로먼의 행동에서 비롯되었을 것이다. 로먼은 군대에서도 "여가 시간에는 대부분 술을 마시거나 여자들 뒤꽁무니를 쫓아다니곤 했다."고 회상했다. 실제로 로먼이 평생에서 가장 책임감 있게 행동했던 때는, 스물네 살 되던 해 유럽 전승 기념일을 맞아 몇 달 동안 유럽에 배치된 미국 부대의 주류 공급책을 맡고 있었을 때였을 것이다.

전쟁이 끝난 뒤 법과대학에 다닐 때, 로먼은 스스로도 술을 입에 대기만 하면 고주망태가 된다는 사실을 알고 있었기 때문에 주말에만 술을 마시기로 결심했다. 서른 살 무렵에는 금요일 점심 때부터 술을 마시기 시작해서 일요일 저녁까지 계속 마실 때도 있었다. 그 후유증으로 월요일에는 출근하지 못하는 날도 많았다. 로먼은 뉴욕 법률회사에서 일했는데, 소송에서 질 때가 많았다. 그는 어머니가 돌아가시기 전, 그러니까 60세가 될 때까지 어머니와 함께 살았다. 그때까지도 친밀감이나 직업적 안정, 생산성을 성취하지 못한 상태였다. 로먼은 주로 개인 고객을 상대로 일했다. 그들은 대부분 가족이나 클럽에 다니면서 만난 친구들이었다. 로먼은 법조계에서 일하는 동안 늘 불만에 싸여 있었으며, 하는 일에 비해 보수가 적다고 생각했다. 대부분의 변호사들과 달리 로먼은 일주일에 40시간만 일했고, 55세가 되면 미련 없이 은퇴할 계획이었다. 연구 대상자들 중에는 75세까지도 행복하게 변호사 일을 계속하는 이들이 많았지만, 그와는 상관없는 이야기였다.

로먼은 시민활동이라고는 해본 적이 없었으며, 사촌들과도 사이가 멀었고, 자선단체에 기부금을 내지도 않았다. 같은 시기, 로먼에비해 지적 재능은 부족했지만 검소한 생활을 꾸려나가던 형은 법조계에서 두드러진 성공을 거두었다. 형은 행복한 가정을 이루었으며, 시민활동에도 적극적으로 참여했다.

빌 로먼은 2, 30대에 '몇몇 여성들과 즉흥적으로 성관계를 가지기는 했지만, 그중 감정적으로 끌린 여성은 고작 한두 명뿐'이었다. 그는 서른 살에 그들 중 한 명에게 청혼을 한 적이 있었다. 퇴짜를 맞긴 했지만, 그들은 그 뒤로도 25년 동안이나 친밀한 관계를 유지했다. 그러나 두 사람은 함께 살지도 않았고, 서로에게 의지하는 일도 없었다.

2, 30대에 로먼의 방어기제들은 비교적 성숙한 단계에 이르렀다. 그러나 50세 이후부터 사망 전까지 로먼의 방어기제들은 주로 투사와 수동 공격성이었다. 그와 달리 웰컴은 그 시기에 이미 그와 같은 미성숙한 방어기제들을 극복한 상태였다. 56세 때 로먼은 "나는 늘 어머니와 함께 살았다. 어머니는 정말 굉장한 분이셨다."라고 말했다. 자기 어머니에 대해서는 그렇게 말하면서도, 여자친구가 본인 어머니와 함께 사는 것은 무척이나 못마땅하게 여겼다. 여자친구가 청혼을 거절했던 이유도 그녀가 자기 어머니와 함께 살고 있었기 때문이라고 우겼다. 이와 같이 비난의 화살을 다른 사람에게 돌리는 행위는 투사라고 볼 수 있다. 하지만 다시 한 번 묻자 로먼은 청혼을 거절당한 이유가 자신의 지나친 음주 때문이었을 거라는 것을 시인

했다.

여자친구와 갈등이 생겼을 때 어떻게 해결했는지 묻자, 로먼은 처음에는 답을 피하려는 듯 바지에다 대고 종이 자르는 칼을 문지르기만 했다. 그러다가 "나는 몇 주 동안 그녀를 만나러 가고 싶지도 않았어요."라고 내뱉었다. 로먼이 53세 때 여자친구의 어머니가 죽었고, 그녀는 다른 사람과 결혼했다. 그로부터 5년 뒤 연구원이 찾아와 "가장 충격적인 사건은 무엇이었나?"라고 물을 때에야 그는 비로소 '25년 동안이나 가깝게 지내왔던 여자친구의 결혼'이 자신에게 가장 불행한 사건이었음을 깨달았다. 그 불행이 누구에게서 비롯된 것인지 묻자, 언제나 그랬듯 "모두 내 탓이지요."라고 대답했다. 다른 연구 대상자들 중에도 면담을 통해서야 비로소 곤경에 처했던 과거의 일들을 되돌아보는 경우가 더러 있었다. 로먼과 달리 이타적인 수잔 웰컴은 늘 이웃들에게 기꺼이 도움을 청하고 의지했다.

로먼의 성인기를 되돌아보면서 우리는 그의 시각이 얼마나 협소한지 놀라움을 금치 못했다. 예를 들어, 로먼이 만족감을 가장 크게 느끼는 순간은 '아주 까다로운 법 문제를 해결했을 때'였으며 부유한 친척들을 더 부유하게 만들기 위해 가족신탁 소송에서 이긴 일을 예로 들었다. 그가 공동체 활동에 참여하지 못하고 사회활동 반경을 넓히지 못했던 것은 사교술이 부족해서가 아니었다. 사실 로먼은 한 번도 어머니의 집을 떠나본 적이 없었다. 그는 어머니의 시골집이라는 보호막 속에서, 그리고 배타적인 사교 클럽 안에서만 살아왔다. 로먼은 한 번도 다른 사람들과 친밀하게 어울려 살아본 적이 없었다.

연간 수입이 35만 달러까지 올라갔지만, 로먼은 그중에서 단 1퍼센트만 기부했을 뿐이다. 그나마도 자기가 예전에 다녔던, 재원이 넉넉한 기숙학교에 기부했다. 휴가도 쓰지 않았고, 새로운 취미나 지적 관심사를 발전시키지도 않았다. 로먼의 형은 50세밖에 안 된 로먼이 새로운 친구를 사귀려 하지 않는다고 내심 걱정하고 있었다. 65세가 된 로먼에게 "가장 만족감을 느끼는 활동은 무엇인가?"라고 묻자 "어느 것에도 만족감을 느끼지 못해요."라고 대답했다. 작은 법률회사의 명예대표로 있었지만, 로먼이 67세가 될 즈음에는 그나마도 로먼 한 명뿐인 회사로 규모가 줄어들고 말았다. 그는 생산성과는 거리가 먼 인물이었다. 결국 나이만 먹었을 뿐, 그에게는 어떤 문화적 유산도 남아 있지 않았다. 사회적으로 고립되어 불행하게 살아가는 연구 대상자들 중에는 종교활동에 지나치게 매달리는 이들도 있다. 그러나 로먼은 일년에 딱 한 번, 크리스마스에 어머니와 함께 교회에 나가는 게 전부였다. 알코올 중독은 영적인 위안을 찾는 것조차 가로막아버렸다.

1982년 우리와 면담을 하고 난 뒤에도 로먼의 알코올 중독 증세는 계속 심각해졌다. 하지만 로먼은 자기 주치의에게 몇십 년 동안이나 그 사실을 비밀로 묻어달라고 했다. 술 마시는 습관을 통제할 수 있는 것은 오로지 '가족과 성 마가로부터 배운 의무감'뿐이었다. 게다가 술을 그렇게 마셔대는데도 간 기능에는 전혀 이상이 없었다. 오직 그의 삶만 무너져갈 뿐이었다. 로먼이 30세 되던 해, 여자친구는 이미 그의 알코올 중독을 걱정하고 있었다. 40세가 되자, 경찰과 어머니와 형에게까지 심려를 끼쳤다. 급기야 50세 무렵에는 알코올 중독에서 헤어나오기 위해 전문적인 치료를 받아야만 했다. 60세에는 일주일에 평균 50잔씩 술을 마셨다. 닷새 동안 하루에 위스키 4분의 1잔만 마시다가도 한 번에 몰아서 고주망태가 되도록 마시기 일쑤였다. 그렇게 계속 마시다가는 건강이 심각한 상태에 이를 것이라고 의사가 경고하지 않았더라면 로먼은 아마 계속 그렇게 폭음을 했을 것이다. 65세에는 알코올 중독 후유증 때문에 첫 발작을 일으키기도 했다. 그 뒤로도 술을 끊어보겠다는 헛된 노력이 몇 번씩이나 반복되었다.

죽음에 이를 즈음까지도 로먼은 일주일에 40시간씩 일을 했다. "은퇴하면 삶이 너무 지루할 것 같아서"라는 게 그 이유였다. 그러나 로먼이 죽기 직전까지 은퇴하지 못하고 일을 할 수밖에 없었던 진짜 이유는, 은퇴 뒤에 삶을 즐길 만한 그 무엇도 마련해 두지 못했기 때문이었다. 그는 즐길 줄을 몰랐다. 건강상태가 양호한데도 클럽 활동마저 중단해 버렸다. 창조할 줄 몰랐고 베풀 줄 몰랐다. 인간관계도 점점 더 협소해졌다. 새로운 것을 배우려 들지도 않았다. 대부분의 하버드 졸업생들과 달리, 로먼은 컴퓨터를 배워볼 엄두조차 내지 않았다. 상실감은 그 무엇으로도 메워지지 않았다. 친구나 친지들 중에 '기쁨과 슬픔을 나눌 만큼 친밀한' 관계를 맺고 있다고 말할 만한 사람은 단 한 명도 없었다. 당연히 그에게는 늘 '지금'이 인생에서 가장 불행한 시기였다.

하버드대학교 동창회보에서도 자기 삶에 대해 회의적이었던 로먼의 모습을 찾아볼 수 있다. 로먼은 25회 동창회보를 통해 마지막으로 동창들에게 자기 소식을 전했다. 당시 그는 군대 이력을 강조했으며, 군대 시절이 자기 삶에서 가장 행복했다고 기록했다. 로먼은 30세를 넘기면서부터 다른 사람과의 의사소통마저 포기해 버렸다. 하버드 30, 40회 동창회보에는 다른 동창들의 손자 손녀들 이야기나 시민의 책무, 세상일에 대한 걱정들이 가득 실렸지만, 로먼의 이야기는 단 한 줄도 찾아볼 수 없었다. 그러다가 55번째 동창회보에 그의 부음이 실렸다.

로먼에게 노화는 쇠퇴를 의미할 뿐이었다. 앞으로도 계속 말하겠지만, 돈은 성공적으로 노년을 맞이하는 것과 거의 연관이 없다. 그러나 알코올 중독은 불운한 노년에 매우 직접적으로 영향을 끼친다.

성인의 성숙이라는 개념과 마찬가지로, 무의식적 방어기제 역시 생소한 개념이다. 무의식적인 심리적 적응involuntary psychic adaptation은 프로이트가 1894년에 처음으로 고안한 개념이다.[32, 33] 프로이트의 수많은 다른 개념들과 달리 '방어기제'는 오랜 세월에 걸쳐 충분히 검증받은 개념이었다.

프로이트가 방어행위들을 방어기제라고 부른 것은 결코 병리학적인 성격을 의미하는 것이 아니었다. 방어행위들은 비록 부적응적 양상으로 나타나기는 하나, 궁극적으로는 적응을 위한 적극적인 노력의 초석이다. 방어행위들은 주머니쥐의 행동에서 흔히 찾아볼 수 있다. 주머니쥐는 활발하게 움직이다가도 새끼를 보호하기 위해 갑자기 죽은 시늉을 하기도 한다. 그와 같은 행동은 곧 건강하다는 표시다. 까칠까칠한 모래 속에서 진주를 만들어내는 진주조개의 반사적인 기질도 그와 유사한 방어기제로 볼 수 있다. 사람도 역시 괴로운 대상에 직면하는 순간, 무의식적으로 창조적인 행동을 하기도 한다.

물론 반사적으로 대항한다고 해서 늘 진주가 만들어지는 것은 아니다. 우리 몸에서 코피를 멈추기 위해 무의식적으로 피를 응고시키거나 감기를 낫게 하기 위해 현명하게도 면역체계를 이용하는 것 등도 모두 방어기제라고 할 수 있다. 그러나 피를 응고시키는 기제들이 부적절하게 기능할 경우 동맥을 틀어막을 수도 있다. 마찬가지로 면역체계 또한 무릎관절을 공격, 류머티즘성 관절염을 일으켜 다리를 절게 만들 수도 있다. 투사와 같이 부적응기제들은 예전보다 상태를 더 악화시킬 수도 있다.

적응기제를 적용하는가, 아니면 부적응기제를 적용하는가 하는 문제는 사회계급이나 아이큐, 교육 수준에 의해 좌우되는 것은 아니다.[34] 또한 피부색이나 부모의 교육 수준과도 관련이 없다. 성생활이나 당구 게임을 즐기는 것처럼 차등이 없으며, 오히려 나이가 들어가는 것과 밀접한 관련이 있다.[35]

투사나 '방종한 행동'과 같은 무의식적인 방어기제들이 이타주의나 승화로 성숙될 것이라는 개념은 불과 40년 전에 생겨난 매우 현대적인 개념이다.[36~38] 그런 변화들은 일생에 걸친 전향적 연구를 통해서만 포착할 수 있다. 일단 전향적 연구가 가능해지자, 중년 이후에도 계속 방어기제가 성숙될 수 있다는 것이 성인발달연구의 세 집단을 통해 명백하게 드러났다.[39] 전 생애에 걸쳐 끊임없이 방어기제가 성숙된다는 생각은 몇몇 다른 연구자도 확증한 바 있다.[40~42] 예를 들어 로버트 맥크래이Robert McCrae와 폴 코스타Paul Costa는 볼티모어 노화종단연구Baltimore Longitudinal Study of Aging의 자료를 바탕으로, 인간은 나이가 들어갈수록 점점 더 확고하게 일관성을 견지한다고 생각했다. 볼티모어 연구 대상자들은 나이가 들수록 점점 더 관대해지고, 역경에 부딪혀도 기쁜 마음으로 헤쳐나가며, 성내는 일이 거의 없고, 다른 사람에게 실망감을 표출하는 일도 드물었다. 다시 말해, 성숙해질수록 이타심은 커지고 투사하는 일은 줄었다.[43] 마침내 1940년 에릭슨이 연구했던 것과 똑같은 조건을 지닌 집단을 대상으로 60년간 추적 조사를 거친 결과, 남성과 여성의 정신건강은 실제로 노년으로 갈수록 더 좋아진다는 확실한 결론에 도달했다.(특히 버클리대학교의 인간발달연구소 집단에서 더 분명한 근거를 찾을 수 있었다.)[44]

노년에 접어든 하버드 집단에서도 방어기제가 계속해서 성숙되는 과정을 찾아볼 수 있다. 50세가 된 하버드 졸업생 67명을 대상으로 면담과 설문지를 통해 방어기제의 성숙 정도를 평가해 보았더니, 50세 때의 적응 양식은 75세 때와는 매우 대조적이었다. 편견을 배제하기 위해, 각 나이마다 각기 다른 평가원들이 평가를 했다. 25년이라는 세월을 거치는 사이 이타주의나 유머는 상당히 증가했다. 그러나 억압(청소년기와 중년 사이에 극적으로 증가되는 성숙한 방어기제), 반동 형성(억압된 감정이나 욕구가 행동으로 나타나지 않도록, 그것과 정반대의 행동으로 바꾸어놓을 수 있는 기제), 그리고 미성숙하고 부적응적인 방어기제들(예를 들어, 투사나 수동 공격성 등)은 눈에 띄게 감소되었다. 종합해서 볼 때, 67명 중 19명은 나이가 들수록 성숙한 방어기제를 발전시켰다. 그리고 28명은 50세에 이미 성숙한 방어기제를 발전시켰기 때문에 그 이후에는 뚜렷한 변화가 나타나지 않는 경우였다. 17명은 거의 똑같은 상태에 머물러 있었고, 67명 중 단 4명만이 나이가 들면서 오히려 미성숙한 방어기제를 가지게 되었다. 그 4명 중 1명은 알츠하이머병을 앓고 있었고, 2명은 알코올 중독이었으며, 나머지 1명은 병이 심각하여 면담이 시작된 지 얼마 되지 않아 사망했다. 결과적으로 볼 때, 노화가 아니라 질병이 방어기제의 성숙을 방해했다고 할 수 있다.

애덤 카슨과 수잔 웰컴의 삶을 통해 우리는 노화가 단순한 쇠퇴의 과정이 아니라 한층 더 활기를 더해 가는 삶의 과정임을 알게 되었다. 75세의 애덤 카슨과 수잔 웰컴은 25세 젊은이들도 해내지 못하는 일들을 과감하게 행동으로 옮길 수 있었다.

다음 3~6장에서는 성공적인 노화와 사회적 성숙에 대해, 7장에서는 건강한 노화와 정서적인 성숙에 대해 살펴볼 것이다.

3장
어린 시절이 인생을 좌우하는가?

젊어서 희망, 사랑, 인생에 대한 신뢰를 배우지 못하는 자, 슬프도다.

_조셉 콘래드의 《승리》에서

나는 말했다오. 그러므로 사랑하는 이여, 사실이 이러하므로,

이제 마침내 내 운명을 알았으니……

자부심과 감사의 마음으로 그대 이름을 축복하노라.

내 온 가슴 부풀어오른다오!

그대가 주었던 희망을 거둬가주오……

난 그대가 준 희망의 기억만 간직할 테니.

_로버트 브라우닝의 〈함께한 마지막 여행〉에서

다시 한 번 똑같은 질문을 던져보려 한다. 노년을 이해하려면 로버트 브라우닝의 낙관론에 귀를 기울여야 할까, 아니면 현실에 대해 좀 더 암울한 시각을 지닌 다른 작가의 말을 들어야 할까? 앞서 말했듯이 진실은 그 둘 사이에 존재한다. 노년에 이르렀을 때 푸근한 유년의 기억이 우리의 친구가 된다고 한 콘래드의 지적은 옳다. 그뿐 아니라 사랑을 한 번도 해보지 못한 것보다는 사랑하다가 사랑을 잃은 것이 오히려 더 낫다고 말하는 브라우닝 또한 현명하다.

다시 말해, 유년기는 두 가지 방식으로 노년에 영향을 끼친다. 첫째, 유년기에 아이는 여러 사건들을 겪으면서 믿음, 자율성, 독창성을 키워나간다. 그 사건들은 아이들이 지닌 희망과 자아의식을 폭넓은 인간관계와 사회적 유대로 확장시키며, 그것이 결국 풍요로운 노년의 밑받침이 된다. 신뢰하는 법을 배우지 못한 사람에게는 비탄이 끊이지 않을 것이라고 했던 콘래드의 예측은 계속해서 현실로 나타날 것이다. 정신과의사들에 따르면, 불행한 어린아이들은 성인이 된 뒤에도 '구강기'에 머물러 있다고 한다. 여기서 구강기는 어린 시절 희망을 갖지 못했거나 사랑하는 법을 배우지 못한 굶주린 영혼을 비유한 것에 다름 아니다.

둘째, 브라우닝이 지적한 바와 같이 수면자sleeper effect 효과(같은 정보가 일정한 간격으로 거듭 들어오지 않으면 애초의 정보가 지워진다는 심리학 이론—옮긴이)도 있다. 유아기에 강하게 애착을 가졌던 일들이 우연이나 비극적인 사건을 거치면서 잊혀졌다가 몇십 년이 지난 뒤 기억이 다시 환하게 되살아나기도 한다. 이처럼 잃어버렸던 사랑을 되찾을 때 엄청난 치료 효과를 거둘 수가 있다.

한 사람의 유년기를 바라보는 방법

연구 대상자들의 유년기에 대한 평가는 어떤 방식으로 이루어졌는가? 우리는 편견을 최소화하기 위해 몇 가지 원칙에 따라 평가 작업을 진행했다. 첫째, 연구 대상자들의 유년기 환경 평가를 맡은 연구원들은 청소년기 이후 각 연구 대상자들의 운명이 어떻게 되었는지에 대해서는 알지 못하도록 했다.

둘째, 적어도 두 명 이상의 신뢰할 만한 평가위원들이[1] 각 연구 대상자들의 유년기를 평가했다. 그러고 나서 아동정신과 의사들이 그들이 내린 평가의 타당성 여부를 검증했다.(부록 D 참조) 셋째, 유년기에 대한 평가는 정신과의사가 대학 (또는 중학교) 재학 중인 연구 대상자들과 나누었던 면담뿐만 아니라, 각 연구 대상자의 부모와 나눈 면담까지도 근거 자료로 삼았다. 넷째, 이 장에서 언급하는 평가들은 1970년에서 1974년 사이에 완성되었다. 반가운 소식은, 이 평가위원들이 1940년 성인발달연구가 시작된 이래로 유아 발달 분야의 주요한 이론적 진척 과정을 자세하게 숙지하고 있다는 점이다. 나쁜 소식은, 연구 대상자들이 1920년대에서 1930년대까지 조금은 억압적인 분위기에서 유년기를 보낸 데 비해, 평가위원들은 벤자민 스포크 식의 좀 더 관대한 육아관 속에서 자라난 '우드스톡' 세대이자 베트남전쟁 이후 세대라는 점이다.

이러한 역사적 특성을 상쇄하기 위해 또 다른 검증 과정을 도입했다. 1970년에서 1974년 사이에 이루어진 하버드 집단의 유년기에 대한 평가와 1940년에 완성된 평가를 서로 대비해 보았다. 그러나 1940년과 1970년의 평가는 대체로 맞아떨어졌다. 1910년대에 출생한 중년 평가위원이 '행복한 상태'라고 평가를 내린 아이에 대해 베이비붐 세대인 1970년대 평가위원이 '불행한 상태'라고 평가를 내린 경우는 두 건밖에 없었다. 또한 1940년 평가위원이 '불행한 상태'라고 평가를 내렸는데 1970년대 평가위원이 '행복한 상태'라고 평가한 경우 역시 단 두 건밖에 없었다.

어느 한 가지 측면만이 중요하게 부각되는 것을 방지하기 위해, 각기 다른 다섯 가지 항목을 바탕으로 평가 작업을 진행했다.

1. 집안 분위기가 화목하고 안정적인가?
2. 어머니와의 관계가 기본적인 신뢰, 자율성, 주도성, 자부심을 성취하는 데 얼마나 도움이 되는가?
3. 아버지와의 관계는 어떠한가?
4. 형제들이 있는가? 만약 있다면, 형제들끼리 서로 우애 있게 잘 지내는가?
5. 평가위원도 그런 가정환경에서 성장했더라면 좋았겠다고 생각하는가?

각 항목마다 아주 그렇다(5), 보통(3), 전혀 아니다(1)로 평가했으며, 다섯 가지 항목을 종합해서 평가한 점수는 최소 5점에서 최고 25점까지 나왔다.(자세한 내용은 부록 D 참조) 상위 25퍼센트는 '행복한 상태'라고 이름 붙였으며, 하위 25퍼센트는 '불행한 상태', 즉 '사랑을 받지 못하는 상태'라고 했다.

CASE STUDY 올리버 홈스 | 하버드 졸업생 집단

따뜻한 유년기를 다음 세대에게도 물려주다

행복한 유년의 경험이 여러 세대에 걸쳐 지속적으로 나타나는 경우도 종종 있다. 연구 대상자들 중에서 가장 안온한 유년기를 보낸 올리버 홈스 판사의 가정을 그 예로 들 수 있다. 올리버 홈스의 유년기에 대한 평가 점수는 25점 만점에 23점이었다. 중요하게 영향을 끼친 사람들은 그에게 늘 기쁨을 안겨주었고, 부모님이 중요하게 여겼던 덕목들이 3대에까지 이어졌다. 올리버 홈스는 축복받은 유년기를 보냈다. 가족 중에 신경이나 정신 계통의 병을 앓은 사람은 아무도 없었다. 고모와 삼촌들은 간호사, 음악 교사, YMCA 지도자였다. 부모님은 부유했지만 자신들을 위해 돈을 쓰는 일은 거의 없었다. 그들은 하인을 두지 않았고 가재도구들도 소박했다. 대신 자녀들에게 '개인교습이나 값비싼 음악 레슨, 개인 스케이팅 레슨'을 받게 해주었다. 홈스 부인은 기도문을 외우라고 아이들을 다그치는 법이 없었다. 1940년에 만났을 때, 그녀는 "종교는 말보다는 행동을 통해 배워야 한다고 생각해요. 올리버는 늘 협동심이 강하고 분별 있게 행동했기 때문에 혼을 낸 적이 한 번도 없어요. 올리버는 사람을 즐겁게 만드는 유머감각까지 지녔어요."라고 말했다.

초등학교에 다닐 때, 올리버 홈스는 다른 친구들과 자주 다퉜다. 뒤로 넘어져서 의식을 잃은 적이 두 번이나 있었고, 한 번은 바위에

머리를 부딪히기도 했다. 그러나 낙관적인 홈스는 바위에 부딪히고 나서도 "이만하길 다행이에요. 다른 친구는 저보다 상태가 더 안 좋은 걸요."라고 말하며 부모님을 안심시켰다.

홈스 판사의 어머니에 대해 당시 면담원은 이렇게 기록했다. "가장 인상 깊었던 점은, 그녀가 친절하고 온화한 성품을 지닌 진지한 여성이었다는 것이다. 면담이 진행되는 동안 홈스의 어린 동생들이 거실을 들락날락하며 우리 머리 위로 공을 날리기도 하고, 우리 얼굴에 비비탄총을 겨냥하기도 했다. 그러나 올리버의 어머니는 아이들을 금세 진정시켰다. 그녀는 현명하고 지적인 어머니였으며, 차분한 감성의 소유자였다."

홈스 판사의 아버지는 미국을 대표하는 정형외과 의사가 되기 위해 의과대학에 다니는 내내 열심이었다. 홈스 판사의 어머니는 남편에 대해 이렇게 묘사했다. "동료 의사들은 남편이 환자들에게 어떻게 그토록 진심 어린 관심을 쏟아부을 수 있는지 이해하지 못해요. 남편은 병들고 고난에 처한 사람들에 대해 깊은 연민을 가지고 있어요." 홈스는 아버지에 대해 "자상하며 다른 사람의 인격을 절대로 침해하지 않는 분"이라고 설명했다. 연구원 가운데 한 정신과의사는 "자기 가족에 대해 매우 분명하고 생생하게 설명해 주는" 홈스의 모습에 감동받았다고 말했다.

홈스의 가족들은 늘 가깝게 지냈다. 50세에 홈스는 "나의 부모님은 내게 멋진 기회들을 주셨다."라고 썼으며, "부모와 가장 가깝게 지냈던 때는 언제인가?"라는 질문에 "지금보다 더 좋았던 때는 없다."라고 대답했다. 법과대학을 졸업한 홈스에게 아버지는 캠브리지에 집 한 채를 사주셨다. 부모님은 그 집에서 열다섯 블록 떨어진 곳에 살았고, 장인 장모는 그보다 더 가까이 살았다. 홈스가 자기 아버지를 무척 존경했던 것처럼 아내도 자기 아버지를 매우 존경했다.

65세에 홈스는 형의 가족에 대해 "너무도 친절해서 목석이 아닌 다음에야 그들의 친절을 받아들일 수밖에 없을 거예요."라고 말했다. 77세에는 "내 자식들이 무척 자랑스럽다. 아이들 하나하나가 모두 훌륭하게 성장했다."라고 썼다. 자녀들에게 꼭 물려주고 싶은 것은 무엇인지 묻자, "아이들이 내게 주었던 것만큼 나도 아이들에게 베풀 수 있다면 좋으련만."이라고 대답했다.(나는 홈스의 아버지를 기념하는 만찬에서 홈스의 자녀들을 만났다. 어느덧 그들도 성장해서 자식을 키우고 있었다. 그들 역시 아버지처럼 훌륭하게 자랐다.)

홈스 판사는 키가 크고 머리가 살짝 벗겨졌다. 처음에 외모만 보았을 때는 내가 알고 지내는 한 신경학 교수처럼 품위가 있어 보였지만 어쩐지 너무 격식을 차리는 것 같다는 인상을 받았다. 그러나 그의 이야기를 듣다 보니 깊은 인간미를 느낄 수 있었다. 그의 모습을 보고 있노라니 솔제니친의 이미지가 떠올랐다. 오래전, 홈스와 꾸준히 면담을 해오던 비엔나 출신 여성 면담원의 마음속에도 이와 비슷한 변화가 일었을 것이다. 그 면담원은 종종 뉴잉글랜드 와스프 WASP(앵글로색슨계 백인 신교도를 이르는 말―옮긴이)들처럼 조금 침울한 시각을 가졌으나, 홈스 판사는 전혀 달랐다. 그러다가 1980년, 그 면담원은 60세가 된 홈스에 대해 다음과 같은 결론을 내렸다. "그는 다른 사람을 보살필 줄 알았고, 현실을 있는 그대로 직시하면서 상대가 지닌 장점을 꿰뚫어보는 놀라운 능력을 지니고 있었다. 그는 생각이 깊었고 잘 웃었으며 눈물이 가득 고일 때도 있었다. 홈스는 모든 감정을 자연스럽게 표현했다. 호탕한 성격에다 사람들을 아주 호의적으로 대했으므로, 함께 있을수록 그가 점점 더 잘생겨 보였다."

홈스는 부모가 사랑스러운 눈길로 자기 아이를 바라보듯이 사람들의 긍정적인 면을 보려고 애썼다. 자녀들로부터 기쁨을 얻었던 홈스 판사와 부인은 면담원인 나까지도 편안하게 해주었다. 면담이 세 시간 넘게 계속되었지만 부부의 느긋한 자세는 시종일관 변함이 없었다. 그들은 이야기를 나누는 사이사이 자주 웃곤 했는데, 가슴 깊은 곳에서 우러나오는 꾸미지 않은 자연스러운 웃음이었다.

면담을 시작하면서 우선, 대학을 졸업한 뒤 아버지가 집을 사주는 바람에 마지못해 캠브리지에 눌러산 것은 아닌지 홈스에게 물었다. 홈스는 자기들도 처음에는 필라델피아, 뉴욕, 워싱턴을 두고 진지하게 고민해 보았지만, 둘 다 캠브리지에 살고 싶다는 생각이 간절했다고 했다. 오히려 홈스는 아버지가 "정말로 멋진 선물을 해주셨다."고 말했다. 아내 세실리가 "제가 끼어들어도 괜찮을까요?"라고 물었다. 나는 그녀가 면담에 도움이 되어주었으면 좋겠다고 말했다. 그러자 세실리는 "우리는 아이들을 셰디 힐(캠브리지 소재 사립학교—옮긴이)에 보내고 싶었고, 그 집은 우리 가족이 살기에 더없이 훌륭했어요."라고 거들었다.

20세기 후반 미국에서 이처럼 가족끼리 가까이 모여 사는 것은 흔치 않은 일이다. 그러나 '자상한 성격에다 다른 사람의 인격을 절대로 침해하지 않는' 조부모와 아이들을 있는 그대로 이해해 주는 부모가 있다면 얼마든지 가능한 일일지도 모른다.

정신적으로 건강하다고 하면 단조롭고 지루할 거라고 여기는 사람들이 많다. 그러나 홈스 판사가 가진 또 하나의 능력은, 전혀 싫증 내는 일 없이 안정감을 찾고 늘 변함없는 모습을 유지하는 것이다. 올리버 홈스는 대학 시절 유도부에 들기도 했고, 반전단체에서 활동하기도 했다. 휴가 여행도 늘 즐겁게 다녀왔다. 보르네오 섬이나 모

3장 어린 시절이 인생을 좌우하는가?

로코는 홈스 가족에게는 잘 맞지 않았다. 대신 그들은 런던이나 파리, 특히 블록 섬을 좋아했다. 홈스 가족은 로드아일랜드 주 연안에 있는 블록 섬에서 여름휴가를 보내는 적이 많았는데, 그곳에서 늘 특별한 재밌거리를 찾아내었다. 뿐만 아니라 홈스 부부는 40년 동안 똑같은 세 쌍의 부부와 함께 브리지 게임을 즐겼다. 그러나 브리지 테이블 주변에는 따분함을 잊기 위한 진부한 얘깃거리들이 아니라, 진정으로 애정 어린 이야기꽃이 피어났을 것이다.

홈스에 대해 엇갈리는 평가가 나오기도 했다. 대학 시절 '완전성과 실용성을 추구하던' 그에게는 미래의 보수주의자 기질이 엿보였다. 그러나 '문화적 소양이 높고' '언변이 유창' 하며 '섬세한' 감각을 지닌 몇 안 되는 '이상적인 남성'이었던 그에게는 미래의 자유주의자 기질이 흐르기도 했다. 홈스는 평생 민주당을 지지했지만, 손자 손녀들 역시 홈스와 홈스의 자식들이 다녔던 바로 그 사립학교에 다녔다. 홈스는 "나는 윌슨, 스티븐슨과 같은 정치가들을 존경해 왔지만, 요즘 들어서는 모차르트나 바흐를 더 존경한다. 정치적 변화에 대해 회의적이 되어서 그런지 위대한 예술가들의 상상력과 재능을 더 존경하게 되었다."라고 설명했다.

올리버와 세실리는 초등학교 3학년 때 처음 만났다. 처음 만나는 순간 올리버의 눈에 비친 세실리는 '매력적이고 신비한 존재'였다. 그러나 올리버는 11학년까지 세실리에게 그다지 큰 관심이 없었다. 그러다가 마침내 사랑에 빠져버렸다. 세실리도 처음에는 올리버를 그다지 탐탁하게 여기지 않았다. 올리버가 고등학교 때 학생회장이긴 했지만, 세실리에게는 언제나 수줍음 많은 소년일 뿐이었다. "무의식 속에서는 올리버에게 끌렸는지도 모르지만 우린 그저 사이좋게 지냈을 뿐이에요. 대학 1학년이 되기 전까지는 사랑의 감정 따윈 전혀 없었어요." 그러나 세실리 홈스는 늘 마음속으로 다른 남자아이들과 올리버를 비교해 보곤 했다고 인정했다. 둘은 홈스가 군에 입대하기 전에 결혼했고, 성인발달연구가 시작된 지 50년이 지난 뒤에도 변함없이 행복하게 살았다. 오래 지속해 온 행복한 결혼생활과 성공적인 노화 사이에는 공통점이 많다. 둘 다 인내와 희생, 성숙과 유머감각이라는 영양제가 있어야만 성취될 수 있다.

결혼한 지 9년 뒤, "가장 존경하는 인물은 누구인가?"라는 질문을 받았을 때 홈스는 세실리를 지목했다. 홈스는 아내에 대해 "아름답고 지적이며 예술감각이 뛰어나요. 마음씨가 곱고 참을성이 많으며, 특별나게 합리적인 편은 아니지만 감수성과 상식을 잘 조합하여 직관적으로 문제에 접근합니다."라고 묘사했다. 세월이 흘러 62세가 된 홈스는 다시 아내에 대해 "아이들의 어머니이자 나의 연인이에요. 아내는 나에게 지지와 성원을 아낌없이 보내주었지요. 모든 이들이 나처럼 행복한 결혼생활을 누리길 바랍니다."라고 했다. 그 말을 하는 홈스의 눈에는 눈물이 가득 고여 있었다.

65세에 홈스 판사는 아내에 대한 사랑의 감정이 처음보다 훨씬 더 깊어졌다는 사실을 깨달았으며, 자기에게 예상치 못했던 크나큰 행복을 가져다준 것이 바로 아내와의 결혼이었다고 말했다. 77세에는 "죽을 날이 가까워질수록 아내를 더 깊이 사랑하게 된다."고 털어놓았다. 실제로 면담이 진행되는 동안 홈스는 내가 만났던 하버드 졸업생 그 누구보다도 더 자기 아내를 자상하게 대했다.

홈스 부부에게 서로의 어떤 점을 믿고 의지하는지 질문을 던졌다. 홈스는 "나는 세실리의 사랑과 자신감, 판단을 믿어요. 그녀에게서 기쁨을 찾고요. 다른 어느 누구보다 아내와 함께 있는 시간이 즐거워요. 미래가 불투명하게 보일 때면 세실리에게 위로를 청하기도 하지요."라고 말했다. 세실리는 "올리버는 헌신적이며 나를 동등하게 대해 줘요. 아버지로서도 헌신적이지요. 우린 함께 즐거움을 나눠요. 서로 기질이 비슷하다고나 할까요."라고 대답했다. 그리고 이 모든 행복은 두 사람이 행복한 가정에서 자라났다는 데서 벌써 시작된 것이었다.

부부가 함께하는 일이 있냐고 묻자, 블록 섬에 만든 정원 이야기를 해주었다. "우리는 함께 계획을 세우고 땅을 구입하고 정원을 가꾸었어요." 여름 별장에 있는 모든 방문을 둘이 함께 색칠하기도 했다. 정원을 돌보는 시기는 주로 6월과 9월이었다. 여름에는 아이들에게 여름 별장을 내주기 때문에 7, 8월에는 블록 섬에 가지 않는다고 했다. 아이들과는 가능하면 휴가기간이 일치하지 않게끔 신경을 썼다. 그들의 부모님이 그랬던 것처럼, 그들도 여름을 제외한 기간에는 자녀들과 아주 가까운 곳에 살았기 때문이다. 아이들이 정원일을 도와주는지 묻자, 말이 떨어지기가 무섭게 홈스는 "자식들에게 정원 일을 시키고 싶지는 않아요. 그 애들은 다른 할 일이 있으니까요."라고 대답했다.

부부싸움은 어떻게 하는지 물었다. 내 질문에 부부는 웃음을 지었다. 두 사람은 분명 내 질문을 즐기고 있었다. 기쁨은 순식간에 전염된다더니, 어느새 나도 웃고 있었다. 거실에서 공놀이를 하는 어린 아들을 보고 웃음 짓던 홈스의 어머니가 떠올랐다. 홈스 판사가 먼저 입을 열었다. "나는 완전히 부루퉁해지고 말아요. 세실리가 언제 화를 내는지 잘 알긴 하지만, 막상 화를 내면 어떻게 대처해야 할지 난감할 때가 많아요. 하지만 나는 정면으로 부딪치는 건 못해요. 오히려 문제를 피하고 싶어하죠. 하지만 우린 어느새 문제를 해결하고…… 마침내 이야기를 시작하지요." 그의 아내는 "올리버는 재미난 이야기를 해서 분위기를 바꿔놓기도 해요."라고 말했다. 한 번은 세실리가 실수로 홈스에게 커피를 엎질렀는데, 홈스는 세실리가 일 부러 그랬다며 뒤집어씌웠다. 세실리는 그때 일을 떠올리며 즐겁게 이야기를 계속했다. "이이는 무척 화가 났어요! 그런데 웬걸요. 갑자기 킬킬 웃는 거예요. 또 한번은 올리버한테 국자를 내던진 적이 있어요. 그런데 이이가 '잡았다!' 하고 소리치잖아요. 그러자 나도 엉겁결에 그만 '잘했군요!' 하고 말았죠." 분명 그들은 싸우는 방법을 알고 있었다. 프라이팬보다는 국자가 훨씬 잡기도 쉽고 덜 위험하니까 말이다. 면담이 끝나갈 즈음, 세실리가 은색 액자 두 개를 들고 왔다. 액자 속에는 부부의 약혼식과 은혼식 사진이 들어 있었다. 사진 속에서도 그들은 행복해 보였다.

만족스럽게 나이가 들어가려면 다음 세대로부터 배울 줄 알아야 한다. 자녀들에게 배운 것이 있다면 무엇이냐고 묻자, 그는 마치 세상에서 가장 쉬운 질문이라는 듯 주저 없이 대답했다. "아이들 각각으로부터 저마다 다른 것들을 배우죠. 주디에게서는 쾌활하고 다정하고 외향적인 면들을 배워요. ……다른 사람과 쉽게 어울릴 수 있다면, 모든 일이 잘 풀리겠죠. 주디는 내게 사랑이 무엇인지 가르쳐주었어요. 자넷에게서는 예술적인 관심과 자기 수양을 결합하는 방법을 배웠어요. 평소 나는 두 가지가 완전히 별개라고 생각해 왔는데 자넷 덕분에 완전히 달라졌어요. ……마크는 성인聖人 같은 젊은이예요. 마크는 시내 빈민가에서 목사로 일하고 있어요. 성인 같다는 말이 너무 거창하게 들릴지도 모르겠지만, 마크처럼 힘없는 사람들을 위해 헌신하는 젊은이도 없을 거예요. 어찌나 마음이 넓은지 경외심이 들 정도예요. 마크에게서 헌신적인 이상주의를 배웠어요."

그렇게 얘기를 계속하다가 홈스는 훌륭한 판사답게 "주디로부터

는 쾌활함을, 자넷에게서는 창조성을, 마크로부터는 이타심을" 배웠
다고 명쾌하게 요약해 주었다. 그러더니 "그걸 다 배웠다고 해서, 내
가 그들을 따라잡을 수 있다는 건 아니에요."라고 덧붙였다. 홈스의
말을 듣다 보니, 자녀들이 왜 부모 가까이 살고 싶어하는지 이해가
갔다. 부모의 사랑을 충분히 받으며 자라난 홈스는, 자신도 역시 자
녀들에게 내리사랑을 실천하고 있었다.

홈스 판사는 결정을 내려야 할 상황에서 감정을 어떻게 사용해야
하는지 잘 알고 있었으며, 지적인 결정과 감정적인 결정이 어떻게
다른지도 이해하고 있었다. 17년 전에 그를 만났던 한 면담원은 "홈
스는 지적인 결정을 내리기가 어려울 때면 감정적 결정으로 기울어
지곤 했다."라고 기록했다. 진정한 지혜는 사랑과 정의를 함께 고려
할 줄 알 때 발휘된다. 현명한 홈스 판사는 '열정이 담긴 공평함'을
추구했다.

78세가 되어서도 홈스는 일주일에 40시간씩 일을 했다. 월요일에
는 사무실에 나가지 않았지만, 소송이 진행 중일 때는 가끔 집에서
일하기도 했다. 나머지 나흘 동안은 오전 8시부터 오후 6시까지 일
했다. 금요일에는 조금 서둘러서 5시에 퇴근하곤 했다. 6월과 9월은
통째로 휴가를 내어 아끼고 사랑하는 블록 섬에서 정원을 가꾸었으
며, 그해 5월에는 세실리와 함께 프랑스 여행을 했다. 항소사건 전문
판사라는 경력 덕분에 그는 개인 법률회사에서 변호사를 변호하는
일도 맡았다. 홈스는 아버지처럼 85세까지 일터를 지키고 싶었지만,
80세가 되자 은퇴할 때가 왔다는 사실을 깨달았다. 대부분의 하버드
연구 대상자들과 달리, 홈스에게는 '기쁨과 슬픔'을 함께 나눌 '절
친한' 친구가 여섯 명이나 있었다.

홈스 판사는 놀라울 정도로 건강했다. 일주일에 다섯 번씩 맨손체

조를 했고, 몸을 쓰는 일이라면 무엇이든 원하는 대로 할 수 있었다. 홈스는 "이제 더 이상 하고 싶지 않은 일도 몇 가지 있어요. ……테니스나 스쿼시는 이제 지루해서 못하겠어."라고 했다. 78세가 되었지만 딱히 복용하는 약도 없었다. 일년에 한 번, 전립선 때문에 병원을 찾을 뿐 지난 30년 동안 병원에 입원한 적은 단 하루도 없었다. 그는 "내 물건 크기에 감탄했어요."라고 장난스럽게 말했다(면담 중에도 홈스 판사는 소변을 보기 위해 세 번이나 일어나야만 했다).

홈스는 스트레스 때문에 몸에 이상이 생긴 적이 없었기에, 감기에 걸렸을 때는 어떻게 하냐고 물어봤다. 다른 질문에 대해서는 늘 쾌활하고 재빠르게 대답하던 그가 이번에는 잠시 머뭇거리더니 말문을 열었다. "곧 죽을 거라 생각했어요. ……그러나 세실리는 내가 살아날 거라고 하더군요." 홈스 부인이 갑자기 웃음을 터뜨렸다. "세실리는 책이나 읽으면서 자유시간을 즐기라고 했어요. ……하지만 내가 없으면 회사가 잘 돌아가지 않을 것 같았어요." 그래서 홈스는 허겁지겁 책을 읽고, 과일주스며 비타민 C를 닥치는 대로 먹고 잠을 잤다. "이이는 정말 잘 자요!"라고 세실리가 한마디 거들었다.

그렇게 감기몸살이 호되게 걸린 게 심리적인 중압감 때문이었냐고 묻자, 홈스는 "일을 너무 몰아붙일 때면 가끔 감기몸살에 걸리곤 해요."라고 솔직하게 대답했다. 부모의 충만한 사랑 속에서 자라난 행복한 아들이자 책임감 있고 존경받는 판사인 홈스는, 때론 눈물도 흘리고 화도 내어야 마음이 풀어지듯이 어린아이처럼 천진난만하게 생각하면 무엇이든 치유될 수 있다고 믿고 있었다. 그는 78세가 되어서도 일을 계속했지만, 인생을 즐기는 방법을 알고 있었다.

성공적으로 노년에 이른 비결을 묻자, 홈스 판사는 다음과 같은 지침을 소개했다. "정답이 없다는 걸 알더라도 소크라테스처럼 끝없이 진리를 탐구하라. 최고의 탐정 에르퀼 푸아로가 늘 말하듯이 '회색 뇌세포'를 움직여라. 프로이트가 말했듯이 일하고 사랑하라. 우리가 살고 있는 이 지구를 사랑하고 돌보라. 우울할 때 말고는 절대 지난날에 대해 깊이 생각하지 마라. 이겨내기 어려워 보이는 문제들이 의외로 쉽게 해결될 수도 있다는 사실을 늘 기억하라. 미래를 걱정하지 마라. 모든 것이 끝나기 전까지는 끝난 게 아니다."

여러 면에서 살펴볼 때 그는 분명 연구 대상자 중에서 가장 훌륭한 삶을 산 사람이었다.

유년기의 행복이 노년기에 끼치는 영향

유아에서 성인으로, 그리고 노년으로 성장해 가는 과정을 추적하기 위해 30년 이상 성장에 관한 연구를 지속하는 것은 최근에나 가능해진 일이다. 이와 같은 전향적 연구를 통해 중요하게 여겨지던 수많은 가설들이 폐기되기도 했다.

회고적 연구를 통해서는 성인이 이룬 모든 성과를 설명해 낼 수 있다. 전기를 통해 역추적해 보면 모든 삶의 조각들을 제자리에 놓을 수 있다. 한 가지 구체적인 예만 있으면 밝혀내고자 하는 것을 얼마든지 증명할 수 있다. 정신병에 걸린 고모, 까다로운 어머니, 안짱다리, 거친 이웃 등을 끌어들일 수도 있다.

유년기가 성인기의 행복에 영향을 끼친다는 것은 누구나 아는 사실이다. 그러나 최근의 과학적 관점들에 따르면 그 사실은 우리가 생각하는 것만큼 그렇게 중요한 것이 아니다.[2, 3] 올리버 홈스와 같은 인물은 행복한 유년을 거쳐 성공적인 노년에 이르렀지만, 앤서니 피렐리의 경우는 전혀 달랐다.

하버드 연구 대상자들 중에서 가장 훌륭하게 노년에 이른 사람과 최악의 노년에 이른 사람의 유년기를 비교해 보았을 때, 둘 사이에는 유의미한 차이가 없었다. 어린 시절 손톱을 물어뜯는 습관이 있었다거나, 일찍 대소변을 가렸다거나, 늘 감기를 달고 살았다거나, 신경이 예민한 어머니를 두었다고 해서 모두가 다 정서적으로 불안해지거나 불행한 노년을 맞이하는 것은 아니었다. 수잔 웰컴을 보더라도 쉽게 알 수 있다. 50세쯤 되면 유아기 때의 신체건강, 형제간의 나이 터울이나 태어난 순서, 심지어 부모를 일찍 여읜 것에도 별로 영향을 받지 않는다. 성인이 된 자녀가 정신 이상을 앓고 있는 경우, 모든 부모들은 아이가 영유아기 시절에 겪은 문제들(공포증이나 지나친 수줍음 등)이 18세에도 계속 나타났다고 회상했다. 그러나 정상적인 성인 자녀를 둔 부모들 중에도 60퍼센트 정도는 그와 똑같은 경험이 있었다고 회상했다. 고아로 자라난 사람이라 해도 80세 즈음이 되면 부모 품에서 사랑을 받으며 고등학교를 졸업한 사람과 별반 다르지 않게 행복하고 기운이 넘칠 수 있다는 얘기다.

만족스러운 노년으로 이끄는 가장 중요한 요소 중 하나로 수입을 빼놓을 수 없다. 그러나 우리 연구의 세 집단들을 살펴본 결과, 정서적인 풍요로움이 훨씬 더 중요한 것으로 나타났다. 백인에다 제대군인원호법의 혜택을 받은 이들이 경제적으로 풍요로운 생활을 하는 경우가 많지만, 이는 사회계급이나 부모가 가진 특권보다는 정신적 건강 덕분이라고 보는 것이 더 정확할 것이다.

이는 이너시티 출신자의 경우도 마찬가지다. 훌륭한 정신건강과 성숙한 방어기제, 온정이 넘치는 친구관계, 존경하는 아버지와 사랑하는 어머니 등의 요소들은 미래의 고소득을 예측하게 하는 요소들이다. 반대로 아버지가 생활보호대상자인 가정이나 한부모 가정에서 자랐다는 것만으로는 미래의 소득을 예측하기가 어렵다. 요약해서 말하면, 긍정적인 유년기가 부정적인 유년기보다 한 사람의 미래를 훨씬 더 강력하게 예견할 수 있다.[4]

불행한 유년기 때문에 알코올 중독에 빠진다는 가설도 널리 일반화되어 있다. 그러나 그 가설은 회고적 원인 조사에 기반을 두고 있을 뿐이다. 즉 알코올 중독자나 의사들은 회고적 견지에서 알코올 중독의 원인으로 불행한 유년기를 지목한다. 그러나 전향적 연구를 근거로 보자면, 기억은 원인과 결과를 뒤바꿔놓을 뿐이다. 알코올 중독자가 된 사람들이라고 해서 모두가 다 불행한 유년기를 보내지는 않았으며, 불우한 유년기를 보냈다고 해서 모두가 다 알코올 중독에 걸리는 것은 아니다. 그러나 특이하게도 알코올 중독자를 부모로 둔 이들의 유년기는 열이면 열 모두 다 불행했다.

조금 다르게 표현해 보면, 유년기의 불행은 시간이 지날수록 점점 덜 중요해진다. 유년기가 불우했느냐, 행복했느냐에 따라 대학생활에 적응해 가는 양상은 매우 다르게 나타난다. 중년에 갓 들어설 무렵까지도 유년기를 어떻게 보냈는가 하는 점이 중요하게 여겨질 수도 있다. 그러나 노년에 접어들면 유년기의 행복은 더 이상 중요하지 않다. 행복한 유년기는 미래의 고통을 물리칠 수 있는 힘을 키워주지만, 그렇다고 해서 하버드 졸업생들이나 이너시티 출신자들에게 불우한 유년기가 반드시 불행을 안겨주지는 않았다.

하버드 졸업생 집단이 중년에 이르자, 유년기의 환경적 요인들이 실제로 신체건강에 영향을 끼친다는 증거가 제시되었다.[5] 불우한 유년기를 보냈던 23명 중 3분의 1은 53세에 이미 고혈압이나 당뇨병, 심장병 같은 만성질환을 앓고 있었으며, 4명은 그 전에 사망했다. 반면 행복한 유아기를 보냈던 23명은 모두 살아 있었으며, 만성질환을 앓고 있는 사람도 단 2명뿐이었다.

그러나 유년기와 신체건강 사이에 나타나는 이와 같은 긴밀한 연관성이 끝까지 지속되는 것은 아니다. 75세에는 유년기와 신체건강 사이에 뚜렷한 관련성을 찾아보기가 힘들었으며, 80세에 이르자 불행한 유년기를 보냈던 하버드 연구 대상자 20명 중 4명이 가장 훌륭하게 노년에 이른 이들 중에 포함되었다. 그리고 불행한 유년기를 보냈던 이너시티 출신 8명 중 1명은 불행한 노년을 맞이했지만, 5명은 행복한 노년에 이르렀다. 이렇게 보면, 조셉 콘래드의 생각이 늘 옳지는 않은 듯하다.

그러나 조셉 콘래드의 신랄한 예측을 뒷받침하는 네 가지 연구 결과가 있다. 첫째, 불행한 유년기를 보낸 이들은 정신질환을 앓을 가능성이 훨씬 더 높다. 둘째, 그들은 놀이를 통해 인생을 즐기는 데 익숙하지 않다. 셋째, 그들은 자기감정은 물론 세상을 신뢰하지 않는다. 넷째, 평생 동안 친구를 사귀지 못하는 이들도 있다.

불행한 유년기 환경이 정신질환을 유발할 수도 있다는 첫 번째 연구 결과는 새삼스러운 것도 아니다. 행복한 유년기는 정신적 질환을 예방하며, 더 나아가 조기사망이나 만성적인 질환까지도 막을 수 있다. 행복한 유년기를 보낸 하버드 연구 대상자 56명 중에서 우울증을 앓은 이는 단 4명밖에 없었으며, 80세가 되어 아프고 불행하다고 느끼는 이도 고작 4명에 지나지 않았다. 조기사망한 사람도 6명뿐이었다. 불행한 유년기를 보낸 하버드 졸업생의 경우, 행복한 유년기를 보낸 이들에 비해 불의의 죽음(사고, 자살, 간경변, 폐암, 폐기종 등으로 인한 죽음)을 당한 확률이 세 배나 높았다. 불행한 유년기를 보낸 이너시티 출신의 경우에도 두 배는 더 높았다.

50세가 되자, 하버드 연구 대상자 중 80명이 정신질환(심각한 우울증, 알코올이나 마약 남용 등)을 앓았다. 정신질환을 앓았던 이들 중 절반가량은 75세 이전에 사망했다. 이와 대조적으로, 정신질환을 앓지 않은 111명 중 75세 이전에 사망한 사람은 단 12명뿐이었다. 터먼 여성들에 대해서는 정신적, 신체적 건강과 관련된 객관적인 자료가 부족했기 때문에 구체적으로 비교할 수 없었다.

둘째, 불행한 유년기를 보낸 이들은 45세나 65세 때 진행한 조사에서 놀이나 게임을 즐기는 걸 어려워했다. 이들에 비해, 행복한 유년기를 보낸 이들은 승부를 다투는 운동경기를 다섯 배는 더 즐겼다. 올리버 홈스처럼 휴가를 충분히 보내고 친구들과 게임을 즐기는 비율도 다섯 배는 더 많았다.

셋째, 행복한 유년기를 보낸 이들은 자기감정을 존중하고 안도감을 느끼면서 행복한 노년에 이를 수 있다. 여기서 유년기와 노년기의 연관성이 가장 두드러지게 드러난다. 불행한 유년기를 보낸 하버드 졸업생들은 몸에 배어 있는 불신과 의존성 때문에 삶을 고통으로 이끌었으며, 우리 연구에 대해서도 불신하는 태도를 보였다. 그러나 올리버 홈스처럼 행복한 유년기를 보낸 이들은 대부분 우리 연구가 자기 삶에 많은 도움이 되었다고 믿었다.

중년에 이른 이들에게 '예/아니요'로 답할 수 있는 질문들을 많이 던졌다.[6] 그 질문들을 통해 30년 뒤 행복하고 건강한happy-well 노년에 이를 것인지, 아니면 불행하고 병약한sad-sick 노년에 이를 것인지를 구분할 수 있었고, 30년 전에 행복한 유년기를 보냈는지, 불행한 유년기를 보냈는지도 가려낼 수 있었다. 그중에서도 특히 50세에 제시했던 여덟 가지 질문은 그들의 과거와 미래의 연관성을 가장 잘 보여주었다. 여덟 가지 질문 모두에 '예'라고 대답할 경우, 이는 정서적인 불안정을 반영하는 것이며, 불행한 유년기는 물론 정신적·신체적으로 건강하지 못한 불행한 미래를 예감하는 것이기도 하다. 다음 네 가지 질문에 모두 '예'라고 대답할 경우, 그 사람은 분명 자기 감정에 대해 지나치게 방어적인 태도를 취한다는 의미다.

- 다른 사람들은 내가 성性을 두려워한다고 생각한다.
- 성생활이 없는 결혼이 나에게 더 잘 맞는다.
- 성 적응 문제로 어려움을 겪은 적이 있다.
- 감정이 강렬하게 일어야 하는 상황에서 무덤덤해질 때가 있다.

다음 나머지 네 가지 질문에 모두 '예'라고 답할 경우, 그 사람은 자기 욕구나 감정을 지나치게 억누르고 있다는 의미다.

- 나의 심각한 감정이 파괴적으로 변화될 것이라고 생각할 때가 종종 있다.
- 사람들을 질리게 할까 봐 두려워질 때가 종종 있다.
- 사람들 때문에 실망하는 일이 흔히 있다.
- 사람들에게 지나치게 부담감을 느낄 때가 많다.

하버드 졸업생들 중에 이 여덟 가지 질문에 대해 모두 '예'라고 답한 비율은, 30년 전 불행한 유년기를 보낸 이들이 행복한 유년기를 보낸 이들보다 세 배는 더 많았다. 30년 뒤 불행한 노년에 이른

이들과 행복한 노년에 이른 이들을 비교해 보더라도 결과는 마찬가지였다.(부록 E 참조)

그렇다면 어떻게 해야 아이에게 자연스러운 감정을 경험하게 해 줄 수 있을까? 공격성을 통제하는 것은 성적인 친밀감을 획득하는 것만큼이나 섬세한 자아의 균형감각이 필요한 행동으로서, 미래에 성인으로서 이루어야 할 주요 과업, 즉 친밀감, 직업적 안정, 생산성에 영향을 끼친다.[7] 50세가 되어서도 직업적 안정을 이루지 못한 이너시티 출신자들이나 70세에 불행하고 병약한 노년에 이른 이들의 경우, 47세에 면담을 가졌을 당시 폭발적으로 화를 분출하거나 분노의 감정을 억누르려는 경향이 서너 배 더 높았다. 이와 달리, 중년에 안정된 직장생활을 하는 이너시티 출신자, 그리고 행복하고 건강한 상태로 70세에 이른 이들 중 75퍼센트 정도는 화가 치미는 상황에서도 느긋하게 마음을 가라앉힐 줄 알았다. 이런 차이는 모두 어린 시절 부모가 아이의 슬픔이나 사랑, 분노의 감정을 잘 다독여주고 자상하게 보살펴주었는가, 아니면 아이의 다양한 감정 표현을 부정적으로 치부해 버렸는가 하는 것에 좌우된다.

넷째, 불행한 유년기를 보낸 사람들은 오래된 친구 하나 없이 노년을 보낼 수도 있다. 행복한 유년기를 보낸 사람들 중에는 70세에 이르러 폭넓은 사회 봉사활동을 즐기는 사람들이 많았다. 그들은 어린 시절에는 부모와 따뜻한 사이였고, 30년 뒤에는 매력적이고 외향적이고 열정적인 모습을 보여주었으며, 60년 뒤 그들 주위에는 친구들이 많았다. 이와 달리 스무 살까지 사랑이라곤 찾아볼 수 없는 삭막한 가정환경에서 자란 한 하버드 연구 대상자는 47세에, "나는 어린 시절 친구라는 말이 어떤 의미인지도 모르고 자랐어요."라고 고백했다.

사실 또는 억측 : 우울증 때문에 병이 생길까?

뇌가 면역체계에 영향을 끼친다는 믿음, 다시 말해 어린 시절 허약하다고 느끼며 자라날 경우, 실제로 병약한 성인이 될 수 있다는 생각은 매우 흥미롭다. 긍정적인 생각만 하면 백 살까지 즐겁게 살 수 있으리라는 믿음은 마음을 흐뭇하게 만든다. 하버드 연구 대상자 중 행복한 노년에 이른 62명 중에서 50세 이전에 심각한 우울증을 앓았던 사람은 단 한 명뿐이었다. 그러나 불행하고 병약한 80대 노인이 된 사람들 중 50세 이전에 심각한 우울증을 앓았던 사람은 비율로 따져볼 때 앞의 경우보다 15배는 더 많았다. 한편 행복한 유년기를 보낸 사람들 중에 성인이 되어 우울증을 앓았던 이는 단 4명뿐이었지만, 불행한 유년기를 보낸 사람들 중에는 11명이나 되었다. 그러나 전적으로 정신이 육체를 결정짓는다고 결론 내릴 수는 없으며, 이에 대해 좀 더 진지하고 과학적인 접근이 필요하다.

노년의 신체건강에 악영향을 끼치는 요인으로는 우울증뿐만 아니라 알코올 중독, 흡연, 자기 방치, 만성질환, 불행한 유년기 등을 들 수 있다. 이중에서 진범은 어느 것이고, 순수한 방관자 또는 희생자는 어느 것인가? 60년간의 전향적 연구가 이 질문에 답해 줄 것이다.

첫째, 어린 시절에 부모를 여읜 성인들을 대상으로 연구해 본 결과, 고아로 성장한다는 것 자체는 그다지 오랫동안 영향을 끼치지 않았다.[8] 단 부모를 죽음으로 몰았던 유전병을 물려받는 경우는 예외였다.

둘째, 우울증이 암과 연관된다는 것은 맞는 말이다. 그러나 연구 결과를 좀 더 주의 깊게 살펴보면, 우울증이 암의 주요 원인이라는 근거는 미약했다.[9] 우울증과 가장 연관성이 깊은 암은 알코올이나 담배의 영향을 가장 많이 받는 위암이나 폐암이며, 이 두 가지 모두 우울증 환자에게서 흔히 발병한다.

셋째, 몸이 아프면서 마음도 우울한 사람들은 병원을 찾아가 치료를 받을 가능성이 크고, 그만큼 우울증과 질병 사이의 연관성은 실제보다 과장될 수 있다. 역으로, 정신적으로 건강한 사람이라면 비탄에 젖거나 무력감에 빠지거나 의사에게 의존하지 않고서도 신체적인 병을 잘 이겨내는 경우가 종종 있다. 병이 들어도 정신적으로 행복해서 병원에 갈 필요를 못 느낀다면, 의사들로서는 정신적으로 행복한 사람들도 신체적으로 병이 들 수 있다는 걸 알 길이 없지 않겠는가?

마지막으로, 몸이 아프다는 것은 기본적으로 사람을 우울하게 만드는 일이다. 그리고 특정한 암에 걸리거나 두뇌 좌반구에 뇌졸중이 오거나 하면 순전히 생물학적인 이유로도 우울증이 생긴다.

정신이 신체건강에 전혀 영향을 끼치지 않는다고 말하려는 것은 아니다. 우울증과 신체적 질병의 밀접한 관련성을 증명하는 탁월한 연구 결과들은 엄연히 존재한다. 나는 단지 노년의 건강에 악영향을 끼치는 직접적인 원인이 과연 우울증인가 하는 것에 대해 의문을 제기하고 싶을 따름이다. 우울증 자체보다는 오히려 우울증을 동반하는 지나친 흡연이나 자기 방치가 신체적 병을 유발시키는 주범이기 때문이다.

과거와 인생의 재구성

사람들은 누구나 현재의 삶을 좀 더 조화롭게 만들기 위해 지나온 나날을 재구성하면서 살아간다. 플라톤 시대부터 현재에 이르기까지 시대를 막론하고 노인들이 한결같이 하는 말이 있다. "우리가 10대였을 때에는 지금 청소년들보다 훨씬 더 부모를 존경했다."고. 그러나 과거는 허구이므로 그다지 중요하지 않을 때가 많다.

78세에 이른 40명의 터먼 여성에게 "이 사회는 당신이 잠재력을 발휘할 수 있도록 기회를 충분히 주었다고 믿는가?"라고 질문을 던졌다. 인생의 황혼기에 이른 그 여성들 중 39명이 (대개의 경우 피치 못하게 직업적 성장을 멈춘) 자신의 생애를 온전히 본인 책임으로 받아들였다. 한 여성은 "그래요. 나는 기회를 충분히 누렸다고 생각해요. 하지만 너무 게을렀나 봐요."라고 머뭇거리면서 대답했다. 그러나 실제로는, 어린 시절 그녀의 가장 큰 장점 가운데 하나가 바로 '인내심'이었다.

두 번째 여성은 자기 말로는 잠재력을 충분히 발휘하면서 살았다고 했지만, 우리가 보기에는 전혀 그렇지 않아 보였다. 그녀는 아이큐가 154였고, 버클리대학교 시절에도 늘 A학점만 받았으며, 파이베타카파 클럽(성적이 우수한 미국 대학생과 대학 졸업생으로 조직된 클럽―옮긴이) 회원으로 뽑히기도 했다. 그녀는 한번 읽은 것이면 무엇이든 기억해 낼 수 있는 재능을 지니고 있었다. 예술사에 관심이 많았고 장학생으로 졸업도 했지만 자기가 원하던 직업을 선택하는 대신 첫 남편을 의과대학에 보내기 위해 병원에서 비서로 일했다. 그 뒤 그녀는 매달 50달러의 연금을 받기 위해 10년 동안 스탠퍼드대학교에서 비서로 일했다. 스탠퍼드대학교에 재직 중인 남자 직원들 중에 그녀처럼 야박한 대우를 받은 사람은 아무도 없었을 것이다. 그러나 그녀는 불평 없이 묵묵하게 현실을 받아들였고, 과거의 재능을 묻어버리기 위해 선택적 건망증을 자처했다. 78세가 된 지금에 와서 과거에 대해 불평을 늘어놓는다고 하더라도 성차별주의자들이 그 말에 귀를 기울일 리도 없었다. 과거를 망각하고 산다면, 현재의 삶이 더 수월해지기는 한다. 그러나 사회가 터면 여성들을 너무 야박하게 대우했다는 것은 엄연한 사실로 남아 있다.

67세가 된 이너시티 연구 대상자에게 부모로부터 어떻게 지도받았는지 물었다. 그는 다음과 같이 진지하게 답했다. "부모님은 학교 갈 준비를 해주고, 학교까지 바래다주기도 하셨어요. 아시다시피 초등학교 때는 집에 가서 점심을 먹잖아요. 어머니는 늘 따뜻한 음식을 준비해 놓고 나를 기다리셨어요. 그렇게 어머니와 한 시간 정도 함께 보낸 뒤 다시 학교로 되돌아갔답니다. 어머닌 늘 이것저것 자상하게 보살펴주셨어요. 국가에서 군이 걱정할 필요도 없었지요. 내가 자유주의자들에게 불만이 많은 이유도 아마 그 때문일 거예요. 정치에 대해 얘기하고 싶지는 않지만, 난 자유주의자들을 싫어한답니다. 급진자유주의는 특히 더 싫어해요." 집안형편이 좋지 않았는지 묻자, 그는 "아뇨. 가난하지 않았어요. 우린 그 당시 아마 중하층 정도는 되었을 거예요."라고 대답했다.

그러나 실제 기록을 살펴보면, 이 남자는 한 살 되던 해에 아동학대방지협회SPCC, Society for Prevention of Cruelty to Children의 보호를 받은 적이 있었다. 기록에 따르면 당시 그 아이는 구루병(머리, 가슴, 팔다리 뼈의 변형과 성장 장애를 일으키는 비타민 D 결핍증—옮긴이)을 앓고 있었고 "집은 지저분하게 어질러져 있었다". 일곱 살 때 그의 어머니는 알코올 중독으로 몇 차례나 보호시설 신세를 졌다. 그가 열 살 되던 해 다시 아동학대방지협회에서 찾아가보니 "엄마는 아이에게 점심도 먹이지 않았고, 집은 엉망진창이었다". 열여섯 살 되던 해 찾아간 면담원에게 그의 부모는 "보조금을 너무 적게 받고 있다"는 소리만 몇 번이고 되풀이했다.

되찾은 사랑에는 치유의 힘이 있다

결핍^{privation}과 박탈감^{deprivation}은 엄연히 다르다. 결핍은 한 번도 사랑을 베풀거나 받아보지 못했다는 의미다. 바로 거기서 정신병리학이 시작된다. 그러나 박탈감은 사랑했던 사람을 잃었다는 의미다. 박탈감 때문에 고통을 겪을 수는 있지만, 병이라고까지 볼 수는 없다. 사랑했던 사람을 잃으면 눈물을 흘릴 수는 있겠지만, 그렇다고 환자가 되는 것은 아니다. 톨스토이의 말처럼 "누군가를 열렬히 사랑할 수 있는 사람만이 크게 슬퍼할 수도 있다. 그러나 슬픔을 치유하는 것도 역시 사랑이다."[10] 노년의 삶은 이제까지 사랑해 온 모든 이들을 합한 것이라고 할 수도 있다. 어느 누구도 잃어버리지 않고 고이 간직하는 것은 소중한 일이다. 인생의 후반기에 이루어야 할 과업 중 하나는, 인생 전반에 사랑했던 모든 이들을 다시 찾아내어 그 사랑을 회복하는 일이다. 그러므로 잃어버린 사랑을 회복하는 것은 곧 과거가 현재에 영향을 끼치는 중요한 방식이 된다.

심리치료사들은 환자들에게 과거의 사랑을 기억해 보라고 하기보다는 현재의 슬픔만을 더 강조할 때가 있다. 심리상담사들도 잃어버린 사랑을 기억해 내는 것이 잊는 것보다 정신역학적으로 슬픔을 달래는 데 훨씬 더 효과가 있다는 사실을 잊을 때가 많다. 영장류의 뇌는 사랑을 포기하는 것보다는 사랑을 간직하게끔 만들어져 있다.

우리는 살아가는 동안 문득 잊었던 사랑이 다시 생각날 때가 종종 있다. 어느 누구도 사랑했던 사람을 완전히 잊을 수는 없다. 그것은 기억력이 주는 저주이자 축복이다. 슬픔은 마음을 아프게 하지만 우리를 병들게 하지는 않는다. 강물에 씻겨 묻혀 있던 지층이 드러나는 것처럼, 살아가다 보면 고통과 분노, 미성숙함 때문에 묻혀버렸던 사랑의 기억들이 문득문득 되살아나기도 한다.

CASE STUDY 마사 미드 | 터먼 여성 집단

잊었던 사랑을 찾아 심리적 고통을 치유하다

65세가 넘어 심리치료와 시를 통해 자기 삶의 고고학자로 거듭난 마사 미드를 예로 들어보자. 나는 어느 비 내리는 가을날 느지막이 그녀의 집에 도착했다. 미드는 샌프란시스코의 추위를 달래기 위해 캐시미어 터틀넥 스웨터에다 갈색 니트 카디건을 입고, 갈색 치마 아래로 멋스러운 신발을 신고 있었다. 나는 미드가 쓴 심리요법에 관한 책을 매우 흥미진진하게 읽어보았다고 먼저 말을 꺼냈다. 미드도 나의 책 《성공적 삶의 심리학》을 매우 관심 있게 읽었노라고 답례했다. 우리 두 사람은 오래전부터 서로를 만나고 싶어했던 것이다. 미드는 나에게 남편을 간단히 소개한 뒤, 하버드 연구 대상자들과는 달리 남편을 위층으로 올려보냈다. 75세에 이르면 아내들은 놀라울 정도로 주도적이고 독립적으로 행동하는 반면, 남편들은 아내가 곁에서 도와주기를 바랄 때가 많다.

마사 미드는 자그마한 체구에 웃음이 많은 여성이었다. 그녀와 대화를 나누는 동안 나는 한순간도 지루한 줄 몰랐다. 미드와 나누는 대화 속에는 열정이 가득 차 있었고, 이야기하는 내내 웃음과 흥분이 끊이지 않았다.

몇 시간 동안 심리치료를 받는 사람들처럼, 미드는 자기만의 연상법과 내면활동을 즐겼다. 그러나 미드가 자기 세계에만 빠져 있었던 것은 아니다. 그녀는 사회사업가이자 심리치료사로서 내면적인 삶에 관심이 많았기에 자기 자신과 대화를 많이 나누었다. 그러나 미드는 친구들의 일이나 남편의 고민, 아이들과 부모님, 심지어 당시 러시아에 있던 내 아내가 어떻게 지내는지에 대해서도 똑같이 관심이 많았다. 미드는 과거에 심각하고 만성적인 심리적 고통을 겪었지만, 놀랍게도 그녀는 그 문제를 심각하게 여기지 않았다.

나는 유능한 의학자이자 최근에는 유능한 작가로 더 잘 알려진 미드에게 이제까지 했던 일 중에서 가장 책임이 무거웠던 일이 무엇이 있었는지 물었다. 그 질문에 미드는 "하아!" 하고 소리치더니, "이 터무니없는 질문에 어떻게 대답해야 할까요? ……내 삶에서 가장 중대한 업적은 바로 나 자신을 자유롭게 만든 거예요." 하고 말했다. 그것이 바로 그녀가 평생을 바쳐 노력해 왔던 일이다. "하지만 그건 빙산의 일각일 뿐이에요. ……처음에는 나도 겁 많은 한 마리 생쥐일 뿐이었어요." 어린 시절에 미드는 혼자 힘으로 할 수 있는 일이 거의 없었다. 집안 분위기 탓에 어린 미드는 의존적이고 순종적인 성격을 띠었다.

"내가 믿고 의지하던 어른들에게서 떨어져 나올 수가 없었어요. 그래서인지 사람들을 화나게 만드는 말이나 행동은 절대로 하지 않았어요. 나는 끊임없이 이어진 팽팽한 줄 위를 걷고 있었어요. 균형을 깨뜨릴 만한 위험요소라면 무엇이든 내 모습에서 지워버렸죠."
집안에서 마사 미드는 누구에게도 화를 내서는 안 되었다. 어머니를
화나게 했다면 반드시 그녀가 먼저 용서를 빌었다. 그러나 다행스럽
게도 미드의 남편은 헌신적인 '페미니스트'의 일면을 지니고 있었
다. 그는 미드의 행동을 높이 평가했고, 미드가 이룬 일들을 자랑스
럽게 여겼으며, 경제적인 면에서도 든든하게 뒷받침을 해주었다. 미
드는 만일 남편이 없었다면 아무것도 성취할 수 없었을 것이라면서,
남편은 "내가 힘 안 들이고 수월하게 모든 일을 성취할 수 있게 해준
사람"이라고 표현했다. 아내는 물론 남편 역시 배우자의 불행했던
유년기를 치유해 줄 수 있다.

마사 미드는 몇 시간씩 심리치료를 받곤 했다. 심리치료를 통해서
야 비로소 자신을 겁쟁이 생쥐로 만들었던 어머니를 책망할 수 있었
다. 그리고 마음속에서 분노가 치밀어오를 때 병적인 공포증이 발생
한다는 사실도 발견했다. 우울증 치료제를 복용하는 것이 아니라,
자기감정을 자유롭게 표출하는 방법만이 공포증을 치유하는 유일한
길이었다. (물론 사람에 따라 방법이 달라질 수 있다.)

미드는 은퇴하고 나면 그림을 그려볼 계획이었지만, 그 대신 시
쓰는 길을 선택했으며, 시를 통해 새롭게 태어났다. 미드는 어머니
와 아버지, 자매들을 묘사해 보려고 노력했다. "나는 고양이 한 마리
와 함께 태평양 한가운데 떠 있는 외딴섬에 있었다." 그녀는 일곱 살
시절로 돌아가 있었다. 미드는 요즈음도 마음이 불안할 때마다 시를
쓴다고 했다. 밤에 자다가 갑자기 깨어날 때면 자기가 쓴 시를 기억
해 내어 읊조리다 다시 잠이 들었다. 미드는 이제 심리치료가 아니
라 시 쓰기를 통해 공포증을 떨쳐낼 수 있었다.

마사 미드는 시들이 머릿속에서 한창 무르익은 채로 쏟아져나온

다고 표현했다. 10년 전에 돌아가신 어머니를 주제로 단숨에 시 한 편을 써내기도 했다. 미드는 어머니와 알고 지냈던 사람들은 모두 시간이 지날수록 어머니를 싫어하게 되었다고 말했다. 그러나 미드는 어머니에 대해 상반된 감정을 동시에 느꼈기 때문에 늘 마음이 불안했다고 털어놓았다. 그 말을 하는 순간, 미드는 갑자기 감정이 북받쳐 잠시 이야기를 멈추었다. 그러나 그 감정은 단순한 슬픔이라기보다는 창작 행위를 하는 예술가, 심리치료에 열중해 있는 환자에게 일어나는 감정에 훨씬 더 가까웠다.

미드는 어머니가 자기를 겁쟁이로 만들었던 것에 화를 내면서도 다른 한편으로는 어머니에 대해 연민이 깊었다. 미드는 문득 어머니에 대한 얘기를 들려준 두 여자를 떠올렸다. 그들은 어머니가 매우 특별한 사람이었다고 말했다. 미드의 어머니는 '여왕'처럼 걸었고 '사랑스러운 눈'을 가졌으며 사람들에게 인기가 많았다고 했다. 미드는 "어머니는 자신이 어떤 가치를 지녔는지 알지 못하셨어요. 아버지는 모든 이들의 사랑을 받으셨어요. 나도 아버지를 무척 좋아했고, 아버지와 서로 감정이 통한다는 느낌을 강하게 받았지요."라고 덧붙였다. 그러다가 미드는 아버지가 어머니를 구속하곤 했다는 주변 사람들의 기억을 떠올리기도 했다. 고등학교 시절부터 친구인 마저리는 미드의 어머니를 특별한 여성이라고 생각했던 여성들 중의 하나였으며, 미드의 어머니를 매우 존경했다. 그 밖에도 아직 살아 있는 고등학교 동창들은 하나같이 미드의 어머니를 존경스러운 분으로 기억했다. 미드의 인생 이야기는 내 눈앞에서 바뀌어가고 있었다.

그러다가 미드는 어머니가 헨리 소로Henry D. Thoreau(《월든》을 저술한 미국의 사상가이며 문학가—옮긴이)나 에머슨Ralph Waldo Emerson(미국의 사상가이자 시인—옮긴이)을 흠모했으며, '계약결혼' 같은 주제가 담긴 매우 현대적인 책들을 읽었다고 자랑을 늘어놓았다. 어머니에 대한 추억을 떠올릴수록 어머니를 사랑하고 동경하는 마음이 더욱 더 생생하게 되살아나는 것 같았다. 이때 미드가 묘사하는 어머니는, 미드의 독립심을 가로막고 한낱 겁쟁이로 만들어버렸던 한 여성의 모습과는 전혀 달랐다. 미드는 어머니에 대해 "우리는 닮은 구석이 아주 많아요. 하지만 난 그 사실을 인정하고 싶지 않아요."라고 말했다. 어머니가 돌아가신 뒤, 미드는 어머니가 남긴 유품에는 손도 대지 않았다고 했다. 그것이 슬픔 때문이었는지 아니면 애증 때문이었는지 묻자, 미드는 "백 년은 더 살아봐야지 그 대답을 알 수 있을 것 같네요."라고만 했다.

애기가 무르익을수록 미드는 점점 더 원기가 넘치고 기쁨으로 충만했다. 나이가 들수록 경제적인 수준이 낮아지긴 했지만, "그 대신 돈으로는 환산할 수 없는 행복을 얻었답니다. ……요즘이야말로 내 인생에서 가장 행복한 나날들이에요."라고 설명했다. 지난 6개월 동안 주로 어떤 기분으로 지냈는지 묻자, 미드는 "정말 행복했어요." 라고 대답했다. 열 살에서 일흔 살에 이르기까지 그녀가 제출한 답변서 가운데 그만큼 만족스러운 대답은 없었다. 미드가 그토록 행복하게 지낼 수 있는 이유는 마침내 어머니에 대한 사랑을 숨김없이 인정할 수 있게 되었기 때문일 거라고 나는 짐작한다.

CASE STUDY 테드 머튼(1) | 하버드 졸업생 집단

과거의 기억을 발굴하여 미래에 투자하다

테드 머튼(1장에서 노년은 매우 '즐거운' 것이라고 지적해 주었던 연구 대상자)은 열여덟 살 때 면담원에게 다음과 같은 얘기를 들려주었다. "다섯 살에서 열두 살 사이 부모님은 나에게 무시무시할 정도로 엄격했어요. 지금 생각해도 안타까운 일이죠. 부모님이 나를 억누르셨던 건 사실이지만, 두 분 모두 1890년 뉴욕에서 태어나 성장하셨기 때문에 그분들을 탓할 수도 없었어요. 아버지는 한 번도 다정한 모습을 보여주신 적이 없어요. 나의 아버지는 아버지라면 자녀들에게 으레 해주어야 하는 것들을 전혀 해주지 않으셨어요. 어머니 또한 아버지의 부족한 부분을 메워주시지 못했고요. 어머니는 사실을 알고도 모른 척 피하기만 하셨고, 가족 면담을 맡았던 연구원 그레고리 양이 찾아와 설명해 줄 때까지 기다리기만 하셨어요."

그러나 예상했던 대로 머튼의 어머니는 "우리 가정은 행복하고 화목하며, 두 아들은 우리 부부와 아주 가깝게 지내고 있어요. 우리는 아들들을 아주 훌륭하게 키웠다고 생각해요."라고 그레고리 양에게 설명했다. 통찰력이 뛰어난 루이스 그레고리는 머튼의 어머니에 대해 "내가 만났던 이들 중에 가장 신경이 예민한 여성이었으며, 자기감정을 속이는 데 능한 사람이었다."라고 기술했다. 30년 뒤에 테드 머튼의 기록을 살펴본 아동정신과 의사는, 머튼이 전체 연구 대상자들 중에 가장 불우한 유년기를 보냈다고 평가했다. 46세에 테드 머튼은 "나는 부모님을 좋아하지도, 존경하지도 않았어요. 우리 부모님을 만나본 내 친구 하나는 두 분이 너무나 마음이 좁고 이해력

이 부족해서 무척 놀랐다고 했어요."라고 했다. 30년이 더 지난 뒤에
는 "부모님은 겉으로 보이는 것에서 자부심을 찾는 분들이셨어요.
부모님의 거실에는 스타인웨이 그랜드 피아노가 한 대 놓여 있었어
요. 그러나 두 분 모두 피아노를 칠 줄도 모르셨지요."라고 말했다.

머튼은 부유한 가정에서 태어났지만, 부모의 관심을 제대로 받아
보지 못했다. 어린 시절 내내 집안의 운전사가 학교까지 바래다주었
으며, 이웃에 사는 친구들과도 마음껏 놀지 못했다. 부모는 과잉보
호를 했을 뿐 직접 따뜻하게 머튼을 돌봐주지는 않았다. 머튼은 여
섯 살까지 자기 방에서 혼자 식사를 했으며, 열세 살부터는 부모의
지나친 지배로부터 벗어나야 한다는 절박한 욕구에 시달렸다. 그러
나 조셉 콘래드가 우려했던 것과 달리, 76세에 이른 테드 머튼은 노
년에 대해 좀 더 긍정적인 생각을 가져보라고 조언해 주는 나의 '진
심 어린' 친구가 되었다.

머튼은 서른세 살 때 엄청난 변화를 겪었다. 병원 실습을 하다 결
핵에 감염된 머튼은 파혼당하고 나서 14개월 동안 병원에 입원해서
폐결핵 치료를 받았다. 젊은 남성에게 치명적이었을 수도 있었던 그
사건들을 어떻게 이겨나갔는지 조심스럽게 묻자, 머튼은 "병원은
아주 깨끗했어요. 일년 동안 마음껏 잠을 잘 수 있었고, 하고 싶은
건 무엇이든 할 수 있었죠. 그러면서 슬픔도 잊을 수 있었어요."라고
대답했다. 뒷날 머튼은 병원에 있을 때 이름이 S로 시작하는 사람이
자기를 극진히 돌봐주었다며 "나는 병에 걸린 게 기뻤어요. 누군가
에게 마음껏 의지해 보고 싶었던 욕구가 제대로 발 뻗을 자리를 찾
았던 거죠."라고 고백했다. 그에게 병은 종교적인 부활과 비슷한 것
이었다.

10년 뒤, 머튼을 처음 맡았던 아동정신과 의사에게 그의 유년기를

평가해 달라고 요청했다. 의사는 머튼이 매우 불우한 유년기를 보냈다고 평가했지만 한 가지 예외적인 요소가 있다고 덧붙였다. 즉 다섯 살까지 유모와 매우 가깝게 지냈다는 것이다. 유모와의 관계가 그다지 큰 영향을 끼친 것은 아니었지만, 이후 병원에서 지낼 때 누군가로부터 보살핌을 받으면서 어린 시절 유모로부터 받은 사랑을 기억해 냈고, 그 기억을 통해 조금이나마 유년기의 상처를 극복할 수 있었다. 머튼은 서른네 살이 되자 마치 성서에 나오는 나사로처럼 병석에서 거뜬히 일어나 의사가 되고 결혼도 했으며 책임감 있는 아버지에다 병원 원장까지 되었다. 서른셋에서 서른네 살까지를 병원에서 보내면서 많은 변화를 경험한 덕분에, 머튼은 그 뒤로 5년 만에 친밀감, 직업적 안정, 생산성이라는 과업을 모두 달성했다.

테드 머튼은 나와 꾸준히 만나오면서 그동안 어떤 일이 있었는지 자세하게 들려주었고, 66세에는 다음과 같은 글을 보내주기도 했다.

어린 시절 내가 유모와 가깝게 지냈다는 걸 아는 사람은 있지만, '펄'을 아는 사람은 없었다. 펄은 내가 정신과 치료를 받았던 1981년부터 1982년 사이 상상 속에서 만들어낸 인물이었다. 그녀는 매우 다정하고 마음이 따뜻한 여성이었다. 어머니는 펄을 '지저분한 계집'이라고 불렀지만, 펄의 존재는 두고두고 나에게 많은 영향을 끼쳤다. 나는 펄뿐만 아니라 학교 선생님들도 몹시 좋아했다. 선생님들도 나에게 애정 어린 관심을 보여주셨다. 나는 그분에게서 올바른 가르침을 받았으며, 진정한 사랑이 무엇인지에 대해서도 배웠다.

그로부터 얼마 뒤, 머튼은 다음과 같은 글을 썼다.

촛대로 쓰는 빈 와인 병의 모습이 마음속에 떠올랐다. 처음 거기 담겨 있던 와인은 삶의 본질적 온기였을 것이다. 그러나 와인을 다 마신 뒤에 남은 것은 그저 차갑고 빈 유리병뿐이었을 것이다. 그러다가 우리가 기억 속에서 다시 활기에 불을 붙이면, 예전의 따스한 온기는 다른 모양과 다른 색채를 띠고 그 속에는 새로운 기운이 감돈다. 어린 시절의 사랑은 당연하게 받아들이기 쉽고 되새기며 키워나가지 않으므로 '상실'되기 쉽다. 그러나 기억을 더듬어 다시 이야기로 풀어내다 보면 그 사랑은 점점 더 구체적이고 현실적인 것이 된다.

머튼은 그처럼 '차가운 빈 유리병'에 희망과 힘을 불어넣기 위해 계속해서 과거를 떠올리고 어린 시절 이야기를 풀어놓았다. 65세에 그는 아버지에 대한 기억을 글로 옮기기도 했다. 유년 시절, 테드 머튼은 활짝 피어난 꽃들을 잘 보려고 벚나무에 기어 올라갔다가 그만 중심을 잃고 4미터 아래로 떨어진 적이 있었다. 그러나 부모님은 그를 위로하기는커녕 야단만 치셨다. 그러나 며칠 뒤 아버지는 어린 머튼을 번쩍 안아 올렸다.

아버지는 꽃이 활짝 핀 벚나무 가지를 내 쪽으로 끌어당겨 손에 쥐여주셨다. 우리는 서로 마주 보며 웃었다. 아버지는 늘 주머니칼로 잔가지를 다듬곤 하셨는데, 일 나가시기 전 식탁 위에 슬그머니 그 칼을 놓고 가셨다. 나는 아버지가 나를 이해하고 용서해 주셨다는 걸 깨달았다. 이 일은 난생처음 내게 찾아온 신비스런 경험이었다.

우리의 영성과 믿음은 잃어버린 사랑을 회복함에 따라 얼마나 달라질까? 믿음이 깊은 독자라면 거리낌 없이 "아니죠. 잃어버린 사랑을 다시 찾는 것이야말로 어디까지나 신의 영광을 통해 오는 거예요."라고 대답할지도 모른다. 하지만 거시적인 차원에서 바라본다면 그런 독자들의 의견도 내 생각과 다를 바 없다고 생각한다.

10년 뒤 하버드대학교 45번째 동창회에서 머튼을 다시 만났을 때, 자녀들에게서 어떤 것들을 배웠는지 물었다. 머튼은 "나는 아이들에게서 많은 것들을 끊임없이 배우고 있어요."라고만 대답했다. 대답이 충분치 못하다는 걸 자기도 아는 듯했지만 "어려운 질문이군요."라고만 덧붙일 뿐 더는 말이 없었다. 그에게서 심오한 답변을 기대하던 나로서는 짧은 대답에 실망하지 않을 수 없었다. 그러나 이틀 뒤, 머튼은 나를 찾아와 "아이들에게서 무얼 배웠냐고 물었죠? 그건 바로 사랑이에요."라고 말했다.

그 뒤로 10년이 더 흘렀다. 나는 분명 테드 머튼이 행복한 노년을 보내고 있으리라고 확신했다. 77세에 이른 머튼은 변함없이 사랑하는 아내와 함께였고, 여전히 스쿼시를 즐겼으며, 공동체 활동에도 열심인 데다 아름다운 정원까지 가꾸고 있었다. 거실에는 딸과 사위의 사진이 걸려 있었고, 알프스에 올라 아들과 함께 찍은 사진도 있었다. 뿐만 아니라 계보에 관심이 많았던 머튼은 아버지의 친척들을 하나하나 찾아내어 새로운 인간관계를 맺고 있었다. 과거의 기억을 적극적으로 떠올림으로써 일찍이 가져보지 못했던 가족을 다시 창조해 내고 있었다. 과거의 기억을 발굴해 내어 미래에 투자하고 있었다. 머튼은 계보를 찾고 새로운 종교활동에 전념하면서 아버지로부터 힘을 얻을 새로운 방법을 찾아냈다. 앞에서 만나보았던 미드와 마찬가지로, 머튼도 부분적으로는 심리치료와 창조적인 글쓰기 덕분에 새로운 발견을 할 수 있었다.

4장
생산성 : 만족스러운 인생의 열쇠

아이들 열두 명이 내겐 가장 큰 기쁨이다.

그들에게서 손자들이 서른여섯 명 태어났고,

증손자만 해도 넷이 태어났다.

나는 그 아이들과 아주 절친하게 지내고 있다.

아이들을 자주 만나며, 가족행사가 끊이지 않는다.

_프레드릭 호프, 67세, 이너시티 연구 대상자

세 집단을 통해 살펴본 결과, 노년에 행복한 결혼생활을 지속할 수 있을지를 가장 강력하게 시사해 주는 것은 에릭슨의 생산성 과업을 달성했는지 여부였다. 놀랍게도 터먼 여성 집단의 경우, 친밀감보다는 생산성 과업을 성취한 여성들이 오르가슴에 도달하는 빈도가 높은 것으로 나타났다.[1] 뿐만 아니라 한 가지 더 흥미로운 것은, 생산성 과업을 성취한 사람들은 70세 이후에도 여전히 행복한 결혼생활을 유지한다는 사실이다. 한 예로 78세 된 하버드 연구 대상자는 "우리의 결혼생활은 갈수록 더 좋아지고 있어요. 우리 부부에게 남겨진 나날은 멋진 휴가의 마지막 며칠과 같아요. 사람들은 그 시간을 가장 멋지게 보내고 싶어하잖아요. 우리 부부도 둘이 함께 보낼 수 있는 그 시간을 최대한 멋지게 보내고 싶어요."라고 자랑스럽게 말했다.

그러나 생산성이 단지 결혼생활과 연관되는 것만은 아니다. 생산성은 만족스러운 노년을 뒷받침해 주는 버팀목이나 마찬가지다. 아버지는 알코올 중독자였지만, 객관적으로 볼 때 가장 훌륭하게 유년 시절을 보낸 76세 하버드 연구 대상자를 예로 들어보자. 52세에 이혼과 재혼을 동시에 겪었지만, 76세가 된 그는 가장 훌륭한 결혼생활을 유지하고 있으며, 연구 대상자들 중 가장 낙천적인 생각을 지니고 있었다. "나는 복이 많은 사람이에요. 나는 믿기 어려울 정도로 행복한 유년 시절, 학창시절, 대학 시절을 보냈고, 직장생활도 만족스러웠어요. 내 일을 사랑했으며, 다섯 아이와 두 아내를 모두 사랑했지요. 아버지가 알코올 중독이었던 것은 사실이지만 그분을 사랑하고 이해했으며, 알코올중독방지회^(AA, Alcoholics Anonymous) 프로그램에 참가하도록 도와드리기도 했어요. 내 삶에 전혀 문제가 없었던 것은 아니었지만, 그런 것들은 대부분 잊고 살아왔어요. 기억하는 게 없으면 책망할 것도 없으니까요. 나는 내 삶을 즐겼고, 매우 멋진 시간을 보냈어요. 다른 사람들을 도우며 살았던 시간들이 내겐 가장 큰 자랑거리예요."

생산성 과업은 다음 세대를 돌보는 것까지 포함한다. 부모는 자녀들을 돌보아야 한다. 수잔 웰컴처럼 다섯 살도 채 안 된 어린아이가 어머니에게 떠밀려 억지로 노래하고 춤을 추게 된다면, 그 아이는 영혼에 치명적인 상처를 입을 것이다. 생산적인 부모는 모든 이들을 풍요롭게 만들 수 있다. 다복한 가정에서 자라난 한 하버드 졸업생은 "스무 살부터 서른 살까지는 아내와 잘 지내는 법을 배웠고, 서른 살부터 마흔 살까지는 일에서 성공하는 법을 배웠다. 마흔 살에서 쉰 살까지는 내 개인적인 일보다는 아이들 걱정을 더 많이 했다."라고 썼다. 78세에 그는 멋지게 노년에 적응했다. 그는 성인이 된 뒤 첫 20년 동안에는 친밀감과 직업적 안정이라는 두 가지 과업을 성취하기 위해 자기 자신에게 집중했다. 그러나 그 뒤부터는 개인적인 관심사에서 벗어났다. 그는 자기 자녀들뿐만 아니라 수많은 청소년들을 위해 헌신했다. 그는 저명한 교수로 지내다가 마침내 작은 대학의 학장이 되었다. 성숙이 진행되면서 그는 학생들을 돌보는 데서 더 나아가 젊은 교수들까지 돌보았다.

터먼 연구의 남성 연구 대상자들은 대부분 성공을 거둔 데 반해, 여성 연구 대상자들은 어려서부터 개인적 욕심은 접어두고 부모와 남편을 위해 희생했다. 그 결과 그들의 자아는 있는 대로 위축되고 말았다. 나는 얼마 전에 수술을 받으려고 입원해 있는 남녀 환자들을 대상으로 병원에 오게 된 심리적 원인을 조사한 적이 있다.[2] 여성 환자들의 경우, 아이들을 돌보느라 지쳐서 병원을 찾은 여성은 아무도 없었지만 병든 부모를 돌보느라 지쳐서 온 여성은 몇 명 있었다. 역시 사랑은 내리사랑인가 보다.

공자, 모세, 리어왕은 모두 내 말에 이의를 제기할지도 모르겠다. 가부장제 사회를 위협하는 논리가 될 수도 있으니까 말이다. 그렇다면 자식들에게 나이 든 부모를 돌볼 의무가 없다는 말인가? 그렇다. 리어왕의 비극도 따지고 보면 자식이 부모를 돌보아야 한다는 전제 때문에 시작된 것이 아니었던가. 건강, 적응, 그리고 생물학적 필요성에 비춰보면 얘기는 사뭇 달라진다. 즉 젊은 사람들을 키우기 위해 나이 든 사람들이 존재하는 것이지, 그 반대 경우는 아니라는 말이다. 중국의 대가족 구조가 그토록 오랫동안 안정적으로 유지되어 왔다는 것은 매우 놀라운 일이기는 하다. 노예제도나 가부장제가 사회적인 안정은 조성하지만 성인의 발달에는 전혀 도움이 되지 않는다. 중국의 젊은 며느리들이 시부모를 보살피느라 자기 자신을 희생하는 것은 성장에 걸림돌이 될 뿐이다.

예전에 없던 것을 새롭게 만들어내는 것이 창조성이라고 한다면, 생산성은 예전에 존재하던 것보다 더 많은 것을 세상에 만들어내는 것이다. 그러나 때가 무르익기도 전에 생산성을 성취해 버린다면 일을 그르칠 수도 있다. 우리는 자아를 확고하게 형성한 다음에야 비로소 자기 스스로를 버릴 수도 있게 된다. 빵을 만들기 전에 우선 밀이 익어야 하는 것처럼 말이다. 물론 중년에 이르면 부모를 돌보아야 한다. 그러나 감사하는 마음에서 우러나와 부모를 도와야지, 자기 자신의 발전을 희생하면서까지 무리하게 보살펴야 하는 것은 아니다. 만일 타이타닉 호가 침몰할 때 그 현장에 있었다면, 우리는 부모가 아니라 자녀를 위해 구명보트 빈 자리를 내주었을 것이다.

CASE STUDY 프레드릭 호프 | 이너시티 집단

지능은 낮아도 훌륭한 인격으로 삶을 완주하다

존 코트르 John Kotre 는 저서 《자아를 뛰어넘어 사는 법 Outliving the self》에서 생산성 과업이란 "자아를 지탱해 줄 삶의 형태와 일에 자신의 능력을 투자하는 것"[3]이라고 간명하게 요약했다. 이는 자녀를 12명 둔 이너시티 출신 프레드릭 호프의 삶에서 그대로 반영된다. 이 장 맨 앞에도 그의 말을 인용한 바 있다. 1940년 호프의 기록을 살펴본 바로는, 그는 자신의 유년 시절을 정확하게 기억하고 있었다. 사실 그의 아버지 형제들은 범법행위를 저질렀거나 알코올 중독이거나 정신박약이었지만, 그의 부모는 그렇지 않았다. 그들은 정성스럽게 프레드릭 호프를 보살펴주었다.

호프는 아이큐가 90밖에 되지 않았으며, 연거푸 유급을 당하기도 했다. 그러나 아동정신과 의사는 호프가 "책임감이 있고 매우 잘 다듬어진 인격을 지녔다."고 보았다. 그는 정성스런 보살핌을 받으며 자라났고, 그 덕분에 삶을 감사하게 받아들일 수 있었다. 호프는 평생 트럭 운전사로 일했다. "나는 내 일을 사랑해요. 하루하루가 도전의 연속이죠."

65세에는 친구, 가족, 일, 취미(골프), 봉사활동, 종교활동 등 모든 면에서 매우 만족스럽게 살았다.(전체 연구 대상자들 중에서 이 여섯 가지 항목에 대해 모두 '매우 만족스럽다'고 평가한 사람은 단 두 명뿐이었다. 부록 I 참조.) 삶의 과업들을 중요도 순으로 배열해 보라고 하자, 63세에 이른 호프는 '내 손자 손녀들에게 전통, 문화, 환경 등 과거를 전수하는 것(의미의 수호자)'을 첫째로 꼽았고, 그다음으로 '다음 세대를 지도하기 위해 나보다 젊은 사람들을 돌보는 것(생산성)'을 꼽았다. 67세에 호프의 신체건강은 전체 이너시티 집단 중에서 다섯 손가락 안에 들 정도였다.

 CASE STUDY **그웬돌린 하비샴** | 터먼 여성 집단

성실한 딸이었으나 평생 행복을 모르고 산 여인

터먼 여성 집단의 그웬돌린 하비샴의 가족 구성은 프레드릭 호프와는 전혀 달랐다. 면담을 요청했을 때, 그녀는 처음에는 달갑지 않은 기색을 보이다가 나중에 가서는 벌컥 화를 내며 "내가 스탠퍼드까지 갈 거라고는 기대하지 말아요."라고 내뱉었다. 물론 그녀는 오지 않았다. 그래서 나는 아내와 함께 샌프란시스코에 있는 그녀의 집에 약속시간에 맞춰 도착했다. 예상했던 것과 달리, 그녀는 우리를 아주 따뜻하게 맞아주었다.

그웬돌린 하비샴은 우리가 만나보았던 연구 대상자들 중에서 가장 옷을 잘 갖춰 입은 여성이었다. 그녀는 세련된 초록빛 의상에다 훌륭한 반지, 아름다운 브로치로 장식하고 있었고, 고급스러운 에나멜가죽 구두가 가지런한 발목까지 올라와 있었다. 그녀의 웃음, 반

짝이는 눈, 몸가짐 하나하나가 모두 매력적이었으며 귀족적인 기품이 넘쳤다. 그녀를 처음 본 순간 나는 그녀의 품위 있는 말투와 우아한 기품, 눈에 어린 유쾌함에 마음이 끌렸다.

그러나 그녀는 첫인상과 달리, 면담 내내 텅 빈 요새에서 울려나오는 것 같은 진부한 대답만 늘어놓을 뿐이었다. 그녀의 지난 과거를 통해 어림짐작해 보면, 그녀는 제2차 세계대전 이래로 자기를 성가시게 만드는 사람과는 그 누구와도 가깝게 지내지 않았다. 그리고 면담을 시작하고 두 시간이 넘어갈 즈음, 그녀가 완벽하게 자신을 위장하고 있다는 사실을 깨달았다. 그녀는 알게 모르게 스르르 우리를 빠져나갔다. 다른 사람의 도움을 받지 않고서 그녀와 가까워지기란 힘들어 보였다.

하비샴의 집은 그 이름에서 풍기듯, 찰스 디킨즈의 소설 《위대한 유산Great Expectations》에 나오는 미스 하비샴의 집을 떠올리게 했다. 그 웬돌린 하비샴의 집 역시 몹시 어두웠고, 아름다운 가구에 훌륭한 빅토리아 시대 피아노, 동양풍 양탄자에서 고풍스러운 분위기가 물씬 풍겼다. 선반에는 고서적들이 즐비했고, 벽에는 중국과 일본풍의 두루마리가 드리워져 있었다. 그러나 지난 30년 동안 누군가 그곳에 찾아와 오랜 시간을 보내고 갔으리라는 느낌은 전혀 들지 않았다.

면담 내내 그웬돌린 하비샴은 냉담했다. 터먼 연구에 조금이나마 도움이 되어보려는 생각은 추호도 없어 보였다. 그녀는 필요 이상은 절대 자기 자신을 내보이려 하지 않았다. 퇴직 이후 무슨 일을 해왔는지 묻자 "중고품 할인 판매점을 운영하고 있어요."라고 조심스럽게 대답했다. 하비샴은 그 일 이외에도 격주에 한 번씩 콘서트를 여는 음악 클럽에도 가입했으며, 여성 모임에도 나가고 있다고 했다. 그녀는 마치 차례차례 역 이름을 대는 안내원처럼 자기가 하고 있는 활동들을 나열했다. 그러나 그 활동들 중에서 특히 어느 하나가 더 흥미롭다거나 하는 말은 하지 않았다. 그녀에겐 즐거움을 추구하는 것 자체가 불가능해 보였다.

가정에서 가장 행복했던 때는 언제였는지 묻자, 하비샴은 한 번도 행복했던 적이 없었다고 대답했다. 도움을 청하고 의지할 만한 사람이 있는지 묻자, 이번에도 "아무도 없어요."라고 대답했다. 그녀의 친한 친구들은 모두 세상을 떠났다. 친구의 자리를 대신해 줄 다른 존재가 있었는지 물었을 때도, 그녀는 옛 친구들만큼 친하게 지내는 사람은 아무도 없다고 대답했다. 거기에 덧붙여서 "친구들은 모두 손자들을 키우느라 정신없이 바빠요."라고 안타까운 듯이 말했다. 젊은 세대들과는 어떻게 관계를 맺고 있는지 묻자, 하비샴은 예술가 기질이 넘치는 조카딸 이야기를 했다. 조카딸은 그녀에게 한 번도 관심을 보이지 않았지만 가끔 '잠자리나 식사'를 해결하기 위해 그녀의 집을 찾는다고 했다. 무용을 하는 또 다른 조카딸은 하비샴의 여름 별장에서 휴가를 보내기 위해 남자친구와 같이 온 적이 있다고 했다. 하비샴은 두 조카딸 이름을 말하지 않았으며, 그들에게 애착도 없는 것 같았고 사진도 찾아볼 수 없었다. 거실에 걸려 있는 사진이라고는 어머니 사진 한 장이 전부였다. 그녀는 친구들의 이름도 언급하지 않았다. 단, 고양이를 부를 때에만 '타비타'라는 이름을 붙였다.

현재 하비샴은 예전에 할머니가 살던 집에 살고 있었다. 그 이전에는 가족들과 함께 길 건너편에 있는 좀 더 넓은 집에 살았다고 했다. 하비샴의 할아버지는 샌프란시스코 번화가에 고급 주택을 여러 채 소유하고 있었다. 1905년 할아버지가 세상을 떠나자, 그 모든 재산을 할머니가 물려받았다. 그러나 바로 그 이듬해, 샌프란시스코

지진과 그 여파로 화재가 일어나 모든 재산이 한꺼번에 날아가 버렸다. 그러나 그런 일을 겪고도 하비샴은 여전히 부유하게 자라났다.

스탠퍼드대학교를 졸업한 뒤 그웬돌린 하비샴은 꽃꽂이 강사가 되었으며, 전쟁 중에는 검열기관에서 일했다. 그녀는 "다른 사람들의 편지를 진력이 날 정도로 읽었으며, 다른 나라 사람들이 어떻게 사는지 훤히 꿰뚫고 있었어요."라고 말했다. 전쟁이 끝난 뒤 그녀는 의류사업을 시작했고, 그 일이 자기 적성에 잘 맞았다고 했다. 그러나 그런 얘기를 할 때도 그녀의 어조는 여전히 우울하고 침울하기만 했다. 뉴욕에서는 손재주가 좋은 벙어리 여인과 함께 결혼 예복을 만들어 팔았다. 그러나 얼마 되지 않아 그 일도 그만두었다. 갑자기 어머니의 건강이 악화되었기 때문이다.

30대에 접어든 그웬돌린 하비샴은 부모님을 돌보기 위해 다시 집으로 돌아왔고, 그 뒤로 계속 그곳에 머물렀다. 부모님과 함께 그녀는 크게 욕심 부리지 않고 안정적으로 살았다. 그녀는 그처럼 정성껏 부모님을 보살폈지만, 막상 노년에 이른 그녀에게는 누구 하나 도움을 줄 만한 사람이 없었다. 평생 살아오면서 가장 호감이 갔던 남성은 누구였는지 물었을 때에도, 그녀는 그다지 기억에 남는 남자가 없다고 대답했다. 뉴욕에 살았을 때, 먼 친척뻘 되는 남자와 사귄 적이 있긴 했다. "그에게 사랑을 느끼긴 했지만, 그리 오래 지속되지는 않았어요. 잠깐 스쳐 지나가는 사랑도 있잖아요." 그녀는 평생 첫사랑도 해본 적이 없는 듯했다.

어머니가 알츠하이머병에 걸린 뒤로 하비샴은 늘 어머니가 어디론가 사라지지 못하도록 감시해야만 했다. 아버지는 딸과 아내 곁을 떠나 하루 종일 샌프란시스코 시내에서 시간을 보내는 날이 많았다. 결국 하비샴은 어머니를 요양원에 모셨다. 그 뒤부터 그녀는 이틀에 한 번씩 샌프란시스코에 있는 법률사무소에 들러 아버지를 모시고 어머니를 만나러 가곤 했다. 그게 생활의 전부였다.

가장 책임감 있게 한 일이 무엇이었는지 묻자, 그녀는 어깨를 으쓱하더니 "나는 될 수 있으면 책임을 지지 않으려고 했어요."라고 대답했다. 그녀는 어머니를 돌본 것만으로도 충분히 책임을 다했다. 하지만 이제는 돌아가신 부모님의 영혼을 돌보기 위해 집을 지키고 있었다. 사회에서 충분히 잠재력을 발휘할 수 있었는지 묻자, 그 질문은 뭔가 스스로 해야 할 일이 있는 사람들에게나 해당될 뿐이라고 하면서, "나는 한 번도 무엇인가를 반드시 해야 한다고 생각한 적이 없어요."라고 대답했다. 자신의 모습 중에서 가장 좋아하는 부분이 무엇인지 묻자, 그녀는 우아하게 웃음을 지으면서 "나는 한 번도 나 자신을 좋아한다는 생각을 해본 적이 없어요."라고 답했다. 딱한 일이었다.

하비샴은 요즘 정원을 가꾸거나 고양이 타비타를 돌보면서 하루의 대부분을 보낸다고 했다. 가끔은 버클리 음악 클럽에 가서 회원들의 연주를 듣기도 했다. "어머니는 내게 멋진 첼로를 사주셨어요. 하지만 나는 음악에는 별로 소질이 없었어요." 첼로는 여전히 거실 한쪽 벽에 세워져 있었다. 50년 동안 그 자리에 그대로 있었을지도 모른다. 하비샴은 가난한 대학생들을 위해 버클리대학교에 첼로를 기증하면 어떨까 하고 오래전부터 고민해 왔다. 그러나 그녀는 다른 사람에게 무엇인가를 주는 것조차 어렵게만 여겼다.

하비샴의 공허한 삶의 면면들이 면담 과정에 서서히 드러나기 시작했다. 그녀는 마치 제스처 게임(낱말을 몸짓으로 표현하면서 알아맞히는 놀이—옮긴이)을 하듯 인생을 살아왔다. 우아한 미소와 유머감각을 지니고 있었지만, 모든 것이 무의미하기만 했다. 영적인 깊이를 통해 황폐한 삶을 이겨낸 다른 연구 대상자들(10장 참조)과 달리, 하비샴의 영적 삶은 2장에서 보았던 빌 로먼의 삶과 마찬가지로 공허하기 짝이 없었다. 어린 시절 그녀는 예쁜 모자를 써보고 싶어서 주일학교에 나갔다. 어머니가 그 모자를 사주자, 그녀는 한 달 동안만 주일학교를 다니다가 그만두었다. 아버지는 유니테리언(삼위일체설을 부인하고 유일 신격을 주장하는 개신교의 일파—옮긴이)의 이름뿐인 신자였으며, 교회 목사가 '철저한 공산주의자'라는 사실을 알게 된 뒤로 다시는 교회에 나가지 않았다. 딸도 아버지와 마찬가지였다.

가장 감동적으로 읽은 책이 무엇인지 묻자, "나는 독서를 별로 좋아하지 않아요."라고만 대답했다. 좋아하는 예술가에 대해 물었을 때에는, '고전 작가들'과 '현대 예술가'들 중 어느 쪽을 대야 할지 망설였다. 한 사람만 이름을 대보라고 재촉하자, 그녀는 마지못해 "루벤스를 좋아했어요."라고 답했다. 감동적으로 들었던 음악에 대해 물었을 때는, 지난밤에 라흐마니노프 콘서트에 다녀왔다고 대답했다. "귀에 익고 즐거운 음악이었어요. 당신도 그 음악을 들으면 좋아할 거예요." 그녀는 밝고 명랑한 태도로 대답했지만, 나와 아내는 그 명랑함이 진심에서 우러나온 것이라고 믿을 수가 없었다.

하비샴의 전 생애를 살펴볼 때, 20대 초반에 꽃꽂이 강의를 할 때 가장 유능하게 자기 일을 해낸 것으로 보였다. 지능이 높고 스탠퍼드대학교에서 고등교육까지 받은 젊은 여성에게 당시 꽃꽂이 강습은 품위 있는 일이었다. 그 일은 안전하고 사회적으로 인정받을 수 있는 일이었다. 하지만 그 시절 뛰어난 지능이나 고등교육의 기회 같은 특권을 부여받은 다른 젊은이들은 대공황에 관심이 쏠려 있었다. 하비샴의 이기심은 아주 잘못된 방향으로 발전해 갔다. 사람들은 누구나 인생 초반에는 자기 자신을 발전시키기 위해 정체성이나 친밀감, 직업적 안정과 같은 조금은 이기적인 과업들을 성취하지만, 중년에 이르면 자기가 가진 무엇인가를 다음 세대에 물려준다. 그러나 그것은 하비샴과는 전혀 상관없는 이야기였다.

그웬돌린 하비샴은 정신과의사를 만나본 적이 한 번도 없었다. 심각하게 우울증을 앓았던 적도 없고, 알코올을 남용했던 흔적이라고는 찾아볼 수 없었다. 면담을 진행하고 기록들을 살펴보면서 찾아낸 단 한 가지 실마리라고는, 주치의가 하비샴에게 갑상선 치료제를 처방한 적이 있다는 사실뿐이었다. 효과적인 항우울제가 개발되기 전에는 우울증에 걸린 여성들이 갑상선 치료제를 복용하는 일이 종종 있었다. 하비샴은 다른 사람들을 성가시게 하거나 다른 사람에게 방해받는 일도 없이 평생을 성실한 딸로 살아왔을 뿐이었다.

CASE STUDY 빌 디마지오 | 이너시티 집단

출신의 한계를 딛고 생산적인 존재로 거듭나다

이너시티 연구 대상자 빌 디마지오의 대조적인 삶을 살펴보자. 그의 가정은 최하층에 속했다. 어린 시절 그는 난방도 되지 않는 임대아파트에서 형과 한 침대를 쓰며 생활했다. 막일꾼이었던 아버지는 디마지오가 아직 10대였을 때 불구가 되었으며, 어머니는 디마지오가 열여섯 살 되던 해에 돌아가시고 말았다. 웩슬러 지능검사에서 82점을 받았던 디마지오는 간신히 10학년을 마칠 수 있었다. 지능지수로 보면 그웬돌린 하비샴의 반이 될까 말까 했다.

그러나 쉰 살이 된 빌 디마지오는 매력적이고 책임감이 넘치며 헌신적인 남자였다. 키가 작고 남달리 체중이 많이 나가는 편이긴 했지만, 여전히 젊음의 혈기가 넘쳐흘렀다. 그의 얼굴에는 표정이 살아 있었으며 눈에는 총기가 돌았다. 유머감각도 뛰어났으며 대화도 흥미진진하게 했다. 그는 언제나 면담원과 눈을 맞추면서 스스럼없이 솔직하게 질문에 답해 주었다.

그는 계속해서 연구 대상이 되고 있다는 것에 만족하고 있었으며, 면담원에게 자기도 다른 사람을 위해 뭔가 기여하고 있다는 느낌이 든다고 말하기도 했다. 하비샴과 달리 그는 연구 대상자로 참여하는 일을 매우 소중하게 받아들였다. 최근 15년 동안 디마지오는 매사추세츠 토목공사 분과에서 노동자로 일해 왔다. 몇 년 전 목공 기술이라곤 전혀 없었지만 근속연수 덕분에 목수직을 맡을 수 있었고, 그는 목수가 될 기회를 얻었다. 디마지오는 목수라는 직업에 필요한 모든 기술들을 배웠다. 그는 "손으로 하는 일이라면 무슨 일이든 다 좋아해요."라고 말했다. 실제로 디마지오는 나무 다루는 일을 좋아했다. 그는 집 내부를 어떻게 손질했는지, 문틀은 어떻게 만들고 진열장은 어떻게 만드는지 일일이 설명해 주었다. 또한 보스턴의 고풍스런 건물들을 관리하는 일에 남다른 자부심을 가지고 있었다. 트럭 운전수였던 프레드릭 호프와 마찬가지로, 목수 디마지오는 자기 일을 사랑했다. 일터에서 동료들 사이에 문제가 생길 때 어떻게 해결하는지 묻자, 그는 "노조 간부라서 동료들에게 따돌림을 받을 때도 있어요. 하지만 나는 내가 옳다고 생각할 때면 언제라도 그런 사람들과 맞설 수 있어요."라고 말했다. 동료들은 물론 경영자 측도 그의 말에는 귀를 기울이는 편이었다.

작년에 찾아갔을 때, 디마지오는 회사 측이 그와의 관계를 개선해 보려고 노력하는 중이라고 설명했다. 디마지오는 그 계통에서는 경험이 풍부한 숙련기술자이기 때문에 "회사가 나에게 점점 더 많이 의지하는 형편이에요."라고 말했다. 경영자 측에서도 기술자 양성을 위해 그에게 의지하는 바가 컸다. 이런 사실들을 두고 볼 때, 40세 이후부터는 학교에서 받은 지능지수 검사들이 크게 영향을 주지 않는 것 같았다. 그보다 더 중요한 것은 자기 분야에서 기술을 꾸준히 연마하는 일이었다.

다시 한 번 태어나더라도 디마지오는 지금과 다른 삶을 선택할 것 같지 않았다. 디마지오는 자기 일에 자부심이 컸으며, 그 일을 통해 스스로 발전해 왔다고 믿고 있었다. 그러나 그는 "일은 일이고, 나는 아내와 아이들에게 관심을 더 많이 쏟고 있어요. 일은 일단 그만두면 끝이잖아요."라고 덧붙였다. 그는 일을 마치고 집으로 돌아온 뒤에는 열일 제쳐놓고 가정의 일상사에 관심을 쏟았다.

디마지오는 면담원에게 "나는 내 아버지가 우리와 함께한 시간보다 훨씬 더 많은 시간을 우리 아이들과 보내고 있어요."라고 말했다. 그는 낚시터뿐만 아니라 어디든 아이들을 데리고 다녔다. 그러나 디마지오의 아버지는 실직 상태일 때가 많았는데도 정작 아이들과 시간을 보낸 적은 거의 없었다고 했다. 그러니 친하게 지낼 친구가 필요하면 오히려 열심히 일하는 사람들을 찾는 편이 훨씬 더 나을 것이다.

아이들을 키우면서 가장 심각한 문제가 있었다면 무엇인지 묻자, 디마지오는 조금 심각한 표정을 짓더니 "마약 때문에 고민이죠."라고 대답했다. 그는 자기 아이들이 마리화나를 피운다는 사실을 알고 있었지만 그 사실을 눈감아주었다고 말했다. 아이들이 마리화나를 피운다는 사실을 알고도 너그럽게 대하자 아이들은 적어도 집에서만은 피우지 않았다. 부부는 막내아들이 집을 떠나 여자친구 집으로 갔을 때에도 아들의 의견을 존중해 주었다. 그 일에 대해 어떤 도덕적인 판단도 내리지 않았다. 단지 아들이 아직은 너무 미숙한 탓일 뿐, 시간이 지나면서 차차 성숙해질 거라고 믿었다. 생산성의 핵심 요소는 바로 희망이다. 그러나 그 희망은 성인 발달이라는 개념을 완전히 이해할 수 있을 때에만 가질 수 있다.

디마지오는 아내와 줄곧 편안하고 활달하게 농담을 주고받았다. 면담원도 그들 부부의 애정에 가슴이 뭉클했다. 디마지오에게 아내에 대해 얘기해 달라고 하자, 아내는 조용히 방에서 나갔다. 그러자 그는 큰 소리로 아내를 부르며, 돌아오지 않으면 험담을 늘어놓을 거라고 소리쳤다. 그러다가 면담원에게 자랑을 늘어놓기 시작했다. "사랑스럽고…… 이해심 풍부하고…… 이상적인 아내의 면모를 고루 갖추었죠. ……이야기하고 토론하는 걸 좋아해요. 나도 그렇고요." 디마지오는 아내의 모습 중에 가장 자기를 기쁘게 하는 건 바로 "유머감각이에요. 유머감각이 없었다면 이제까지 함께 살지 못했을 거예요."라고 했다.

아내에게 가장 불만스러운 일은 아내가 최근 들어 담배를 더 많이 피운다는 점이었다. "가능하면 담배를 피우지 못하게 막고 싶어요." 의견 불일치가 생길 때는 어떻게 해결하는지 묻자 "우린 가능하면 빨리 해결해 버려요. 의견 차이 때문에 감정싸움을 오래 하는 일은 거의 없어요."라고 답했다. 의견 차이가 생겨 말다툼을 하더라도 느긋한 성격 덕분에 금세 풀려버린다고 했다. 뿐만 아니라 그들은 각자 서로의 다른 면을 인정하므로, 자신의 생각을 상대에게 강요하기보다는 서로의 의견을 존중하려고 애썼다. 어려운 처지에 놓였을 때 다른 사람에게 의지하는지 묻자, 빌 디마지오는 "우린 부부끼리 서로 의지하고 지낸답니다."라고 대답했다. 그때 그의 아내가 방으로 들어오더니 "빌은 내 가장 소중한 친구예요."라고 거들었다. 지난 몇 년 사이 친지들이 세상을 떠나는 일이 많았는데, 그때도 그들은 서로에게 위안이 되어주려고 노력했다. 연구 결과를 바탕으로 결혼 생활을 만족스럽게 오래 지속하는 필수 요건 네 가지를 꼽으라고 한다면, 아마도 생산성, 헌신, 인내, 유머감각일 것이다.

디마지오 부부는 평생 동안 친척들과 꾸준히 왕래를 해왔다. 그들의 표현대로, 그들은 매우 "가족적인" 사람들이었다. 앞으로 10년 동안 빌 디마지오가 가장 바라는 일은 자녀들이 모두 독립해서 가정을 꾸리고 행복하게 살아가는 모습을 보는 것이다. 이처럼 정성껏 키운 자녀들을 자유롭게 놓아줄 수 있으려면 내면의 성숙이 전제되어야 한다. 다른 사람의 처지에서 자기 자신을 반성하고 상대를 이해하는 태도가 필요하다. 그와 같은 자기 성찰은 사회나 문화가 부여해 주는 것이 아니라, 바로 자기 내부로부터 우러나오는 것이다.

빌 디마지오는 이탈리아 청년 모임에 속해 있었다. 그는 그 조직에서 아주 적극적으로 활동했으며, 빙고 게임 진행을 돕기도 했다. 빙고는 수많은 여성 회원들을 위해 수요일마다 정기적으로 운영되는 게임이었다. 회원들에게 점심식사를 접대할 차례가 돌아온 토요일이면 친구와 함께 아침 일찍 나가 요리를 하기도 했다. 디마지오는 요리하기를 즐겼고, 사람들이 음식을 먹으며 행복해하면 덩달아 기분이 좋아졌다. 이탈리아 청년 모임에서는 7월 넷째 주에 이웃 아이들을 위해 대규모 파티를 열었는데 거기에서 게임을 진행하거나 간식을 준비했다. 실제로 그는 일년 내내 어린이를 위한 다양한 클럽 활동에 적극적으로 참여했다.

뿐만 아니라 디마지오와 그의 아내는 보수 성향의 시장 후보에 맞서는 새로운 시장 후보를 추대하기 위해 서명운동을 하기도 했다.

다가오는 선거에서도 그 후보의 선거운동에 참여하기로 되어 있었다. 더 나아가 그는 보스턴 북부 지역에 있는 모든 자선단체들을 포괄하는 '조직위원회'에서도 적극 활동했다. 사회적으로나 지적인 면에서나 한계가 있었던 한 남학생이 마침내 지도자 중의 지도자, 현명한 사람, 의미의 수호자로 성숙한 것이다.

디마지오를 만났던 면담원은 보고서를 다음과 같이 끝맺었다. "디마지오는 주위 사람들에게 건강하게 관심을 쏟고 있으며 그들과 친밀한 관계를 유지하고 있다. 편견에 사로잡힌 사람들을 너그럽게 받아들일 줄 알았으나 자기 원칙에 대해서만은 타협할 줄 몰랐다. 전체적으로 볼 때, 그는 매우 성숙하고 흥미로운 남성이었다." 평가자들은 별다른 어려움 없이 빌 디마지오가 생산성 과업을 이루었다는 데 동의했다. 스탠퍼드대학교나 하버드대학교를 나와야만, 그리고 아이큐가 높아야만 공동체 활동을 적극적으로 하는 것은 아니다. 또한 생산적인 존재가 되기 위해 가정과 직업 생활의 만족을 뒤로 미룰 필요도 없다.

📓 CASE STUDY **프레드 칩** | 하버드 졸업생 집단

관계와 유대 속에서 인생의 항해술을 배우다

명문 사립학교인 필립스 엑세터에서 교사생활을 하다가 은퇴한 프레드 칩과 면담을 나누고 난 뒤, 나는 그의 전 생애에 생산성이 스며들어 있다는 사실을 발견했다. 78세가 되었지만 아직 의미의 수호자가 되지 못했다고 안달하는 일도 없었다. 그는 생산적인 존재가 된

것만으로도 충분히 만족스러워 보였다.

1977년 내가 면담 요청을 했을 때, 칩은 항해 여행에서 면담 전날 돌아올 예정이며, 나흘 뒤에 다시 바다로 떠날 계획이라고 설명했다. 덧붙여 화요일 오후 2시 30분까지 도착해 주면 좋겠다고 말했다. 전화상으로도 그의 의욕과 열정을 충분히 느낄 수 있었다.

나는 약속 시간보다 10분 일찍 도착했다. 칩의 아내는 점심식사를 하다 말고 기꺼이 남편을 찾으러 나가주었다. 칩은 열여덟 살 된 손녀딸과 함께 채소밭에 쭈그리고 앉아 잡초를 뽑는 중이었다. 그는 군복 바지에다 수수한 폴로셔츠 차림에 운동화를 신고 흙투성이가 된 채 웃고 있었다. 그는 손만 간단히 씻은 뒤, 흙 묻은 군복 바지를 입은 채 나를 일광욕실로 안내했다. 거기가 바로 면담 장소였다.

메인 주 부스베이에 있는 칩의 집에는 건물이 여러 채 있었다. 우선 여름에 자녀들이 이용하는 보트 보관 창고가 있었다. 다음으로는 가난한 교사 시절에 칩이 손수 지은 집 한 채가 있었다. 큰딸 가족들이 거기서 여름을 보내고 있다. 칩은 지금 부모님이 살던 옛집을 쓰고 있는데, 그 위층에서는 둘째딸 가족이 여름휴가를 보낸다고 했다. 칩의 가족들은 잘 어울려 지내는 것 같았다. 그의 자녀들은 각자 생활하고 있지만, 식사시간만큼은 가족들 모두 함께 어울려 보낼 때가 많았다. 손자 손녀들은 그가 이제까지 가꿔온 과일나무 수만큼이나 많았다. 칩의 집은 사치스럽지는 않았지만 무척 아름다웠다. 하얀 말뚝 울타리를 둘러친 정원에다 방들은 널찍널찍했으며, 사방에서 빛이 들어왔다.

칩 부부는 모자라는 것 없이 잘살고 있었지만, 연간 5만 달러에 달하는 연금 수입은 하버드 졸업생 평균으로 따져볼 때 많은 액수는 아니었다. 사실 칩의 수입은 몇몇 이너시티 출신자들보다도 낮은 수준이었다. 교사생활로 네 아이를 교육시키고 생계를 유지하면서 부유해지기란 힘든 일이다. 75세에 이른 프레드 칩의 외모는 매우 수려했다. 카리스마가 넘치고 남자다웠으며, 활력이 넘치고 놀라울 정도로 여유로워 보였다.

널찍한 식당으로 이어지는 일광욕실은 뉴잉글랜드산 골동품 가구들로 장식되어 있었으며, 벽면에는 친척이 그린 유화 작품들이 걸려 있었다. 서재는 그랜드 피아노와 수많은 음반들, 재능 있는 친척이 그린 그림들로 가득했다. 부엌은 작고 구식이었지만 세탁실은 그보다 훨씬 넓었고, 갓 빨아서 널은 빨래와 깔끔하게 개어놓은 옷들로 가득 차 있었다. 세탁실도 행복한 가정의 이모저모가 담겨 있어 아름답게 느껴졌다.

프레드 칩은 그날 아침 사과나무에 물을 주고, 비틀캣이라고 이름 붙인 범선이 새지 않도록 뱃밥으로 메우고, 옆집에 사는 형님이 정원 손질하는 것을 도왔다고 했다. 그러더니 어느새 프레드 칩도 다른 여느 할아버지와 마찬가지로 추억에 잠기며 이야기를 들려주었다. 지난 12월에 참가했던 크로스컨트리 스키 대회 얘기였다. 집에서부터 해변까지는 스키를 타고 가고, 거기서 다시 비틀캣에 올라 한겨울 바다에서 2시간 동안 항해한 뒤, 다시 집까지 스키를 타고 돌아왔다고 했다. 분명 그가 생각해 낸 기발한 여흥이었을 것이다. 당시 칩이 얼마나 행복한 표정을 지었을지 눈에 선했다. 하비샴과 달리 그는 면담하는 것을 좋아했으며, 우리 연구에 뭔가 도움을 주고 싶어했다.

은퇴한 뒤에 가장 의미 깊은 일이 무엇이었는지 묻자, 그는 "그야 물론 항해지요."라고 답했다. 비록 교사직에서 물러나긴 했지만, 항해 덕분에 그는 계속해서 젊은이들에게 값진 교훈을 줄 수 있었다.

"열한 명이나 되는 손자 손녀들에게 항해 기술을 가르쳐요. 그 일이 무척 좋아요. 하루도 빼놓지 않고 배를 타고 있다오." 은퇴 뒤에 가장 힘들었던 점이 무엇이었는지 묻자, "하고 싶은 일은 너무도 많은데 시간이 충분치 않다는 게 고민이라면 고민이죠."라고 대답했다. 그는 언젠가 손녀딸이 "할아버지는 무슨 책을 읽으세요?" 하고 물은 적이 있는데, 그 순간 앞으로 그렇게 많은 책을 읽을 만큼 시간이 많이 남지 않았다는 것을 깨달았다고 했다. 칩은 요즘 20여 종의 잡지를 읽고 있으며, 《뉴요커 New Yorker》지만큼은 늘 처음부터 끝까지 꼼꼼히 읽고 있다고 했다. 뿐만 아니라 칩과 아내는 서로에게 책을 읽어주기도 했다. 부부가 함께 소설 《잉글리시 페이션트 The English Patient》를 3분의 2가량 읽었다고 했다. 보통은 혼자서 하는 책읽기를 통해서도 칩은 관계를 형성할 줄 알았다.

프레드 칩은 매우 진지했고 농담이라고는 몰랐다. 가십거리나 한담에는 전혀 관심이 없었으며, 사람들의 인기를 얻으려고 노력하는 기색도 없었다. 그래서인지 그에게는 언제나 성인군자다운 면모가 풍겼다. 따뜻한 품성으로 믿음을 주었고, 자기 이야기를 하면서 나의 이야기도 듣고 싶어했다. 그러나 그는 내가 들려주는 이야기를 분석하려고 하지는 않았다. 그는 교사이지 정신과의사가 아니었다. 오히려 그는 삶의 소중함에 대해 영적이고 진지한 태도를 보여주었다. 그러나 칩은 자기 성찰에만 빠져 있는 사람이 아니었다. 그의 삶은 오히려 사람들과의 관계에 완전히 몰입해 있었다. 특별하게 외향적인 성격은 아니었지만, 그는 자신이 돌보는 사람들에게 아낌없이 헌신했다.

프레드 칩은 부모님께 받은 것을 다시 다음 세대에 전해 주었다. 큰딸은 문학작품 공모전에서 2등으로 입상을 했지만 아직 작품을 출판하지는 않았다고 했다. 프레드 칩은 그 초고를 가져와 자랑하면서, 작품을 출판사에 넘기기 전에 딸과 함께 열심히 글을 다듬는 중이라고 했다. 프레드 칩에게 직접 쓴 글이 있는지 묻자, 딱히 글을 쓸 기회가 없었다며 "가르치는 일이 내겐 훨씬 더 중요했다오."라고 말했다. 이야기가 무르익을수록 그가 젊은이들에게 글쓰기 가르치는 일을 얼마나 신성한 임무로 여기는가가 점점 더 분명해졌다. 칩은 하버드대학교 1학년 때 문예창작 수업을 매우 흥미롭게 받은 적이 있다. 그러나 그해 봄 프랑스가 독일에 항복하고 말았다. 칩은 문학에 대한 개인적 열망을 키우는 것보다 세계를 위해 일하는 것이 더 중요하다고 믿었다. 그래서 그는 미 해군에 입대했다. 솔로몬 군도를 사수하기 위한 전투가 진행되고 뒤이어 태평양전쟁이 벌어지는 사이, 그 역시 격렬한 전투장에 있었다. 그 뒤로 40년 동안 그는 학교에서 아이들을 가르쳤고, 여름에는 바다에서 아이들에게 항해술을 가르쳤다. 그는 "다른 사람에게 용기를 불어넣는 일이 나 자신을 위한 일보다 훨씬 더 중요"했다고 나에게 설명했다.

은퇴 뒤에 가장 참기 어려웠던 일이 무엇이었는지 묻자, 그는 그 무엇보다 동기생들이 그리웠다고 했다. 꾸준히 그들과 교류하려고 노력하고 있으며, 학창시절 그들과 나누었던 대화에서 소중한 진리를 찾을 수 있었다고 회상했다. 또한 제자들에 대한 그리움은 열한 명이나 되는 손자 손녀들 덕분에 달랠 수 있다고 했다. "가르치는 일이야말로 인간이 할 수 있는 가장 총체적인 일이지요. 누군가에게 기술을 가르친다는 건 멋진 일이에요." 어린아이들은 누가 가르쳐주지 않아도 자연스럽게 놀이를 할 줄 알지만, 어른들은 놀이 방법을 애써 기억해 내야만 한다고 칩은 설명했다. 그러나 청소년이나 성인들은 다른 할 일들에 치여서 놀이 방법을 기억해 내기가 좀처럼 쉽지 않다고 덧붙였다. 참으로 안타까운 일이다. 그러나 칩은 결코 그 방법을 잊어버린 적이 없었다. 그는 뿌듯한 표정을 지으면서 바로 곁에서 작은딸이 썼다는 책을 집어 보여주었다. 그 책에는 아이들과 함께 바깥 세계로 모험을 떠나라고 부모들을 독려하는 내용이 담겨 있었다.

'집에서 점심을 먹는 것'에 대해 어떻게 생각하는지 묻자, 그는 아내와 자기는 서로 다른 삶을 살아가고 있고 서로 다른 열정을 지니고 있으며 "아내의 삶을 침범하고 싶지 않다."고 말했다. 아내와 함께하는 일에는 어떤 것이 있는지 묻자, 그는 너른 텃밭을 가리켰다. 아내는 씨뿌리기나 수확을 하고, 그는 힘쓰는 일을 맡았다. 또한 그들은 집에서 5킬로미터 떨어진 곳까지 늘 함께 산책을 다녔다. 올해는 3주 동안 세 딸과 여덟 명의 손자 손녀들과 함께 플로리다로 캠핑을 다녀오기도 했다.

부부간에 어떻게 의지하며 지내는지 묻자, 그는 갑자기 감정이 북받쳐오르는 듯 뒤돌아 눈물을 훔치고는 멍하니 허공을 바라보더니 "만일 아내가 먼저 세상을 떠난다면, 지울 수 없는 상처가 될 거예요."라며 한숨을 내쉬었다. 50번째 결혼기념일에 칩은 열여섯 살에 써서 땅에 묻어놓았던 일기를 꺼내 보았는데, 그 일기에는 미래의 아내에 대한 이야기도 적혀 있었다. 지금의 아내를 처음 만난 날, 그는 집에 들어서자마자 어머니께 "결혼할 여자를 만났어요."라고 들뜬 목소리로 말했다. 그는 그때 벌써 몇 년 뒤에 그녀와 결혼하게 될 거라고 확신하고 있었다. 결혼 뒤 그는 어느 때보다 행복하게 살았다. 그렇게 60년이라는 세월이 흘렀고, 내일이면 그들은 다시 2주 동안 항해 여행을 떠날 것이다. "나는 주로 항해 기술이 필요한 일을 맡아요. 눈을 감고도 할 수 있을 정도지요." 그의 아내는 항해의 미학을 즐기는 편이었다. 칩이 말한 대로 그들의 삶의 방식은 서로 달랐지만, 부부 금슬에 전혀 걸림돌이 되지 않았다. 그들은 해마다 2주 동안 노바스코샤로 함께 카누 여행을 다녀온다. 둘이 함께 단식 테니스 시합도 자주 즐겼다. 아내가 기습적으로 공격을 하면 칩도 지지 않고 더 세게 공을 맞받아쳤다. 시합이 끝난 뒤면 둘 다 녹초가 되었다. 지난밤에는 3대가 함께 모여 복식 테니스 시합을 했다. 2세트를 쳤는데, 두 번 다 7대 5로 칩 부부가 이겼다. "스물네 게임이나 했어요. 아직은 활력이 넘친답니다."

건강상태에 대해 좀 더 구체적으로 묻자, 칩은 "태어날 때부터 건강한 체질이에요."라고 대답했다. 늘 활기차게 생활하다 보니 손자들과 함께하는 시간도 많았다. 그러나 그는 어린 시절, 할아버지와 함께했던 놀이라고는 주사위 놀이가 전부였다고 회상했다. 그는 삶을 즐길 줄 알고 인간관계 속에서 모든 일들을 풀어나가는 가족 분위기 속에서 자라났다. 그의 고모는 이상적으로 나이 들어간다는 것이 무엇인지 보여주는 본보기였다. 그녀는 여성으로서는 처음으로 존스홉킨스 의과대학을 졸업했으며, 65세가 넘어서부터는 플로리다에서 오렌지 과수원을 돌봤다. 그녀는 88세가 되어서도 경로 우대가로 약을 구입할 때마다 번번이 약사들에게 운전면허증을 보여줘야 할 만큼 젊어 보였다.

가족들에 대한 칩의 헌신과 사랑은 나무랄 데가 없었다. 칩은 무안한 듯 어깨를 으쓱하더니 "어머니를 닮아서 그런 거예요."라고 말했다. 어머니는 12대에 걸쳐 물려받은 가족농장을 평생 운영하셨다. 칩은 어머니가 만든 유모차에 손녀딸을 태우고 부스베이 항에서 열리는 독립기념일 퍼레이드에 참여했다며 자랑했다. 말하자면, 손녀딸의 증조할머니가 만든 유모차는 무려 4대에 걸쳐 대물림된 것이다. 이자를 불리기 위해 만들어놓은 은행계좌처럼 행복한 가정들은 스스로 더 번성해 간다. 칩이 생산적인 존재가 될 수 있었던 것은 아마도, 12대에 걸쳐 한 농장을 한결같이 정성스레 가꿀 줄 알았던 가정에서 자라온 덕분에 가능했을 것이다. 뿐만 아니라 수잔 웰컴과 마찬가지로, 그 역시 이웃들과 터놓고 지내온 것도 한몫했을 것이다. 25년 전에는 그가 살고 있는 엑세터의 기숙사에서 면담을 나누었는데, 그 당시에는 그의 아내와 아이들 때문에 대화가 끊기는 일이 많았다. 그러나 지금은 어느 누구도 방해하는 사람이 없었다. 다른 식구들은 부엌에서 조용하게 담소를 나누고 있었는데, 그 소리는 오히려 우리 면담에 잔잔한 배경음악이 되어주었다. 가끔 두살박이 손녀딸 포지 때문에 대화가 중단되기도 했지만 그게 전부였다. 포지는 몇 번이고 우리가 있는 방을 들락날락하면서 안아달라고 어린양을 했다. 사랑하는 할아버지에게 배를 내밀고는 긁어달라고 조르기도 했다. 칩은 매우 건강했으며 잠도 잘 자는 편이었다. 75세에도 테니스를 쳤으며, 활강스키 경기에도 계속 참가했다. 꾸준히 복용하는 약이 있는지 묻자, 그는 하루에 아스피린을 한 알씩 먹는 것 말고 달리 복용하는 약은 없다고 대답했다. 가끔 발목이 부어올라 시큰거릴 때가 있었고, 고등학교 때 입은 부상이 완치되지 않아 발에 통증을 느낄 때도 있었다. 그것 말고는 특별히 안 좋은 곳은 없었다. 나이 때문에 포기한 일이 있는지 묻자, 칩은 팔순이 다 되어서 그런지 지금은 마라톤 풀코스는 엄두를 못 내고 하프코스밖에 뛰지 않는다고 했다. 지난 한 해 동안 주로 어떤 기분으로 살았는지 묻자, "경쾌하고 정열적이고 야성적으로 살았어요."라고 거침없이 대답했다.

면담이 끝난 뒤 칩은 텃밭, 꽃밭, 사과나무 그리고 자기 손으로 직접 지은 집을 구경시켜 주었다. 그가 손수 만든 집은 아늑하기 그지

없었고 곳곳에 그의 땀과 노력이 배어 있었다.

나는 매우 흐뭇한 마음을 안고 집으로 향했다. 나이 든 세대가 어린 세대를 돌봐주면서 가족간의 조화를 이루고 사는 모습이 진한 감동으로 다가왔다. 25년 전에 방문했을 때 칩은 아주 평범했으며 그 뒤 오래 기억에 남지도 않았다. 그러나 잘 익은 보르도 와인처럼 칩은 세월이 흐르는 사이에 속이 꽉 차고 오래오래 기억에 남는 존재로 성숙해 있었다. 50년간의 전향적 연구를 통해 살펴본 결과, 위대한 인간의 성숙은 새 생명의 탄생만큼이나 기적 같은 일이었다.

당신은 자녀들에게서 무엇을 배웠는가?

에릭 에릭슨은 "자녀들이 부모에게 의존한다는 사실만 강조되다 보니, 나이 든 세대들이 젊은 세대에 의존하고 있다는 사실이 간과될 때가 많다."[4]라고 한 바 있다. 이 맥락에서 우리는 65세가 넘은 하버드 졸업생과 터먼 여성들에게 "자녀들로부터 무엇을 배웠는가?"라는 질문을 던져보았다. 그러나 70대에 이른 연구 대상자들 중에는 자녀들에게 무엇을 가르쳐주었는가 하는 것만 강조하는 이들도 더러 있었다. 그러나 그런 사람들 중에서는 생산성 과업을 성취하거나 성공적인 노년을 맞은 이들을 찾아보기가 드물었다. 프레드 칩에게도 역시 똑같은 질문을 던져보았다. 그러자 그는 "세월이 흘러 시대가 바뀌면 자녀들이 부모를 돕게 된다."고 대답했다. 나는 그에게 자녀로부터 배운 것이 무엇인지 좀 더 구체적으로 설명해 달라고 요청했다. 칩은 여느 연구 대상자들과 달리, 내 질문을 받고 난처한 기색이라고는 보이지 않았다. 그는 사뭇 진지하고 사려 깊은 태도로 일관했다. 그는 그 특유의 눈길로 나를 지그시 바라보면서, "나는 내 딸들에게서 여성해방운동 시대를 살아가는 여성들의 이상적인 삶의 모습들을 볼 수 있었어요."라고 말했다. 그의 어머니는 '아이들과 정원'을 세상의 전부로 여기고 사셨다. 그에 반해 칩은 아이들의 다양한 삶을 지켜보면서 많은 도움을 얻었다고 말했다. 필립스 엑세터 고등학교를 남녀공학으로 전환시킬 방안을 알려준 것도 그의 딸들이었다. 그는 딸들을 통해, 여자아이들을 학교에 받아들이는 것이 남자아이들을 위해서가 아니라 여자아이들의 생활을 향상시키기 위한 것이라는 사실을 깨달았다. 뿐만 아니라 그는 여자 동료들과 문제가 생길 때에도 딸들에게 조언을 구했다.

역설적으로 들릴지는 모르지만, 다음 세대로부터 배운 것이 많은 연구 대상자일수록 자기 자신을 책임질 줄 알았다. 잘 늙어가기 위해서는 새로운 것을 꾸준히 익혀나가고 사람들과 교류를 계속해 나갈 필요가 있다. 리어왕을 비극으로 내몰았던 성격적 결함 중 하나가 바로 자식들에게서 배우려 하지 않았다는 점이다. 리어왕은 코딜리어의 온정 어린 지혜를 이해하지 못했다. 코딜리어가 기사들이 몹시 탐욕적이며 지나칠 정도로 무례하게 행동한다는 사실을 말해 줄 때에도 전혀 귀담아 듣지 않았다. 리어왕은 코딜리어의 진정 어린 충고에 대해 고작 "거짓말쟁이 같으니." 하고 대꾸했을 뿐이다.

"당신의 자녀들에게서 무엇을 배웠습니까?"라는 질문을 제시했을 때, 생산적 성취도가 비교적 낮은 연구 대상자들은 대부분 엉뚱한 얘기를 늘어놓곤 했다. 한 남자는 그 질문을 받자 무슨 대답을 해야 할지 몰라 얼버무리다가 "우린 나름대로 아이들에게 꽤 좋은 친구가 되어주었다고 생각해요. 아이들끼리도 사이가 아주 좋았어요." 라고 말했다. 그는 연방 헛기침을 하면서 우물거리다가 결국에는

"무슨 말을 해야 할지 모르겠군요." 하며 말끝을 흐렸다.

이와 달리, 8장에서 다시 등장할 하버드 졸업생인 프랭크 라이트는 아주 대조적이었다. 그 역시 처음에는 무슨 말을 해야 할지 몰라 머뭇거렸지만, 이내 거침없이 명쾌하고 조리 있게 대답했다. 둘째아들 데릭은 언뜻 보면 무뚝뚝해 보이지만, 그 아이 덕분에 가족끼리 다정하게 껴안는 법을 배웠다고 했다. 이전에는 서로 껴안는 데 어색해하던 가족들도, 이제는 서로 만나기만 하면 몇 번이고 다정하게 껴안으며 반가움을 표시한다고 했다. 프랭크는 덧붙여서, 자기 아들 데릭이 버지니아 주에서 가장 훌륭한 의사 열 명 중 한 사람으로 뽑혔다고 자랑을 늘어놓았다. "아서에게서도 배울 점이 많답니다. ……아서는 늘 우릴 기쁘게 해줘요. 아서는 친할아버지를 쏙 빼닮았어요. 지난 겨울에는 아서와 함께 정말 멋진 시간을 보냈어요. 아서에게서 음악에 대해 많은 걸 배울 수 있는 기회였지요."

한편 생산성 과업을 성취하지 못한 연구 대상자들은 자녀들에게서 무언가를 배울 수 있다는 것 자체를 부정했다. 그들은 의아하다는 표정을 지으면서, 자기들이 이해할 수 있게 풀어서 질문해 달라고 거듭 요구했다. 그러고는 결국 자녀들이 자기들에게서 무엇을 배웠을까 하는 얘기만 늘어놓았다. 아주 비관적으로 답변하는 이들도 있었다. 몹시 불행한 삶을 살았던 한 여성은 "그나마 아이가 하나뿐이어서 정말 다행이에요. 아이 키우는 일은 정말이지 적성에 맞지 않아요."라고 말했다.

그러나 생산적인 삶을 살아온 연구 대상자들은 대부분 우리가 제시하는 질문의 진의를 제대로 파악했다. 그들은 자녀들을 돌보고 자녀들에게서 배우면서 진정한 상호작용의 의미를 깨달았기 때문이다. 한 여성 연구 대상자도 프랭크 라이트와 똑같은 얘기를 들려주었다. 그녀 역시 가족간에 서로 살갑게 대하는 걸 모르고 자라왔지만, 장성한 두 아들은 거리낌없이 가족들을 껴안으며 친근감을 표시한다고 했다. 그녀는 그런 아들을 보면서 비로소 자기가 그동안 놓치고 살아왔던 게 무엇인지 깨달았다고 했다. 또 다른 한 여성은 자녀들에게서 '삶에 대한 참신한 관점, 즉 우리는 모두 주변 사람들과의 관계 속에서 형성된 존재'라는 사실을 배웠다고 했다. 그녀가 깨달은 그 단순한 진리 속에, 바로 만족스러운 노년에 필요한 가장 주요한 요소가 담겨 있다. 1장에서 앤서니 피렐리를 통해 보았던 것처럼, 다른 사람의 경험과 희망과 용기를 내면화할 수 있는 자질, 그것이 바로 만족스러운 노년을 이루는 가장 중요한 열쇠다.

 CASE STUDY 애너 러브 | 터먼 여성 집단

척박한 현실의 땅에 사랑의 씨앗을 뿌리다

애너 러브는 앤 머로 린드버그Anne Morrow Lindbergh(미국의 여류시인이자 비행사. 비행기로 대서양을 횡단한 린드버그 경의 부인—옮긴이)가 남긴 "사랑의 씨앗은 영원히 거듭해서 뿌려져야 한다."5는 말의 의미를 잘 보여주는 여성이다. 오래전 남편을 잃은 애너 러브는 희끗희끗한 짧은 머리카락에, 눈도 침침하고 비만인 데다 관절염까지 앓고 있었다. 그러나 애너 러브는 몸만 성치 않을 뿐 삶에 대한 열정을 고스란히 간직하고 있었다. 그녀는 면담 내내 자식 자랑 하는 재미에 푹 빠진 듯했다. "이것도 일종의 자만심인데…… 교회에서는 자만에 빠지지 말아야 한다고 하거든요."라고 말하며 스스로 들뜬 감정을 자

제하기도 했다. 그러나 그 말을 해놓고도 이내 자식 자랑으로 되돌아가기 일쑤였다.

애너 러브의 삶은 비극의 연속이었다. 그녀는 가난한 가정에서 자라났다. 아버지도 그녀처럼 재기가 뛰어난 분이었지만, 아쉽게도 학업의 꿈을 다 펼치지 못한 채 고등학교 교사로 머물렀다. 러브 아버지의 꿈은 자그마한 시골 고등학교가 아니라 대학 강단에서 고전문학을 가르치는 것이었다. 그러나 현실이 따라주지 않았다. 애너 러브 역시 간신히 대학을 마친 뒤, 도처에 위험이 도사리고 있는 이너시티에서 고등학교 교사가 되었다. 러브는 10년 전에 남편을 잃었으며, 지금은 눈까지 멀어가고 있다.

애너 러브는 우리와 만나기 바로 얼마 전에 퇴직자들끼리 모여 사는 이 마을로 옮겨왔다고 했다. 거실은 일본풍으로 장식되어 있었고, 집안 곳곳에는 소박하지만 화사한 분위기를 더해 주는 장식품들이 진열되어 있었다. 벽에는 남편의 컬러 사진과 아이들 사진 두 장이 나란히 걸려 있었다. 가장 아끼는 사진들이었다. 탁자 위에는 말린 붓꽃 한 묶음과 성경책이 놓여 있었다. 집 앞에는 애지중지 아끼는 연노랑색 폴크스바겐 래빗이 서 있었다. 애너는 주위 친구들 중에서 유일하게 운전을 할 수 있었다. 그녀는 언제든 친구들을 위해 기꺼이 운전사 노릇을 자청했다.

애너 러브에게 수학교사로 재직할 당시 귀감으로 삼았던 인물이 누구였냐고 물었다. 그녀는 잠시 생각에 잠기더니 이렇게 대답했다. "나는 아버지의 교육관을 존경해요. ……아버지의 도움이 없었더라면 기하학을 제대로 이해하지 못했을 거예요." 애너 러브는 아버지가 아주 훌륭한 교사였다고 말했다. 콜로라도 리드빌에 있는 한 고등학교에서 수학교사로 있을 당시, 애너 러브의 아버지는 늘 학교

정문에 서서 아이들을 기다렸다. 학생들이 몰래 지니고 들어온 권총을 압수하기 위해서였다. 그는 압수한 권총을 자기 책상 서랍 속에 숨겨두었다가 수업이 끝난 뒤 다시 학생들에게 되돌려주었다. 애너 러브는 어머니 역시 훌륭한 조언자였다는 말도 덧붙였다. "모성애와 사랑을 가르쳐주신 분이 바로 어머니셨어요. 내 주위에는 언제나 나를 염려하고 보살펴주는 분들이 많았어요." 그리고 지금은 93세가 된 친구 하나가 그 자리를 대신하고 있다고 말했다. "그이는 늘 웃는 낯으로 사람을 대하며, 다른 사람 험담하는 걸 한 번도 본 적이 없어요."

애너 러브는 평생 교사생활을 해왔으며, 일찍이 스물다섯 살부터 몸담았던 고등학교에서 학생과장을 역임하기도 했다. 또한 그 오랜 세월 동안 수많은 학생들을 상담해 주었다. 애너 러브는 78세가 된 지금도 이웃에 사는 아이들의 공부를 돌봐주고 있다. 남겨둘 유산으로 무엇을 꼽겠냐고 묻자 "잘 자라준 네 명의 자녀와 그들이 이룬 가족들"이라고 대답했다. 그녀는 누군가를 돌보는 일을 인생에서 가장 소중하고 즐거운 일로 여겼다.

나는 애너 러브에게 네 자녀를 키우는 일과 교사로서의 역할을 어떻게 조화시켰는지 물었다. 그녀는 아이들이 병에 걸릴 때면 어떻게 해서든 유급휴가를 내보내려고 애썼다. 아이 하나가 성홍열에 걸렸을 때는 출근도 안 하고 아이를 보살폈다. 학교에서는 감봉 조치를 하겠다고 나섰지만 그녀는 끝까지 자기 권리를 찾기 위해 맞섰고, 결국 자신의 정당성을 입증받았다. 그 뒤 다른 학교로 옮겨간 뒤에도 몇 차례 비슷한 상황에 부딪혀 싸워야 했지만, 그때마다 승리는 그녀의 편이었다. 애너 러브는 언제나 긍정적인 측면을 보려고 애썼으며 자만심 같은 것은 없었지만, 사회생활을 하면서 부당한 일을 겪을 때면 언제든 자기 권리를 찾기 위해 싸울 줄 알았다. 그웬돌린 하비샴이 자신의 열정을 알고도 모른 척 묻어버렸던 것과 달리 애너 러브는 자신의 열정을 어떻게 펼쳐야 하는지 잘 알고 있었다.

애너 러브는 늘 자녀들을 학교에 보낸 다음에 출근했다. 학교에서 미처 채점을 끝내지 못한 답안지들을 싸들고 집으로 돌아올 때도 많았다. 집으로 돌아온 뒤에는 우선 답안지를 이층 자기 방 책상 위에 둔 뒤, 아래층으로 내려가 아이들 간식을 챙겨주고 저녁을 먹이고 숙제를 돌봐주었다. 또한 아이들이 방과후에 보이스카우트나 걸스카우트 활동을 하거나 음악 수업도 받을 수 있도록 돌봐주는 게 자기가 마땅히 해야 할 일이라고 생각했다. "아이들이 모두 잠자리에 들고 난 뒤, 9시에서 9시 30분쯤이 되어야 비로소 집 안이 조용해졌어요. 그제야 나는 다시 내 일감을 들여다볼 수 있었어요. 먼저 커피 한 잔을 마신 뒤 학교에서 가져온 기하학 답안지를 채점하기 시작했지요." 아이를 넷이나 키우다 보니 자질구레한 일들이 끊이지 않았지만, 다행히 아이들 모두 스스로 집안일을 조금씩 거들어주었다. "우리는 한 팀이었어요." 러브의 가족을 봐도 사랑이 내리사랑이라는 것을 분명하게 알 수 있었다.

요즈음 가장 중요하게 여기는 활동이 무엇인지 묻자, 러브는 "교회일을 통해 다른 사람을 돕고 사람들과 서로 나누며 지내는 일이 내겐 무척이나 소중하답니다."라고 대답했다. 집 앞에 주차해 놓은 연노란 폴크스바겐 래빗도 결국은 봉사활동을 위한 것이었다. 러브는 그날 밤에도 이웃 친구를 차에 태우고 저녁을 먹으러 나갈 거라고 했다. "단 한 가지라도 다른 사람에게 도움을 주지 못한 날이면 저녁 내내 기분이 좋지 않아요." 우리가 오기 바로 전에도 한 친구를 병원까지 태워주었다고 했다. 딸 내외가 며칠 휴가를 떠나면 손자 손녀들을 돌봐줄 계획이라는 말도 덧붙였다. 그러나 손자들을 돌봐 준다고 해서 단순히 '보모 역할'을 하려는 건 아니라고 분명하게 못을 박았다. "루크와 일주일 동안 함께 지내고 싶어서 내가 먼저 제안한 거예요." 아홉 살 난 루크는 손주들 중에 가장 어린 데다 러브의 집 가까이 살았다. 그래서인지 루크는 늘 할머니 애너 러브의 가슴에 특별한 존재로 남아 있었다. "루크를 보고 있으면 기분이 좋아지고 행복해져요. 루크는 내겐 너무나 귀중한 보물이에요." 애너 러브의 목소리는, 그웬돌린 하비샴이 무뚝뚝하게 "훌륭한 가족들이 내곁에 있어서 다행이에요."라고 말한 것과는 느낌이 전혀 달랐다.

애너 러브는 남편과 결혼하여 40년 세월을 함께 보냈다. "남편과 10년 더 빨리 만났더라면 인생이 조금 더 달라졌을지도 몰라요. 하지만 난 지금의 삶에 만족해요. 결혼 전에 우리는 두 사람의 권리가 동등하다는 데 뜻을 같이했어요." 애너 러브 부부는 함께 교회 활동도 하고 아이들의 방과후 활동을 돕기도 했다. 두 사람 모두 아이들이 성장해 가는 모습을 지켜보면서 행복해했다. 오랫동안 결혼생활을 하면서 둘 사이에 어떤 변화가 생겼는지 묻자, 아이들이 모두 집을 떠나버리고 난 뒤 15년 동안 "우리 부부는 날이 갈수록 더 애틋해졌어요."라고 말했다. 부부는 나란히 해변을 거닐 때가 많았는데, 러브는 당시를 회상하며 "그는 내 감정을, 나는 그의 감정을 읽을 수 있었어요. ……둘이 함께 있으면 정말이지 너무 행복했어요."라고 말했다.

남편을 잃은 슬픔을 어떻게 이겨냈는지 묻자 "너무나 힘겨웠어요! 남편 없는 세상에서 홀로 어떻게 살아가야 할지 막막하기만 했죠. 살이 얼마나 빠졌는지 앙상하게 뼈만 남았었죠. ……하지만 하느님과 교회 가족들에게 의지하며 마음을 다잡았어요."라고 대답했다. 애너 러브는 그 어느 때보다 더 독실하게 믿음에 의탁했고, 마침 내 교회 가족들과 신으로부터 받은 축복 어린 선물에 의지해 슬픔을 극복해 나갔다.

그 뒤로 러브는 더 활기차게 살았다. "바로 그 즈음, 조금 전에 보셨던 제 딸 주디가 첫 아기를 낳았어요." 큰아들은 슬픔에 잠긴 어머니를 위로하기 위해 틈 날 때마다 러브를 주디의 집으로 모셔갔다. "그때부터 내 마음의 슬픔이 가시기 시작했어요. 주디 역시 아버지를 잃은 뒤 한동안 슬픔에서 헤어나오지 못했어요. 아이들 가운데 유난히 아버지를 따랐거든요. 그때 생각했죠. 주디의 슬픔을 달래주고 또 나의 슬픔을 이겨내기 위해서라도 내가 먼저 훌훌 털고 일어나 강한 어머니가 되어야겠다고요." 그 순간 러브의 눈에 눈물이 맺혔다. 그러나 그녀는 황급히 눈물을 훔치면서 미안하다는 말을 건넸다. 러브는 갑자기 슬픔이 밀려올 때 이렇게 울고 나면 마음이 한결 편안해진다는 말도 덧붙였다.

자기 자신의 면모 중에 가장 훌륭한 점이 무엇이냐고 물었더니 "뭔가를 소유했다가도 선선히 다른 사람에게 내어주는 성격"을 꼽았다. 그러면서 남편이 남긴 소중한 유품들에 관한 얘기를 들려주었다. 남편은 초기 캘리포니아 역사를 기록한 희귀본 몇백 권을 소장하고 있었다. 러브는 자녀들의 집을 방문할 때마다 남편이 남긴 책들을 두세 권씩 챙겨 아이들에게 선물로 주었다.

집안형편이 넉넉하지 못했던 탓에 애너 러브도 그녀의 아버지처럼 대학원 진학의 꿈을 이루지 못했다. 그러나 러브는 자녀들만큼은 끝까지 재능을 펼칠 수 있도록 뒷받침해 주겠다고 결심했다. 네 아이의 아이큐는 평균 155였으며, 모르긴 몰라도 애너 러브와 아버지의 지능도 그 정도는 되었을 것이다. 외할아버지와 어머니의 못다 이룬 꿈을 대신하기라도 하듯, 애너 러브의 자녀들은 모두 대학원을 졸업했다. 애너 러브는 넘치게 자식 자랑을 늘어놓지 말아야 한다고 다짐하면서도 자기도 모르게 자녀들 이야기를 쉽없이 들려주었다. 큰딸은 오리건 주 상급법원의 판사로 재직 중이며, 큰아들은 하버드 대학교에서 박사학위를 받은 뒤 미시간대학교에서 고전문학을 가르치면서 외할아버지의 못다 이룬 꿈을 대신 실현하고 있었다. 둘째 아들은 지방 중학교의 학생과장으로 있으며, 둘째딸 주디는 특수교육학으로 석사학위를 받은 뒤 학교에서 독서장애아들을 돌보고 있었다.

자녀들 얘기를 좀 더 자세하게 들려달라고 하자, 애너 러브는 "아이들 모두 적극적으로 살아요. 모두들 자신의 삶을 사랑하고요. 저마다 자기 일에 소신을 가지고 일을 즐기고 있지요."라고 말했다. 애너 러브는 자녀들이 사는 곳마다 새 친구들을 만들어두었다며 자랑삼아 말했다. 그 덕분에 러브는 자녀들 집을 방문할 때마다 새로 사귄 친구들과 점심식사를 함께한다고 했다. 그녀는 짬이 날 때마다 여기저기 흩어져 살고 있는 손자 손녀들을 찾아가 아낌없이 사랑을 베풀었다. "내 아들딸들이 어느새 자라나 훌륭한 아버지 어머니가 되었지 뭐예요."

친하게 지내던 친구들이 세상을 떠났을 때 그 허전함을 어떻게 달랬는지 물었다. 러브는 절친했던 친구들을 잃고 난 뒤 곧장 이 마을로 옮겨왔다고 했다. 러브는 이곳으로 오자마자 이웃들의 생일 파티에 초대받아 즐거운 시간을 보냈고, 그 뒤 한두 달 사이에 12명의 친구들과 재미난 '소모임'을 꾸렸다고 했다. 적극적으로 모임을 이끌어나가는 러브 덕분에 그들은 거의 한 주 걸러 한 번씩 만나 점심식사를 하면서 함께 시간을 보냈다. 그들은 성경 공부도 같이 하고 곧 잘 시내로 나가 외식도 했다. 버클리에도 오래전부터 친하게 지내온 친구 둘이 살고 있었다. 그 친구들도 30대 시절 사회생활을 밝고 적극적으로 했다. "그 친구들이 왜 나를 좋아하게 되었는지는 모르겠지만, 어쨌든 나는 그들을 무척 사랑하고 아낀답니다." 러브는 요즘도 그들과 전화로 자주 안부를 주고받는다고 했다. "제 주치의 말에 따르면, 나는 아주 오래 살 거래요. 아직도 내 몸 속에는 젊은 피가 흘러 넘친다고 하더군요. 나도 그러길 바라요. 난 삶을 사랑하니까요."

"자녀들에게서 배운 점이 있다면 무엇인지?"라는 질문을 던졌을 때, 애너 러브는 다른 이들처럼 난감해하거나 불평하기는커녕 오히려 드디어 말할 기회가 와서 기쁘다는 듯 들뜬 목소리로 대답했다.

큰아들 존에게서는 사람들과 잘 어울리는 법과 사람들 내면에 감춰진 장점을 찾아내는 방법을 배운답니다. 인내심이 많은 큰아들은 사람들을 사랑하고, 사람들 각자의 장점을 찾아낼 줄 알지요. 큰딸 클래린다는 매우 신중한 아이예요. 언제나 진지하게 깊이 생각한 다음에 제 생각을 말한답니다. 조금 전에 다녀간 작은딸 주디는 마흔이 다 되었는데도 아직까지 어린아이처럼 생각되는 아이예요. 제가 '우리 아가'라고 부르면, 주디는 '엄마, 이제 아가라고 부르지 마세요'라며 눈을 흘기곤 하죠. 주디는 명랑하고 마음이 따스한 아이예요. 덕분에 늘 웃을 일이 생겨요. 주디는 나와 함께 노래를 즐겨 불렀어요. 이제 여기 이렇게 혼자 사니까 노래 부를 일도 없지만, 가끔 주디 생각을 하면서 혼자 노래를 흥얼거리기도 해요. 노래를 부르면 왠지 힘이 나는 것 같아요. 일할 때도 늘 노래를 부르곤 했거든요. 우리 아이들은 모두 하나같이 제 삶에 영감을 불어넣는 소중한 존재들이랍니다.

영감이란 결국 다른 사람을 우리가 숨쉬는 공기로, 우리의 직감으로, 그리고 우리의 마음으로 깊숙이 받아들이는 방법을 나타내는 하나의 메타포다.

5장

과거와 미래를 잇는 의미의 수호자

이어서 법관이 되면

배는 맛난 닭고기로 가득 차

그럴싸하게 불룩해지고,

근엄한 눈초리에 수염은 말끔하게 자르고,

온갖 금언과 최신 판례까지 꿰뚫어가며

맡은 역할을 충실하게 해냅니다.

_ 윌리엄 셰익스피어의 《뜻대로 하세요》에서

사람은 나이가 들수록 개성이 점점 더 뚜렷해진다. 그 현상에 대해 저마다의 기질이 명확해져 가는 것이라고 긍정적으로 보기도 하지만, 또 한편에서는 점점 더 융통성이 없어지는 것이라고 비난하기도 한다. 사람들이 노년으로 갈수록 완고해지는 것은, 창의력이 부족해서가 아니라 오랜 세월에 걸친 다양한 경험을 통해 스스로 자기에게 맞는 선택을 발전시켜 온 결과다. 소설가 메이 사튼May Sarton은 70세에 "요즘 나는 그 어느 때보다 나다워졌다."고 했다. 노년학자인 캐럴 리프Carol Ryff는 "개성은 삶의 다른 분야에서 생겨난 상실감을 보충해 주는 영역이라고 고찰할 수 있다."[1]라고 썼다. 윌리엄 제임스는 "누구나 살아가다 보면 완고함이라는 종착점에 이르게 마련이다."[2]라고 거침없이 말했다. 그렇다면 자기의 확고한 인격을 발전시키는 것 외에 60, 70대 노인들이 사회에서는 하는 역할은 무엇인가?

　나이가 들수록 남성과 여성의 성적인 차이는 줄어든다. 늙어갈수록 여성들의 얼굴에도 털이 자라나는 반면, 남성들의 수염은 차츰 더디 자란다. 여성들의 가슴은 평평해지고 목소리가 굵어지며 얼굴선도 날카로워진다. 젊은 시절 활발하게 분비되던 에스트로겐이 점차 줄어드는 대신 남성 호르몬인 테스토스테론이 증가한다. 한편 남성의 가슴은 점차 부풀어오르고 얼굴선은 부드러워지며 한창때 왕성했던 테스토스테론이 서서히 줄어든다.[3] '매서운 눈매'를 지닌 영감은 무뚝뚝하고 성마른 구두쇠일지도 모르지만, 그들의 눈빛에도 역시 온화함이 배어 있다. 프랜시스 포드 코폴라^{Francis Ford Coppola} 감독은 영화 〈대부^{The Godfather}〉에서 할아버지의 온화함을 잘 표현해 냈다. 마피아 두목 자리에서 물러난 뒤, 볕 잘 드는 정원에 앉아 어린 손자와 함께 게임을 즐기는 말론 브란도의 표정을 떠올려보라. 나이 든 남성들은 자기보다 나이 어린 여성들의 마음을 끌기가 쉬울 것이다. 나이 어린 여성들에게 거리낌 없이 자상하고 다정하게 다가가기 때문이다. 그러나 젊은 남성들은 리더격의 여성들에 대해서 어린 시절 아버지의 권위에 대항하던 때처럼 경계심을 표하거나 도전적인 태도를 취할 것이다.

한 가지 놀라운 사실은, 우리 연구 대상자들 중에도 나이가 들수록 다른 사람을 보살피는 일이 적성에 맞는다고 주장하는 이들이 많았다는 점이다. 한때 사냥과 낚시를 취미로 삼았던 로터리클럽 회원들이 노년에 이르러서는 자발적으로 나서서 병원 봉사활동에 참여하기도 했다. 젊은 시절, 미래를 향해 숨 가쁘게 달음질쳐왔던 이들이 나이가 들면서 계보학이나 자연보호에 관심을 가지기도 했다. 59세에 이른 한 전직 사장은 현재 자연보호 주 지부장, 미스틱해양박물관 기획위원장, 로드아일랜드환경보호협회 이사를 맡고 있다고 자기소개를 하기도 했다. 한때 아프리카에서 사자 사냥을 즐겼던 사람이 하는 말치고는 거북하게 들릴지 모르겠지만, 환경을 생각하면 아주 반가운 소식이 아닐 수 없다.

남성적인 강인함을 유지하기 위해 열정을 아끼지 않던 어니스트 헤밍웨이^{Ernest M. Hemingway}조차도 "어느 정도 나이가 들면, 남성 작가는 늙은 허버드 아주머니(영국 동요에 등장하는 주인공―옮긴이)로 변하고, 여성 작가들은 잔 다르크가 된다."[4]는 것을 인정했다. 그러나 통념과 달리 전향적 연구 결과, 폐경기가 되었다고 해서 여성들의

성격이 바뀌지는 않는다는 사실이 밝혀졌다.[5]

그런데도 어느 전향적 연구에서는, 27세 여성들이 목적 지향성, 조직력, 실천력, 자신감, 현실성 등 여러 행동 평가에서 남편들보다 현저히 낮은 점수를 받은 데 반해, 50세에서 60세 사이 여성들은 남편들보다 오히려 조금 더 높은 점수를 받은 것으로 나타났다.[6] 문화인류학자 데이비드 거트만David Gutmann은 서로 다른 26개 문화권을 비교 분석한 뒤 다음과 같이 기록했다(1987년). "14개 문화권에서는 노년으로 갈수록 여성들에게 주도권이 넘어갔고, 12개 문화권에서는 별다른 변화가 일어나지 않았으며, 남성의 주도권이 증가된 경우는 어느 문화권에서도 찾아볼 수 없었다."[7] 우리 문화에서도 성숙의 정도, 호르몬 생성의 변화, 은퇴 등 수많은 이유로 그와 같은 부부 사이의 주도권 변화가 일어나고 있다. 또한 느지막이 자유를 찾은 여성들이 바깥 활동에 전념하게 되면서, 남편이 대신 가사일을 하는 가정들도 종종 볼 수 있다.

노인의 역할은 남녀를 막론하고 매우 중요하다. 생산성 과업은 오직 성인만이 해낼 수 있다. 칼 융C. G. Jung은 "인류에게 수명이 아무런 의미를 지니지 못했다면, 인간은 분명 70세나 80세까지 성장하지 않았을 것이다. 인생의 후반기는 그 자체로도 중요한 의미를 지니는 것이 틀림없으며, 단순히 인생의 초반기에 덤으로 부여받은 보잘것없는 세월이 아니다."[8]라고 고찰했다.

시몬 드 보부아르는 발리 섬에서 노인의 역할이 중요하게 여겨지고 있는 이유에 대해 이렇게 말했다.

노인들은 거의 일을 하지 않는다. 그들은 이런저런 이야기를 나누거나 대추야자 열매 따위를 질겅거릴 뿐이다. 그러나 그들은 많은 역할을 담당하고 있다. 그들은 마을 회의를 주관하고 병자를 돌보며 옛이야기를 들려주고 젊은이들에게 시와 예술을 가르친다. 때로는 들판으로 오리를 몰고 나가기도 한다. 종교의식에서도 중요한 역할을 담당한다. 종교의식이 있는 곳에는 어디에나 춤 솜씨가 뛰어난 노인들이 있게 마련이다. 그들은 춤에 취해 무아지경인 상태로 신의 계시를 읊기도 한다. 나이가 들수록 성의 구분은 사라지므로, 노인들은 남성과 여성을 불문하고 모두 중요한 역할을 담당한다. 젊은 사람들은 모든 문제에 대해 노인들에게 자문을 구한다.[9]

나이 든 갈까마귀나 침팬지들도 이와 유사한 역할을 한다. 젊은 갈까마귀나 침팬지가 보내는 경고 신호는 무시되기 일쑤지만, 연장자가 보낸 경고 신호는 무리 사이에서 매우 심각하게 받아들인다.

생산성 과업의 미덕은 다른 사람을 보살피는 데 있다. 한 가지 단점은 어느 한 사람에게 특별히 관심을 쏟아야 한다는 점이다. 반대로 의미의 수호자라는 과업에는 '정의'라는 덕목이 내재되어 있다. 정의란 다른 사람들을 대할 때 어느 한 편에 치우침이 없고 가능한 한 주관을 배제하는 것이다. 세상에는 열정적인 변호사들이 필요하지만, 누구에게나 공평한 판결을 내리는 판사들도 필요하다. 젊은 성인들이 생물학적인 후손을 만들어낸다면, 노인들은 사회적인 후계자를 양성해 내는 임무를 맡고 있다.

생산성 과업을 마치고 의미의 수호자가 되어가는 과정은 경험이
풍부해졌기 때문이기도 하지만, 한편으로는 신체적으로 허약해진
탓도 있다. 애너 러브나 프레드 칩이 75세까지도 생산성에 주력할
수 있었던 것은 아마도 그들의 남다른 체력 덕분이지 않았나 싶다.

생산성은 다른 측면에서도 의미의 수호자와 차이가 있다. 사람들
은 심판관보다는 생산적인 존재를 더 사랑하게 마련이다. 우리는 우
리 편에 서서 우리를 이끌고 관리해 주는 집단의 지도자나 팀 주장
을 사랑하고 또 필요로 한다. 하지만 우리는 심판들을 향해서는 "갈
아치워!" 하고 소리를 높인다. 심판이나 판사들이 자리를 지키는 데
철판처럼 두꺼운 얼굴과 백발이 필수인 이유다. 그러므로 대중의 환
호를 원하는 사람이라면 생산성에서 의미의 수호자로 옮아가기가
어려울지도 모른다.

노인들은 비록 젊을 때보다 훨씬 더 완고해졌을지는 모르나, 자기
자신의 진정한 모습에 대해서만큼은 시간이 갈수록 점점 더 성확하
게 이해한다. 에릭슨은 "중년을 훌쩍 넘긴 사람들은 자기 자신이나
동년배들이 젊은 시절보다 훨씬 더 관대하고 참을성 많고 개방적이
고 이해심 풍부하고 온정적으로 변했으며, 불평불만도 훨씬 줄었다
고 묘사한다."[10]라고 썼다. 에릭슨은 이어서 그가 만나온 70대 연구
대상자들의 말을 그대로 인용한다. "젊을 때보다는 나이가 든 뒤에
인내심의 의미를 더 잘 알게 되는 것 같다." "이제야 비로소 나는 양
쪽 면을 다 살필 수 있게 되었다." "이제 나는 그 무엇에도 마음이 흔
들리지 않는다."

직원들 월급을 제때 챙겨주거나 교회에 나가 바자회를 열거나 10
대들을 지도하는 것보다는 계보나 자연보호, 역사에 관심을 가지는
것이 훨씬 더 평화로운 일이다. 65세가 된 한 연구 대상자는 "요즘

은 다시 태어난 것처럼 아주 멋진 나날을 보내고 있으며, 이 생활이 마음에 든다. 자동차를 타지 않아도 되고, 잔디며 울타리 손질도 애써 할 필요가 없는 데다 강아지에게 신경 쓸 필요도 없으니 말이다." 라고 썼다. 또 한 사람은 "나는 늙고 지쳐서 일을 못하는 게 아니라 그저 내가 하고 싶은 일을 골라서 할 수 있게 됐을 뿐이다."라고 했으며, 또 다른 한 사람은 "우리는 이제 더 이상 다른 사람의 사정을 봐줄 필요가 없어졌지만, 얼마든지 너그럽게 대할 수는 있다. 어리석은 행동도 참아 넘길 수 있고, 삶의 부조리도 이해할 수 있다."고 했다.

그러나 내가 생산성의 활동적인 측면과 의미의 수호자에게서 보이는 차분한 일면을 너무 단순하게만 구분한 건 아닌지 걱정되기도 한다. 친밀감과 직업적 안정이라는 과업이 나란히 함께 발전되듯이, 생산성과 의미의 수호자라는 과업도 마찬가지이기 때문이다. 생산성을 구현하는가, 아니면 의미의 수호자가 되는가 하는 두 가지 과업 사이의 구분은 초록과 파랑의 경계만큼이나 모호하다.

물론 과거를 보존하려다 보면 완고함에 빠지기 쉽다. 젊은 시절, 생산성 과업을 훌륭하게 성취했던 한 남성은 나이가 들수록 점점 세계로부터 소외되며 자신의 통제력이 줄어드는 느낌을 받는다고 했다. 나이 든 고참 변호사인 그는 이제 더는 아무도 자신을 필요로 하지 않는다고 느꼈다. "날마다 보고 듣고 하는 많은 것에 짓눌리는 기분이 들어요. 이 사회에는 도덕성이라든지 분별력, 자기 절제력이 점점 사라져가고 있어요. 중고등학교나 대학에서조차 절도 사건이 늘어나는 걸 보면 소름이 끼쳐요. 영화에 나오는 부패하고 타락한 행동들도 혐오스럽고요. 그렇다고 나 자신을 성인군자라고 말하려는 건 아니에요. ……내 개인적인 생각으로는 지금이 한 세대 전보다 훨씬 더 복잡해지긴 했지만, 문화면에서는 오히려 그때보다 퇴보한 것 같아요. 18세 청소년들에게 투표권을 주는 것도 바람직하지 않은 것 같아요. 자칫 변덕스럽거나 지나치게 이상적이거나 오만한 성향이 선거에 반영될 수도 있으니까요." 중년의 나이에 창조적으로 생산력을 발휘했고 누구보다 성공적으로 삶에 적응한 그였지만, 노년에 이르러서는 과거의 전통을 보존하고픈 열망을 다른 사람들과 공유하지 못한 채 점점 시대에 뒤처져갈 뿐이었다. 그러다가 그는 70세의 나이로 세상을 떠나고 말았다.

또 다른 연구 대상자는, "나는 자유주의자들에 의해 이상적인 민주주의 형태가 약화되어 가는 현실, 권위의 부재, 신앙심 약화, 가족제도의 약화, 도덕성의 타락, 노인의 위엄을 멸시하는 사회 분위기 때문에 마음이 아픕니다."라고 말했다. 물론 두 사람의 생각도 어느 정도 타당한 면이 있다. 그러나 그들은 셰익스피어나 페리클레스가 살았던 시대에나 적합한 생각을 하고 있었는지도 모른다. 그 두 사람에게는 젊은 세대가 버릇없게만 보일 뿐이었다. 문제는 그들이 젊은 세대에게 과거의 전통을 전수해야겠다는 책임감을 느끼기보다는, 자신의 과거를 다른 사람들이 제대로 보존하지 못한다는 사실에 융통성 없이 화만 내고 있었던 데 있다.

CASE STUDY 피터 와이즈먼 | 하버드 졸업생 집단

과거의 기억을 후대에 물려주는 가치의 수호자

이와 달리 피터 와이즈먼은 과거를 전수하는 것이 자신에게 맡겨진 중요한 임무임을 잘 이해하고 있었다. 와이즈먼은 여든 살이 되는 게 좋았다. 그는 산업기술 분야에서 생산고문으로 일하다가 1982년에 퇴직했다. 65세 이후에는 역사학회장, 도서위원회 이사장, 도시행정위원장 등 다양한 분야에 자원해서 책임자로서 적극적으로 활동했다. 그러나 74세에 재혼하면서 자원해서 맡아왔던 직위들을 모두 내놓았다. 바쁘게 일만 하며 사는 것 말고도 삶을 더 풍요롭게 하는 무엇인가가 있을 거라 믿었기 때문이다. 단, 도시 100주년 기념 사업회 명예회장직은 그다지 신경 쓸 일이 없어서 그대로 맡았고, 아내와 함께 시립역사박물관 안내를 담당했다.

와이즈먼은 자신의 추억을 글로 썼지만 '어느 출판사도 개인의 추억을 소재로 한 신참 작가의 원고에 관심을 보이지 않을 것'이라는 사실을 알고는 자신이 직접 책으로 펴냈다. 작가가 된 느낌이 어땠는지 묻자, 아주 재미있고 즐거운 시간이었으며 굉장히 만족스러웠다고 대답했다. "그 책을 읽는 사람은 누구나 재미있어할 거예요." 최근에 길거리에서 우연히 마주친 한 여성이 그 책을 읽고 감동해 눈물을 흘렸다고 고백해 오는가 하면 다른 여성 독자가 책을 무척 재미있게 읽었다고 감사 편지를 보내오기도 했다. 얼마 전에는 한 독자로부터 "심장 수술 뒤 회복이 더뎌 마음을 졸이고 있을 때 당신의 책이 많은 도움이 되었습니다."라는 편지를 받기도 했다. 와이즈먼은 그런 사연이 담긴 편지를 받으면 기분이 아주 좋아진다는 말도 덧붙였다. 나이 든 사람들만이 다음 세대에게 과거를 생생하게 전해 줄 수 있다. 와이즈먼은 요즘 두 번째 책을 쓰기 위해 1900년부터 1920년 사이 매사추세츠 주 낸터킷 섬의 역사에 대한 자료를 수집하고 있다.

와이즈먼은 "내가 하는 일이 한 가지 더 있는데, 바로 삼나무 뿌리로 조각하는 일이지요."라고 덧붙였다. 그는 오래전에 아버지와 함께 가족 농장에 삼나무를 심었다. 삼나무가 죽거나 썩으면 그 뿌리는 오히려 더 단단해진다. 와이즈먼은 어린 시절 아버지를 도와 함께 심었던 그 삼나무들의 뿌리를 모아 20점에 이르는 다양한 조각 작품을 만들었다. 다시 말하지만, 과거의 기억들로 충만한 사람은 그 과거를 아름답게 만들 수 있다.

한 터먼 여성은 40세 이후부터 생산성을 발휘하기 시작했다. 그녀는 대부분 지도자 역할을 맡았는데, 일하는 것이 즐거웠다. 그녀는 어머니 역할도 성공적으로 해냈을 뿐만 아니라 자산 12억 달러 규모의 사회봉사 단체를 운영하기도 했다. 그러다가 60세가 되자 동료들과 함께 일선에서 물러나 편안한 마음으로 은퇴 이후의 삶을 계획하면서 손자 손녀들과 즐거운 나날을 보내고 있다. 그녀는 '늘 새로운 생각으로 깨어 있기'위해 캘리포니아 역사를 공부하기 시작했다. 은퇴 이후 15년 동안 스탠퍼드대학교 동창회보에 학과 동료들 소식을 전하기도 했다. 그녀는 6년 동안 자기가 살고 있는 시 역사위원회 위원으로 활동하다가 부위원장직을 맡기도 했다.

또 다른 한 터먼 여성은 64세에서 68세까지 자연보호와 생태학, 노인 소비자보호 분야에서 일했다. 그녀는 68세까지만 해도 예전부터 해오던 회계 감사관 업무를 병행해 왔지만 지금은 자문위원직만 맡고 있다고 했다. "모두가 나의 조언을 필요로 했고, 또 잘 따라주었어요. 기대 이상으로 인정도 받았고, 보수도 많이 받았지요." 그녀에게 손자 손녀들은 적적함을 달래주는 재롱둥이 정도가 아니라 크나큰 자부심의 원천이었다. 다시 말해 부모는 자녀들을 통해 대리만족을 얻으면서 자부심을 느낄 때가 많지만, 조부모는 손자 손녀에 대해 늘 아무런 사심 없이 무한한 자부심을 느끼며, 아이들도 이를 더 기쁘게 받아들인다. 72세가 되자, 그녀는 먼저 세상을 떠난 남편의 가까운 친지들을 위해 '비공식적인 비서' 역할을 맡았다. 그녀 역시 마을의 원로가 된 것이다.

성인 발달의 보편성을 다룬 우리 연구의 결과에 대해 비판적인 의견도 있을 것이다. 여기서 우리 연구의 대상자들은 교육 수준이 높거나(하버드 졸업생들) 지능이 높은 사람들(터먼 여성들), 어린 시절 청소년 범죄에 빠지지 않았던 사람들(이너시티 집단)이면서 백인이고, 제대군인원호법의 수혜를 받았던 사람들이라는 점을 다시 상기해보자. 성인이 발달하는 데 사회적 낙인이나 편견은 알츠하이머병이나 알코올 중독, 우울증을 유발하는 유전자만큼은 걸림돌이 되지 않는 걸까? 결론은, 걸림돌이 된다! 나쁜 유전자와 마찬가지로 사회적 낙인 역시 개인의 삶을 타락시키고 오염시키는 독소로 작용한다. 그렇다면 나쁜 유전자로 인해 훌륭한 환경의 효력이 사라지듯이, 사회적인 불공평으로 인해 좋은 유전자의 효력도 파괴될 수 있을까? 반드시 그런 것은 아니다. 비바람에 쓰러진 풀처럼 당장 그 결과가 눈앞에 드러나지 않더라도, 그 이면에는 언제든 다시 일어설 수 있는 건설적인 성장의 잠재력이 내재해 있다.

CASE STUDY **마리아** | 터먼 여성 집단

사회적 혜택의 불모지에서 성숙의 힘을 발견하다

마리아는 태어나자마자 아버지로부터 버림받았고, 그나마 그 아버지마저 젊은 나이에 비명횡사한 탓에 진짜 성이 무엇인지도 모르고 살아가는 라틴계 여성이었다. 마리아는 스페인어를 사용하는 어머니와 함께 로스앤젤레스에서 살았다. 그런 그녀에게는 늘 주변 사람들의 편견이 따라다녔다.

초등학교 4학년 담임선생님은 마리아의 영어 어휘력이 평균 이하라고 평가했지만, 실제로는 전체 미국 초등학생 중에서 최상위 1퍼센트에 속했다. 이러한 상황이 벌어진 데는 사회적 편견에 사로잡혀 솔직한 평가를 내리지 못했던 담임교사에게도 책임이 있지만, 마리아에게도 책임이 전혀 없었던 것은 아니다. 티먼 연구자들의 관점에서 볼 때, 솔직하게 대답하지 않았다고 비난받아야 할 사람이 있다면 그 사람은 담임선생님이 아니라 오히려 마리아였다. 터먼 연구원들이 아이들의 독서 수준을 평가하기 위해 도서목록을 제시했을 때, 마리아는 터먼 연구자들을 즐겁게 해주고 싶은 마음에 그 목록에 실린 책들을 모두 다 읽어보았다고 주장했다. 사실 루이스 터먼은 아이들이 진짜 책을 읽고 답하는 것인지 아닌지를 정확하게 평가하기 위해 가상의 도서명도 그 목록에 포함시켜 놓았던 터였다. 터먼 연구원들이 보기에 마리아는 한낱 거짓말쟁이에 지나지 않았다. 터먼 연구원들 역시 마리아의 편에 서서 마리아를 평가하지는 못했다.

어린 시절, 근시가 심했던 마리아는 칠판 글씨를 보기 위해 늘 맨 앞줄에 앉아야만 했다. 그러나 마리아의 어머니는 한 번도 시력검사

를 해주지 않았다. 가정형편은 극도로 궁핍했다. 마리아는 도저히 고등학교로 진학할 형편이 못 되었지만, 열다섯 살에 어렵사리 고등학교를 졸업했다. 재봉사였던 마리아의 어머니는 열여섯 살 된 딸을 대학에 진학시키는 대신 속기사로 취직시켰다. 마리아는 결혼을 했지만, 마리아의 아버지가 그랬듯이 남편 역시 딸이 태어나자마자 멕시코로 달아나버렸다. 마리아는 어린 딸을 키우고 어머니를 돌보며 젊은 시절을 보냈다. 37세에는 "어머니를 행복하게 만드는 것"이 삶의 유일한 목표라고 말했다. 고교 시절 가장 싫어하던 과목이 바느질과 타자였지만, 마리아는 65세에 강제퇴직을 당할 때까지 연방정부에서 타이피스트로 근무했다. 47세 때에는 "연방정부에서 근무하는 동안, 나는 아무런 야망도 의욕도 가질 수 없었어요. 여성은 승진할 가능성이라고는 전혀 없는, 그저 달갑지 않은 피고용인에 지나지 않았으니까요."라고 말했다. 1960년에도 그녀의 연봉은 고작 5천 달러에 지나지 않았다.

마리아의 사촌 역시 마리아처럼 가난한 집안에서 태어나긴 했지만, 그는 남자인 데다 스페인어를 쓰는 것이 경멸이 아니라 칭송의 대상이었던 조국에서 성장했으므로 여러 모로 혜택을 많이 누릴 수 있었다. 덕분에 그는 마리아가 《뉴욕타임스》에서 온 속기를 해독하는 일에 만족하며 살 때 시인이자 정치가로 성공했다.

마리아는 40세에 '개념 숙달 검사'(우수한 지능을 가진 성인들을 대상으로 실시하는 지능검사—옮긴이)에서 141점을 받았다. 같은 검사에서 스탠퍼드 의대생들과 버클리대학교 박사 과정 지원자들이 받은 점수는 평균 90점이었다. 그녀의 타고난 유전자는 무한한 가능성을 내포하고 있었지만, 현실에서는 아무런 힘도 발휘하지 못했다.

마리아는 죽을 때까지도 무용가, 시인, 의사가 되고 싶은 열망을 포기하지 않았다. 여건만 되었더라면 세 가지 꿈 모두를 이룰 수 있었을지 모른다. 그러나 편모슬하에 멕시코 태생 여성이라는 사회적 약점을 지닌 채 1930년대 로스앤젤레스에서 자라난 마리아에게 친밀감, 직업적 안정, 생산성과 같은 발달과업의 성취는 불가능한 일이었다. 마리아는 70세에 암으로 세상을 떠났다. 터먼 여성의 평균 수명보다 무려 15년 넘게 빨리 떠난 것이다.

마리아는 직업에서 만족을 느끼지 못했으므로 실패한 삶을 살았던 여성인가? 아니면 개인의 자아실현이라는 20세기의 서구적 개념을 무시한 채, 병든 노모를 돌보고 딸을 키우는 데 헌신했으므로 성공적인 삶을 살았던 것인가? 마리아는 47세에 이미 이 질문에 대해 명쾌하게 대답을 내놓았다. "나는 경제적으로나 학문적으로는 실패했을지 모르나, 가족관계에서만은 성공했다고 자부한다."

마리아의 이야기를 시작하면서 살짝 내비쳤듯이, 마리아는 비록 사회적 혜택이라고는 한 번도 누려보지 못했지만 성숙의 힘을 통해 진정한 의미의 수호자가 될 수 있었다. 세상을 떠나기 일년 전, 마리아의 다양한 재능이 마침내 인정을 받았다. 69세에 샌디에이고 사무원노동조합 위원장이 된 것이다. 그녀는 마침내 여성 지도자가 되었으며 존경받는 연장자의 자리에 올랐다.

CASE STUDY 마크 스톤 | 하버드 졸업생 집단

의미의 수호자로 충실하게 산 건전한 보수주의자

완고함과 건전한 보수주의를 구분하기 어려울 때가 종종 있다. 청소년들은 겉으로 드러나는 것만 보고 건전한 보수주의를 완고함으로 잘못 이해할 때가 많다. 임상의학자나 교사들 중에서도 보수적인 성향을 띤 젊은이들을 고집이 세거나 무미건조한 아이라고 치부해 버리는 이들이 많다. 마크 스톤은 자기 나이에 비해 조숙한 편이었다. 우리는 그의 삶을 통해 의미의 수호자가 사회에서 얼마나 중요한 역할을 하는지 알게 되었다.

75세의 에머리투스 마크 아우렐리우스 스톤 교수는 세로줄무늬 셔츠의 맨 위쪽 단추 하나를 끄르고 낡은 트위드 재킷을 걸치고 있었다. 멀리서 봐도 첫눈에 그가 휴가를 보내고 있는 바로 그 저명한 아이비리그 교수라는 걸 알 수 있었다. 스톤은 나이보다 훨씬 젊어 보였지만, 무뚝뚝한 얼굴에는 표정 변화가 거의 없었다. 그는 인생의 대부분을 물리학자로 살아왔고, 가르치는 일에 보람을 느끼며 최선을 다하는 대학교수였다. 최근에는 대학 당국으로부터 보조금조차 지급받지 못하는 과학의 하위 분야에 무보수로 헌신함으로써 의미의 수호자 역할을 충실히 수행하고 있다.

처음에 스톤은 우리 연구원들에게 수수께끼 같은 인물이었다. 편견에 사로잡힌 연구원들은 처음부터 스톤을 재미없이 고집만 센 보잘것없는 인물이라고 여겼다. 그러나 스톤이 마치 실패자처럼 보였던 것은 실제로 스톤에게 그런 면모가 있어서가 아니라 그를 바라보는 사람들의 관점이 잘못되었기 때문이다. 연구원들이 그 사실을 이해하기까지는 많은 시간이 걸렸다.

스톤의 외조부와 외증조부는 재단사였으며, 헨리 소로를 비롯한 19세기 문인들이 외증조부의 가게에 모여 담소를 나누곤 했다고 한다. 스톤의 어머니는 대학에 진학할 형편이 못 되어 결혼 전까지 가정교사와 비서로 일했다. 스톤의 할아버지는 전도사였고, 아들을 하버드대학교에 보낼 만큼 재력도 있었다. 스톤의 아버지는 대학을 졸업한 뒤 유능한 외교관이 되었으며, 주일 미국대사를 지내기도 했다. 연구원들은 스톤의 어머니를 "말수가 적고 수수한 편이지만 정이 많은 여성"이라고 묘사했다. 스톤의 어머니는 자기 아들이 착하고 활동적이며 사교적이라고 설명했다. "세상에 키우기 쉬운 아이가 어디 있겠어요. 하지만 마크는 한 번도 말썽을 피운 적이 없었어요. 무엇이든 이유를 설명해 주면 말귀를 잘 알아듣는 편이었고요. 어린 나이에도 논리력이 뛰어났어요. 다른 아이들처럼 떼를 쓰거나 짜증을 부린 적도 없었어요. 걱정하거나 안달하는 모습도 보지 못했어요. 다른 아이들과도 잘 어울렸지요. 22개월쯤 되었을 때, 블록 장난감을 가지고 논 뒤에는 늘 붉은색 블록이 위로 오도록 가지런히 쌓아서 한옆으로 치워두곤 했지요. 네 살 때부터 일본어를 유창하게 구사하기도 했어요. ……마크는 사회적 관습에 구애되지도 않았어요. 늘 자기가 정한 규칙에 따라 일들을 처리해 나갔지요."

마크 스톤은 명문 사립고등학교인 앤도버를 졸업했다. 하버드 재학시절에는 거의 모든 과목에서 A학점을 받았으며, 타고난 지적 재능은 전체 연구 대상자들 중에서 가장 뛰어난 수준에 속했다. 연구팀 소속 심리학자는 "조작능력 검사에는 손재주와 통찰력이 동시에 필요하다. 스톤은 아무리 어려운 조립 문제라도 쉽고 빠르게 푸는 능력이 있다."고 기록했다.

그러나 스톤은 로르샤흐 잉크 반점 검사Rorschach Test(스위스의 정신과의사인 로르샤흐가 고안한 투사법의 하나. 잉크 방울을 종이 위에 떨어뜨리고 종이를 반으로 접으면 거기에 대칭형인 무의미 도형이 생기는데, 피험자가 이 도형에 부여하는 의미를 해석하는 심리 검사방법—옮긴이)에서는 '평균 이하' 점수를 받았다. 그러나 스톤은 "그저 단순한 잉크 반점들"에서 무엇을 알아낼 수 있겠느냐며 로르샤흐 검사를 폄하하기도 했다. 한 심리학자는 연구팀 월례회의에서 스톤이 정신적 중압감이 들 법한 상황에서도 결코 마음의 평정을 잃지 않는 점을 꼬집으면서 '로봇' 같다고 칭했다. 또 다른 심리학자는 "스톤은 고통이라고는 겪어본 일이 없다. 어떻게 그처럼 고통 없이 살아갈 수 있는지 도통 이해가 가지 않는다."라고 평했다. 스톤은 동료들과 기본적인 의사소통조차 안 된다고 비판하면서, "그는 굉장히 편협한 사람처럼 보인다."라고 말하는 심리학자도 있었다. 연구팀 소속 심리학자들은 스톤에 대해 창조성이라고는 모르는 사람이며, 다른 사람이 지도해 줘야 일을 더 잘 해낼 것이라고 단정했다.

회의 내내 이야기를 듣고 있던 어느 지각 있는 연구원 하나가 마침내 더는 듣고 있을 수 없다는 듯 "왜 다들 그토록 성공한 사람을 깎아내리지 못해 안달들인지 모르겠군요!"라고 이의를 제기했다. 그러자 다른 연구원도 용기를 내어, "제가 알고 있는 바로는, 스톤은 늘 자기 방식대로 살아왔고, 앞으로도 그렇게 살아갈 사람이에요. 그는 누구보다도 사물의 본질을 꿰뚫어볼 줄 아는 사람입니다."라고 덧붙였다. 좋든 싫든, 로르샤흐 도형이 그저 단순한 잉크 반점이라는 건 사실 아닌가.

한편 과거 기록들에는 스톤의 모습이 어떻게 그려져 있었을까? 대학 신입생 시절, 마크 스톤의 지도교수는 스톤을 "성숙하고 침착하며 결단력 있는 학생"이라고 평가했다. 스톤의 졸업논문 지도교수는 "내가 이제까지 가르친 졸업생들 중 상위 10퍼센트 안에 드는 학생"이라고 평가했다. 연구팀 소속 한 내과의사는, 스톤이 "말이 없고 자제력이 강한 성격인 데 비해 건강에 별다른 이상은 보이지 않는다. 병력도 전혀 없다."라고 기록했다. 그로부터 40년 뒤, 로르샤흐 검사 결과가 종종 아주 흥미롭기는 하지만 인간의 미래를 예견하는 것과는 아무런 관련성이 없다는 사실이 분명해졌다. 그러나 스톤의 성격에서 가장 두드러진 특징이었던 침착성이나 금욕주의는 미래의 성공을 예견하는 강력한 지표로 판명되었다.

1942년 2월, 전 세계가 전쟁에 휩싸였다. 연합국에 대항한 추축국의 승리 행진이 계속되었다. 그러나 그와 같은 세계정세에 대해 스톤은 "이 상황에서 내가 할 수 있는 일은 많지 않다. 그러므로 별 걱정할 일도 없다."라고 반응할 뿐이었다. 그러나 그 뒤로 스톤은 좀 더 적극적인 자세를 취했다. 그는 해군에 입대하는 것이 최선의 기여라고 여겼고, 그 뒤로 2년 동안 해군에 복무했다. 1960년대에 소신 있게 행동하는 민주당 지지자였던 스톤 교수는 아이비리그라는 아늑한 둥지를 떠나 미시시피 주에 있는 흑인들이 주로 다니는 대학에서 6개월 동안 물리학을 가르쳤다. 면담원은 55세에 이른 마크 스톤에 대해 "고립된 과학자가 아니라 다른 사람과 스스럼없이 대화를 나누고 다른 사람에게 관심이 많은 사람"이라고 평가했다. 그 면담원의 말을 계속 들어보자.

스톤은 성인발달연구에 관심이 많았고, 몇 년 동안 연구에 적극적으로 협조해 주었다. 그러나 그의 최대 관심사는 우리가 수집한 자료들에서 과연 어떤 결과가 나올 것인가, 즉 우리 연구가 다른 사람들에게 어떻게 도움을 줄 것인가 하는 문제였다. 그는 좀처럼 화내는 일이 없으며, 자기감정을 내면화할 줄 알았다. 그러나 스톤은 화를 속으로 삭이는 사람들에게 흔히 생기는 심신상관 증세를 겪어본 적도 없었다. ……그는 술을 절대로 지나치게 마시지 않았다. 요즈음에는 와인을 파티에 참석할 때 한 잔, 주말 저녁에 한 잔씩 마시는 게 고작이다.

　스톤은 교수생활을 하면서 생산적인 성과들을 꾸준히 내왔다. 그는 박사 과정을 마친 연구자들과 함께 열심히 연구했고, 그들과 공동 논문을 써왔다. 그러나 스톤은 자기가 언제 물러나야 하는지 잘 알고 있었다. 영원히 생산적인 존재로 남을 필요는 없었다. 대학에서는 그의 은퇴를 기념해 심포지엄을 개최했다. 스톤의 오래된 제자들이 찾아왔다. 외국에서 온 제자들도 있었다. 심포지엄이 끝난 뒤 성대한 만찬이 이어졌다. 좀처럼 감정을 내비치지 않는 에머리투스 마크 아우렐리우스 스톤 교수도 그날을 떠올릴 때만큼은 "정말 굉장한 날이었어요."라며 흥분을 감추지 못했다. 행사에서 가장 마음에 들었던 점이 무엇이었는지 묻자, 제자들을 다시 만나는 것보다 좋은 일이 어디 있겠냐고 주저 없이 대답했다. (스톤의 제자들 중에 가장 뛰어났던 한 제자는 노벨상 수상 후보로 지명되기도 했다. 물론 지명된 데에 그쳐서 실망도 했지만, 아무나 노벨상 후보에 오르는 게 아니지 않나!)

　마치 먼데이 모닝 쿼터백(주말 미식축구 경기에 진 모든 책임을 쿼터백에게 돌리는 사람—옮긴이)처럼 우리 연구원들의 판단 착오를 꼬집어 말하긴 했지만, 나 역시 처음에는 편견에 눈이 멀어 스톤을 정확하게 이해하지 못했던 게 사실이다. 내가 성인발달연구를 이끌어온 지난 세월 동안, 연구 대상자들 중에는 답변서를 제때 제출하지 않는 말썽꾼이 늘 있었다. 하지만 나는 날짜를 꼬박꼬박 지키는 사람들보다는 그런 말썽꾼들에게 더 관심이 갔다. 그들 가운데는 우울증이나 알코올 중독을 겪는 사람, 로르샤흐 검사를 할 때 온갖 흥미진진한 이야기들을 늘어놓는 사람, 나 같은 정신과의사를 뻔질나게 만나본 사람들이 많았다. 그들은 가끔 자기 생각에만 골몰해서 탈이긴 했지만 내성적이고 총명한 사람들이 대대수였다. 나는 늘 늦게 도착하는 그들의 답변서를 목이 빠져라 기다렸다. 마흔 살 때에 나는 엄숙한 재판관처럼 구는 청년보다는 마치 10대처럼 불안정해 보이는 50대 중반을 더 좋아했다. 나 역시 진부한 것과 정신적으로 건강한 것이 어떻게 다른지 배울 필요가 있었다.

고맙게도 마크 스톤은 2년에 한 번씩 제출하게 되어 있는 답변서를 제때에 꼬박꼬박 보내주었다. 사실 그의 답변서는 늘 가장 먼저 도착했다. 그러나 나는 감사하기보다는 그가 매우 따분한 사람이거나 밉살스러울 정도로 고지식한 사람일 거라고 상상했다. 나는 예순 살이 되어서야 마크 스톤을 직접 만날 수 있었고, 그제야 비로소 그가 얼마나 존경할 만한 인물인지 이해할 수 있었다.

마크 스톤은 70대에 아내를 보살피느라 큰 희생을 치러야 했지만 자기 연민 따위는 없었다. 아내는 다발성 경화증으로 10년 넘게 꼼짝없이 병상에 누워 지냈다. 아내의 병세가 갈수록 악화되었기 때문에 스톤은 배우자보다는 간병인 역할에 더 충실해야만 했다. 아내가 몸져누워 있는 동안에도 마크 스톤은 플라즈마 물리학 분야에서 무보수로 명예교수직을 맡아 일했다. 여전히 대학원 학생들을 지도했으며, 자기 주머닛돈으로 실험실 경비를 충당했다. 또한 자연보호에도 관심이 많아 지역 환경을 아름답게 가꾸고 보호하는 데 남다른 자부심을 느끼고 있었다. 스톤은 학과장이자 대학원 학생들을 지도하는 교수로서 자기에게 맡겨진 임무를 성실히 수행하고 있다.

은퇴하고 나서 특히 나빠진 점은 무엇인지 묻자, 스톤은 매우 슬픈 표정을 지으면서 "새로운 것에 익숙해져야 한다는 것이 가장 힘들어요. 일단 익숙해지기만 하면 그럭저럭 괜찮아지긴 하지만 말이에요."라고 대답했다. 은퇴하고 나서 가장 힘겹게 여겨지는 일은 무엇인지 묻자, 이번에도 역시 "새로운 것에 적응하는 것"이라고 대답했다. 그러나 스톤이 앞뒤가 꽉 막힌 사람이라서 그렇게 대답한 것은 아니다. 말수가 적고 좀처럼 자기감정을 드러내지 않는 이 물리학 교수는, 다발성 경화증을 앓고 있는 아내에게 계속해서 지독한 증상이 새롭게 나타나는 것을 지켜보기가 너무나 고통스럽다는 말을 돌려서 그렇게 표현한 것이다. 아내의 다발성 경화증이 훨씬 더 심각한 상태에 이르자 스톤은 '인생에서 가장 불행한 시기는 언제였는가?'라는 질문에 결국 '지금'을 꼽았다. 그러나 덧붙여 그는 자기 자신을 정말로 불행한 사람이라고 느끼지는 않으며, 단지 "그런 일이 일어나지 않기를 바랄 뿐이다."라고 말했다.

내가 만나본 연구 대상자들 중에 스톤 교수처럼 성공적인 노화의 기준에 완벽하게 들어맞는 인물은 드물었다. 마크 교수는 75세에도 꾸준히 새로운 논문을 썼으며, 그 논문들은 계속해서 물리학 잡지에 실리고 있었다. 그는 여전히 박사학위를 받은 연구자들과 함께 연구를 진행하고 있었으며, 건강도 아주 좋은 편이어서 가끔 테니스 시합도 했다. 1970년 이후로 병원 신세를 진 적은 탈장 치료를 받을 때 단 한 번뿐이었다. 며칠씩 누워 지낼 만큼 지독한 감기에 걸린 적도 없었다. 75세에 이르면 세 가지에서 일곱 가지쯤 처방약을 복용하는 게 보통이지만, 스톤은 의사 처방 없이도 얼마든지 구입할 수 있는 피부 연고제를 바르는 게 고작이었다. 그러나 스톤은 75세부터 척추를 보호하기 위해 그 좋아하던 스쿼시를 포기해야만 했다. 아내를 안아 올리려면 무엇보다 척추가 튼튼해야 하니까. 게다가 스쿼시 게임을 함께 즐길 만한 상대를 구하기도 쉽지 않았다. 그는 "젊은 사람들은 힘이 너무 좋아서" 상대하기가 어려우며, 또래들은 또 너무 허약해서 게임 상대가 안 된다고 했다.

스톤은 75세를 넘긴 지금까지도 금욕주의자다. 작년에 가장 큰 고

민거리가 무엇이었는지 묻자 "나는 걱정이라고는 모르고 사는 사람
이오."라고 대답했다. 이제까지 살아오면서 가장 후회스러운 점이
있다면 무엇인지 묻자 "더 많은 일들을 계획했더라면 좋았겠지요."
라고 대답했다.

의미의 수호자들은 모두
완고한 공화주의자인가?

낙관주의자이자 정신분석 전문의이며 민주당 지지자인 나는 편견
을 가지고 연구 대상자들을 대해 온 면이 없지 않았다. 연구 대상자
들이 내가 가진 편견의 정당성을 입증해 줄 때마다 나는 기분이 좋
았다. 연구 대상자들은 이타주의가 편집증보다 더 적응적인 방어기
제라는 사실을 입증해 주었다. 또 한 가지, 결혼에 대해 냉소적으로
정의했던 마크 트웨인의 생각이 잘못되었다는 것 또한 입증해 주었
다. 아무리 사이가 나쁜 부부라도 감정이 사그라들 때까지 기꺼이
기다릴 수만 있다면 반드시 행복한 결혼생활이 찾아올 것이다. 그리
고 마지막으로 2장에서 얘기한 윌리엄 제임스의 생각이 잘못되었다
는 것도 입증해 주었다. 성격은 결코 석고처럼 굳어버리는 것이 아
니다. 사람들은 늘 변화하고 발전한다. 참으로 기쁜 소식이 아닐 수
없다.

그러나 기뻐하고 있을 수만은 없다. 종단 연구longitudinal study(몇 가지
사회적 인자 사이의 인과관계를 알기 위해 일정한 조사 대상에 대해 시간을
둔 두 시점에서 조사하는 방법. 특정 사회집단을 장기간 연속으로 조사하는
경우도 있다—옮긴이)의 진정한 가치 중 하나는 편견과 의혹을 지양

한다는 데 있기 때문이다. 나의 편견들도 예외는 아니었다. 나는 다
정다감과는 인연이 없어 보이는 보수주의자들은 자유주의자들만큼
성공적인 노년을 맞지 못할 거라 생각했다. 그러나 나는 간디가 아
버지로서는 매우 형편없는 사람이었던 반면, 록펠러는 분별 있고 괜
찮은 아버지였다는 사실을 잊고 있었다.

나에게는 공화당 지지자였던 할아버지로부터 물려받은 편견이 또
하나 있었다. 할아버지는 서른 살 이전에 사회주의자가 되지 못한다
면 감정이 없는 사람이고, 서른 살 이후에도 계속 사회주의자로 남
는다면 무식한 사람이라고 늘 말씀하셨다. 그러나 할아버지 자신의
삶은 물론 나의 삶에서도 그러한 편견은 현실에서 전혀 입증받지 못
했다. 첫째, 할아버지는 86세에 세상을 떠나기 전까지도 활기차게
삶을 즐기셨다. 둘째, 노년에 공화당 우파 편에 서서 더글러스 맥아
더를 지지했던 할아버지는, 젊은 시절에도 역시 공화당의 윌리엄 맥
킨리를 열렬하게 지지했다. 그리고 앞에서도 말했듯이 나는 칠십 평
생을 살면서 한 번도 공화당 대통령 후보에게 표를 던진 적이 없다.

그러나 나와 내 할아버지만 예외였을 수도 있다. 그러므로 나는
성인발달연구를 통해 내가 가진 편견의 정당성을 입증해 보려고 시
도했다. 그러나 안타깝게도 정치 성향이 크게 변하는 사람이 내가
생각했던 것만큼 그리 많지는 않았다. 대학 문예지에 좌익 성향의
글을 올렸던 사람들은 여전히 관습에 얽매이지 않고 자유롭게 자기
삶을 살아가고 있다. 대학 시절, 청년 공화당 클럽에 소속되어 활동
했던 실용경제학 전공자들은 꾸준히 보수주의 색채를 견지해 왔다.
정치적 관점은 석고처럼 단단히 굳어 붙는다. 그래서 보수적인 성향
이 강했던 조지 워싱턴의 어머니는 다정다감한 사람이었지만 한 번
도 아들의 대통령 취임식에 참석하지 않았다. 그녀는 아들이 지닌

자유주의 정치 성향 때문에 너무나 괴로워했다.

　우리는 1940년에서 1995년 사이, 하버드 졸업생들의 정치 선호도를 평가해 보았다. 2년마다 연구 대상자에게 나가는 설문지에는 정치적 견해를 묻는 항목이 반드시 포함되어 있었다. 각기 독립된 평가자들은 연구 대상자들의 발언, 행동, 투표 성향을 분석해 '매우 극단적인' 사회주의자에게 1점부터 시작해서 뉴트 깅리치Newt Gingrich (미연방 하원의장을 역임한 공화당 소속 정치인—옮긴이)로 대표되는 우파에게는 최대 20점까지 점수를 매겼다.

　하버드 집단의 경우 자유주의자들은 새로운 사고를 훨씬 더 개방적으로 받아들였고, 젊은이들의 주장이나 취향도 수긍하는 편이었다. 그들은 창조성을 표현하거나, 방어기제로 승화를 이용하거나, 어머니의 교육 수준이 높거나, 본인이 대학원 과정까지 마쳤을 가능성이 높았다. 반면 보수주의자들은 재산을 많이 모았거나 운동경기를 더 많이 하는 편이었으며, 실제 생활에서는 물론 필답검사에서도 새로운 것에 대해 훨씬 소극적인 태도를 보였다. 그러나 생의 마지막에 이르러서는 이러한 차이들이 전혀 중요하지 않았다.

　1944년, 25가지 인격적 특성 또는 개성으로 사람들을 분류해 보려는 시도가 있었다.¹¹ 이 특성들은 심리학자들이 대학생들을 대상으로 2년 동안 연구를 해서 내린 평가에 기초를 두고 연구원들의 토론을 거쳐 분류했다. 25가지 특성 중에 정신건강과 밀접하게 관련이 있는 것은 실용적, 실천적인 성격 두 가지뿐이었다. 그러나 이 두 가지 특성은 70대 민주당 지지자들보다는 75세 공화당 지지자들 사이에서 훨씬 더 일반적으로 나타났다. 이와 반대로, 정신건강과는 아무런 관련이 없지만 하버드대학교 학생들을 떠올릴 때 일반적으로 연상되는 이미지들은 75세 민주당 지지자들 사이에서 훨씬 더 많이 나타났다. 거기에는 다섯 가지 특성, 즉 내성적, 창조-직관적, 문화적, 관념적인 성격과 환경 변화에 민감한 성격이 포함되어 있다.

대학 시절의 인격에서 나타나는 분명한 차이들은 75세의 정치적 선호도에 결정적인 영향을 끼친다. 그러나 그 차이들을 통해 누가 생산적인 존재가 되고 누가 의미의 수호자가 될 것인지를 예측하기는 쉽지 않다. 정치학은 긍정적인 노화와는 아무런 관련이 없기 때문이다. 조지 부시나 로널드 레이건, 리처드 닉슨 지지자들 중에 80세에 성공적인 노년을 누릴 비율은 빌 브래들리, 유진 매카시, 아들라이 스티븐슨 지지자들의 경우와 비슷한 수준일 것이다. 간단히 말하면 장기 연구 결과, 보수주의는 환경과 과거의 유산을 보존할 때 장점으로 작용하지만 건전한 변화를 완고하게 반대하고 나설 때는 단점으로 작용할 뿐이며, 정치적 보수주의는 한 사람의 정치적 견해를 예견할 수 있을 뿐 그의 미래 삶과는 아무런 연관성이 없다.

연구 대상자들 대부분은 스스로가 정치적 독립성을 지니고 있다고 주장하겠지만, 실제로는 그렇지 못했다. 연구 대상자들 대부분은 50년 동안 정치적 중립을 유지하기보다는 보수주의 또는 자유주의 진영에 기울어 있었다. 내 할아버지 생각이 틀렸고, 윌리엄 길버트 경Sir William Gilbert(19세기 후반에서 20세기 초까지 활동한 영국의 오페라 작곡가—옮긴이)이 옳았다. 그는 코믹 오페레타 〈이올란테Iolanthe〉에서 이렇게 썼다.

세상에 태어나 살아가는 모든 이들은
자유주의자이거나 보수주의자 둘 중에 하나!
늘 그렇게 돌아가는 세상 이치란
참 우스꽝스럽기도 하지!

6장
통합의 시간 : 죽음이여, 으스대지 마라

영혼이 손뼉치고 노래하지 않으면,

노인은 한낱 막대기에 걸린 누더기처럼

보잘것없는 존재에 지나지 않으니…….

_ 윌리엄 버틀러 예이츠의 〈비잔티움 항행〉에서

에릭 에릭슨이 여섯 번째로 제시한 삶의 과업이 바로 통합이다. 2장에서 다루었듯이, 통합은 인생의 마지막 나날을 잘 마무리짓기 위해 꼭 필요한 과업이다. 궁극적인 의미에서, 성공적인 노화는 삶의 쇠퇴 과정까지 훌륭하게 관리해 냄으로써 성취할 수 있다.

노년을 바라보는 관점은 늙은 나무를 대하는 태도와 일맥상통하는 점이 있다. 늙은 나무를 보면서 어떤 이는 더 이상 가지치기할 잔가지가 없다고 애석해하지만, 어떤 이는 그 간결한 곡선미에 찬사를 보낸다. 언제 닥쳐올지 모르는 사멸에 대한 공포는 어디에나 늘 존재한다. 그러나 봄이 오면 서리 맞은 떡갈나무에 새싹이 움트듯, 생명이 유지되는 한 노년에도 계속해서 성장과 쇠퇴가 반복된다.

암과 심장병을 함께 앓다 세상을 떠난 저명한 언론가 고故마빈 배럿Marvin Barrett은 78세에 노년에 대해 다음과 같이 썼다.

노년은 끝없이 아득하게 펼쳐진 평원에 서 있는 것과 같다. 눈앞에 보이는 거라고는 아무것도 없고, 걸어온 발자취마저 사라져버렸다. 그저 그곳에 할 말을 잃고 놀란 채로 서 있을 뿐이다. 스무 살 이후로는 한 번도 느껴보지 못했던 그 막막함과 공포에 질린 채로 말이다.[1]

맬컴 카울리는 《여든에 바라본 세상》에서 그 텅 빈 풍경을 채워넣어보려고 시도했다.

노년에는,

약상자 속에 약병 수가 점점 더 늘어난다.

손에서 발까지 거리가 점점 더 멀어진다.

오후가 되면 어김없이 낮잠을 잔다.

뼈마디가 쑤시고 아프다.

밤 운전은 더 이상 엄두도 못 낸다.

신발을 짝짝이로 신는다.[2]

카울리의 우울한 관점과 달리, 배우이자 주부, 작가, 심리상담가였던 그의 아내 플로리다 스콧 맥스웰Florida Scott-Maxwell은 노년에 대해 매우 다른 입장을 취했다. 그녀는 83세에 《내 인생의 척도The Measure of My Days》라는 저서에 다음과 같은 글을 남겼다. "노년은 매우 강렬하고 다양한 경험들로 가득 차 있다. 노년은 기나긴 패배인 동시에 승리다. 나의 70대는 매우 즐겁고 평화로웠으며, 80대는 열정으로 가득 차 있다. 나의 열정은 나이가 들수록 점점 더 강렬해진다."[3]

78세가 된 터먼 여성 집단의 아그네스 에클레스는 지난 3년 동안 동맥경화로 병원에 입원해 있었으며, 허리 수술도 여러 차례 받았다. 그러나 그녀는 "몸이 몹시 아프고 불편하지만, 그렇다고 좌절하지는 않아요. 이제까지 내가 이뤄놓은 성과물들이 그대로 살아 있잖아요. 그것만으로도 충분히 감사하고 있어요."라고 말했다.

최근 설문에서 "앞으로 이루고 싶은 일들은 무엇인가?"라는 질문에 아그네스는 "평화롭게 죽는 것"이라고 답했다. "어떤 방법으로

사회에 기여할 것인가?"라는 질문에 대해서는 "소극적인 방법이긴
했지만, 나는 벌써 여러 방면으로 사회에 기여해 왔다."라고 답했다.
그녀는 몸이 불편한 것을 불평하지 않고 담담하게 받아들일 줄 알았
으며, "위급한 상황에 처했을 때 겁 먹지 않고 침착하게 대처할 수
있는 능력 역시 소중한 재능이라고 할 수 있어요."라고 말했다.

통합의 임무를 성공적으로 수행했다고 해서 그 이전 삶의 모든 과
업들까지 완벽하게 성취했다고 말할 수는 없다. 그러나 그 이전에
이루어놓았던 과업들이 통합의 임무를 성취하는 데 도움이 되는 것
만은 분명 사실이다. 긍정적인 노화를 위해서는 늘 변화와 질병, 불
안정한 환경에 능동적으로 대처할 수 있어야 한다. 그저 신체적인
쇠퇴를 피한다고 해서 행복한 노년을 맞이하는 것은 아니다.

하버드 집단을 대상으로 "다음 세대를 위해 당신이 평생 동안 축
적해 온 삶의 지혜와 원칙들을 전수해 주는 것에 대해 어떻게 생각
하는가?"라는 질문을 던졌다. 이에 대해 한 연구 대상자가 다음과
같이 대답했다. "행복하게 노년에 이르는 방법을 다음 세대에게 전
해 주는 것도 매우 중요한 일이라고 생각한다. 우리가 늘 옳은 것은
아니지만, 산 경험을 통해 얻은 확신들은 분명 소중한 가치가 있다.
그것이야말로 우리가 다음 세대에게 남겨줄 수 있는 가장 소중한 유
산이다."

아낌없이 베풀었기에 죽음을 두려워하지 않다

터먼 여성 엘렌 켈러는 우리에게 정오에 면담을 와달라고 부탁했다. 아침 늦게까지 잠을 자는 편이고, 오후 서너 시만 돼도 지쳐서 대화를 나누기가 어렵기 때문이라고 했다. 폐기종 말기에 이른 켈러는 지난 10년 동안 일년에 한 번씩 병원 신세를 져야 했다. 게다가 지난 2년 동안은 대상포진에 걸려 고생하기도 했고, 지금은 백내장까지 앓고 있었다.

엘렌 켈러는 영국식 분위기가 물씬 풍기는 자그마한 주택에 살았다. 집 둘레로 말뚝 울타리가 쳐져 있었고, 정원에는 꽃들이 흐드러지게 피었고 담장 위로 나무 덩굴이 아름답게 드리워져 있었다. 집 안 역시 영국의 빅토리아 시대 분위기를 자아내고 있었다. 집 안의 모든 물건들에는 저마다 특별한 추억이 담겨 있는 것처럼 보였다.

먼저 세상을 떠난 엘렌 켈러의 남편은 트럭 운전사였고, 딸은 지방으로 순회공연을 다니는 연주가였다. 엘렌 켈러는 이마가 훤하고 웃는 인상이었으며 맵시 있는 여성이었다. 특히 보헤미안처럼 길게 늘어뜨린 머리카락이 인상적이었다. 피곤에 지친 얼굴이 조금 나이 들어 보이기도 했지만, 스웨터에 청바지 차림을 하고 있어서인지 소녀 같은 분위기도 있었다. 매우 늘씬했으며, 아직도 삶의 여유를 즐길 줄 아는 것처럼 보였다.

켈러는 매달 850달러의 연금과 얼마 되지 않는 예금으로 생계를 유지하고 있었다. 집을 저당잡힌 일도 벌써 두 번이나 있었다. 20년 전, 정신지체가 있던 딸이 장차 아이를 낳으면 위탁가정에 맡겨야 할 거라는 얘기를 듣고, 부부는 "우리 손자가 독립할 때까지 뒷바라지하려면 오래오래 살아야 한다."고 결심했다. 그들은 20년 동안 그 책임을 다했고, 보답으로 증손자까지 보는 기쁨을 누리게 되었다. 엘렌 켈러의 아들도 밤마다 전화를 걸어 어머니의 안부를 묻는다고 했다. 엘렌 켈러는 과거를 간직하고 미래에 대한 기대를 품은 채 살아가고 있었다. 그것도 무려 4대에 이르도록 말이다.

엘렌 켈러는 아침 10시가 넘어서야 잠에서 깨어나며, 오후 5시면 다시 잠자리에 들었다. 가까이 사는 손녀딸이 저녁을 가져다줄 때도 있었다. 엘렌 켈러는 아직까지는 손수 배 통조림통을 딸 수 있고, 사과 소스를 만들 수도 있다고 말했다. 혼자 천천히 걸어서 가게에 다녀올 수도 있었다. 그러나 대중교통을 이용하거나 계단을 오르거나 이부자리 펴는 일은 힘에 부친다고 했다. 혼자서 목욕을 하거나 옷을 갈아입기도 힘겨웠다. 숨쉬기도 벅찰 때가 많았다. 그러나 그 무엇보다 속상한 것은, 자기 몸을 제대로 통제할 수 없다는 것이었다.

커피 테이블 위에는 재떨이가 놓여 있었다. 그녀는 아직도 담배만은 끊기가 힘들다고 말했다. 그녀는 1937년부터 담배를 피우기 시작해 거의 50년 동안 하루에 한 갑씩 피웠다. 현재 그녀의 폐는 굉장히 나빠진 상태였지만, 아직도 하루에 8개비씩 피운다고 했다. 그녀는 담배를 끊기 위해 두 번씩이나 최면요법을 시도해 보았는데, 번번이 실패하고 말았다.

켈러의 몸은 극도로 쇠약한 상태였다. 약한 바람에도 곧 쓰러질 것만 같았다. 그러나 엘렌 켈러는 면담 내내 마치 여족장과도 같이 그윽하게 웃음을 머금고 있었다. 나와 아내는 켈러의 소박하고 다정다감한 성격, 그리고 무엇보다 그녀의 위엄에 깊은 감동을 받았다.

엘렌 켈러는 요즘 특별하게 하는 일 없이 지낸다고 했지만, 지난

주에만 해도 손녀딸과 함께 샌프란시스코 자이언츠팀의 야구경기를 보러 캔들스틱 파크에 다녀왔다. 경기가 끝난 뒤에는 멘로 파크에 있는 시장을 둘러보기도 했다. 새 휠체어를 타고 처음으로 외출을 한 것이었다.

오래 사귄 친구들 얘기를 들려달라고 하자, 켈러는 프레즈노 주 사회복지과에서 근무할 때 함께 일했던 한 여자친구를 소개했다. 그 친구는 지금 멘로 파크에 살고 있는데, 거동하기가 어려워 서로 전화로만 소식을 주고받는다고 했다. 누구와 가장 격의 없이 지내냐고 묻자, 켈러는 남편을 먼저 떠나보내고 혼자 사는 네 명의 여자친구 이야기를 들려주었다. "우리는 아주 가깝게 지내고 있어요. 각자의 기념일도 서로 챙겨줄 정도니까요." 그중 한 친구는 켈러가 병원에 갈 때마다 늘 차로 병원까지 데려다준다고 했다.

엘렌 켈러는 사랑하는 이들을 떠나보낸 경험이 많았다. 켈러는 어머니의 임종을 곁에서 지켜보았다고 했다. "그 순간부터 나에겐 딸로서가 아니라 어머니로서의 삶만 남게 되었죠." 남편의 죽음은 그보다 훨씬 더 두려웠다. 남편의 죽음을 받아들이지 못해 한동안 정신과 상담을 받기도 했다. 그러나 켈러는 호스피스 활동을 통해 상실감과 슬픔을 극복했을 뿐 아니라 환자들이 슬픔을 극복할 수 있도록 도왔으며, 죽음을 앞둔 이들과 많은 시간을 함께 보냈다. 켈러는 후손들에게 어떻게 죽음을 맞이하는 것이 이상적인지 보여주고 싶다고 했다. 가끔은 '조금 더 살 수 있으면 좋겠다'고 생각할 때가 있지만 죽음이 서서히 다가오고 있다는 사실을 담담하게 받아들였으며, 하늘나라에서 다시 남편을 만날 수 있을 거라고 확신했다.

켈러는 병원 봉사활동에 대해 다음과 같이 말했다. "내 삶에서 가장 값지고 소중한 경험이었어요. 봉사활동을 하면서 내가 베푼 것보다는 받은 것이 훨씬 더 많았지요. 사람들에게 사랑도 많이 받았고, 부자가 된 느낌이 들기도 했어요."

켈러는 '어느 절대자의 힘이 우주를 움직이고 있다'고 생각했지만, 교회에 발을 들여놓은 적은 한 번도 없었다. 그렇다면 삶에 대해 감사할 줄 아는 마음은 과연 어디서 나온 것인가? 솔직히 말하면, 나도 그 원천이 무엇인지 모른다. 마크 스톤 교수의 금욕주의가 그랬듯이, 엘렌 켈러의 감사하는 마음과 희망, 성숙한 방어기제가 어디서 왔는지는 여전히 불가사의로 남아 있다.

켈러는 요즘 점점 더 자기반성에 깊이 천착하고 걱정이 많아졌다. 그러나 죽음에 대해서 그랬던 것처럼, 켈러는 늘 침착하게 자기감정 상태를 다스릴 줄 알았다. 후대에게 남겨줄 최고의 유산이 무엇인지 묻자, 켈러는 처음에는 잘 모르겠다며 손을 내젓더니 잠시 후 자기가 이룬 가족이야말로 가장 소중한 유산이라고 대답했다. 그녀는 자기를 보살펴주는 가족들에게 애정이 깊었다. 켈러는 자기가 어린 손녀딸에게 부담을 줄 때가 많다는 것도 잘 알고 있었다. 더 이상 다른 사람을 도울 수 있는 처지가 아니지만, 도움을 받는 처지에서도 얼마든지 만족감을 느낄 수 있다는 사실을 켈러는 잘 이해하고 있었다. 죽음을 기다리면서 다른 사람의 도움에 의지하는 건 누구에게나 당연한 일이다.

일년 전, 엘렌 켈러의 주치의는 그녀에게 일년 6개월 정도 더 살 수 있을 거라고 말했다. 켈러는 자기가 떠난 뒤 가족들에게 마음의 부담을 조금이라도 덜어주기 위해 미리미리 지나온 생을 정리하고 있었다. 켈러의 방은 상자 여섯 개와 사진첩들로 가득 차 있었다. 켈러는 우리에게 어머니와 할머니 사진을 보여주었다. 또한 선교사였던 할아버지가 인도에서 가져온 장기판과 100여 년 전, 그러니까 켈러의 어머니가 태어날 때 만들었다는 의자도 보여주었다. 켈러는 유서까지 준비해 두었으며, 자기가 쓰던 가구들을 누구에게 줄 것인지 가구마다 이름표를 붙여두기도 했다.

　비록 죽음을 기다리는 처지지만, 엘렌 켈러의 영국풍 보금자리에서는 행복이 은은하게 배어나왔다. 켈러는 아직도 자기가 받은 것보다 더 많은 것들을 세상을 향해 아낌없이 베풀고 있었으며, 결코 죽음을 두려워하지 않았다.

CASE STUDY 헨리 에머슨 | 하버드 졸업생 집단

마지막 순간까지 미래를 주시하던 열정적 활동파

죽음에 가까워지면 짐도 가벼워진다. 소중하게 모아왔던 우표들이 팔려나가고, 권위 있던 목소리도 한결 부드러워진다. 겨울이 다가오면 불멸을 좇으러 나서기보다는 저승을 돌아 흐르는 스틱스 강변(그리스 신화에서 지상과 저승의 경계를 이루는 강—옮긴이)에 발을 들여놓는다. 노화가 진행되면 몸으로 조금씩 쇠퇴를 느끼게 된다. 성적 욕망도 사라져 점점 금욕적으로 된다. 욕망을 포기할 수밖에 없어서가 아니라, 점점 더 느긋하고 관대해지므로 그런 변화가 일어나는 것이다. 이러한 변화는 통합의 임무를 완수할 때 꼭 필요한 요소다. 그러므로 삶의 마지막 장은 노숙자들의 숙소 같은 이미지라기보다는, 위엄 있는 수도사의 거처나 헨리 에머슨의 개인 사무실 같은 이미지일 것이다.

　뉴잉글랜드 출신인 헨리 에머슨은 매사추세츠 주의 콩코드에서

나고 자랐으며, 지금은 캘리포니아 북부의 시골 마을에 살고 있다. 내가 방문했을 때, 에머슨은 면담을 자기 집 2층 사무실에서 하는 게 좋겠다면서 자기만의 은신처로 우리를 안내했다.

사무실만 봐서는 그가 직장을 그만두었다는 게 도저히 믿어지지 않았다. 컴퓨터는 물론 프린터와 복사기까지 전원이 켜져 있고, 책상 위에는 종이테이프와 풀, 가지런히 깎아놓은 연필들, 클립 등이 깔끔하게 정돈되어 있었다. 멋스러운 서류 진열장 세 개, 회전식 서류함이 두 개에다 종이를 뺐다 끼웠다 할 수 있는 노트도 스무 권이나 있었다. 에머슨은 친근하게 말을 건넸지만, 면담 분위기는 여느 때와는 전혀 달랐다. 그는 마치 대기업 사장처럼 행동했고 우리는 사업차 방문한 사람들 같았다. 에머슨은 책상 의자에 등을 기대고 앉았고, 우리는 작은 의자에 꼿꼿이 앉아 그를 대각선으로 마주 보았다. 사무실은 아주 단순하고 깔끔했지만 인간적인 느낌이 물씬 풍겼다. 그가 기대앉은 의자 또한 디지인이 단순하고 소박해 보였다. 컴퓨터도 10년 동안 써온 것이었다. 꼼꼼하게 엮어둔 공책들에는 가족들 이야기가 빼곡하게 적혀 있었다. 장식장에는 아끼는 하버드대학교 기념품, 요트대회에 나가서 받은 우승 상패들이 근사하게 진열되어 있었다. 에머슨의 표정은 밝고 생기가 넘쳤다. 그의 유머 덕분에 함께 있는 우리까지 즐거워졌다. 그러나 에머슨은 백혈병 때문에 서서히 죽어가는 처지였다.

에머슨은 한때 휴렛패커드의 중역으로 있으면서 나사NASA(미 항공우주국)에 납품하는 컴퓨터 장비 생산을 책임졌다. 그러나 협상 수완이 좋은 다른 회사에 밀려 나사와 계약이 파기되는 바람에 회사를 그만둘 수밖에 없었다. 그 뒤 20년 동안 에머슨은 규모가 작은 컨설팅 업체를 운영해서 성공했다. 그리고 은퇴 뒤에는 시에라클럽(세계적 민간 환경운동 단체—옮긴이) 지부 일을 하던 아내를 도와 자료를 수집하고 분석하는 일을 맡았다. 그는 그 일을 하면서 무척이나 자부심을 느꼈다.

헨리 에머슨은 지난여름, 샌프란시스코 만에서 3일 동안 열린 항해대회에 참가했다. 경기 결과를 묻자, "조지, 그런 건 제발 묻지 말아줘요!"라며 거의 소리지르다시피 했다. 내가 뭔가 아픈 곳을 건드린 것이 분명했다. 나중에 사실을 알아보니, 처음 출발할 때는 그가 탄 배가 다른 배보다 거의 2킬로미터는 앞서 나갔다고 했다. 그러나 곧 바람이 약해졌고, 백혈병을 앓고 있는 에머슨은 금세 체력이 딸려 갑판 아래로 내려가 휴식을 취할 수밖에 없었다. 그의 아들과 에머슨의 친구는 두 사람의 힘으로도 얼마든지 결승선까지 갈 수 있을 거라고 생각했다. 그러나 안타깝게도 그들은 조수에 밀려 해변으로 떠내려오고 말았고, 결국 경주를 끝마치지도 못했다. 에머슨은 초반에 조금 더 빨리 맞바람을 받으며 배를 몰았더라면 자기 팀이 이길 수도 있었다고 몇 번이나 강조했다. 에머슨은 아직도 그 당시 지방 신문에 자신들의 이야기가 우스갯거리처럼 실렸던 걸 떠올리며 분을 감추지 못했다. "조지, 우린 조수 때문에 진 거예요. 아직도 그때 생각만 하면 내 자신에게 울화가 치밀어요." 에머슨은 한바탕 흥분해서 소리를 치더니 "고마워요, 조지. 당신 덕분에 마음이 한결 후련해졌어요."라고 웃으며 말했다. 에머슨은 스스로를 웃게 만들 줄 아는 사람이었다.

헨리 에머슨은 아직도 문제를 해결하고 중요한 일들을 상담하면서 바쁘게 지냈던 지난날을 그리워했다. 회사에 심각한 문제가 발생하면 문제를 해결할 책임이 주어지던 그때가 행복했다. 먼저 문제를 꼼꼼하게 살펴본 다음 "이렇게 하면 문제가 곧 해결될 것 같습니다."라고 상사에게 보고하여 칭찬을 들으면 마음이 뿌듯했다고 했다. 이처럼 에머슨은 성취감을 즐길 줄 알았고, 너그러운 코치처럼 다른 사람에게도 성취감을 맛볼 수 있도록 도와주었다.

에머슨은 30년 동안 줄곧 자기 일에 대해 불평을 늘어놓곤 했다. 그러나 그의 불평은 단순한 불만이라기보다는 끊임없이 더 크게 성취하고픈 욕망에서 나온 것이었다. 에머슨은 맡은 일을 훌륭하게 해 냈지만 항해대회 때와 마찬가지로 늘 일등을 거머쥐지는 못했다. 에머슨은 일을 사랑했지만 지는 것은 싫어했다. 그는 76세가 된 지금도 여전히 일에 허기져 있다. 그러나 "나는 일을 할 때마다 즐겁고 유쾌했어요."라며 지난날에 감사할 줄도 알았다.

25년 전, 나는 "에머슨은 잘 웃고 호감이 가는 사람이다. 자기 말로는 요즘 우울증이 있다고 하는데 나로서는 도무지 이해할 수 없다. 그는 다른 사람까지도 즐겁게 만드는 재주가 있다. 자기 자신에 대해 불평을 늘어놓기도 하지만, 그것은 절망에서 나온 것이라기보다는 문제를 더 잘 해결하려는 자기 나름의 표현 방식일 뿐이다."고 기록했다. 말하자면 에머슨은 47세가 되어 만났을 때도 예전처럼 불평을 늘어놓았지만, 그럴 때조차 듣는 사람을 즐겁게 만들 수 있는 존재였다.

1997년에 만났을 때, "에머슨 씨, 당신은 상대방을 참 편하게 해 주는 사람이군요."라고 말한 적이 있다. 에머슨은 그 말을 듣더니 갑자기 주먹으로 책상을 내리치면서, "하지만 내가 원하는 건 사람관리를 잘하는 거란 말이죠!"라고 했다. 그는 남의 고민을 들어주는 컨설턴트보다는 자기 아버지처럼 유능한 CEO가 되고 싶어했다. 그러면서도 그는 "상담할 때 사람들과 툭 터놓고 얘기하는 게 좋았어요."라고 스스로 인정했다. 에머슨의 이러한 능력은 노년에 이르자 진가를 발휘했다. 관절염으로 통증에 시달리고 백혈병으로 죽어가는 사람이 에머슨처럼 기쁨과 호기심, 유머감각을 유지하기란 쉽지 않다.

은퇴하고 처음 6주 동안 어떻게 지냈는지 묻자, 벌써 10년이나 지난 일이지만 그때가 생생하게 기억난다고 했다. 에머슨은 아침을 먹으면서 아내에게 "집을 팔고 내퍼(포도 산지로 유명한 캘리포니아 주 중서부 도시—옮긴이)로 이사가면 어떻겠소?"라고 물었다. 그는 퇴직하고 처음 6주 동안 샌프란시스코에 있는 집을 파는 일이며, 내퍼 밸리에 있는 별장을 어떻게 개조할 것인지를 연구하며 보냈다.

시에라클럽 일과 항해하는 일 이외에 은퇴 이후 가장 중요하게 여기는 활동이 무엇인지 물었다. 에머슨은 캘리포니아박물관 기금조성 대회에 참가해서 기념패를 받은 적이 있다고 말했다. 그 일을 할 때도 경쟁이 붙었는데, 그는 대학 동창 두 명과 함께 최선을 다했다. "자랑 같지만, 나는 정말 진심을 다 바쳐서 일을 했답니다." 그는 기금조성 기간 마지막 날인 6월 30일 저녁 10시까지도 전화를 걸었다. 그리고 마침내 박물관 기금조성 사상 전체 주를 통틀어 가장 높은 기록을 세웠다. 그는 백혈병으로 고통스러운 와중에 그 기록을 세우기 위해 꼬박 2년 동안 혼신의 노력을 기울였다. 그는 또 한 번 "조지, 당신 덕분에 모처럼 원없이 내 자랑을 늘어놓았군요."라며 웃었다.

에머슨은 열렬한 박수갈채를 받으며 시상식 단상에 올랐던 순간을 떠올렸다. 상을 받기 위해 단상에 오르던 그 순간, 마음속에 역시 캘리포니아박물관 기금조성을 위해 열심히 일하셨던 아버지가 떠올랐다고 했다. 아버지가 테니스대회에 나가서 받아왔던 우승컵들도 보여주었다. 그러나 내 눈에는 에머슨이 박물관 기금조성 대회에서 받은 상과 자녀들과 함께 항해대회에 참가해서 받은 상들밖에 들어오지 않았다. 그 상들은 모두 백혈병이라는 치명적인 병마와 싸우면서 거둔 값진 성과였다. 에머슨은 늘 다른 사람을 위해 성공을 거두었고, 그 기쁨을 사람들과 함께 나누었다.

은퇴하고 나서 가장 좋은 점이 무엇인지 묻자, "늘 무슨 일인가 해야만 한다는 부담감에 시달리지 않아도 되는 것"이라고 대답했다. 조금 전 기금조성 대회에 참가해 놀라운 기록을 세웠다고 말했던 건 금세 잊어버린 모양이었다. 에머슨은 포도 농사에 푹 빠져 있었다. 자그마한 포도밭을 '두 번째 여자친구'로 여기며 아끼고 사랑했다. 건강이 악화되어 항해를 나가거나 사업을 계속하지는 못했지만 자그마한 밭농사 정도는 아직도 얼마든지 지을 수 있었다. 그 전해에는 포도를 팔아 2천 달러 흑자를 올리기도 했다. 에머슨에게 노년은 놀이를 즐길 수 있는 기쁨의 나날이었다.

은퇴하고 나서 가장 나빠진 점에 대해 묻자, 그는 "책임감이 없어졌다는 것"이라고 말했다. 그리고 또 빼놓을 수 없는 것이 건강이었다. 그는 요즘 건강을 위해 하루의 절반을 몽땅 투자하고 있다고 했다. "하루에 잠을 12시간씩 꼬박 자야 해요. 잠자는 데 하루를 다 빼앗겨야 하는 게 안타까워요." 또 항체가 잘 생성되지 않아 3주에 한 번씩은 꼭 수혈을 받아야 했다. 만일 병균에 감염되기라도 하면 당장 병원에 입원해야만 했다.

에머슨은 젊은 시절 친구들과 함께 테니스, 스키, 항해 등을 즐기는 활동파였다. 일광욕이나 독서, 음악감상에는 별로 취미가 없었다. 그러던 그가 갑자기 모든 활동을 포기할 수밖에 없었던 것이다. "조지, 나는 이제 여행 다니는 취미마저 포기하고 말았어요." 대신 그는 요즘 포도밭을 가꾸거나 컴퓨터를 들여다보면서 많은 시간을 보냈다. 올해에는 자녀들에게 항해방법을 전수하기도 했다. 에머슨은 77세였던 지난해까지만 해도 활강스키까지 탈 수 있었다. 이번 주말에는 옛 친구를 만나러 먼 길을 떠날 계획이다. 그 친구는 외딴 섬에 아주 원시적인 움막 한 채를 가지고 있었다. 그 움막에서는 석유램프로 불을 밝히고, 손 펌프질로 호수 물을 퍼올려 식수로 이용한다고 했다.

에머슨은 인터넷을 통해 백혈병에 관한 자료를 찾기도 하고, 비슷한 처지에 있는 이들과 대화를 나누기도 했다. "그들에 비하면 내 병은 아무것도 아니더군요!" 늙고 어리석은 리어왕에게 현명하고 젊은 에드거가 해주었던 충고를 떠올려보자.

신분이 높으신 어른도 저렇게 고통받고 있는 걸 보니,
내 불행은 오히려 가소롭구나.
혼자서 고통을 받는다면 마음의 괴로움이 매우 크겠지만,
함께 슬퍼하는 벗이 있으면 그 괴로움이 훨씬 가벼워진다.

76세가 된 에머슨은 인터넷을 통해 사람들과 대화를 나누면서 정신적 위안을 찾았다. 백혈병에 걸려 옴짝달싹 못하고 집에 매여 있는 사람도 얼마든지 사랑의 씨앗을 세상에 뿌릴 수 있다.

나는 에머슨에게 현재와 미래에 더 집중하라고 말하고 싶었지만, 에머슨은 여전히 후세에게 남기고 갈 무언가를 이뤄놓고 싶다고 고집했다. 이때까지 해놓은 것도 모자라 이집트의 피라미드처럼 뭔가 대단한 것이라도 남겨주려 하냐고 묻자, 에머슨은 단박에 내 의도를 알아차렸다. 그러나 에머슨은 내가 자기 마음을 제대로 이해하지 못했다고 말했다. 30년 전에도 그랬듯이 그는 아직도 자기 아버지처럼

되려고 노력하고 있었다. 30년 전 나는 그에 대해 이렇게 기록했다. "아버지의 위대한 성공에 기가 눌린 그 남자는 자기 인생에서 굉장한 성공을 거두었지만 여전히 패배감을 떨치지 못했다." 그러나 지금 에머슨의 의식은 예전에 비해 훨씬 너그러워졌으며, 성공에 대한 집착도 한결 누그러졌다. 이는 에머슨이 지난 25년 동안 스스로 즐거워지는 비결을 터득한 덕분이었다.

에머슨 부부가 살아가는 모습은 무척이나 매력적이었다. 에머슨의 아내는 활기가 넘치고 명랑했으며 에머슨을 따뜻하게 감싸주었다. 에머슨은 연약하고 지친 상태였으며 아내를 존경했다. 에머슨의 사무실에서 면담을 진행하는 동안 부인은 멋진 쟁반에 커피와 과자를 담아 우리를 대접했다.

부부간에 서로 어떻게 의지하며 지내는지 묻자 "내가 전적으로 아내에게 의지하죠. 아내는 나처럼 변덕스러운 남편도 아주 잘 보살펴줘요."라고 대답했다. 대신 자신이 경제적인 부분을 책임졌고, 바깥일도 대부분 맡아서 한다고 했다. 그들은 결혼 초기에 자녀들과 많은 시간을 함께 보냈다. 그리고 지금은 자녀 둘이 가까이 살고 있어서 손자 손녀들과 일주일에 세 번 정도는 만난다고 했다. 부부가 함께하는 일이 있는지 묻자, 에머슨은 "나는 아내의 노예요, 심부름꾼이며, 엉터리 같은 면이 있긴 하지만 아내의 두뇌 역할을 해줄 때가 많아요."라고 대답했다. 에머슨의 아내는 시내에서 열리는 회의에 참석하는 등 지금까지도 여전히 정력적으로 활동하고 있다. 반면 에머슨은 집에 머물면서 안팎으로 살림을 돌보았다. 에머슨이 컨설팅 회사를 운영하던 시절에는 아내가 비서 역할을 했다. 그들은 늘 손발이 척척 맞는 한 팀이었다. 이처럼 부부가 유연한 태도로 서로의 입장을 바꿔보는 것도 성공적인 노화에 큰 도움이 된다.

자녀들에게서 무엇을 배웠는지 묻자, 에머슨은 망설이지 않고 말했다. "큰딸은 모든 면에서 우리보다 훨씬 뛰어나요. 거기다 아름답기까지 하지요. 둘째 빌은 요세미티 계곡에서 엘 캐피탄(세계 최대의 화강암 바위—옮긴이)에 기어오르는 법을 가르쳐주었어요. 그리고 톰은 내게 많은 것을 가르쳐주었어요. 그 애는 재주가 아주 많아요." 에머슨은 톰에게서 다른 사람의 의견을 경청하고 협조를 구하는 태도를 배웠다. 에머슨은 모든 일에 자기가 책임을 져야 한다고 여겨, 누구와 의논하고 사람들에게 협조를 구할 생각은 하지 않았다. 그러나 톰은 다른 사람의 말에 귀 기울일 줄 알았고 도움을 청할 줄 알았다. 느지막이 깨달은 사실이지만, 에머슨은 자기 혼자 책임을 지려는 성격 때문에 오히려 관리자로 성공하지 못했다고 여겼다. 막내딸 바버라에게서는 긍정적인 태도를 배웠다. 에머슨은 25년 전보다 병이 훨씬 악화된 상태였지만, 그때보다 훨씬 더 긍정적인 태도로 면담에 임했다.

오랜 친구에 대해 얘기해 달라고 하자, 주저 없이 조지 데이비스를 소개했다. 바로 외딴 섬 움막에 산다는 그 친구였다. 그들은 전후戰後에 만나 한동안 한집에서 살았다. 에머슨은 그 친구의 결혼식에서 신랑 들러리를 섰으며, 스키를 함께 즐기곤 했다. 자녀들끼리도 서로 잘 알고 지내며, 50년이 지난 지금까지도 가장 가깝게 지내고 있다.

에머슨은 노화라는 주제에 대해 매우 흥미로운 태도를 보여주었다. 나이 들어가는 것에 대해서는 그다지 걱정하지 않았으며, 6개월마다 뭔가 중요한 성과물들을 창조해 내고 싶어했다. 에머슨은 그 얘기를 하다 말고 불쑥 "보여줄 게 있어요. 잠깐 아래층에 내려가서 고조부의 시계를 가져와 보여드리리다."라고 말했다. 손재주가 좋은

조지 데이비스가 얼마 전 고조부의 시계를 고쳐주었다고 했다. 시계
는 200년이 지나 다시 움직이기 시작했으며 예전의 아름다움을 되
찾았다. 에머슨이 후대에게 남겨주고 싶었던 것도 바로 그 시계와
같은 것이라는 걸 그제야 깨달았다. 끊임없이 무언가를 창조해 내고
싶어하는 에머슨의 욕망은, 과거에 못다 이룬 사업적 성공에 대한
끈질긴 집착에서 나온 것이 아니었다. 그보다는 100년 뒤에 다시 그
아름다운 시계가 후대의 손에 의해 다시 생명력을 얻기를 바라는
것, 즉 미래를 향해 있는 것이었다. 죽음을 앞둔 남자가 포도밭을
'생의 두 번째 여자친구'라고 여기는 것도 바로 그런 이유에서였다.

헨리 에머슨은 바로 이런 맥락에서 노년의 창조적 잠재력을 바라
보았으며, 삶의 의미를 너무나도 훌륭하게 이해하고 있었다. 그러면
서도 그는 한편으로는 자기 자신에 대해 고통스러워 보일 정도로 깊
은 연민을 가지고 있었다. 아직도 자신의 과거 모습을 있는 그대로
온전히게 인정하지는 못하는 것 같았다.

종교적인 믿음에 대한 견해를 묻자, 한 친구에게 자기는 신과 내
세를 믿는다고 말한 적이 있다고 했다. "그녀는 나처럼 과학적인 사
람이 사후세계를 믿는다는 사실에 놀라더군요. 그 주제를 두고 열띤
토론을 벌이기도 했어요. 하지만 나도 가끔은 기적을 인정하지 못하
는 나 자신이 염려될 때도 있어요." 에머슨은 괜한 걱정이 많은 사람
이었다. 그러나 그의 걱정은 늘 중요한 존재론적 문제와 연관되어
있었다.

헨리 에머슨은 면담을 끝내면서, "조지, 당신과의 만남이 내게 정
말 큰 도움이 되었어요."라고 말했다. 그는 다음에 또 자기를 만나러
와줄 수 있겠냐고 물었고, 나는 "그럼요, 기꺼이 다시 오겠습니다."
라고 대답했다. 그러나 다시 만날 기회가 오기도 전에 그가 이 세상

을 떠나버릴지도 모른다는 사실을 우리 둘 다 잘 알고 있었다. 그로부터 6개월 뒤 에머슨은 세상을 떠났다. 그러나 그는 내 기억 속에 훌륭한 조언자로 영원히 살아남을 것이다.

CASE STUDY 에릭 캐리 | 하버드 졸업생 집단

잘사는 것은 오래 사는 게 아니라 잘 늙는 것이다

하버드 졸업생인 에릭 캐리 박사는 인생의 대부분을 하반신 마비 상태로 살았다. 캐리는 비록 젊은 나이에 세상을 떠났지만, 아주 다복하고 사랑이 충만한 가정에서 삶을 시작했다. 부모님은 허울만 그럴싸한 게 아니라 진정한 사회사업가였으며, 캐리 역시 열세 살부터 다른 사람을 돕는 일에 헌신하기 시작했다. 캐리는 일찍부터 자의식을 굳건하게 다졌으며, 그 과정을 성인발달연구에 참여한 45년에 걸쳐 기꺼이 우리와 공유해 주었다. 캐리는 모진 좌절의 순간에도 늘 공사를 막론한 사람들과의 관계 속에서 유연하게 대처해 나갔다. 리어왕처럼 자기중심주의에 빠져 시달리지도 않았다. 캐리의 삶에서 우리는 최대한 오래 사는 게 아니라 '잘사는' 것이 바로 성공적으로 나이 드는 것임을 여실히 깨달았다.

스물세 살에 캐리는 "지금 하는 일(의과대학 공부)이 적성에 맞는지"를 묻는 질문서에 "아이들이 정말 사랑스럽다. 아이들과 함께 놀고 일하는 게 즐겁다. ……아이들과 재미나게 어울려 지내면서 의사를 무서워하지 않게끔 해주려는 중이다. ……대다수 어른들은 굳이 그런 일에 시간을 내려 하지도 않고 아이들을 잘 참아내지도 못하지만 나는 이 일이 아주 즐겁다."라고 썼다. 캐리는 이미 자기보다 두 배쯤 더 산 소아과의사들에 버금가는 생산적 세계관을 가지고 있었다.

스물여섯 살이 된 캐리에게 앞으로 하고 싶은 일이 무엇인지 묻자, "부모 같은 마음으로 아이들을 도와주고 싶어요."라고 답했다. 의과대학생 신분이었지만, 캐리는 "공동체를 위해 이바지하는 것"이 자기 일이라고 믿었으며 넓은 사회적 반경 속에서 자기 삶을 바라볼 줄 알았다. 캐리는 이른 나이에 생산성 과업을 이루어나가기 시작했을 뿐만 아니라, 일찌감치 노년의 과업까지 시작하고 있었다. 의과대학생이던 20대 시절부터 캐리는 자기 철학이 확고했다. "내가 겪는 고통이 아무리 심하다 해도, 세상에는 나보다 더 큰 고통을 이겨내는 사람들이 많아요. 그리고 그 고통을 이겨낼 수 있는 힘은 본질적으로 자기 안에 있어요." 캐리는 엘렌 켈러나 헨리 에머슨이 생의 마지막에 가서야 깨달았던 것을 스물여섯이라는 나이에 벌써 알고 있었다.

캐리 박사는 소아과 수련의 과정을 마치자마자 소아마비에 걸렸다. 나이보다 현명한 그에게 병도 때 이르게 찾아온 것이다. 발병 뒤 처음 몇 달은 완전히 무기력하게 지냈다. 서른세 살이 되어 반년 동안 하고 있던 호흡 보조장치를 떼어냈지만 더 이상 걸을 수가 없었다. 하지만 훌륭한 사회사업가의 자제인 캐리는 사회에 보탬이 되는 훌륭한 인재가 되겠다는 꿈을 접지 않았다.

에릭 캐리는 소아마비로 온몸이 굳었지만, 35세에도 계속 소아과 의사이자 교수로서 사회에 기여했다. 캐리는 이미 현명한 노인이 지닐 법한 시간 개념, 즉 '이것 또한 지나가리라'라는 생각을 가지고 있었다. 노인들에게는 당연하게 들리겠지만 젊은이들에게는 낯선 개념이다. 캐리는 분명 조숙했다. 캐리 박사는 자기가 가르치는 간호사들과 의과대학생들이 "예전에는 병원에서 조금 수동적으로 일하는 것처럼 보였는데, 이제는 훨씬 더 적극적이고 책임감 있게 대응하는 것 같아요."라고 얘기했다. 캐리는 다른 사람들이 자기 능력을 최대한 발휘하도록 이끌어주었기 때문에 교수로서 성공할 수 있었다.

캐리가 교수가 되었다고 해서 전임 의사의 길을 포기한 건 아니었다. 그가 휠체어에 앉아 열성적으로 진료하는 모습은 환자들에게도 공감을 불러일으켰다. "내가 아무렇지도 않은 듯이 치료를 하면, 환자들은 나에게서 의학적인 도움뿐만 아니라 정서적 위안도 함께 받을 수 있어요."

훌륭한 지도력과 지혜는 말만이 아니라 행동으로 보여주고 또 함께 공감함으로써 그 힘을 발휘한다. 의미의 수호자로서 수행해야 할 한 가지 과제는, 노년이 아주 의미 깊고 위엄 있는 것임을 젊은이들에게 알려주는 것이다.

20년 뒤 마비가 더 심해진 에릭 캐리는 노인들이나 겪을 법한 시련과 고통을 또 다시 또렷하게 경험한다. "지난 4년 동안 나는 욕창과 하반신 마비라는 신체적인 제약 때문에 무슨 일을 해야 하는지, 그 방법이 무엇인지 알면서도 실천으로 옮기지 못한 채 날마다 좌절하면서 지냈어요." 그러나 3년 뒤 55세가 된 캐리는 나름대로 자기만의 해결책을 찾았다. "이제는 아주 기본적인 것, 즉 내 능력이 닿는 범위 내에서만 활동하고 있어요." 에릭 캐리는 병든 몸으로 반평생을 살았지만, 병 때문에 아파하는 일은 거의 없었다.

57세에 이르자 캐리 박사는 25년 동안 진행된 근육 마비로 폐기능이 망가져 서서히 죽어가고 있었다. 그런데도 그는 최근 5년이 자기 생애에서 가장 행복한 시간이었다고 연구원에게 말했다. "나는 새로운 성취감을 맛보았고, 나 자신과는 물론 아내와 아이들과도 더 화목하게 지내고 있어요." 캐리는 행동으로도 평화를 보여주었다. 1장에서 평생 수집한 우표를 내놓은 앤서니 피렐리처럼, 캐리는 50년간 수집한 동전을 아들에게 선뜻 내주었다. 캐리는 대를 이어 물려줄 유산이 있다면 되도록 죽은 뒤가 아니라 죽기 전에 물려주어야 한다고 생각했다. 뿐만 아니라 캐리는 죽음의 순간에 이르러서도 스러져가는 자기 삶에서 '새로운 성취감'을 발견해 낼 줄 알았다.

세상을 떠나기 일년 전, 62세의 캐리는 연구원에게 위험수위에 이른 무감각증과 최근 수술 받은 얘기를 들려주면서 이렇게 말했다. "어떤 집단에든 사망률이라는 게 있죠. 세 명 중 한 명이 암에 걸리고, 다섯 명 중 한 명은 심장병에 걸리죠. 하지만 사실 누구든 죽게 마련이에요. 인간은 불멸하지 않잖아요." 아직 중년이었지만, 캐리는 삶과 죽음의 이치를 완전히 받아들이고 있었다. 《리어왕》에서 현명하고 성숙한 에드거는 리어왕에게 이렇게 조언하지 않았던가. "사람은 모름지기 견뎌야 한다 / 이 세상을 떠날 때나, 이 세상에 태어날 때나 / 때가 무르익는 것이 가장 중요하다."

서른두 살에 캐리는 책을 펴내면서 이렇게 썼다. "소아학계에 적은 지식이나마 보태서 내가 지금껏 만나 온 환자들보다 훨씬 더 많은 이들에게 도움을 주고 싶다."

인간의 실제 행동과 설문지에 쓴 답변 사이의 차이를 극복하려면 장기간에 걸친 연구가 필요하다. 우리 연구원들이 그가 세상을 떠난 뒤에 실제로 일어난 일들을 전향적으로 연구해 봤을 때, 캐리의 포부는 '훌륭하지만 비현실적인 의도'에 그치지 않고 불멸의 이름으로 남은 것이 확실했다. 캐리 교수가 일생을 바쳐 소아과학에 헌신했음을 영원히 기리기 위해 그의 이름을 딴 연구 기금이 조성되었기 때문이다. 캐리는 평생 아내와 자녀들, 동료와 환자들에게서 사랑을 받았다. 우리가 후대에 전하는 유산이란 한낱 유언장 조각으로 머무는 게 아니라 우리가 삶에 바친 노력과 희망 속에 남는 것이다. 캐리가 바로 그랬다. 한 연구원은 캐리에게 '품위 있는 노화' 평가점수에 14점 만점에 13점을 주었다.(부록 K 참조) 캐리가 너무 빨리 세상을 떠났다는 사실은 중요하지 않았다.

고통스러운 생의 마지막 나날은 어떻게 보내야 하는가? "젊음은 아름답지만, 노년은 찬란하다. 젊은이는 불을 보지만, 나이 든 사람은 그 불길 속에서 빛을 본다."[4]고 했던 빅토르 위고의 낙관적 전망에서 위안을 찾아야 하는가? 아니면 "노년은 망각일 뿐이며 남은 것은 아무것도 없다."는 셰익스피어의 비관론을 인정해야 하는가?

이러한 대립적 관점을 해소하려면, 오십줄에 접어든 시인들의 얘기는 잠시 접어두고 실제로 생의 마지막 순간을 포착한 사람들을 주목해 볼 필요가 있다. 한스 진서Hans Zinsser가 바로 그 주인공이다. 그는 비록 성인발달연구의 대상자는 아니었지만, 내가 아는 그 누구보다 훌륭하게 통합의 임무를 정의했던 인물이다. 진서는 《쥐와 이의 역사Rats, Lice and History》의 저자이자 공중위생학 분야의 선구자였고, 전염병 퇴치를 위해 혼신을 바친 하버드대학교 교수였다. 헨리 에머슨처럼 진서 교수 역시 자기가 백혈병으로 죽어가고 있다는 사실을 알고 있었다. 그는 지나온 과거를 되돌아보며 3인칭 시점으로 자서전을 써내려갔다. 자서전에서 진서 교수는 자기 자신을 R. S.라는 인물로 객관화해 묘사한다.

255

그의 정서나 감각에는 중년의 색채가 짙게 깔렸지만, 갈수록 활기를 더해 가는 듯 보였다. 우울에 잠기는 대신 사소한 경험에도 민감하게 반응했고, 예전에는 어렵게만 여기던 일들도 시간이 갈수록 오히려 한결 쉽게 대하는 듯했다. "조금 쇠약해진 듯도 하지만 근본적으로 달라진 것은 아무것도 없어요. 쇠한 육체는 내가 죽는 그 순간 나와 함께 소멸해 버릴 테지만, 나의 정신, 나의 영혼, 나의 생각, 나의 사랑은 영원히 살아남을 거예요."

"하지만……." 그는 진지하면서도 장난기 어린 어조로 말을 이어 나갔다. "가엾은 창자여, 너를 탓할 수는 없구나! 너는 최선을 다했고, 심하게 혹사당하면서도 나를 위해 꿋꿋하게 봉사해 줬지. 너를 통해 거쳐간 그 많은 것들! 부브레, 앙주, 샤블리, 소테른, 샹베르탱, 뉘 생조르주, 리슬링, 라크리마 크리스티, 요하니스 베르거, 베른카스텔, 생줄리앙, 클로 드 무슈 등 세계 각지에서 나는 홉 열매와 맥아와 포도로 만든 헤아릴 수 없이 다양한 술 종류들. 아니야, 장기들 탓이 아니지! 너희가 나를 쓰러뜨렸다고 할 수는 없지. 오히려 그 반대겠지. 막 풋내기 티를 벗기 시작할 때, 너희의 보호를 받아야 한다고 생각했던 내가 얼마나 어리석었는지 이제야 알 것 같구나."

리어왕과 달리 한스 진서는 비난받을 행동을 하지 않았다. 노화 과정에서 역경에 부딪히더라도 그는 결코 신을 책망하거나 건강을 탓하지 않았다. 그는 자기에게 주어진 삶을 있는 그대로 받아들였고 책임을 다했으며, 그 덕분에 겸허한 마음으로 삶에 감사할 수 있었다.

병에 걸리자 R. S.는 죽음이 다가오고 있다는 경고를 미리 받은 것에 오히려 감사했다. 그와 같은 심정은 그가 남긴 마지막 시에 고스란히 녹아들어 있다.

죽음은 먹이를 덮치는 맹수처럼 그렇게
부지불식간에 다가오지는 않았다.
친절하게도 미리 죽음의 순간을 준비할 수 있도록,
죽기 전에 남은 이들을 위로할 수 있도록
경고해 주었다.
아름다운 여름이 지나고 가을 햇살이 비추면,
하늘에서처럼 우리 마음에도 따스함이 감돌고,
사랑으로 뿌린 씨앗이 여물어 풍작을 이룬다.
그리고 겨울이 찾아오면 나는 세상을 떠난다!
죽은 뒤에는 당신의 가슴속에서 고요와 평온을 찾으리니
당신이 나를 가장 사랑해 주었던 바로 그때처럼.[5]

역설의 대가 소포클레스 역시 그런 사람이었다. 그는《콜로노스의 오이디푸스 Oedipus at Colonus》라는 비극 작품을 통해, 그리고 그의 실제 생의 마지막 나날을 통해 성공적인 노화의 역설이라고 할 만한 전형을 제시했다.

전해 내려오는 이야기에 따르면, 극작가 소포클레스는 89세에 아들 아이오폰에게 고소를 당했다고 한다. 소포클레스가 노망이 들었기 때문에 그가 마지막으로 작성한 유언장이 법적인 유효성을 상실했다는 게 그 이유였다. 소포클레스는 자기 자신을 변호하기 위해 법정에서 당시 집필 중이던《콜로노스의 오이디푸스》중 한 부분을 읊었고, 아테네 배심원들은 인간 삶의 덧없음과 영원성을 포착한 소포클레스의 위대한 비극 작품에 매료되어 소포클레스가 정신적으로 건강한 상태라고 만장일치로 결론을 내렸다고 한다.

좀 더 확실한 사실에 근거하더라도, 소포클레스는 실제로 90대 후반에 가서야 《콜로노스의 오이디푸스》를 완성했으며, 이보다 더 중요한 사실은 소포클레스 사후에 출판된 《콜로노스의 오이디푸스》가 2500년이 지난 지금까지도 역사상 가장 훌륭한 비극 작품으로 기록되고 있다는 점이다. 소포클레스의 이야기를 통해 보건대 위대한 시인은 40세 이후는 물론 85세 이후까지도 창작을 계속할 수 있다.

겨울 정원처럼 사람들에게 변함없는 사랑을 받을 수만 있다면, 우리는 죽은 뒤에도 계속 살아남을 수 있을 것이다. 한스 진서 교수, 오이디푸스 왕, 소포클레스에게 죽음은 마치 겨울 정원과도 같이 끝이 아니라 하나의 새로운 시작이었다.

7장
두 번째 관문 : 건강하게 나이 들기

인생에 세월을 보태지 말고, 세월에 인생을 보태라.

_ 1955년 미국 노년학회 모토

인간에게 고유한 마인드 컨트롤 능력을 어떻게 이용하는가에 따라

활기찬 노년을 맞이할지, 아니면 그저 사그러들고 말 것인지가 결정된다.

_ 베티 프리단의 《나이의 원천》에서

1장에서 긍정적으로 나이 들어간다는 것은 기쁨과 사랑, 그리고 어제까지 알지 못했던 무언가를 배우는 것이라고 정의했다. 그러나 그때는 '오래도록 살아 있기'라는, 조금은 세속적이지만 본질적인 주제는 일단 무시하고 넘어갔다. 앞선 장들에서는 정신사회적 노화라는 지뢰밭을 헤쳐나가기 위해 인간 발달의 몇몇 단계들을 살펴보았다. 이 장에서는 신체적으로 건강하게 나이가 들어가는 길에 숨어 있는 지뢰밭을 뚫고 지나갈 것이다. 6장에서 보았듯이, 사람마다 주어진 수명은 다르지만 사람은 누구나 소포클레스처럼 오래오래 소명을 다한 뒤 자기가 원하는 시간에 죽음을 맞이하기를 바란다. 노년에 이르렀다고 해서 죽음과 신체적 무능을 정상적인 성인 발달의 한 부분으로 담담하게 받아들여야 하는 것은 아니다. 죽음과 신체적 무능이란 결코 정상적이지 않는 것, 몹쓸 전염병처럼 가능한 한 피해 가야만 하는 것일 때가 더 많다.

그러므로 건강하게 나이 드는 것에는 사회적, 정서적 건강뿐만 아니라 신체적 건강을 유지하는 것도 포함된다. 이 장에서는 다른 장에 비해 객관적인 연구 자료들을 자주 소개할 것이며, 80대까지 몸을 건강하게 유지하려면 무엇이 필요한지 자세히 다룰 것이다. 신체와 정신 두 가지 모두를 건강하게 유지하기란 쉬운 일이 아니다. 그러다 보니 이 장에 담긴 내용을 집중해서 따라 읽어가는 것은 마치 한쪽 손바닥으로 배를 문지르는 동시에 다른 손바닥으로는 머리를 톡톡 두들기는 것만큼이나 헷갈리고 까다로울지 모른다. 부디 인내심을 가지고 따라오길 바란다.

'건강하게 나이 든다'라는 개념 자체가 뜬구름 잡는 것일지도 모른다. 어쩌면 한낱 이상에 지나지 않는 건 아닐까? 건강을 정의하겠다는 것은 지능을 정의하려는 시도만큼이나 무모한 짓이 아닐까? 잘 늙어간다는 것은 어쩌면 너무나 복잡하고, 문맥에 따라 얼마든지 달라질 수 있으며, 지극히 주관적 판단에 달려 있는, 좀처럼 실현하기 어려운 것이 아닐까?

나는 그렇게 생각하지 않는다. 심리적 건강이든 신체적 건강이든 두 가지 모두 매우 실질적이고 구체적이다. 물론 건강을 측정하기가 결코 쉽지 않다는 것만은 분명하다. 두 남자가 똑같이 인공항문 형성술을 받았더라도 한 사람은 이전보다 조금만 더 불편함을 참으면 된다고 대수롭지 않게 여기는 반면, 다른 한 사람은 자기 이미지에 치명타를 입었다고 여길 수 있다. 왜 그런 차이가 생기는 걸까? 관절염이 알코올 중독보다 더 심한 병일까? 우울증이 당뇨병보다 더 심각한 병일까? 만일 그렇다면, 이유는 무엇일까? 75세에 이르러서도 90타 미만으로 18홀을 끝낼 수 있을 만큼 힘이 넘치는데도 함께 골프 경기를 즐길 사람이 하나도 없을 수도 있고, 골프 경기를 함께 즐길 수 있는 친구들은 있어도 만성 통증 때문에 9홀밖에 끝내지 못할 수도 있다. 노년에 이르면 삶이 자기가 원하는 대로 흘러가는 일이 드물다. 그러므로 건강한 노화를 정의하기란 결코 간단한 일이 아니다.

건강하게 나이 든다는 것은

이 장에서는 신체적 건강, 정신사회적 건강, 죽음에 대해 살펴보면서, 성공적인 노화란 어떤 것인지 밝혀나갈 것이다. 그중에서도 그나마 죽음에 접근하기가 가장 쉽다. 신체적 건강도 어느 정도 접근이 용이하기는 하나 복잡한 게 사실이다. 지구력 측정의 경우 어느 정도까지 활동을 지속할 수 있는지 시간을 측정할 수는 있지만, 얼마나 안정된 상태를 유지하는가 하는 것까지 측정할 수는 없다. 나이가 들면서 근력이 점점 떨어지는 것은 피할 수 없는 현상이다. 그러나 그 양상은 개인에 따라 제각기 다르게 나타난다.

사람은 제 나이에 비해 생물학적으로 젊을 수도 있고 늙을 수도 있다. 노화가 진행되면서 병이 들기도 하고, 생물학적 쇠퇴를 직접 몸으로 느끼게 된다. 그러나 자기관리를 철저히 하고 늘 의욕적으로 생활하며 절친한 친구를 곁에 두고 정신건강을 유지한다면, 실제로는 '병에 걸렸'지만 '아픔을 모르고' 살아갈 수도 있다.

정신사회적 건강은 신체적 건강보다 더 측정하기가 어렵지만, 노화 과정에서 빼놓을 수 없는 중요한 요소다. 아흔이 넘어서도 늘 활기차게 생활하고 등산까지 하는 사람들이 있다. 거기에 늘 절친한 친구들과 밝게 지낸다면 더 바랄 것이 없을 것이다. 따라서 우울하거나 병에 걸리지 않은 것을 두고 건강한 노화라고 할 수 있듯이, 삶에 만족하는 '동시에' 활력이 넘치는 것도 역시 건강한 노화라 할 수 있다.

건강하다는 것이 과연 어떤 의미인지 먼저 이해할 필요가 있다. 의사로부터 병에 걸렸다고 진단받는 것과 아침에 잠자리에서 일어날 때 스스로 아프다고 느끼는 것 사이에는 엄청난 차이가 있다.

1948년, 세계보건기구WHO 창립자들은 "건강이란 신체적·정신적·사회적으로 완전히 행복한 상태를 말하며, 단순히 질병에 걸리지 않은 상태만을 지칭하는 것이 아니다."[1]라고 정의했다. 미국의 역대 대통령이었던 존 F. 케네디와 드와이트 아이젠하워는 대통령직을 수행할 당시 모두 병을 앓고 있었다. 그러나 그들 자신은 물론 다른 어느 누구도 그들을 두고 아픈 사람이라고 말하지 않았다. 루스벨트는 불구인 몸을 이끌고도 13년 동안이나 정력적으로 대통령직을 수행했다. 그러나 당시 나이가 루스벨트의 절반밖에 되지 않는 사람들 중에서 몇몇은 루스벨트보다 건강상태가 훨씬 나았어도 하루 대부분을 침대에 누워 불행하게 보냈다. 그런 사실에 비춰볼 때, 노화 과정에서 각 개인이 느끼는 주관적 건강이 객관적으로 드러나는 신체 건강만큼이나 중요하다는 것을 알 수 있다.

자, 이제 어떤 상태를 두고 건강이 양호하다, 나쁘다고 하는지를 있는 그대로 '보여줄' 것이다. 그런 다음에야 비로소 건강상태를 측정하는 방법에 대해 알아볼 것이다. 이 논의를 풀어나가기 위해 나는 두 사람, 즉 만족스럽고 행복하게 노년을 보내고 있는 75세 남성과 병을 앓으며 불행하게 살다가 생을 마감한 남성을 비교, 대조해 볼 것이다. 알프레드 페인과 리처드 럭키라는 인물의 인생 역정을 통해, 과연 '행복하고 건강한 삶Happy-Well'과 '불행하고 병약한 삶Sad-Sick'이 어떤 식으로 대조를 이루는지 분명하게 알 수 있을 것이다.

CASE STUDY · 알프레드 페인 | 하버드 졸업생 집단

스스로를 외면한 불행하고 병약한 삶의 표본

알프레드 페인이 지닌 최대 장점을 꼽자면 불평을 모른다는 것이었다. 그는 자기가 알코올 중독인지, 우울증을 앓고 있는지조차 알지 못했다. 엘레노어 포터의 소설 속 주인공 폴리애나나 볼테르의《캉디드Candide, ou l'optimisme》속 인물인 팡글로스 선생,《매드Mad》지의 마스코트인 알프레드 뉴먼처럼 페인도 못마땅한 현실을 묵묵히 받아들이는 유형의 인물이었다. 지난 질문서들에서 페인이 써놓은 답변들을 살펴본 바에 따르면, 그는 자녀들과 아주 가깝게 지내고 있고 건강상태도 양호하다고 쓰여 있었다. 우리는 그를 직접 만나보고, 그의 아내와 대화를 나눠보고, 병력을 뒤져보고 나서야 알프레드 페인이 왜 그렇게 불행하게 삶을 마감했는지 알게 되었다. 알프레드 페인은 불평을 모르는 천성 때문에 우리가 보낸 질문서에도 좋은 쪽으로만 답변을 써서 보낸 것이다. 그러나 불평하지 않는다고 해서 그토록 우울했던 현실이 달라지지는 않았다.

알프레드 페인은 뉴잉글랜드에서 범선 사업으로 크게 성공한 가문에서 태어났다. 할아버지 형제들은 모두 고등학교를 졸업했는데, 그중에 한 분은 은행가가 되었고, 또 다른 한 분은 뉴욕주식거래소 소장이었다. 페인의 아버지는 하버드대학교를 졸업했고 어머니는 일류 기숙학교 출신이었다. 그러나 페인은 너무도 어린 나이에 거액의 신탁 재산을 물려받는 불운을 겪게 되었다. 여기서 불운이라는 표현을 쓸 수밖에 없는 건, 페인이 재산을 물려받게 된 연유 때문이다. 알프레드 페인이 태어난 지 2주 만에 그의 어머니는 분만 후유증으로 세상을 뜨고 말았다. 설상가상으로 페인이 두 살 되던 해에 아버지마저 돌아가시고 말았다.

부모님이 그렇게 세상을 떠나자 고아가 된 페인이 상속자가 되었다. 어린 페인은 유모들의 품을 전전하며 젖을 빨았고, 그 뒤로는 할머니와 고모들 손에서 자라났다. 할머니와 고모들은 나이가 많은 데다 힘이 넘쳐나는 어린 남자아이를 돌보는 데 그다지 관심이 없었다. 사춘기에 이른 페인은 말 그대로 '외로운 한 마리 늑대'나 다름없었다.

대학 시절, 페인은 쉽게 사랑에 빠지곤 했다. 그러나 페인에게 사랑하는 사람이 생겼다는 건 곧 자기를 돌봐줄 사람이 생겼다는 의미였다. 그는 몇 차례나 결혼을 했지만 번번이 실패하고 말았다. 페인은 자기가 절대로 알코올 중독자가 아니었다고 주장했지만, 알코올중독은 분명 결혼 실패의 한 원인이었다. 그러나 결혼생활이 불행해진 근본적 원인은, 페인이 다른 사람과 친밀해지는 것을 두려워했다는 점이었다. 50세에 페인은 '성적으로 보자면 사람도 동물이나 마찬가지다' '성관계가 없는 결혼생활을 바란다'라는 항목에 '예/아니요' 둘 중 하나를 선택하라고 했을 때 모두 '예'를 선택했다. 그러면서도 페인은 불평이라고는 한마디도 하지 않았다. 그래서인지 페인은 두 번째 결혼에 대해 다음과 같이 쓸 수 있었던 듯하다. "결혼의 진정한 의미가 무엇인지 궁금하다. ……나의 결혼생활은 무척 훌륭한 편이지만, 나의 내면세계와는 완전히 동떨어져 있다." 그리고 얼마 뒤 그의 '훌륭한' 결혼생활은 이혼으로 끝을 맺었다.

인생에서 가장 불행했던 시절이 언제였냐는 질문에 페인은 47세에는 한 살에서 열세 살까지였다고 답했다. 그러나 70세가 된 페인에게 그 질문을 다시 던졌을 때에는 스무 살에서 서른 살 사이였다고 말을 바꿨다. 페인은 살면서 한 번도 행복한 시기를 경험해 보지 못했다. 나는 페인의 불행이 그가 불평할 줄 모른다는 사실 때문에 점점 더 커졌을지도 모른다고 본다. 한 예로, 우울증 증상을 묻는 서면 테스트를 했을 때, 페인의 우울증 수치는 전체 연구 대상자들 중에서 가장 낮았다. 그는 한 번도 심리치료를 받아본 적이 없으며, 심지어 페인의 주치의들 중 어느 누구도 페인에게 정신질환이 있다고 말한 적이 없었다.

질문서를 보낼 때마다 페인은 자신의 신체건강 상태가 '매우 양호'하다고 답했다. 그러나 사실을 알아보니 68세에 심각한 과체중에다 고혈압과 통풍痛風을 앓았고, 평생 줄담배를 피운 탓에 폐색성 폐질환도 있었다. 객관적으로 보더라도 페인의 건강은 결코 '양호한' 상태가 못 되었다. 50세가 된 페인에게 전화를 걸 때마다 그의 아내는 '나치 의사'가 전화했다며 그를 불러대곤 했다. 나 혼자만 유독 페인에게 알코올 중독 증세가 있다며 계속 성가시게 구니까 그런 별명을 붙인 모양이었다. 그러나 페인은 "내가 무슨 알코올 중독이란 말입니까? 난 단 하루도 결근한 적이 없는 사람이란 말입니다."라며 태연하게 부정했다.

70세가 되자 페인은 담석증에다 게실염(대장 벽이 바깥쪽으로 돌출하여 생긴 게실 내에 장의 내용물이 고여 발생하는 염증―옮긴이)까지 앓았다. 페인이 73세 되던 해 그와 면담을 나누었는데, 당시 그는 마치 양로원에 사는 노인처럼 보였다. 페인은 이가 몽땅 빠진 데다 신장과 간 기능이 형편없었으며, 음주운전 사고 후유증으로 약하게 치매 증상까지 있었다. 정상 체중보다 15킬로그램은 족히 더 나가 보였고, 자기 나이보다 10년은 더 늙어 보였다. 그의 몸은 언뜻 보기에도 노쇠할 대로 노쇠한 상태였다.

페인도 사회에 발을 내디딘 처음 몇 년 동안에는 중간관리자로 일하면서 넉넉하게 생활했다. 그러나 유산으로 받은 거액의 신탁 재산도 물거품처럼 사라져버렸고, 두 차례나 이혼을 하면서 연금까지 압류당하고 말았다. 가구며 주방기구들은 모두 중고용품점에서 사들인 것 같았다. 눈에 띄는 거라고는 현관문 옆에 세워져 있는 우아한 도자기 우산꽂이뿐이었다. 페인의 뉴잉글랜드 조상들이 중국과 범선 사업에 성공해서 부귀영화를 누렸음을 증명하는 유일한 흔적인 셈이다. 페인은 하루 종일 소파에 앉아 텔레비전을 보는 것이 유일한 낙이었다. 그렇지만 페인은 자기 처지에 대해 불평 한마디 늘어놓지 않았다.

75세가 된 연구 대상자들에게 삶의 만족도를 물었는데, 유독 페인만이 답변란을 비워두었다. 지난 20여 년간 페인은 그나마 종교활동에서만 만족을 얻었을 뿐, 그 밖에는 어떤 활동도 하지 않았다. 아이들과 가깝게 지낸다고 답변서에 쓴 적이 있지만, 막상 면담 도중에 "자녀들에게서 무엇을 배웠는가?"라는 질문을 받자 당황하는 기색이 역력했다. "할 말이 없군요. 아이들을 만나기조차 어려우니. 손자손녀들도 만나보기 힘들어요." 큰딸은 3년에 한 번 정도밖에 만나지 못했고, 작은딸은 일년에 한 번꼴로 만난다고 했다. 그리고 딸들은 모두 아버지를 '정서적으로 메마른 사람'으로 여긴다고 했다. 한편 하나밖에 없는 서른다섯 살짜리 아들은 그동안 한 번도 아버지와 가까이 지낸 적이 없다고 했다.

두 살에 고아가 된 페인에게는 형제도 없고 가까이 지내는 친척도 없었다. 페인은 쉰 살 이후부터는 친구들과도 거의 만나지 않았다고 했다. 73세가 된 그에게 오랜 친구들에 대해 얘기해 달라고 하자, "내게 오랜 친구 따윈 없다오."라며 퉁명스럽게 대꾸했다. 전화 통화도 거의 하지 않았다. 페인이 아주 가끔이라도 의지삼아 지내는 사람이라고는 함께 살고 있는 아내가 전부였다. 페인은 신앙심이 매우 깊었다. 그는 신도로서 자부심이 있었으며, 기도회에 나가서야 비로소 실질적인 만족감을 얻곤 했다. 기도회에 나가는 게 페인이 맺고 있는 사회적 유대의 전부였으나, 그나마도 72세부터는 나가지 못했다. 페인은 이도, 돈도, 영혼도 모두 잃어버렸다. 그런데도 불평 한마디 할 줄 몰랐다.

73세가 되자 페인은 계단 오르는 일조차 힘겨워졌다. 걸어서 300미터쯤 가기도 힘들었으며, 밤에는 운전도 할 수 없었다. 손이 떨려서 골프도 포기했다. 마지막으로 질문서를 받았을 때에도 페인은 아마 손을 덜덜 떨면서 건강상태가 "매우 좋고 움직이는 데 아무 불편이 없다."고 답변란에 기록했을 것이다. 아내나 주치의가 보기에는 몸 상태가 이루 말할 수 없이 나빠졌는데도 말이다. 그리고 바로 그 이듬해 페인은 양로원으로 옮겨왔고, 일년 뒤 합병증으로 생을 미감하고 말았다. 페인의 생을 좀 더 엄밀하게 분류해 보면, 75세 생일까지 보내고 세상을 떠났으므로 '조기사망'보다는 '불행하고 병약한 삶'에 더 가까울 것이다. 이와 같은 분류에 대해서는 앞으로 더 자세하게 다룰 것이다.

이너시티 출신 연구 대상자들의 삶을 지켜보면서도 몇 번이고 절실하게 느끼는 바지만, 인간의 말년을 불행하게 하는 것은 경제적 빈곤이 아니라 사랑의 빈곤이다. 그래서 알프레드 페인은 처음 기대했던 것과는 완전히 다른 모습으로 노년에 이르렀다. 치과진료를 받을 형편이 된다 하더라도 본인이 치과에 가지 않는다면, 즉 그가 아프다고 불평할 줄 모른다면 경제적으로 풍족한 것이 아무 의미가 없다. 마찬가지로 사랑을 가슴 깊이 받아들일 수 없는 사람이라면, 곁에서 아무리 사랑을 쏟아봐야 소용이 없다. 페인이 노년에 이르렀을 때, 세 번째 아내는 곁에서 그를 지켜주고 사랑으로 감싸주었다. 그러나 페인은 그녀를 무시하고 함부로 대했다. 그가 죽기 전 아내와의 결혼생활에 대해 질문을 받았을 때, 페인은 "아내가 무슨 생각을 하는지 모르겠어요. 우린 그저 평행선을 그리며 각자의 길을 따라 살아갈 뿐이에요."라고 대답했다.

한편 연구 대상자들 중에 101세가 된 한 노인은, "나이가 들수록 가족간에 서로 친밀하게 지내는 것 이상 더 좋은 게 어디 있겠소. 서로 의지하고 도움을 주고받으면서 말이지. 나이가 들수록 돈보다는 곁에 함께 있어줄 사람이 필요해요."[2]라고 연구원에게 말했다.

CASE STUDY 리처드 럭키 | 하버드 졸업생 집단

놀이와 창조로 불멸의 삶을 예약한 행복한 사람

리처드 럭키의 삶은 알프레드 페인과는 전혀 딴판이었다. 리처드 럭키는 어린 시절부터 화목한 가정에서 가족들의 보호를 받으며 자라났다. 페인과 달리 럭키의 가정은 평범하기 그지없었다. 양가 조부모 네 분 모두 초등학교도 끝마치지 못했다. 그러나 할아버지 중 한 분은 경관을 지냈고, 또 한 분은 자수성가해서 큰 제빵회사를 운영했다. 럭키의 아버지는 고등학교를 졸업한 뒤 사업가로 자수성가했고, 그 덕분에 리처드 럭키도 알프레드 페인과 마찬가지로 중고등학생 시절을 훌륭한 사립 기숙학교에서 보냈다. 럭키는 대학을 졸업한 뒤 두 가지 사업을 동시에 시작했다. 그는 언제나 자기관리가 철저했고 결혼생활도 행복했다. 페인과 달리 럭키는 재산을 어떻게 관리해야 하는지, 아내를 어떻게 이해하고 또 자신에게 찾아온 행운을 어떻게 받아들여야 하는지 잘 알았다.

　내과의사들의 소견만 참조한다면, 같은 70세 나이에 리처드 럭키의 신체건강 상태는 객관적으로 알프레드 페인의 상태보다 더 나빴다. 럭키는 고혈압, 심방 섬유성 연축, 췌장염을 앓고 있었고, 심장이 좋지 않아 심박 조절장치를 하고 있는 데다 척추 수술까지 받았다. 더군다나 럭키는 페인보다 훨씬 더 비만이었다. 연구팀 소속 내과의사들은 이러한 근거들을 토대로 리처드 럭키를 '신체적 무능 상태'로 분류했다. 그러나 럭키는 실제로 병을 앓으면서도 결코 스스로 병자라고 느끼지 않았다. 70세를 넘기면서 페인은 죽음에 바짝 다가섰지만, 럭키의 건강은 오히려 조금씩 더 좋아졌다. 76세에 이르렀을 즈음, 리처드 럭키의 건강상태는 몰라보게 좋아졌다. 내과의사들도 이제 더 이상 럭키를 '신체적 무능 상태'로 분류하지 않았다. 럭키의 췌장염은 말끔하게 완치되었으며, 70세에 대수술을 받은 뒤로도 좋아질 기미조차 보이지 않았던 척추 상태도 몰라보게 호전되었다. 그 덕분에 럭키는 얼마 전 콜로라도 주 바일에서 두 달 동안이나 스키를 즐겼다. 아직도 심박 조절장치를 하고 있고 고혈압이 있는 건 사실이다. 그러나 럭키의 주치의는 "럭키 씨는 비교적 양호한 건강상태를 유지하고 있어요. 신체적으로 건강할 뿐만 아니라 정신적으로도 매우 건강합니다. 요즈음에는 남북전쟁에 관한 책까지 쓰고 있으니까요."라고 말했으며, 럭키 스스로도 "예전에 비해 톱질은 좀 힘에 부치지만, 장작 패는 일쯤은 내 손으로 거뜬하게 합니다."라고 자신만만하게 말했다.

또 다른 결정적 차이점을 꼽자면, 페인과 달리 럭키에게는 오랫동안 꾸준히 사귀어온 친구들이 있다는 점이다. 게다가 럭키는 담배를 피우지 않았고, 술도 기분 좋을 정도로 적당히 즐기는 편이었다.

리처드 럭키는 다정하고 가정적인 어머니의 사랑 속에서 행복한 유년기를 보냈다. 그런 가정환경에서 자라난 덕분에 럭키는 성인이 되어 가정을 꾸린 뒤에도 무슨 일을 하든지 가족을 먼저 생각하고, 가능하면 가족들과 함께 시간을 보냈다. 그의 아내는 "우리 가족은 외출하는 일이 거의 없어요. 대신 교회 친구들을 초대해 저녁식사를 하거나, 주말이면 농구팀과 함께 스키 여행을 가곤 하지요."라고 말했다. 럭키는 말로는 사교활동을 안 하는 편이라고 했지만, 알고 보니 웨스트코스트 요트클럽에서 회장도 맡고 있었다. 직접 만나서 얘기를 나눠보니, 답변서를 통해 볼 때보다 그의 삶이 훨씬 더 입체적이고 활력 있게 다가왔다.

성공적으로 나이 드는 것이 무엇인지 정의해 보기 위해, 각 연구 대상자들에게 지난 20년간의 삶을 토대로 여덟 가지 항목(부록 I : 직업, 취미, 결혼생활, 자녀, 친구관계, 공동체 활동, 여가생활, 종교)에 대한 만족도를 평가해 달라고 요청했다. 앞서 얘기했듯이 알프레드 페인은 모든 항목을 공란으로 남겨두었다. 이와 대조적으로 리처드 럭키는 취미, 종교, 직업에 '매우 만족'한다고 평가했고, 특히 아내와 자녀와의 관계에 대해서 '매우 만족'한다고 답했다. 아내와 자녀들 역시 럭키에 대해 '매우 만족'한다고 밝혔다. 럭키의 딸은 부모님의 결혼생활이 "다른 친구들 부모님의 결혼생활보다 훨씬 더 행복"해 보인다고 설명하면서, '매우 만족'을 선택했다. 럭키의 아내 역시 결혼생활에 대해 9점 만점에 9점을 주었고, 럭키가 자기보다 결혼생활에

271

훨씬 더 성실한 것 같다고 덧붙였다. 럭키는 동생과도 가깝게 지내는데 겨울에는 스키, 여름에는 낚시를 함께 즐겼다. 또한 그는 자녀들, 손자들과 매우 친밀하게 지내면서 큰 기쁨을 얻었다. 남동생이나 자녀들뿐만 아니라 요트클럽 회원들과도 여가활동을 즐겼다. 럭키는 친하게 지내는 친구들이 적은 편이며, 더 많은 친구가 있었으면 좋았을 거라고 말했다. 그러나 그건 어디까지나 그의 주관적인 생각일 뿐, 객관적으로 보면 친구들과 유대가 꽤 돈독했다. 역설적으로 들릴지는 모르나, 사회활동의 폭이 넓지 않은 사람들이 가까이 지내는 친구는 몇 안 될지 모르나, 그 친구들과 오히려 더 깊고 소중한 관계를 맺으며 만족하는 경우가 종종 있다. 그리고 사랑을 많이 받은 사람일수록 더 많은 친구들이 생기기를 바란다.

럭키는 45세 되던 해 연구원에게 다음과 같이 말했다. "은퇴하면 타호(미국 네바다 산맥에 있는, 호수로 유명한 휴양지—옮긴이)에서 사업을 하려고 구상 중입니다. 지금 휴양시설을 하나 운영하고 있는데, 은퇴하고 나서는 거기서 나오는 수익으로 살면서 스키를 즐길까 해요." 55세에는 답변서에 이렇게 썼다. "죽음이 점점 가까이 다가오지만, 나는 신을 믿고 사후세계를 믿으므로 결코 죽음이 두렵지 않다. ……건강에도 자신이 있다. 다른 사람들과 부딪힐 때 감정적인 문제들이 생겨나기도 하지만, 서로 조금씩만 양보하고 조심한다면 그런 사소한 문제들은 쉽게 사라질 것이다."

럭키는 늘 자신의 과거와 현재의 삶에 감사하며 살았다. 60세였을 때, 럭키는 20년 전에 돌아가신 아버지에 대해 다음과 같이 썼다. "나는 한 번도 아버지를 잊은 적이 없다. 나는 언제까지나 아버지를 세상에서 가장 훌륭한 사람으로 기억하며 살 것이다." 이처럼 럭키는 다른 사람이 베푼 사랑을 소중하게 받아들일 줄 아는 사람이었다.

75세가 된 럭키의 아내는 가족의 연간수입이 50만 달러가 넘는데도 여전히 손수 잔디를 깎고 마구간 청소를 했다. 럭키 부인을 처음 만나던 그날에도 청바지와 장화 차림으로 사다리를 어깨에 걸머지고 마구간에서 걸어나오고 있었다. 그러나 그로부터 두 시간 뒤 럭키와의 면담이 끝나갈 즈음, 그녀는 우아한 차림으로 우리에게 따끈한 커피와 직접 만든 맛있는 초콜릿칩 쿠키를 가져다주었다. 아내와 '평행선을 그으며 살아온' 페인과 달리, 럭키는 결혼한 지 40년이 넘었는데도 변함없이 서로에게 의지하며 다정하게 살아가고 있었다. 그 비결이 무엇인지 묻자, "나는 진정으로 크리시를 사랑해요. 그녀도 나를 사랑하고요. 나는 내 아내를 진심으로 존중하고 존경하지요. 그녀는 정말 근사한 사람이에요."라고 말했다. 그 말 속에 모든 대답이 담겨 있었다.

성격이 조금은 까다로운 럭키와 더불어 사는 것이 늘 쉽지는 않았을 것이다. 그러나 그는 친구로 지내기에는 더할 나위 없이 훌륭했다. 70세에 럭키는 "나는 건강하게 현재의 삶을 즐기며 산다. 과거나 미래에 대해서는 거의 생각해 본 적이 없으며, 나 자신에 대해서도 그리 심각하게 생각하지 않는다."라고 썼다. 같은 해, 럭키는 아내와 단둘이서 샌프란시스코에서 발리까지 크루즈 여행을 다녀왔다. 여러 달 동안 함께 여행하면서 부부는 그 어느 때보다 가까워졌다. 럭키는 여행을 하면서 경험한 인상적인 장면들을 손수 수채화로 그려 여행일지를 만들기도 했다. 럭키에게는 놀이가 있는 곳이 바로 창조성이 움트는 자리였다.

럭키의 아내는 사람을 어떻게 대해야 하는지 잘 아는 사람이었다. 그녀는 럭키가 고집을 부리며 까다롭게 행동할 때면 일단 한발 물러서서 양보했다. 그런 아내가 있었기에 럭키의 결혼생활이 더욱 행복할 수 있었다. 한편 크리시는 답변서에 이렇게 썼다. "내게 남편은 세상에 둘도 없는 가장 훌륭한 친구다. 나는 곁에서 그를 보살펴주는 일이 즐거우며, 해가 거듭될수록 우리 두 사람의 애정은 더욱 깊어지고 있다." 은퇴 후 생활이 어떤지 묻자, 리처드 럭키는 "행복한 나날을 보내고 있어요. 나는 단 하루도 뭔가 하고 싶은 일을 하지 않고서는 못 배기는 사람이라오. 건강하게 생활하려면 누구에게든 창조성이 꼭 필요해요." 그는 수채화를 좋아했고, 그림 솜씨도 좋았다. 뿐만 아니라 럭키는 10년 전, 67세 나이에 시나리오를 쓰기도 했다. 물론 그의 시나리오가 영화로 만들어지지는 않았다. 지금 쓰고 있는 남북전쟁에 관한 책도 출판되지 않을지 모른다. 그러나 그것은 중요하지 않다. 럭키는 창작 그 자체를 사랑하는 사람이니까. 최근에는 바다를 주제로 수채화 전시회를 열기도 했다. 그는 꿈을 꾸듯 이렇게 말했다. "그림을 그리고 있노라면 모든 걱정이 사라져요. 그래서인지 그림 그릴 때가 가장 마음이 편안해요." 그림뿐 아니라 릭키는 교회에서 합창단 활동까지 하고 있었다.

그림 수업을 받아본 적이 있는지 묻자, 럭키는 "이 정도 그리는 데 무슨 수업이 필요하겠어요. 그냥 마음 가는 대로 그릴 뿐인 걸요."라고 대답했다. 말은 그렇게 했지만 럭키는 스키학교에서 사귄 친구에게 그림을 배운 적이 있다. 럭키는 친구가 많지 않다고 몇 번이나 강조했지만, 그와 면담을 나누는 동안 새로운 친구들이 하나둘 끊임없이 등장하고 있었다.

삶의 끝자락에 이른 럭키가 놀이와 창작에만 몰두하는 것은 아니었다. 75세에 럭키는 대학 전공과는 무관한 해양학 관련 기술을 섭렵하는 데 몰두했고, 마침내 몬터레이 해양학연구위원회 위원이 되었다. 그는 요즈음도 새로운 것을 배우느라 너무 바쁘다.

럭키는 남은 인생에서 꼭 이루고 싶은 목표 가운데 하나로 다음을 꼽았다. "아버지가 나에게 보여주셨던 것처럼, 나도 내 가족에게 생을 아름답게 마감하는 모습을 보여주고 싶어요." 그는 죽음을 준비하고 있었지만 이미 영원히 남을 만한 많은 것들을 간직하고 있었다. 리처드 럭키는 자신의 음악, 그림, 글을 사랑했다. 그러나 럭키가 가장 자랑스럽게 내세울 수 있는 분야는 바로 스키였다. 그는 1960년대에 높은 산맥들을 타고 넘으며 스키를 배우던 시절을 인생에서 가장 황홀한 순간으로 기억하고 있었다. 먼 뒷날 럭키는 이 세상을 떠나고 없겠지만, 럭키의 뒤를 이어 수많은 행복한 스키어들이 타호 스키 코스를 따라 신나게 활강을 즐길 것이다.

럭키가 누린 만족과 페인이 겪은 고뇌는 럭키가 은퇴한 뒤로 벌어들인 수입이 페인의 스무 배에 달한다는 점으로도 어느 정도는 설명할 수 있다. 페인은 범선 무역에 성공한 번성한 가문에서 태어났고, 태어난 지 얼마 되지 않아 거액의 신탁 재산을 상속받았다. 그러나 그의 노년은 결코 행복하지 못했다. 인생에서 성공의 문을 열어주는 열쇠는 돈이 아니라 자기관리와 사랑이기 때문이다. 때로는 사랑을 만들어갈 줄 아는 사람에게 돈이 따라올 수도 있다. 페인과 럭키, 두 사람의 인생에서 보았듯이, 부모의 사회적 지위나 계급이 아니라 부모의 진정한 사랑과 보살핌이 노년의 경제 수준을 결정짓는 지표가 될 수도 있다.

행복하고 건강한 삶,
불행하고 병약한 삶, 조기사망

건강한 노화란, 관점에 따라 또 문화적 차이에 따라 다양하게 정의될 수 있다. 리처드 럭키의 경우처럼 연구팀 소속 전문의들의 주관적 평가에 따라 신체적 무능 상태로 분류될 수도 있고, 그와 정반대 결론이 나올 수도 있다. 또한 사람에 따라서도 달라질 수 있다. 리처드 럭키처럼 병을 앓았다 하더라도 긍정적인 태도로 이겨내는 사람이 있는가 하면, 알프레드 페인처럼 자신의 건강상태를 솔직하게 말하지 않을 수도 있기 때문이다. 그러므로 나는 건강한 노화를 평가하기 위해 각기 독립된 평가자들이 내린 다양한 평가 결과를 토대로 삼을 것이다. 터먼 여성 집단에 대해서는 건강진단이 꾸준히 이루어지지 않았으므로 여기서는 두 남성 집단에 초점을 둘 것이다.

명확한 대조를 보여주기 위해, 그리고 주관적 판단을 최소화하기 위해 연구 대상자들의 생의 마지막 10년에 초점을 둘 것이다. 하버드 졸업생 집단에서는 리처드 럭키처럼 행복하고 건강한 상태로 생의 마지막 10년을 맞이한 25퍼센트, 알프레드 페인처럼 불행하고 병약한 상태로 연명하거나 조기사망한 50퍼센트를 대상으로 삼을 것이다. 반론의 여지를 남기지 않기 위해 건강한 상태인지 병약한 상태인지 구분하기 힘든 25퍼센트는 제외할 것이다. 다시 말해, 전체 연구 대상자들 중 행복하고 건강한지, 불행하고 병약한지, 조기사망했는지를 뚜렷이 구별할 수 있는 75퍼센트를 대상으로 삼을 것이다.

이너시티 출신자들의 경우에도 똑같은 분류를 따를 것이다. 그러나 여기서는 하버드 출신자들보다 열 살이 적은 이들을 대상으로 삼을 것이다. 객관적으로 평가할 때, 70세에 이른 이너시티 출신자의 건강상태는 80세 하버드 출신자들이나 터먼 여성들의 상태와 거의 비슷하기 때문이다.

60세에서 80세 사이에 행복하고 건강한지, 불행하고 병약한지를 뚜렷하게 구분하기 위해, 건강상태를 여섯 가지 방법으로 분류해서 살펴보자.[3]

1. 신체 질환 유무에 따라(하버드 출신 75세, 이너시티 출신 65세 기준)

연구팀은 하버드 출신자와 이너시티 출신자들을 대상으로 5년에 한 번씩 건강검진을 실시했다. 흉부 엑스레이 촬영, 혈액 검사, 소변 검사, 심전도 검사가 포함되었다. 연구팀 소속 전문의들은 각 연구 대상자들의 정신사회적 상태는 모르는 상태에서 4등급으로 신체건 강 상태를 평가했다. 1등급은 심각한 병을 앓지 않는 경우, 2등급은 병을 앓고 있으나 수명 단축이나 신체장애로까지 확대되지 않는 경우, 이를테면 녹내장이나 고혈압, 관절염을 앓고 있는 경우가 이에 해당한다. 치유가 불가능하고 생명에 위협이 되는 만성질환을 앓고 있다면 3등급에 해당한다. 병이 점차 진행되고 있으며 수명이 단축 될 수도 있고 결국 일상생활까지 불편해지겠지만, 그렇다고 완전히 신체적 무능 상태라고 보기는 어려운 경우가 이에 속한다. 마지막으로 4등급은 불치의 병을 앓고 있으며, 심각한 신체적 무능 상태인 경우다. 다발성경화증이나 만성 출혈성 심장발작, 심각한 고관절 질환이 이에 해당한다.

2. 신체건강에 대한 주관적 평가에 따라(하버드 출신 75세, 이너시티 출신 65세 기준)

신체건강은 다분히 주관적인 성격을 지니므로 그 평가 또한 쉽지 않다. 사람들에게 자신의 건강에 대해 주관적 평가를 내려보라고 할 경우, 우울증에 걸린 사람이라면 건강상태가 매우 양호하면서도 건강이 몹시 나쁘다고 푸념을 늘어놓을 것이다. 반면 쾌활하고 참을성이 많은 사람이라면 병을 앓고 있으면서도 자신의 건강이 아주 양호한 상태라고 믿을 것이다. 한편 페인과 같은 사람들이라면 의사로부터 건강이 심각한 상태라는 진단을 받더라도 그 사실을 부인할 것이다. 그 이유는 그들이 참을성이 많아서라기보다는 현실을 있는 그대로 받아들이고 싶지 않기 때문이다. 관절염이나 우울증과 같은 병을 앓고 있는 사람들의 경우, 전문가가 심각한 무능 상태라고 분류하지 않았는데도 자기 스스로 신체적, 정신적 무능 상태라고 판단할 수도 있다. 건강에 대해 명쾌하게 흑백을 가리기란 불가능하다.

신체건강에 대한 주관적 평가를 위해 연구 대상자들에게 일상생활에서 다양한 활동을 어떻게 하는지 물었다. 75세 남성들 중에서도 대부분이 일상 활동을 예전처럼 거뜬히 할 수 있다고 믿고 있는 이들이 있었다. 그들은 여전히 테니스 단식경기나 활강스키, 장작 패기 등을 한다고 했다. 또한 그들은 과거에 비해 속도가 느려지긴 했지만 단숨에 층계를 두 칸씩 오르거나, 공항에서 자기 가방을 스스로 옮기거나, 손자들과 2킬로미터까지 함께 걷는 정도는 얼마든지 해낼 수 있다고 했다. 뿐만 아니라 그 나이에도 운전을 할 수 있으며 정원도 손수 관리하고 혼자 여행하거나 쇼핑을 즐길 수 있다고 했다. 그런가 하면 다른 나머지 사람들은 신체적인 병 때문에 일상생활에 지장을 많이 받는다고 했다.

객관적으로 보면, 신체적인 무능에는 사고력, 판단력과 같은 영역도 포함되어 있다. 뇌졸중이나 알츠하이머병에 걸린 사람들은 사고력과 판단력을 상실한다. 우리 연구 대상자들 중에 그 병을 앓고 있는 이들은 대부분 신체적인 활동 능력까지 상실해 버렸다고 생각하고 있었다. 그러므로 우리는 굳이 사고력이나 판단력까지 주관적 건강 평가에 포함시키지는 않았다. 앞에서 보았듯이, 리처드 럭키처럼 75세에도 몸의 활력을 그대로 유지하는 사람들은 정신적으로도 매우 건강한 상태이기 때문이다.

3. 신체적 무능 상태의 지속 정도에 따라

79세까지 원기 왕성하고 활기 있게 생활하다가 80세 생일 일주일 전에 심장 발작을 일으킨 사람이라면 그의 건강을 어떻게 평가해야 하는가? 80세에 객관적 건강은 유지하고 있으되, 지난 20년 동안 골프도 칠 수 없고 정원 관리나 야간운전도 할 수 없다고 느껴온 사람보다 그가 더 건강하지 않다고 평가해야 하는가? 이런 문제를 해결하기 위해 건강한 신체적 노화의 정의에 세 번째 항목, 즉 '주관적 객관적인 신체적 무능 상태가 얼마나 오래 지속되었는가?'라는 항목을 추가해 보았다. 앞서 정의한 대로라면, 행복하고 건강한 삶에 해당되는 사람들은 80세 전까지 한 번도 주관적 객관적인 신체적 무능 상태를 겪지 않은 이들이다. 이와 대조적으로 '조기사망' 군에 속한 사람들(50세에서 75세 사이에 사망한 사람들)은 80세가 되기 전에 평균 18년 동안 신체적 무능 상태였거나 이미 세상을 떠난 사람들이었다. 80세 이전에 불행하고 병약한 상태를 경험했던 이들은 적어도 5년에서 9년 동안 불치의 병을 앓으면서 신체적 무능 상태로 있었던 이들이다. (리처드 럭키는 아주 잠시 동안 무능 상태에 있다가 곧 회복했으므로 여기서 제외된다.)

하버드 집단 중에는 2002년 기준으로 80세가 안 된 이들도 있었다. 그 경우에는 75세 생일까지 행복한 삶을 유지해 온 사람에 한해서 80세에도 행복하고 건강한 삶을 누릴 수 있을 것으로 판단했다. 행복하고 건강한 삶을 살아온 62명 중에 75세에서 80세 사이에 사망한 사람은 단 한 명밖에 없었으며, 불행하고 병약한 삶을 살아온 40명 중에서는 그 기간 내에 사망한 사람이 6명이나 되었다(알프레드 페인이 대표적이다). 비율로 따지면 열 배에 해당하는 수치였다.

4. 객관적 정신건강에 따라

스스로 불행하다고 느끼는 상태에서는 살아 있다는 것 자체가 그리 즐겁지만은 않을 것이다. 그러므로 건강한 노화의 네 번째 항목에 객관적 정신건강을 추가했다(부록 G 참조). 65세에 이른 하버드 졸업생이나 이너시티 출신자들의 건강상태는 대체로 양호했다. 그러나 정신건강면에서 살펴볼 때 행복하고 건강한 삶을 살아온 이들은 거의 모두가 양호한 상태를 유지하고 있는 반면, 불행하고 병약한 삶을 살아온 이들 대다수는 최하위 4분의 1에 포함되는 실정이었다. 양호한 정신건강이라 하면 중년 이후 일, 사랑, 놀이에서 성공을 거두고 정신과 치료 없이 생활해 온 상태를 말한다. '정신적으로 건강한' 한 남자는 50세 이후에도 일을 계속했고 그 속에서 즐거움을 찾았다. 그는 15년 넘는 결혼생활을 행복하게 여겼으며, 그의 아내도 마찬가지였다. 친구들과 운동경기를 즐겼으며, 휴가를 즐겁게 보냈다. 정신과 상담을 받은 적이 한 번도 없었으며, 일년에 병가를 내는 날은 평균 5일 미만이었다. 한 가지 영역에서 특히 낮은 점수를 받은 사람들 중에도 정신건강이 양호한 이들이 있긴 하다. 그러나 50세 전부터 알코올 중독과 우울증에 시달려왔던 사람들 중에는 거의 모든 영역에서 실패와 좌절을 겪은 결과 최하위 4분의 1에 포함되는 경우가 많았다.

5. 사회적 유대관계를 기준으로

(먼저 부록 H를 살펴보라.) 사회적 유대관계는 건강한 노화에서 가장 중요한 요소다. 훌륭한 사회적 유대관계라고 하면 아내, 자녀, 형제, 놀이 친구, 종교 모임, 사교 모임, 절친한 친구들과 친밀한 관계를 유지하는 것을 말한다. 그 대표적인 예로 리처드 럭키와 같은 인물을 꼽을 수 있다. 사회적 유대관계를 평가하기 위해 서로 다른 평가자 두 명이 연구 대상자들과 최소 두 시간 정도 면담을 했고, 그 아내나 자녀들에게도 서면으로 10여 가지 질문을 하고 답변을 받았다. 이번에도 역시 행복하고 건강한 삶을 살아온 이들은 거의 모두가 사회적 유대관계를 탄탄하게 맺고 있었지만, 알프레드 페인처럼 불행하고 병약한 삶을 살아온 사람들은 대다수가 최하위 4분의 1에 포함되었다.

6. 삶에 대한 주관적 만족도를 중심으로

삶의 즐거움이란 무엇인가? 매일 아침 눈을 뜨면서 살아 있다는 것만으로도 경이와 행복을 느끼는 이들이 있다. 이너시티 출신자 중 72세에 이른 한 남자는 "나는 사랑하는 아내와 행복하게 살고 있다. 신체적으로는 50년 전과 달라진 게 전혀 없는 것 같다."고 기록했다. 또한 최고경영자 자리에서 은퇴한 77세 남자는 "현재 삶에서 가장 의미 있는 일이 뭐냐고 물어오는 이들이 많다. 그 질문을 받을 때마다 나는 내 앞에 펼쳐진 인생의 새로운 장, 내 인생에서 가장 멋진 부분을 즐기는 일이라고 대답한다. 나는 매일 아침 잠자리에서 일어날 때마다 앞으로 더 많은 곳을 가볼 수 있고, 더 할 일이 남아 있고 또 그 이튿날을 보게 되리라는 생각에 흐뭇하다. 앞으로 얼마나 시간이 남아 있을지는 모르지만, 아직도 이 세상엔 할 일이 너무 많다.

사랑하는 사람도 너무나 많다. 나는 산을 사랑하고 바다와 해변을 사랑하며, 항해를 즐긴다."고 썼다.

우리는 건강한 노화의 여섯 번째 요소로 삶에 대한 주관적 만족도를 추가했으며, 아래 여덟 가지 항목으로 평가를 시도했다.

- 결혼
- 수입과 직결된 직업
- 자녀
- 친구, 사교활동
- 취미
- 단체 봉사활동
- 종교
- 여가, 운동

'행복하고 건강한 삶'으로 분류되려면, 2년마다 작성하는 설문지 중 최근 2회분에서 위의 여덟 가지 중에서 두 가지 활동에 대해 '매우 만족'한다고 답해야 했다(부록 I 참조). 간단하게 분류하면 행복하고 건강한 이들은 자신의 삶에 만족하며, 불행하고 병약한 이들 대다수는 그렇지 않다. 그러나 삶에 대한 만족도는 때로 매우 모호하다. 예를 들어, 이너시티 출신자 중에 한 사람은 일곱 가지 항목에 대해 '매우 만족'을 선택했지만 나머지 하나 '결혼'에 대해서만은 평가를 하지 않은 채 공란으로 남겨두면서 다음과 같은 말을 덧붙였다. "오래전에 이혼한 상태라 대답하기가 곤란하지만, 이혼 뒤 지금까지 전 아내와 좋은 관계를 유지하고 있다. 나는 가족이나 지인들과 함께 지내고 싶고, 그들을 도와주고 함께 여행도 다니고 싶다. 또한 건강도 좋았으면 좋겠고, 재산도 많으면 좋겠다."

건강한 삶의 세 갈래길

앞서 제시한 노화의 여섯 가지 측면들은 서로 밀접하게 연관되어 있다. 하버드 출신 237명 중 62명은 '행복하고 건강한 삶'으로 분류했다. 리처드 럭키와 같은 사람들은 여섯 가지 측면 모두를 고려해 볼 때, 객관적·주관적·생물학적·심리학적으로 건강한 상태였다. 행복하고 건강한 사람들의 특성을 간략하게 요약하면 다음과 같다. 80세 이전에 한 번도 객관적 주관적인 신체의 무능 상태를 경험한 적이 없으며, 다른 연구 대상자들과 비교해 볼 때 사회적 유대관계와 정신건강이 상위 4분의 1에 속하고 삶에 대한 만족도가 상위 3분의 1에 속한다.

하버드 졸업자 237명 중 40명은 '불행하고 병약한 삶'으로 분류했다. 여기에는 알프레드 페인처럼 80세에 가까운 나이에 적어도 5년 동안 주관적 객관적인 신체의 무능 상태를 경험한 이들이 속한다. 뿐만 아니라 40명 모두 세 가지 정신사회적 차원, 즉 정신건강, 사회적 유대관계, 삶에 대한 만족 중 한 가지 이상에서 불행을 경험한 이들이었다.

237명 중 60명은 50세에서 75세 사이에 사망했으므로, '조기사망'으로 분류했다. 우리는 죽음, 특히 조기사망을 신의 뜻이라고 여긴다. 이제 갓 피어나기 시작하는 순진무구한 젊은이에게 악성 종양이 생겨나는 것처럼 말이다. 여기에 포함된 60명 이외에도 조기사망자가 12명 더 있었지만, 그중 6명은 제2차 세계대전에 참전해 전사했고 나머지는 갑작스런 사고나 유전적인 질병으로 세상을 떠난 이들이어서 제외했다. 또한 33세에 소아마비에 걸려 63세에 사망한 에릭 캐리, 젊은 나이에 원인 모를 비극적 죽음을 맞았던 이들 역시 제외했다. 여기에 포함된 60명은 모두 50세에서 75세 사이에 사망한 이들이며, 불행하고 병약한 삶을 살아가고 있는 이들만큼이나 정신사회적으로 불행하게 살다 간 이들이다. 60명 중 18명은 사회적 유대관계가 형편없었고, 정신건강 상태가 최악인 데다 자기 삶에 대해 한 번도 만족해 보지 못한 이들이었다. 다시 말해, 조기사망자 60명 중 3분의 2 이상은 사망하기 전 적어도 5년이 넘게 알프레드 페인처럼 불행한 삶을 이어갔다.

45세 이후까지 살아남은 이너시티 출신 332명도 똑같은 방법으로 분류했다. 그중 65세에서 70세 사이에 '행복하고 건강한 삶'에 해당하는 사람은 96명, '불행하고 병약한 삶'에 해당하는 사람은 48명, 65세 이전에 사망한 '조기사망'자는 75명이었다. 하버드 졸업생과 이너시티 출신자의 분류 결과는 비율로 따져보면 거의 비슷했다. 그러나 잊지 말아야 할 것은 이너시티 출신자와 하버드 졸업생의 나이 차가 10년이나 난다는 사실이다.

50세 이전의 삶으로
70대 이후의 삶을 예견하다

대다수 사람들이 보기에 심장 발작이나 암은 신이 내린 재앙이며, 노년에 받는 고통은 잔인한 운명의 장난 또는 불행하게도 몹쓸 유전자를 타고났기 때문이다. 노화의 전 과정이 완전히 통제 밖의 일이라고 느껴질 때도 있다. 그러나 나는 전향적 연구 자료를 수집하면서 70대에 건강한 노년을 맞이하는지 아닌지를 50세 이전의 삶을 보고 예견할 수 있다는 사실을 발견하고 놀라지 않을 수 없었다. 더더욱 놀라운 사실은 그 요인들을 얼마든지 미리 통제할 수 있다는 것이다.

10년 전, 노인학 연구의 대표적 인물인 폴 발테스^{Paul Baltes}는 기존의 노인학 연구가 아직은 건강한 노화를 예측하는 결정적 지표들을 발견하는 단계에까지는 이르지 못했다고 인정했다.[4] 신체의 노화에 관해서는 10년, 20년에 걸친 전향적 조사들이 계속 진행되어 왔다.[5~9] 그 덕분에 노화 과정에 대한 이해가 한결 풍부해진 것이 사실이다. 그러나 그 조사들은 50세를 넘긴 연구 대상자들에게 초점을 맞추었기 때문에 25년 남짓 동안만 지속될 뿐이었으며, 각 연구 대상자들이 50세 이전에 어떤 삶을 살았는지에 대해서는 객관적으로 접근할 수 없었다. 그러나 성인발달연구는 알프레드 페인과 리처드 럭키의 예에서 보았던 것처럼, 50세 이전의 삶을 토대로 80세의 삶이 어떻게 펼쳐질지 예측할 수 있었다. 그 예측 지표들을 하나하나 살펴보기에 앞서, 일반적으로 성공적인 노화와 직접 연관된다고 받아들여지고 있지만 실제로는 그다지 결정적인 영향을 끼치지 못하는 지표들부터 살펴보기로 하자.

건강한 삶과 '직접적 연관성이 없는' 여섯 가지 변수

● 조상의 수명 과학자들은 인간의 전 생애를 연구 대상으로 삼기

어렵다는 한계 때문에 초파리를 대상으로 노화에 대한 연구를 진행해 왔다. 연구 결과, 초파리의 수명을 좌우하는 중요한 요인이 유전자라는 사실이 밝혀졌다. 그러므로 우리는 우선 첫 번째 변수로 조상의 수명을 살펴보았다. 터먼 여성과 하버드 졸업생의 경우에는 부모와 조부모들의 사망시기를 토대로, 이너시티 출신자의 경우에는 부모들의 사망시기만을 토대로 삼았다. 60세 이전에 사망한 연구 대상자들의 경우, 그보다 수명이 긴 연구 대상자들과 비교해 볼 때 조상의 수명이 현저하게 짧았다. 그러나 놀랍게도 75세에 이른 연구 대상자들의 경우, '행복하고 건강한 삶'을 살아온 이들과 '불행하고 병약한 삶'을 살아온 이들 모두 이전 세대의 평균 수명이 거의 비슷했다. 75세에서 79세 터먼 여성이나 70세에 이른 이너시티 출신자의 경우에도 마찬가지였다. 이처럼 조상의 수명은 연구 대상자들이 70대가 되어 누리는 건강과 행복에 크게 영향을 끼치지 않는 것으로 밝혀졌다. 그러므로 유전자가 인간의 수명을 좌우한다고 보기는 힘들다. 물론 특정 유전자가 치명적인 질병을 일으켜 수명에 결정적인 영향을 끼칠 수는 있을 것이다. 그러나 사람에게는 수명을 연장시키는 유전자, 수명을 단축시키는 유전자들이 무수히 많으며, 결국 이전 세대로부터 받은 유전자의 영향은 서로 상쇄되어 평균에 가까워지는 것이다.

● 콜레스테롤 많은 사람들이 염려하는 것 중에 콜레스테롤을 들 수 있다. 대중잡지에 빠지지 않고 등장하는 것이 바로 콜레스테롤에 대한 경고 내용이다. 그러나 그런 잡지들은 건강에 치명적인 영향을 끼치는 흡연이나 알코올 중독에 대해서는 무관

심해 보인다. 괜히 독자들을 염려하게 만들어봤자 광고 수입만 줄어들 게 뻔하기 때문이다. 젊은 남자들, 또는 한 번이라도 심장 발작을 일으켰던 사람이라면 콜레스테롤 수치를 낮추는 것이 확실히 몸에 좋을 것이다. 그러나 50세 하버드 졸업생이나 이너시티 출신자들의 경우, 행복하고 건강한 사람이나 불행하고 병약한 사람, 심지어 조기사망자까지 콜레스테롤 수치에는 별 차이가 없었다. 이는 더 폭넓고 심도 깊은 여러 연구들을 통해서도 이미 밝혀진 사실이다.[10]

● 스트레스 스트레스는 신체건강에도 나쁜 영향을 끼친다. 스트레스를 많이 받는 사람은 궤양이나 수면 장애, 두통, 가려움증 등에 시달린다. 스트레스와 관련된 지배적인 가설들을 살펴보면, 우선 중년에 심신상관心身相關성 스트레스를 많이 받은 사람들일수록 노년에 건강이 나빠질 위험이 높다는 설이 있다. 한편 스트레스를 많이 받지만 신체적으로 어떤 증상이 나타나지는 않았다고 말하는 사람들도 있다. 그러나 '스트레스를 억제하는' 사람 역시 노년으로 접어들수록 건강이 점점 나빠질 것이라는 가설도 있다. 그러나 성인발달연구는 이 가설들을 지지하지 않는다. 50세 이전에 스트레스로 인해 생겨난 신체적 질병들은 75세의 신체건강과는 아무런 연관이 없었다. 20세에서 65세 사이에 겪은 궤양, 천식, 대장염 등 수많은 '심신상관' 질병들 역시 75세의 신체건강에 영향을 끼치지 않았다. 예외가 있긴 하지만, 대부분 몇십 년이 지나면 심신상관 질병들은 말끔하게 치유되었다.

- 부모의 특성 부모는 자녀들에게 아무런 조건 없이 유전자를 물려주고 사랑을 쏟아붓고 경제적으로 뒷받침해 주며, 때로는 자녀를 통해 자신들이 못다 이룬 꿈들을 실현하고 싶어한다. 그러나 어떤 부모를 만나는가 하는 것은 어디까지나 운명이다. 40세 때에는 그와 같은 운명이 신체건강에 중요한 영향을 끼치는 것처럼 보인다. 그러나 놀라운 사실은 10대나 20대에 중요하게 여겨지던 여러 변수들, 이를테면 부모의 사회적 신분, 부모의 안정된 결혼생활, 어린 시절에 겪은 부모의 죽음, 가족간의 결속력, 아이큐 등이 70세 이후의 삶에서는 그다지 중요하지 않다는 점이다. 이는 하버드 졸업생은 물론 이너시티 출신자들의 삶에서 분명하게 드러났다.

- 유년기의 성격 어려서 수줍음이 많고 매사 걱정이 많은 성격은 10대, 20대의 신체건강에 많은 영향을 끼친다. 그러나 이 경우도 마찬가지로 70세 이후가 되면 어린 시절의 성격이 그다지 크게 작용하지 않는다. 물론 페인과 럭키의 경우처럼 유년기의 경험이 노화 과정에 결정적인 영향을 끼치는 경우도 있지만, 그렇지 않은 예들도 얼마든지 찾아볼 수 있다.

- 사회적 유대관계 하버드 졸업생들은 대학생활을 통해 일찍부터 훌륭하게 정신사회적 경험을 쌓아나갈 수 있었다.[11, 12] 그러나 그렇다고 해서 그들 모두가 건강한 노년을 맞이한 것은 아니었다. 이 연구를 통해 배운 소중한 교훈이 있다면, 누구든 오랫동안 살다 보면 건강한 노화에 걸림돌이 되는 여러 위험요소들이 조금씩 달라진다는 사실이다. 콜레스테롤 수치에 주의를 기울

여야 할 시기가 있고, 그럴 필요가 없는 시기가 있는 것처럼 말이다.

건강한 노년을 부르는 일곱 가지 요소

하버드 졸업생 집단의 경우, 건강한 노화를 예측하는 요소로 여섯 가지를 들 수 있다. 페인과 럭키의 삶을 통해 여실하게 입증된 여섯 가지 요소를 〈도표 1〉에 이해하기 쉽게 정리해 보았다. 이에 덧붙여 일곱 번째 요소로 교육을 꼽을 수 있는데, 교육년수^{年數}는 이너시티 출신과 터먼 여성 집단의 노화에서 중요한 지표로 작용한다. 하버드 집단의 경우에는 교육년수가 엇비슷하므로, 마지막 두 집단에 대해서만 교육년수를 비교해 보았다.[13]

리처드 럭키는 50세에 담배도 피우지 않았고 술도 많이 마시지 않았으며, 안정된 결혼생활 속에서 규칙적으로 운동을 하며 살았다. 특히 그가 사회생활에서 받은 스트레스를 어떤 방법으로 해소했는지는 본보기가 될 만하다. 물론 그 역시 비만이긴 했지만, 나머지 다섯 가지 요소들은 모두 양호한 축에 들었다. 그러나 알프레드 페인은 여섯 가지 요소들 중 그 어느 것도 만족할 만한 상태에 이르지 못했다.

● 비흡연 또는 젊은 시절에 담배를 끊음 두 남성 집단의 경우, 50세 이전에 담배를 많이 피웠는지 여부는 건강한 신체적 노화에 중요한 영향을 끼쳤다. 하버드 집단의 경우, 행복하고 건강한 삶을 살아온 이들과 조기사망자들을 비교해 볼 때, 담배를 30년

동안 하루 한 갑 이상 꾸준히 피워온 비율은 1:10 정도로 나타
났다. 그러나 45세 이전에 담배를 끊었다면, 20년 동안 하루 한
갑 정도 담배를 피웠던 경우라 하더라도 70세나 80세에까지
심각한 영향을 끼치지는 않았다.

● 적응적 방어기제(성숙한 방어기제) 세 집단 모두에게 행복하고 건
강한 노년을 약속하는 가장 강력한 요소는 바로 적응적 방어기
제였다. 각기 독립된 평가자들에게 연구 대상자들의 현재 건강
상태를 공개하지 않은 상태에서, 각 연구 대상자들에 대한 기
록만을 토대로 무의식적인 방어기제를 평가해 보도록 했다. 2
장에서처럼, 〈도표 1〉에서도 적응적 방어기제를 성숙한 방어기
제로 지칭했다. 일상생활에서 성숙한 방어기제라고 하면 소소
하게 불쾌한 상황에 부딪히더라도 심각한 상황으로 몰아가는
일 없이 긍정적으로 전환할 수 있는 능력을 일컫는다. 두 남성
집단의 경우, '행복하고 건강한 삶'을 살아가는 이들은 대부분
성숙한 방어기제를 지니고 있지만, '불행하고 병약한 삶'을 살
아가는 이들에게서는 성숙한 방어기제를 찾아보기 힘들었다.
50세에 지녔던 성숙한 방어기제가 곧 노년의 정신사회적인 건
강을 좌우하는 중요한 요소로 작용하기 때문에 그런 결과가 나
온 것이다. 성숙한 방어기제들이 객관적인 신체건강까지 좌우
하는 것은 아니다. 그러나 성숙한 방어기제를 통해 주관적으로
신체적 무능 상태라고 느끼는 것인지, 아니면 실제 객관적으로
무능한 상태인지를 구분할 수는 있다. 〈도표 1〉에 나타나 있지
는 않지만, 50세 때 사회활동의 폭은 정서적인 성숙을 촉진하
는 것은 물론 노년에도 정신사회적으로 건강하게 살아가도록

도표 1 75~80세 때 하버드 집단의 성공적 노화를 예측할 수 있는 50세 때의 지표

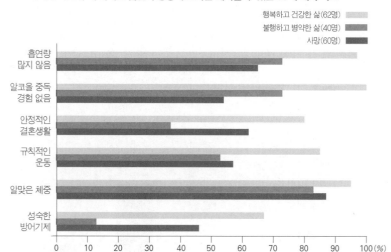

이끄는 중요한 요소로 작용했다. 세 집단 중에서 50세에 생산적 성취도가 높았던 남성과 여성들이 행복하고 건강한 노년에 이른 비율이 불행하고 병약한 노년에 이른 경우에 비해 세 배에서 여섯 배는 더 높게 나타났다.

● 알코올 중독 경험 없음 세 번째로 중요한 요인은 알코올 중독에 빠진 일이 없어야 한다는 점이다. 알코올 중독은 노년의 정신사회적 건강은 물론 신체건강을 좌우하는 결정적인 요소다. 알코올 중독은 알코올로 인해 배우자나 가족, 직장동료와의 관계 또는 사회 질서나 건강에 심각한 문제를 야기했는가 하는 점에서 평가된다. 매사추세츠 주의 프레이밍햄 연구Framingham Study,14 캘리포니아 주의 앨러미다 카운티 연구Alameda County Study15가 장기적으로 건강에 대해 연구해 오긴 했지만, 그 연구에서는 알

도표 2 75~80세 때 신체 건강한 남자의 비율

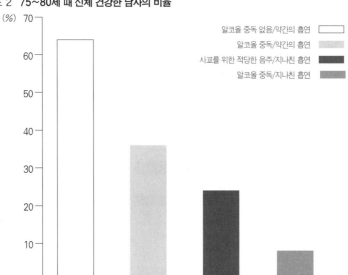

코올 중독이 아니라 알코올 소비량에 초점을 맞췄다. 그러나 음식을 많이 먹는다고 반드시 비만이 되는 것이 아니듯 알코올 소비량이 곧 알코올 중독을 결정하는 기준이 될 수는 없다.

전향적인 연구를 통해 본 결과, 알코올 중독은 과중한 스트레스[16]로 인한 결과라기보다는 오히려 그 자체가 스트레스를 불러일으키는 원인으로 작용했다.[17] 또한 알코올 중독은 자살, 살인, 암, 심장질환, 면역체계 약화를 유발하므로, 알코올 중독으로 인한 사망률이 간경변이나 자동차 사고로 인한 사망률보다 높다고 볼 수 있다.[18] 〈도표 2〉에 나타나 있듯이 건강에 악영향을 끼치는 점에서 볼 때, 비흡연자가 알코올 중독에 빠지는 것은 담배를 많이 피우면서 사교를 위해 적당히 음주를 즐기는 경우와 다를 바가 없다. 〈도표 3〉에서와 같이, 이너시티 출신의 경우에도 하버드 졸업생들과 마찬가지로 비흡연, 적응적 방어

도표 3 65~70세 때 이너시티 집단의 성공적 노화를 예측할 수 있는 50세 때의 지표

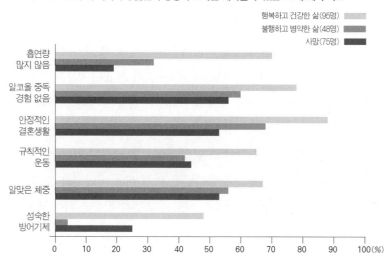

행복하고 건강한 삶(95명)
불행하고 병약한 삶(48명)
사망(75명)

흡연량 많지 않음
알코올 중독 경험 없음
안정적인 결혼생활
규칙적인 운동
알맞은 체중
성숙한 방어기제

기제, 알코올 중독 없음이라는 처음 세 가지 요소가 성공적인 노화에 주된 영향을 끼치는 것으로 나타났다.

● 알맞은 체중, 안정적인 결혼생활, 운동 〈도표 1〉과 〈도표 3〉에서 볼 수 있는 또 다른 세 가지, 즉 알맞은 체중, 안정적인 결혼생활, 규칙적인 운동 역시 건강한 노화를 위해 중요한 요소들이다. 비만은 담배를 피우는 것만큼이나 신체건강에 나쁜 영향을 끼친다. 행복한 결혼생활과 규칙적인 운동은 신체건강은 물론 정신사회적 건강에까지 좋은 영향을 끼친다.

● 교육년수 이너시티 출신자의 경우, 교육년수가 중요한 변수로 작용했다. 교육년수가 단순히 사회적 계급이나 지적 능력만을 반영하는 것 같지만, 교육년수가 건강한 노화에서 큰 비중을

차지하는 이유는 사실 사회적 계급이나 지적 능력 같은 요소 때문이 아니다. 노년의 신체건강에 영향을 끼치는 교육의 요소는 아이큐나 유년 시절 가정의 소득이 아니라 자기관리와 인내심이다. 이너시티 출신자의 경우, 교육을 많이 받은 사람일수록 담배를 끊거나 음식을 조절하거나 술을 자제하는 데 성공하는 확률이 높았다. 이너시티 출신자들이 하버드 졸업생이나 터먼 여성들보다 건강이 더 빨리 나빠지는 이유도 여기에 있다. 〈도표 3〉에서 분명하게 나타나듯 50세 이전 이너시티 출신들의 알코올 중독이나 흡연율은 하버드 졸업생에 비해 거의 두 배였으며, 비만율은 세 배였다.

교육이 사회적 계급이나 지적 능력과 관계없이 건강한 노화를 예측할 수 있는 요소라는 근거는 여럿 있다. 사실 70세 이너시티 출신자의 신체건강은 80세에 이른 하버드 졸업생들의 상태만큼이나 나빴다. 하지만 놀랍게도 '대학 교육을 받은' 70세 이너시티 출신자들의 건강은 같은 70세 하버드 졸업생들의 건강상태와 다를 바 없었다.[19] 그들의 유년기 가정형편, 아이큐, 소득, 출신 대학, 직업 등은 하버드 졸업생들과 비교도 안 될 만큼 열악했는데도 말이다. 그러므로 교육 수준 한 가지만 일치하더라도 신체건강 상태가 비슷한 수준이라고 볼 수 있다.

그 이유가 무엇인지는 아직도 분명하게 밝혀진 바가 없다. 그러나 건강과 교육의 연관성에 대해 두 가지 설명이 가능하다. 첫째, 어느 정도 앞일을 생각할 줄 아는 사람이라면 가능한 한 교육을 많이 받고 싶어하며 자기관리에 충실하다. 둘째, 사람들은 교육을 받음으로써 자기 삶의 진로를 스스로 결정할 수 있다고 믿는다. 교육을 많이 받을수록 개인의 행동이 어떤 결과를 가져올지를 한결 수월하게 이해할 것이다.

〈도표 1〉과 〈도표 3〉에서 살펴본 방어요소들, 즉 안정적인 결혼생활, 어려움에 대처하는 자세, 금연, 적절한 음주, 규칙적인 운동, 높은 교육 수준, 적당한 체중 유지는 앞으로 30년 동안의 건강을 보장해 줄 것이다. 50세가 된 하버드 졸업생들 중 리처드 럭키와 같은 유형의 106명은 대부분 이 요소들 중에서 여섯 가지를 모두 갖추고 있었다. 그들 중 절반은 80세에 '행복하고 건강한 삶'을 누렸으며, '불행하고 병약한 삶'에 이른 사람은 단 8명뿐이었다.

그러나 하버드 졸업생들 중 알프레드 페인과 같은 유형 66명의 경우에는 여섯 가지 방어요소 중 네 가지 이상 갖춘 사람을 찾아보기 힘들었다. 50세에 이미 신체적 무능 상태가 된 사람들을 빼더라도 80세에 '행복하고 건강한 삶'에 해당하는 사람은 단 한 명도 없었으며, 3분의 1에 해당하는 21명이 '불행하고 병약한 삶'을 맞이하고 말았다. 66명 역시 50세에는 비교적 신체적으로 건강했지만, 앞의 106명과 비교해 볼 때 앞으로 30년 안에 사망할 확률이 세 배나 더 높았다. 알프레드 페인처럼 50세에 두 가지 방어요소도 갖기 어려웠던 이들은 모두 80세를 못 넘기고 사망했다.

이너시티 출신자들의 평균이 하버드 졸업생들에 비해 훨씬 낮게 나왔던 게 사실이다. 그러나 그들 중에서도 50세에 건강상태가 양호하고 방어요소를 네 가지 이상 갖춘 이들이 114명에 달했다. 20년 뒤, 그중 5퍼센트에 해당하는 이들이 사망했다. 불행하고 병약한 노년에 이른 사람은 6퍼센트밖에 되지 않았으나, 행복하고 건강한 노년에 이른 사람은 58퍼센트나 되었다. 50세에 신체적으로는 건강했으나, 방어요소 중 네 가지도 채 갖추지 못했던 이들은 58명이었다. 그중 절반은 불행하고 병약한 노년에 이르거나 조기사망했으며, 10퍼센트 정도만이 행복하고 건강한 노년에 이르렀다.

두 남성 집단과 달리 터먼 여성의 건강기록은 체계적으로 수집되지 못했다. 그러나 이너시티 출신자들의 건강한 노화에 도움이 되었던 요소들이 터먼 여성들에게도 똑같이 적용된다는 걸 알 수 있었다. 75세에서 80세 사이에 '행복하고 건강한 삶'을 맞이한 터먼 여성 23명 중 6분의 5는 방어요소를 네 가지 이상 갖추고 있었다. 그러나 75세에 불행하고 병약한 삶이나 조기사망으로 분류된 여성들 중 6분의 5는 방어요소들 중 세 가지 이하만 갖추고 있었다.

50세 이후, 운명은 스스로가 결정한다

보스턴과학박물관 컴퓨터에는 우리 연구에서 제시한 것과 똑같은 방어요소들을 바탕으로 수명을 측정하는 프로그램이 장착되어 있다. 언젠가 나는 위험요소들을 있는 대로 꾸며내어 입력한 뒤 내가 얼마나 살 수 있을지 알아봤다. 결과는 놀랍게도, 내가 '태어나기 2년 전에 죽었다'는 것이었다!그 컴퓨터 프로그램을 짤 당시, 전문가들은 자기들이 중요하다고 여기는 특정 위험요소를 과대평가하는 데 급급한 나머지, 그 위험요소들을 모두 적용할 경우 실제 측정 결과가 어떨지에는 제대로 주의를 기울이지 않았던 게 틀림없다.

그러므로 〈도표 1〉과 〈도표 3〉에서 살펴보았던 여섯 가지 변수들 역시 건강한 노화를 예측하는 각기 독립된 지표들일 뿐이라는 사실에 주목해야 한다. 여기서 '독립적'이라는 표현을 쓴 이유는, 다른 다섯 가지 요소들을 통계의 근거로 삼는다 하더라도, 특정 한 가지 변수만으로도 얼마든지 건강한 노화를 예견할 수 있기 때문이다.(부록 J 참조)

〈도표 1〉과 〈도표 3〉은 앞으로 평균 80세는 너끈히 넘기며 살 젊은 세대들에게 희망을 선사하는 메시지를 담고 있다. 각 도표에서 여섯 가지 통제 가능한 방어요소의 영향을 통계학적으로 계산에 넣을 경우, 통제 불가능한 위험요소들(즉 이전 세대들의 단명, 우울증, 암울한 유년기 등)은 노년의 삶에 독자적으로 중대한 영향을 끼치지 않는 것으로 드러났다. 물론 언제나 예외는 있을 수 있다. 갑자기 번개에 맞아 사망할 수도 있고 누군가의 어리석은 실수로 불구가 될 수도 있으며, 유전적인 질병 때문에 젊은 나이에 죽을 수도 있다. 또한 평생 담배와 술에 절어 살면서도 75세까지 건강한 신체를 유지할 수도 있다. 그러나 이 예들은 어디까지나 예외일 뿐이다.

다행스럽게도 우리 대부분은 적어도 50세 이전까지는 체중, 운동, 담배, 알코올을 조절할 수 있다. 또한 열심히 노력하고 꾸준히 치료를 받는다면 가장 소중한 사람들과의 관계를 얼마든지 바람직한 방향으로 개선하고 부적절한 방어기제를 줄여나갈 수 있다. 활기차고 건강한 노년은 뜻밖의 행운이나 유전자가 아니라 우리 스스로가 결정하는 것이다.

피할 수 없는 쇠퇴, 그리고 다행스러운 소식

80세까지 살 수 있다 하더라도, 그때까지 '정상적인' 노화를 거치며 살아갈 수 있을지 염려될 것이다. 남자의 경우, 20세부터 성교 능력이 쇠퇴하기 시작한다. 그러므로 사람들은 노년이 되면 누구나 성생활을 할 수 없을 것이라고 걱정한다. 그러나 시몬 드 보부아르는 88세 노인이 90세 아내와 일주일에 네 번 이상 성관계를 가진다는 얘기를 전하면서 희망을 선사한다.[20] 건강하게 살아온 이들이라면 75세에서 80세 사이에 평균 10주에 한 번 정도 성관계를 가질 것이다. 그러나 사람들은 생명의 불꽃이 계속 타오르고 있는 상황에서도 생존 자체에 대해 염려에 염려를 거듭한다. 신체가 쇠약해지면서 정신마저도 놓아버리는 게 아닌가 걱정하기도 한다. 인간의 뇌세포는 20세부터 줄어들기 시작해서 일년에 수백만 개씩 감소해, 70세에는 10퍼센트만 남고 80세에는 완전히 사라질 것이라는 학설도 한때 있었다. 그러나 건강한 70대와 90대 노인에 대한 최근의 연구에 따르면, 정상적인 뇌세포 감소량이 우리가 걱정하는 것보다 훨씬 적으며, 뇌세포가 감소하더라도 그 양은 어디까지나 적절한 가지치기 정도라고 한다. 나이가 들수록 뇌가 줄어드는 것은 사실이지만, 뇌세포의 수는 각자의 경험에 따라 달라질 수 있다. 그리고 또 한 가지, 뇌세포가 가장 많이 감소하는 시기가 5세 무렵이라는 사실도 잊지 말아야 한다. 다행히 우리는 다섯 살 때보다는 지금이 훨씬 더 똑똑하다. 80세까지 살아남은 하버드 졸업생 90퍼센트 이상은 그 나이가 되어서도 각자의 지적 재능을 고스란히 간직하고 있었다.

오래된 뇌를 가지고 있다는 것은 오래된 차를 소유하는 것이나 다름없다. '평균적인' 노인의 상태를 가정한다는 것은 20년 된 차의 '평균적인' 상태를 가정하는 것만큼이나 오해의 소지가 크다. 차의 수명은 어디까지나 운전습관과 관리에 달려 있다. 오래된 차들이 덜거덕거리고 볼썽사나운 꼴이 되어 폐차 지경에 이르는 이유는 수명이 오래되어서가 아니라 사고나 관리 소홀 때문이다. 인간 역시 마찬가지다. 인간의 노쇠 역시 사고나 질병 때문인 경우가 많다.

건강한 80세 노인의 뇌는 젊은이의 뇌가 할 수 있는 거의 모든 일을 해낼 수 있다. 그러나 젊은이에 비해 시간은 조금 더 많이 걸릴 것이다. 대개 마흔 살이 넘으면 밤샘작업이나 이름 외우기 등이 점점 어려워진다. 그러나 그런 제약들이 있는데도 에마뉴엘 칸트Immanuel Kant는 57세에 처음으로 철학에 관한 저서를 집필했으며, 윌 듀랜트Will Durant는 83세에 역사 부문에서 퓰리처상을 획득했고, 프랭크 로이드 라이트Frank Lloyd Wright는 90세에 구겐하임 미술관을 설계했다.

모든 일이 스물한 살 때와 똑같지는 않겠지만, 테니스 시합에서 노련한 65세가 거드름을 피우는 30세에게 이기는 경우도 종종 있다. 휴스턴의 유명한 심장 외과의사인 마이클 드베이키Michael DeBakey 박사는 91세에도 여전히 나사의 의학고문을 맡고 있었다. 파블로 카잘스Pablo Casals가 91세가 되어서도 날마다 꾸준히 첼로 연습을 하자, 한 제자가 물었다. "선생님은 왜 계속 연습을 하시는 겁니까?" 이 물음에 카잘스는 "요즘도 조금씩 실력이 향상되기 때문이라네."라고 답했다.[21]

나이가 들수록 점점 더 이름 외우기가 어려워지는 건 사실이지만 건망성 실어증은 30세부터 이미 시작되며 알츠하이머병과는 아무 관련도 없다. 그러나 이름이 떠오르지 않는 것 말고도 걱정되는 일들이 많다. 70세가 넘으면 전화번호도 잘 외워지지 않고, 차들이 빽빽하게 주차된 주차장에서 자기 차를 어디에 세워놓았는지 기억나지 않을 때가 많아진다. 나이가 들어갈수록 공간기억력이나 감정이 개입되지 않은 단순암기력이 떨어지는 것은 피할 수 없는 사실이다. 그러나 나이가 들어가더라도 감정이 오고갔던 사건은 젊은이들만큼 상세하게 기억해 낼 수 있다. 우리의 뇌는 다락방과 다름없다. 새 집의 다락방도 10년, 20년이 지나면 어느새 자질구레한 물건들로 어지럽게 채워진다. 그러나 시간이 지날수록 그 공간은 점점 더 소중한 곳이 되며, 새 물건을 들여놓을 때에도 훨씬 더 신중해진다. 다락방에 넣어둔 물건의 가짓수는 크게 변함이 없겠지만, 세월이 흐를수록 그 물건에 담긴 소중한 추억들이 점점 더 가치 있게 다가올 것이다. 그리고 시간이 지나면서 쓸모없는 것들은 대부분 쓰레기통에 버려지거나 중고 판매대 위에 오를 것이고, 오직 자기 자신이 소중하게 여기는 물건들만이 다락방에, 그리고 마음속에 보관될 것이다. 전화번호는 기억에서 사라지더라도 손녀가 좋아하는 간식이 무엇인지는 기억할 수 있다. 한 가지 덤이라면, 다락방보다는 우리의 뇌가 훨씬 더 말쑥하게 정리된다는 점이다.

사회적 유대관계는 삶을 어떻게 바꿔주는가?

훌륭한 사회적 유대관계가 건강한 노화를 불러오는가, 아니면 건강한 노화가 사회적 유대관계를 발전시키는가? 아마 대부분의 평자들은 전자를 택할 것이다. 그러나 앞에서 살펴보았듯이 이 둘은 밀접하게 연관되어 있기는 하지만, 어느 하나가 다른 하나의 원인이 되는 것은 아니다. 눈이 겨울과 밀접하게 연관되어 있기는 하지만 눈이 겨울이 오는 원인은 아닌 것처럼 말이다. 지나친 흡연은 치명적인 교통사고와 밀접한 연관이 있다. 그렇다고 해서 운전자가 라이터를 집으려고 잠시 눈을 돌리는 사이에 사고가 일어나는 경우를 두고 말하는 것은 아니다. 지나친 흡연과 치명적인 교통사고 모두 알

도표 4   75세에도 여전히 신체 건강한 남자의 비율

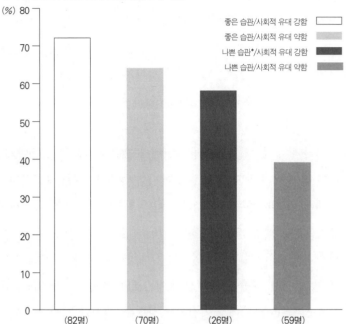

* 여기서 나쁜 습관이란, 15년 동안 하루에 담배를 두 갑 피우거나 50세 이전에 알코올
의존증 또는 중독 증세를 보이는 것을 가리킨다.

코올 중독에 의해 심각성이 더해진다는 점에서 둘 사이의 연관성이
나타난다. 운동을 하면 심장에만 좋은 것이 아니라 비만 위험까지
줄일 수 있다. 또한 다른 사람과 함께라면 운동하기가 훨씬 더 쉬워
질 것이다. 이처럼 운동은 풍부한 사회적 유대관계를 나타내는 지표
가 될 수 있으므로, 그 역시 부분적으로는 건강한 노화에 중요한 역
할을 한다고 볼 수 있다.

　행복한 결혼생활을 해온 사람 수는 불행하고 병약한 사람들보다
행복하고 건강한 사람들 가운데 여섯 배나 많았다. 불행하고 병약하
게 살아온 하버드 졸업생 34명 중에는 단 3명만이 부부 둘 다 만족

할 만한 결혼생활을 누렸다. 그 이유는 무엇인가? 알프레드 페인은 어린 시절 가족의 사랑을 받지 못하고 자랐기 때문에 성인이 된 뒤에도 자기관리에 허술한 것인가, 아니면 페인의 잘못된 생활습관 때문에 친구들이나 가족, 자녀들과 사이가 멀어졌는가? 도대체 무엇이 원인이고 무엇이 결과인가? 〈도표 4〉에서는 두 가지 설명 모두가 옳다고 말한다.

과거에 가졌던 좋은 습관이 현재의 훌륭한 사회적 유대관계보다 훨씬 더 중요하다. 70대에 훌륭한 사회적 유대관계를 유지한다는 것이 무엇을 의미하는지는 앞에서 이미 정의했다. 〈도표 4〉에서 좋은 습관이라고 하면, 50세 이전에 담배를 끊고 술을 절제해서 마시는 것을 의미한다. 하버드 졸업생들을 대상으로 조사한 결과를 나타낸 〈도표 4〉에서, 훌륭한 사회적 유대관계와 좋은 습관을 지닌 사람들 중 4분의 3은 75세에도 여전히 건강했다. 그러나 50세 이전에 담배를 많이 피우고 알코올 중독에 빠졌으며, 사회적 유대관계가 좋지 않았던 사람들 대부분은 75세에 신체적 무능 상태이거나 그 전에 사망했다. 더 흥미로운 사실은, 과거에 나쁜 습관을 가졌지만 현재 폭넓은 사회적 유대관계를 맺고 있는 사람들의 건강이, 과거에 나쁜 습관을 가져본 적이 없지만 현재 사회적 유대관계가 좋지 않은 사람들에 비해 더 나쁘다는 것이다. 또한 과거에 좋은 습관을 가졌지만 현재 사회적 유대가 약한 사람들의 건강은, 좋은 습관과 훌륭한 유대관계를 지닌 사람들보다 크게 뒤떨어지지 않았다.

이와 같은 맥락에서 볼 때, 양호한 신체건강을 예측하는 방어요소들이 훌륭한 사회적 유대관계를 예견하는 데에도 똑같이 적용될 수 있다. 하버드 졸업생 중 70세에 사회적으로 철저하게 고립된 상태에 놓인 59명은 〈도표 1〉에 제시된 방어요소들 대부분을 결여하고 있

었다. 나머지 178명과 비교해 보면 현재 사회적으로 고립되어 살아
가고 있는 이들 중에 알코올 중독에 빠졌던 이들이 일곱 배나 더 많
았으며, 지나친 흡연 경험은 네 배가 넘었다. 또한 과거에 운동 부족
이었거나 50세 이전에 만성질환에 걸린 이들도 두 배나 더 많았다.

이 문제에 대해 좀 더 논의를 발전시켜 보자. 우선 하버드 졸업생
의 경우, 행복하게 결혼생활을 시작했다가 알코올 중독 때문에 불행
한 결말에 이른 이들은 28명이었던 데 비해, 불행한 결혼생활 때문
에 알코올 중독에 빠진 사람은 단 7명뿐이었다. 둘째, 이혼이 죽음을
앞당기는 원인은 아니다. 그보다는 알코올 중독이 사고나 이혼의 원
인이 되며 죽음을 앞당긴다. 안정적인 결혼생활을 하고 있는 이들과
비교해 볼 때, 이혼한 이들이 사고로 사망한 확률이 네 배 이상, 간
경변으로 사망한 확률은 여섯 배인 데 비해, 백혈병으로 사망한 확
률은 1.2배 정도에 지나지 않았다.[22] 정리해 얘기하면, 이혼한 이들
은 이혼을 불러일으켰던 바로 그 요인들(알코올 중독 등)로 말미암아
악화된 질병(간경변) 때문에 유독 사망률이 높았다.

그렇다면 알코올 중독의 원인은 무엇인가? 담배나 술은 고통스러
운 마음을 달래는 효과적인 자가치료제가 될 수 없는가? 아마 사람
들은 대부분 '될 수 있다'고 대답할 것이다. 그러나 일반적인 통념과
달리 술은 우울증을 더 악화시킬 뿐이다. 최근의 다양한 연구들을
통해서도 알 수 있듯이, 알코올 중독의 병인은 환경보다는 유전과
더 밀접하게 연관되어 있다.[23] 알코올 중독 유전자를 타고난 사람은
행복한 유년기를 보냈다 하더라도 알코올 중독에 빠지기 쉬운 반면,
알코올 중독에 빠진 계부 때문에 불행한 유년기를 보낸 사람은 알코
올 중독에 빠지는 일이 거의 없다.[24] 즉 알코올 중독은 성공적인 노
화를 가로막는 주요 원인이지만, 이를 인식하는 사람은 드물다. 알

코올 중독을 주요 원인으로 본다고 해서 사회적 유대관계를 부차적인 요인으로 치부해 버리려는 것은 아니다.

그러나 독자들은 보스턴과학박물관 컴퓨터에서 나왔던 결과, 즉 내가 어머니 뱃속에 자리를 잡기도 전에 이미 사망했다고 나온 결과를 기억해야 한다. 평가자의 주관적인 선호도에 따라 다양한 위험변수들 중 특정 요소들이 과대평가되는 것이 사실이다. 나는 알코올 중독에 관심이 많은 내과의사이지 사회학자는 아니라는 사실을 다시 한 번 상기해 주기 바란다. 그러니 사회적 유대관계보다는 알코올 중독이 훨씬 더 건강한 노화에 결정적인 영향을 끼친다는 나의 입장은 반쯤 에누리해서 들어주면 좋겠다. 좋은 습관을 유지하는 일에 비하면 친구 사귀는 일이 훨씬 즐겁지 않은가? 50세 즈음에 있는 힘을 다해 풍부한 사회적 유대관계를 만들어보라. 삶이 훨씬 더 풍요로워질 것이다.

8장
삶을 즐기는 놀이와 창조의 비밀

잘 활용하는 방법만 안다면

노년은 온통 즐거움으로 가득한 새로운 세계다.

_세네카

새로운 시선으로 사물을 바라볼 수 있는 한

언제까지나 젊음을 유지할 수 있을 것이다.

_78세 터먼 여성

잘 활용하는 방법만 안다면 노년은 온통 즐거움으로 가득할 것이다. 그러나 안타깝게도 그렇지 못한 사람들이 많다. 어느 날 문득 내게 편지를 보내왔던 한 사업가의 이야기를 들어보자.

나는 노년을 주제로 한 당신의 연구 논문들을 매우 흥미롭게 읽었습니다. 76세가 된 내 생각에 한 가지 염려되는 점이 있다면, 과연 65세에서 75세 사이 노인들의 행동과 생각이 젊은이들에게 진정으로 호감을 줄 수 있을까 하는 것입니다. 젊은이들은 직접 문제에 부딪히기 전까지는 자기가 가진 환상을 버리지 않을 테니까요.

내 친구들은 나의 활동이나 관심사들을 보면서 부럽다고들 말합니다. 그러나 나는 여러모로 부족한 점이 많습니다. 퇴직하기 전까지 나는 일을 사랑하고 일에 모든 걸 걸었습니다. 그러나 나는 갑자기 일을 그만두어야만 했습니다. 갑자기 일자리를 잃으니 몇 년 동안 차곡차곡 갈고닦아온 기술들이 모두 쓸모없는 것이 되어버렸지요. 그 충격으로 우울증에 시달리기도 했습니다. 내 누님은 91세가 되었지만 아직도 자신의 모든 재능을 고스란히 간직하고 계십니다. 얼마든지 능력이 있는데도 그 능력을 수십 년 동안 묵힐 수밖에 없는 현실이 답답하고 안타까울 따름입니다. 남은 세월을 이렇게 허송세월하며 보내야 하는 게 인간의 운명은 아닐 거라고 확신했습니다. 그러나 30여 편의 자서전을 읽어본 뒤에야 비로소 나는 인생의 전반부에 모든 일들이 이루어진다

는 걸 깨달았습니다. 인생의 후반은 왜 그리 지루하게만 그려져 있는
지.

다른 이들이야 어떻게 살다 갔든 나는 내일 해가 다시 떠오르는 한
변함없이 경주용 보트를 타러 나갈 것이며, 손자에게 줄 벚나무 상자
를 완성할 것입니다.

남은 인생의 절반 정도를 충실하고 즐겁게 보낼 수 있다면, 그는
분명 앞으로 남은 삶에서 크나큰 즐거움을 발견할 것이다. 여생에
대해 조금은 회의적이었던 이 남자와 달리, 75세에 이른 한 하버드
졸업생은 남은 삶에 대해 매우 낙관적이었다. 그는 "하루하루의 삶
이 나에게 늘 새로운 경험을 선사해 주기" 때문에 아침마다 잠자리
에서 일어나는 일이 즐겁다고 말했다. 그는 앞으로 남은 삶이 자기
생애에서 가장 행복한 시간이 될 거라면서 다음과 같이 덧붙였다.

지금 무슨 일을 하는가보다는 어떤 모습으로 존재하는가가 더 중요
하다. 내가 하는 일 중에 사람들이 존경할 만한 일이라곤 한 가지도 없
다. 나는 새로운 일을 계획하고 있지도 않으며, 남의 칭송을 받을 만큼
거창한 자선활동에 헌신하고 있지도 않다. 모아놓은 재산도 없으며,
새로운 지식을 쌓고 있지도 않다. 어쩌면 나는 지극히 하찮은 일을 하
고 있는지도 모른다. 나는 그저 여러 자선단체에 가입해 있을 뿐이다.
나는 노숙자들을 위해 시에서 운영하는 무료식당에서 일을 돕고, 주에
서 시행하는 시험이 있을 때면 근처 학교에 나가 3, 5학년 학생들 시험
감독을 맡아왔다. 그외의 시간에는 집안일을 하거나 정원을 가꾸거나
산책을 하거나 수영을 즐긴다.

그는 비록 사람들에게 내세울 만큼 거창한 일을 하고 있지는 않았지만 자기 삶을 사랑했다. 처음에 소개했던 남자와 달리 그는 비록 75세에 매우 가치 있는 존재가 되지 못한다 하더라도 얼마든지 자유롭게 삶을 즐기며 살 수 있다는 걸 이해하고 있었다. 그에게 인생의 후반은 지루한 시간이 절대 아니었다.

사실 사람들은 은퇴를 실제보다 훨씬 더 심각한 삶의 문제로 받아들인다. 예를 들어, 한 지역 설문조사에서 인생사 중 스트레스를 주는 사건 34가지를 견디기 힘든 순서대로 나열해 보라고 한 결과, 은퇴는 겨우 28번째를 차지했다. 또 다른 연구 결과에서는 은퇴가 스트레스를 유발시키는 31가지 사건 가운데 31번째였다.[1] 한편 어떤 연구에서는 은퇴를 하고 나면 운동할 여유가 생겨 오히려 스트레스가 줄어들며, 그 결과 우울증이나 흡연, 알코올 섭취량이 줄어든다고 밝히기도 했다.[2] 성인발달연구에 참가한 사람들의 경우, 60세에 인생의 여러 요소 중 '일'을 가장 좋아한 사람들은 75세에 이르러 자기 삶에서 '은퇴한 것'을 가장 좋아했다. 다시 말해, 일을 좋아한 사람들은 은퇴도 즐겁게 맞이했다.

은퇴가 스트레스를 주는 요인으로 작용하는 경우는 네 가지 정도다. 첫째, 자신의 의지와 상관없이 갑작스럽게 퇴직하게 되었을 때, 둘째는 봉급 이외에 따로 수입이 나올 곳이 없을 때다. 그러나 이너 시티 출신자의 경우에도 정신질환이나 알코올 중독에 빠진 이들을 제외하면 은퇴해서 수입이 줄었다고 불평하는 이들은 극소수였다. 셋째는 가정에서 행복을 찾지 못하고 일터를 도피처로 삼았던 경우다. 넷째는 건강이 악화되어 본의 아니게 퇴직한 경우다. 그러나 이때 퇴직은 스트레스를 유발시키는 원인이 아니라 결과일 뿐이며, 이런 경우는 극히 일부에 지나지 않는다. 그러므로 은퇴가 심각한 삶의 문제로 과대평가되고 있다는 나의 주장은 여전히 유효하다.

은퇴가 신체건강에 악영향을 끼친다고 할 만한 근거는 어디에도 없다. 객관적인 자료들을 살펴봐도 은퇴가 건강을 더욱 악화시킨다는 내용은 찾아볼 수 없었다.[3] 실제로, 은퇴해서 건강이 더 나빠졌다는 대다수 사람들을 향해 은퇴하고 나서 오히려 건강상태가 좋아졌다고 주장하는 사람이 4명 있었다.[4] 양쪽 주장 모두 부분적으로는 착각일 가능성이 있다. 은퇴 뒤에 오히려 더 건강해졌다고 느끼는 사람은 더 이상 업무 스트레스를 받지 않으므로 마음이 편해진 것일지도 모른다.[5] 역으로, 은퇴 뒤에 건강이 더 나빠졌다고 느끼는 사람은 은퇴 전부터 병을 앓아왔거나 그 병이 악화되어 퇴직할 수밖에 없었던 이들일 수도 있다. 실제로 전체 퇴직자 중에 25퍼센트 정도는 질병이나 신체적 무능 때문에 퇴직을 당한 경우였다.[6]

은퇴는 성인의 발달과정에서 또 하나의 이정표라고 볼 수 있다. 일에 대한 미련을 버리고 편안한 마음으로 은퇴를 맞이할 수 있다면 그 역시 축복할 만한 일이다. 지구상의 몇몇 문화권에서는 은퇴를 결혼식이나 세례식, 성인식처럼 신성하게 여기기도 한다. 그러나 우리 연구 대상자들 중에 은퇴를 축복으로 받아들이는 경우는 손가락으로 꼽을 정도로 드물었다.

은퇴가 심각한 인생 문제가 아니라고 하더라도, 은퇴와 연관된 문제들이 20세기에 점점 더 중요해진다는 것은 가볍게 지나칠 수 없는 사실이다. 육체노동의 강도가 높았던 1796년, 미국의 작가이자 국제적 혁명이론가인 토머스 페인Thomas Paine은 노동자들이 50세부터 연금을 받아야 한다고 생각했다.[7] 그러나 그런 연금은 실제로 존재하지도 않았고, 20세기까지만 해도 평균 연령으로 따져볼 때 사망하기 3년 전에야 비로소 은퇴할 수 있었다. 1890년의 통계를 살펴보면, 70세를 넘긴 미국인 중 70퍼센트가 여전히 노동인구에 포함되어 있었다. 1910년의 경우, 살아 있는 모든 하버드 졸업생 중 은퇴한 사람은 겨우 1퍼센트밖에 되지 않았다. 그러나 노동생산성과 사회보장제도가 발달하면서 많은 변화가 생겨나기 시작했다. 1970년에는 65세 된 성인 남성 중 50퍼센트만이 노동인구에 포함되었고(즉 50퍼센트는 은퇴했고), 1986년에는 이 비율이 31퍼센트까지 낮아졌다.[8] 그리고 2000년을 기준으로 살아 있는 모든 하버드 졸업생 중에서 은퇴한 사람은 15퍼센트를 차지한다.[9]

하버드 집단과 이너시티 집단을 통틀어볼 때, 5명 중 1명은 60세 또는 그 이전에 은퇴했다. 사유는 대부분 건강 악화였다. 이너시티 집단의 경우, 65세 이후까지 노동에 참여하는 비율은 20퍼센트 미만이었다. 반면 하버드 집단의 경우에는 절반 이상이 65세 이후까지도 전업에 종사하고 있었다. 이너시티 집단과는 대조적으로 하버드 집단이나 터먼 여성 집단의 대다수는 사무직을 위한 고급 교육을 받을 기회가 늘어난 덕분에 70세까지도 새로운 직종에 종사할 수 있었다. 예를 들어, 70세에 이른 한 남자는 이런 구직 광고를 냈다. "나는 은퇴한 의사이며, 지금은 포도주 만드는 일이나 검시관 보조 또는 학교 버스 운전사로 일하고 싶습니다."

하버드 집단의 경우, 12명 중 1명은 75세까지 퇴직하지 않고 계속 일을 했다. 75세까지 소득을 올리며 자기 일을 계속해 온 20명은 대부분 자영업에 종사하고 있었는데, 그중 6명은 변호사, 4명은 의사, 5명은 중소기업 사장이었다. 이너시티 집단의 은퇴 시기가 하버드 집단에 비해 평균 5년 더 앞서는 것으로 나타났는데, 그 주요 원인은 건강이 나빠졌기 때문이었다. 건강이 나빠져서 퇴직한 경우를 제외한다면, 이너시티 집단이나 하버드 집단의 경우 모두 조기에 은퇴했다고 해서 성공적인 노화에 이르지 못한 것은 아니었다. 다시 말해 행복하고 건강하게 삶을 살아온 사람이나 불행하고 병약하게 살아온 사람이나 조기 은퇴한 비율은 비슷했다.

한 세기가 지나는 사이, 은퇴하고 나서 사망하기까지의 기간이 평균 3년에서 15년으로 늘어났다. 그 기간을 건설적으로 보내려면 어떻게 해야 할까? 먼저 자기 스스로 은퇴를 선택해야 한다. 일에서 즐거움을 찾는 사람이라면 계속 일할 수 있어야 한다. 75세에서 80세 사이에도 여전히 일을 계속하는 하버드 졸업생들은 은퇴하지 않는 이유에 대해 이렇게 말했다.

- 그냥 있기가 너무 지루해서 새로운 사업을 시작했다.
- 나는 도전과 사람들과 돈을 좋아한다.
- 이혼을 두 번 하면서 밑천이 바닥나버렸다.
- 일을 하는 것이 마냥 즐겁고, 아직도 사람들은 나에게 기꺼이 급여를 지불한다.
- 나는 내 일을 사랑한다. 그리고 앞으로 나는 예전보다 더 어려운 임무를 맡을 것이다.
- 젊은 동료들에게 아직 내가 필요하다.
- 나는 혼자 살기 때문에, 대부분 직장생활을 통해 사람들과 만

나고 어울린다.

● 작가는 글을 쓰고 화가는 그림을 그린다. 나의 천직은 교사다. 그래서 나는 학생들을 가르친다.

78세에 예술잡지 편집장을 맡은 한 하버드 연구 대상자의 말을 들 어보자.

나는 강제퇴직을 당한 지 8년 만에 다시 일을 찾았고, 그 덕분에 매 우 행복해졌다. ……나는 결코 은퇴할 마음이 없었다. 그 때문에 나는 퇴직을 당한 뒤로도 여러 자선모임에 참가해서 내 자질을 끊임없이 발 전시켰다. 재정 형편이 좋지 않은 인근 고등학교에서 영어를 가르쳤고 외국인을 위한 영어회화 교육 프로그램에 참가했으며, 현대 미국 클래 식 음악을 전문으로 녹음해 주는 비영리단체에서 의장을 맡기도 했다. ……2주 전 나는 백내장 때문에 왼쪽 눈을 잃었지만, 그 뒤로 나는 더 넓은 세상을 보게 되었다. 비록 한쪽 눈을 잃어 테니스 실력이 형편없 이 떨어지긴 했지만, 그 대신 다른 사람들의 삶을 좀 더 폭넓게 이해하 게 되었다.

이 행복한 연구 대상자가 28세였을 때, 연구팀 소속 정신과의사는 그에 대해 이렇게 기록했다. "그는 신이 자기를 보살펴주고 자기 미 래를 좋은 방향으로 이끌어주리라고 믿는 사람처럼 보였다. 그래서 인지 그는 늘 낙관적인 생각을 잃지 않았고, 언젠가 자신에게 멋진 행운이 찾아올 것이라고 믿고 있었다."

보람 있게 은퇴 생활을 할 수 있도록 만들어주는 활동으로 다음 네 가지를 꼽을 수 있다.

　첫째, 부모님이나 삶의 동반자가 사망한 뒤 새로운 친구를 사귀는 것처럼, 은퇴한 사람들에겐 직장 동료들을 대신할 수 있는 새로운 사회적 만남이 필요하다. 때로는 손자 손녀들과의 관계가 이를 대신할 수도 있다.

　둘째, 놀이 활동이다. 카드놀이와 같이 다른 사람들과 승부를 가리는 놀이라면 놀이를 하면서 새로운 친구들을 사귈 수도 있을 것이다. 놀이 활동은 특히 은퇴한 이들에게 놀라운 마술을 펼쳐 보일 것이다. 놀이를 하다 보면 자만심은 버리되 자기 자신에 대한 자부심은 고스란히 간직할 수 있기 때문이다. 거기에다 덤으로 재미까지 누릴 수 있으니 일거양득이다.

　셋째, 창조성을 발휘할 수 있는 활동이 필요하다. 창조성을 위해서는 자기만의 시간이 필요하다. 때로는 고독이 필요하기도 하다. 가족을 부양하고 생계를 꾸려나가는 동안에는 창조성을 발휘할 시간적 여유를 찾기 힘들다.

　넷째, 은퇴 뒤에도 평생 공부를 계속해 나가야 한다. 이를 통해 성숙한 삶의 결실을 얻는 동시에 천진난만한 호기심을 되살릴 수 있다.

　1999년 연구 대상자들을 대상으로 실시한 설문조사에서, 이 네 가지 활동의 의미를 정확하게 기술한 사람이 두 명 있었다. 설문 문항 중에 "1990년에는 가깝게 지내지 않았지만 지금 아주 가까이 지내는 사람 다섯 명을 꼽는다면?"이라는 질문이 있었다. 이에 대해 한 사람이 다음과 같이 대답했다.

지난 10년 동안 40명에서 60명에 이르는 많은 친구들을 사귀었고, 그중 30, 40명과 아주 절친한 사이가 되었다. 우리는 독서토론 모임, 볼링 모임, 요트 모임에서 활동했다. 최근에 병에 걸려 누워 지낸 적이 있는데, 그때 모임에서 사귄 친구들이 음식과 꽃을 들고 병문안을 와 주었다. 어려운 일이 생길 때마다 친구들이 찾아와 도움의 손길을 건네곤 했다. 우리는 4, 5년 동안 아주 절친하게 지내왔다. 나는 또한 1990년에 비해 남동생 내외와 처제와도 훨씬 더 가깝게 지낸다.

아침마다 잠자리에서 일어나고 싶은 특별한 이유가 있는지 묻자, 그는 "또 다른 하루를 맞이한다는 것, 그것은 세상을 먼저 떠난 이들이 더 이상 맞이할 수 없는 멋들어진 선물이 아닌가."라고 대답했다. 또한 그는 최근 10년 동안이 인생에서 가장 행복한 시기였다고 말했다. 이와 대조적으로, 은퇴 이후의 삶을 성공적으로 보내지 못했던 한 남자는, 지난 10년 동안 새로 사귄 친구들이 있느냐고 물었더니 "전혀 없다."고 대답했다. 그가 아침마다 잠자리를 털고 일어나는 유일한 이유는 "아침식사 때문"이라고 했다. 당연히 그는 현재의 삶을 행복하다고 생각하지 않았다. 그는 놀이 활동이나 창조 활동도 하지 않았고, 자기 자신에 대해서도 불만이 가득했다.

놀이와 창조적 활동에 적극적이고 새로운 것을 배우는 데 열심이었던 한 80대 남자의 예를 살펴보자. 그는 아침마다 잠자리에서 일어나는 이유를, "아내를 위해 아침식사를 준비하고, 피아노 연습을 하고, 신문을 읽기 위해서예요. 나는 며칠 전부터 그리스어판《오디세이》를 읽기 시작했어요. 그리스어 학자인 여동생에게 조금 도움을 받고 있어요. 앞으로 다가올 10년 동안에는 모차르트 소나타 C장조 KV 545를 완벽하게 연주해 낼 거예요."라고 말했다. 이 사람이 바로

75세에 아내와 함께 하는 일 가운데 가장 즐거운 일이 무엇인가 하는 질문에 "성관계"라고 대답한 바로 그 남자다. 은퇴 이후의 삶을 성공적으로 이끄는 네 가지 활동에 대해 좀 더 자세하게 살펴보자.

새로운 사회적 관계를 만들라

CASE STUDY **메리 엘더** | 터먼 여성 집단

새로운 관계로써 은퇴 후의 삶을 충만케 하다

은퇴 후 가장 먼저 해야 하는 것이 바로 새로운 관계를 만들어나가는 일이다. 메리 엘더는 그 일을 아주 훌륭하게 해냈다. 그녀는 슬프고 우울한 생각을 떨쳐버리기 위해 여러 가지 활동을 해왔다. 젊었을 때는 친구들과 어울려 야외에 나가 자전거를 타거나 수영을 즐겼다. 그러나 지금은 50년간 담배를 줄기차게 피워온 탓에 건강이 악화되어 골프마저도 포기해야 할 형편이었다. 골프 경기에 나갈 수 없게 되었을 때 어떤 심정이었는지 묻자, 그녀는 "아무렇지도 않았어요. 나는 원래부터 걷는 걸 좋아하지 않았거든요."라고 대답했다. 대답은 그렇게 했지만, 은퇴 이후 그녀의 삶에 문제가 생기기 시작한 것은 사실이었다.

메리 엘더는 페서디나 시에 있는 일명 '교수의 집'에 살았다. 그 집에는 차고가 둘이나 있고 정원도 꽤 넓은 편이었다. 예전에 식물학자가 살던 집이어서 그런지 정원에는 온갖 이국적인 식물들이 자라나 있었다. 그러나 정원을 가꾸는 데 흥미가 없는 엘더가 살기 시

작한 뒤로 정원은 거대한 밀림처럼 변해 버리고 말았다. 사실 엘더
는 집 안팎을 가꾸는 일에는 도통 관심이 없었다. 엘더의 거실에는
먼지가 뽀얗게 앉은 낡은 가구들이 들어차 있었다. 눈에 띄는 거라
고는, 엘더가 직접 수를 놓아 만든 것으로 보이는 밝고 화려한 색상
의 쿠션뿐이었다.

현재 생활에서 가장 즐거운 일이 무엇인지 묻자, 엘더는 "나른하
게 늘어져 지내는 것"이라고만 대답했다. 좀 더 자세하게 얘기해 달
라고 청하자, "여행 다니는 게 좋아요. 하지만 나는 무척 게으른 편
이에요."라고 했다. 엘더는 요즘 마음의 부담감도 없고 걸리는 문제
도 없다고 설명했다. 하지만 끈질기게 거듭 묻자, 마침내 마음을 활
짝 열고 자기 얘기를 속 시원하게 털어놓기 시작했다. 엘더는 이제
막 영국을 여행하고 돌아온 길이라고 했다. 오래된 친구 한 명과 연
극도 보고 영국 곳곳을 누비며 더할 나위 없이 즐거운 시간을 보냈
다고 했다. 그녀에게는 정기적으로 만나 스크래블 게임(십자말풀이와
비슷한 낱말 맞히기 놀이─옮긴이)을 함께 즐기는 친구도 여럿 있었으
며, 페서디나의 여러 공동체 활동에도 매우 열심이었다.

젊었을 때 메리 엘더는 촉망받는 신문사 통신원이었다. 그녀는 그
레타 가르보 Greta Garbo(무성영화 시대를 풍미한 스웨덴 출신 미국 여배우─
옮긴이)와 인터뷰를 했으며, 히틀러가 폴란드를 침공할 당시에도 베
를린에 있었다. 그러나 성차별과 제2차 세계대전, 가족 등 여러 현실
적 여건들로 인해 그녀는 안타깝게도 언론인의 길을 중도 포기할 수
밖에 없었다. 몇십 년 뒤 남편을 잃고 아이들도 모두 사회로 내보낸
뒤, 엘더는 노인의 복지와 권리 확대를 목적으로 하는 운동단체인
그레이 팬서 Gray Panthers에서 활동하기 시작했다. 그레이 팬서에서 발
행하는 신문을 교정 보는 일부터 시작한 엘더는 얼마 지나지 않아

부편집장이 되었고, 우리와 면담을 나누던 시기에는 편집장 자리까지 올라 있었다. 엘더는 그레이 팬서가 법안 제정에 어떻게 영향력을 행사하는지 설명해 주었다. 그녀는 그레이 팬서 활동을 통해 나이 든 여성이 자신감을 회복하고 공동체 활동을 통해 재능을 발휘할 수 있도록 돕는 일에 주력했다. 이타주의는 다른 사람을 돕는 동시에 자기 자신의 욕구까지 창의적으로 펼칠 수 있을 때 가장 잘 발휘된다.

메리 엘더는 25년 전에도 노년층을 위한 활동 프로그램 개발 사업에 참여한 적이 있으나, 당시에는 그 프로그램들이 장차 자신에게 유용하리라는 생각은 거의 해보지 못했다고 한다. 그러나 지금은 바로 자신이 개발에 참여했던 노년층을 위한 활동 프로그램 가운데 몇 가지 강좌를 수강하고 있다. 그녀는 얼마 전 미술사를 수강했으며, 강의를 받는 동안 같은 반 동료들과 어울려 매주 박물관을 견학했다고 한다. 현대미술에 대해 어떻게 생각하는지 묻자, 엘더는 처음에는 현대미술에 대해 거의 아는 바가 없었지만 여럿이 함께 어울려 새로운 것을 배우다 보니 미술 작품을 이해하기가 한층 쉬워졌다고 말했다. 엘더는 현재 노인학 강좌와 문학 강좌도 듣고 있으며, 매주 다른 작가를 정해 집단토론을 한다고 했다. 엘더는 또한 일상생활의 여러 문제들을 함께 토론하는 모임에도 참가하고 있었고, 세계정세를 깊이 있게 토론하는 모임에도 정기적으로 나갔으며, 건강을 위해 운동교실에도 나갔다. 메리 엘더에게서 '게으른' 구석이라고는 찾아볼 수가 없었다. 그녀의 열정에 흠뻑 매료된 우리는, 나이 들어간다는 것이 즐거울 수도 있다는 생각을 하게 되었다.

처음 면담을 시작할 때, 엘더는 사람들과 함께 지내는 것을 별로 중요하게 여기지 않는다고 말했다. 그러나 그녀의 얘기를 들어보니,

그녀 주변에는 여러 활동을 통해 마음을 터놓고 만나는 사람들이 많았다. 최근에 메리 엘더와 연인으로 지내오던 남자가 암으로 세상을 떠났다. 메리 엘더는 70세에 그를 사귀기 시작해 75세까지 함께 사랑을 나누었다. 그는 엘더가 오래전 파리에 들렀을 때부터 알고 지낸 친구였다. 파리로 여행을 가서 아주 지적인 연인을 사귀었던 것이다. 그가 죽은 뒤, 엘더는 노인회관 당구장에서 사람들과 어울리며 슬픔을 달랬다. 여자들 중에 당구를 칠 줄 아는 사람은 엘더뿐이었다.

최근에는 가정불화 때문에 집을 나온 한 여성에게 방 하나를 세놓았다. 엘더의 딸 또래인 그 여성은 방세 대신 엘더의 집안일을 도왔으며, 엘더에게 의지하며 지내고 있었다.

메리 엘더는 딸과도 가까이 지내고 있었다. 그러나 너무 멀리 떨어져 살아서 마음만큼 자주 만나지는 못했다. 지난해 여름, 딸이 멕시코 휴양지로 2주 동안 휴가를 떠났을 때에는 손자들을 데려와 함께 보냈다고 했다. 지난봄, 엘더는 30년 만에 첫째아들 세더가 사는 곳에 다녀오기도 했다. 은퇴 후 시간 여유가 생긴 덕분에 엘더는 자신의 미래와 과거를 이을 수 있게 되었다.

마지막으로, 엘더는 주치의와 아주 가깝게 지내왔다. "우린 서로를 사랑하고 아껴요. 그 사람만큼 사람을 잘 돌봐주는 사람도 찾기힘들 거예요. 가끔 자두잼을 만들어 그에게 갖다주곤 해요." 엘더는동료 수강생들과 박물관에 가거나, 남자친구들과 당구 게임을 즐기거나, 여자친구들과 팽팽한 스크래블 게임을 즐기거나, 손자들을 돌보거나, 파리, 영국, 샌디에이고로 여행을 가거나 신문 편집 일을 하며 지냈고, 그 외에 짬이 날 때면 자두잼을 만들었다. 메리 엘더가사용하는 '게으르다'라는 말은 사전에 나오는 의미와는 전혀 다른 뜻을 지니고 있었다. 엘더는 '게으르다'라는 말을 배우고 놀고 창조하고 새로운 친구를 사귀는 활동으로 정의하고 있는 게 틀림없었다.

놀이 활동을 즐겨라

은퇴하고 나서 두 번째 임무는 자만심은 버리되 자존심을 지키는 방법을 배우는 것이다. 놀이는 창조 활동과 비슷한 점이 있긴 하지만, 창조 활동처럼 뚜렷한 목적이 있는 활동은 아니다. 65세를 넘어서면 세속적인 지위는 더 이상 중요한 목표가 되지 않는다. 노년에는 파블로 피카소의 능력 중 그림을 잘 그리는 능력보다는 삶을 즐길 줄 아는 능력, 즉 혈기 왕성한 새끼고양이처럼 지칠 줄 모르고 노는 능력이 더 쓸모가 있다.

안타깝게도 성인들은 놀이와 일이 별개라고 생각한다. 그러므로 노인들이 하는 놀이 활동이 하찮게 여겨질 때가 많다. 그러나 우리 모두는 세월과 함께 변해 가게 마련이며, 자신의 나이를 당당하게 받아들일 수 있게끔 사회적 분위기가 조성되어야 한다. 프로이트는 "사람들은 나이가 들면서 놀이를 그만두게 되며, 놀이에서 얻을 수 있는 즐거움을 포기해 버리는 것처럼 보인다."라고 썼다.[10] 직업을 가진 성인이라면 냉철한 태도로 일하는 것이 자기 역할을 제대로 수행하는 것이다. 그러나 어린아이나 은퇴한 노인이라면 즐겁게 놀이를 즐기는 것이 더 잘 어울리고 자연스럽다.

고용주가 나이 든 직원들을 부담스러워하는 이유는 근무연수가 오래될수록 높은 임금을 지급해야 하기 때문이다. 65세쯤 되면 퇴직을 강요하는 이유도 거기에 있다. 나이가 들었다고 해서 직무능력이 떨어진다고 볼 수는 없지만, 젊은 사람들에 비해 훨씬 까다로워지는 게 사실이다. 나이가 들어갈수록 사람들은 자기가 원하는 대로만 하려고 한다. 고용주의 입장에서 보면 반길 만한 일은 아니다.

나이가 들어서도 계속 직장에 다니고자 한다면, 자신의 현재 능력을 있는 그대로 인정해야 한다. 이제 더 이상 일이 최우선이라거나 자기 분야에서 최고가 되고 싶다거나 과거의 기록을 뛰어넘어야겠다는 욕심은 접어야 한다. 아무 생각 없이 평원을 거닐거나, 형편없는 실력으로 골프를 즐기거나, 서툰 솜씨로 수채화를 그리는 것으로도 충분히 즐거울 수 있다. 그런 활동에서도 전에 하던 일 못지않은 자유와 의미를 얻을 수 있다. 은퇴 이후의 삶에서 무엇보다 중요한 것은 충만하게 사는 일이다. 놀이 활동을 통해, 그게 아니면 보수는 적지만 창조성을 발휘할 수 있는 활동을 통해 충만하게 살 수 있다. 은퇴하고 나면 낮 시간을 얼마든지 자유롭게 활용할 수 있으며, 하고 싶은 일에 마음껏 시간을 쏟을 수 있지 않은가.

CASE STUDY **프랜시스 플레이어 & 새미 그림** | 이너시티 집단

놀이 활동의 차이는 곧 행복과 건강의 차이다

이너시티 출신인 새미 그림과 프랜시스 플레이어는 놀이 활동에서 전혀 다른 모습을 보여주었다. 두 사람 모두 평탄한 유년기를 보내지 못했지만, 엄밀히 말하면 플레이어의 유년기가 더 불우했다고 볼 수 있다. 두 사람 모두 지능이 낮은 편인 데다 하층 가정에서 부모의 보살핌이라고는 거의 받아보지 못하면서 성장했다. 그러나 두 사람

의 유년기와 그 뒤의 삶에는 뚜렷한 차이점이 하나 있었다.

열네 살 때, 프랜시스 플레이어는 전문 기술을 익혔다. 이너시티 출신 중에 전문 기술을 익힌 사람은 겨우 2퍼센트 정도뿐이었다. 플레이어는 전문 기술을 익힌 덕분에 하층 생활에서 벗어나 중상층으로 뛰어올랐다. 대학에도 진학했으며 중년에 이르렀을 때에는 매우 성숙한 방어기제를 갖출 수 있었다. 플레이어는 34년 동안 행복한 결혼생활을 유지했으며, 자녀 넷 중 세 명이 대학을 졸업했다. 연봉이 7만 5천 달러에 달했던 플레이어는 해마다 5주간의 휴가를 꼬박꼬박 챙겨 썼고, 56세가 되자 더 이상 미련을 버리고 자기가 계획했던 대로 은퇴했다. 취미로 사진을 찍었고, 봉사활동에도 열심히 참여했으며, 가난한 이들을 돕는 비영리단체에서 의장직을 맡기도 했다. 지역 역사학회에서 의장을 맡기도 했고, 시립박물관연합회를 책임 관리하기도 했다. 플레이어는 은퇴한 뒤로 "아주 신나고 보람 있는 시간을 보내고 있어요. ……나는 이 생활이 좋아요."라고 말했다. 플레이어는 또한 낚시, 아기 돌보기, 정원 가꾸기도 좋아했다. 은퇴하고 10년이 지난 뒤에도 건강상태가 매우 양호했으며, 당연히 행복하고 건강하게 살고 있었다.

이와 대조적으로 새미 그림은 젊은 시절 별다른 기술을 익히지 못했고, 은퇴하기를 꺼렸다. 그림은 퇴직하기 전 모든 시간을 일에 바쳤다. 그는 사교생활을 즐기지도 않았고 특별한 취미도 없었으며, 휴가를 제대로 보내본 적이 한 번도 없었다. 당연히 그의 은퇴 생활은 지루하기 짝이 없었다. 놀이 활동을 어떻게 해야 하는지 감조차 잡지 못했다. 은퇴하고 나서 가장 좋은 점이 있다면 무엇이냐고 묻자, 그림은 "전혀 없다!"고 대답했다. 한편 은퇴하고 나서 가장 나쁜 점은 무엇인가라는 질문에는 "도무지 할 일이 없다."며 불평을 늘어놓았다. "나는 은퇴 생활이 너무 싫어요. 은퇴하기 전에는 병에 걸려 본 적도 없어요. 몸상태가 안 좋다고 느껴질 때도 일단 직장에만 나 가면 아프다는 사실도 잊고 일에만 몰두할 수 있었어요." 그러나 그 의 퇴직 사유는 바로 건강 악화였으며, 객관적인 상태로 보더라도 신체적 무능 상태에 이른 지경이었다. 7장에서 보았던 알프레드 페 인과 마찬가지로, 새미 그림도 '불행하고 병약한 삶'을 살고 있었다.

CASE STUDY 프랭크 라이트 | 하버드 졸업생 집단

삶의 구석구석을 놀이로 변화시키는 열정적 인생

프랜시스 플레이어와 마찬가지로 하버드 졸업생인 프랭크 라이트 역시 인생을 어떻게 즐겨야 하는지 잘 알 아는 사람이었다. 내가 방 문했을 때 74세의 라이트는 깡마른 체구였고, 헐렁한 바지에 폴로셔 츠 차림이었다. 겉으로만 봐서는 나이 든 대니 케이Danny Kaye(코미디 스타로 인기를 모은 미국의 영화배우 겸 팝가수—옮긴이)처럼 보였다. 얼 굴 표정이 놀라울 정도로 살아 있는 데다 매력이 넘쳐 이목을 끌었 다. 모든 것에 관심이 많았지만 특히 사람들에 대한 열정이 대단했 다. 라이트는 맨해튼에 있는 고급 아파트 6층에 살고 있었다. 집 한 가운데에는 화려한 조명으로 아름답게 장식한 넓은 거실이 있었다. 중국풍 두루마리와 훌륭한 현대 미술품들이 12미터는 족히 되어 보 이는 거실 벽면을 따라 진열되어 있었고, 한쪽 벽면을 가득 메운 책 장에는 손때 묻은 천여 권의 책들이 빼곡히 꽂혀 있었다. 라이트는 나를 데리고 철제 원형계단을 올라 옥상 정원으로 갔다.

옥상에서는 허드슨 강의 전경이 한눈에 내려다보였다. 5번가의 펜트하우스들과 달리, 그의 옥상 정원에는 인조 잔디도 없고 이국적인 나무들도 없었다. 대신 그곳에는 이제 막 열매를 맺기 시작한 토마토와 자작나무가 자라고 있었다. 라이트는 다른 사람의 손을 빌리지 않고 직접 정원을 관리하고 있었다. 라이트의 옥상 정원은 사업상의 만남을 위한 펜트하우스 정원이 아니라 뒤뜰 같은 곳이었다.

라이트는 7세에 누이를, 8세에는 어머니까지 잃었지만, 특유의 밝은 성격으로 슬픔을 잘 극복해 냈다. 윌리엄 랜돌프 허스트, 로버트 벤칠리, 조지 플림튼, 존 업다이크 등이 재능을 키워갔던 대학 풍자지 《하버드 램푼*Harvard Lampoon*》에서 활동하던 시절, 라이트는 일과 놀이를 조화시키는 방법을 배웠다. 그는 사람들을 대할 때 그 사람들의 긍정적인 측면을 볼 줄 알았으며, 저마다의 개성을 존중할 줄 알았다. 작가로서 늘 창조성을 갈고닦았으며, 감정을 승화시킬 줄 알았고 인생을 여유 있게 즐길 줄 알았다. 74세에 이른 프랭크 라이트는 비록 유명인사는 되지 못했지만 현재의 삶에 매우 만족하고 있었다. 그는 아직도 일주일에 25~30시간씩 일을 하고 있었다. 그러나 연간 수입은 3천 달러에서 많아야 1만 달러 남짓이었다. 자기가 좋아서 하는 일이므로 수입은 문제가 되지 않았다. "나는 아직도 은퇴했다는 생각이 들지 않아요." 자존심 강하고 야망에 찬 뉴욕의 작가라면 라이트가 받는 원고료가 '잔돈 몇 푼'에 지나지 않는다며 무시할지도 모른다. 그러나 라이트는 자신의 수입을 크리스마스 선물처럼 소중하게 여길 줄 알았다.

프랭크 라이트는 한때 건축가가 되고 싶은 적도 있었지만, 그림 솜씨가 없어서 그 꿈을 포기하고 대신 작가가 되었다. 은퇴하고 나서 가장 중요하게 여기는 활동이 무엇인지 묻자, "늘 해왔듯이 글 쓰는 일이 내겐 가장 중요한 일이에요."라고 대답했다. 55세 때 은퇴 이후 계획이 무엇인가라는 질문에 "나는 이미 은퇴한 거나 마찬가지예요. 하지만 내 생활에 만족해요."라고 대답했다. 그러나 그로부터 2년 뒤, 은퇴 희망 시기가 언제인가라는 질문에 그는 "95세 즈음이 좋을 듯하다. 아직 사람 이름도 잘 외우고 셈도 잘하고, 사람들 특히 젊은 사람들과 꾸준히 만나고 있으니까 그 나이까지 일하는 데 아무 문제가 없을 것 같다."라고 답했다. 내가 면담을 하러 가지 않았더라면 라이트는 아마 그날 오후에도 도서관에 나갔을 것이다. 뉴욕 시립박물관의 컴퓨터 시스템도 훤히 꿰뚫고 있었다. 그는 지금도 다양한 주제로 글을 쓰고 있으며, 시간만 허락한다면 언젠가 사진술도 배워보고 싶다고 했다.

40년 동안의 결혼생활에 대해 묻자, "우리는 언제나 너그럽게 서로를 대했고, 무슨 일이든 함께 뜻을 모아 해결해 나갔어요."라고 대답했다. 라이트는 다시 결혼하게 되더라도 지금의 아내를 선택할 것이며, 아내를 향한 애틋한 감정은 시간이 갈수록 점점 더 깊어진다고 말했다. 특히 최근 5년 동안은 40년 결혼생활 중에서 가장 행복한 시기였다고 하면서, "우리는 함께 어우러져 살아가는 새로운 방법들을 꾸준히 배워나가고 있어요. 순간순간이 즐겁고 행복해요."라고 덧붙였다. 라이트는 최근에 친척에게서 꽤 많은 재산을 상속받기도 했다. 그 덕분에 그는 해마다 3, 4주 동안 이탈리아나 프랑스 여행을 다녀올 수도 있었다.

아내와 공통 관심사로 삼고 있는 주제가 있는지 묻자, 지난번 로마 여행을 하면서 르네상스 건축에 함께 관심을 가지게 되었다고 말했다. 경제적으로 풍족하면 은퇴 이후 더 즐겁게 살 수 있다는 것은 맞는 말이다. 그러나 라이트는 지금보다 풍족하지 않았을 때에도 얼마든지 자기 생활을 즐길 줄 알았다.

라이트와 아내는 40년이라는 긴 세월을 함께 살아오는 사이 서로의 역할이 바뀌었다. "처음 20년 동안에는 아내가 집안일을 돌보고 나는 뉴욕시까지 일을 나갔어요. 그러나 다음 20년 동안에는 아내가 일을 나가고 대신 내가 집안 살림을 해왔지요. 물론 빨래도 내가 하고요."

프랭크 라이트의 건강상태는 매우 양호한 수준이었다. 그는 어린 시절부터 병이라고는 모르고 살아왔다. 79세가 되어서도 특별히 따로 먹는 약도 없었다. 물론 나이는 속일 수가 없다. 그는 "이제 지하철 계단을 뛰어오르지는 못해요. 조금만 뛰어도 숨이 가빠서요."라고 솔직히 인정했다. 그러나 그의 정신력만큼은 예나 지금이나 마찬가지였다. 뭔가 포기해 본 적이 있는지 묻자, 라이트는 "포기라는 말은 내 사전에 없어요. 아직 성관계도 포기하지 않은걸요!"라고 답했다. 감기에 걸릴 때 특별한 자가처방법이 있는지 묻자 "감기쯤이야 마티니 한잔이면 뚝 떨어져요. 마티니로 안 되면 코냑을 마시면 되죠."라고 했다. 그는 감기 치료마저도 즐거운 놀이로 변화시킬 줄 알았다.

창조성을 발휘할 기회를 찾아라

놀이와 마찬가지로 창조성도 노년에 이른 사람들에게 젊음을 가져다준다. 놀이와 조금 다른 점이 있다면, 창조성이 승화와 좀 더 밀접하게 연관되어 있다는 점이다. 창조성은 마술과도 같은 승화에서 시작된다. 승화는 거친 본능을 종교로 바꿔놓고, 무의식적인 충동을 예술로 변화시키며, 모래 속에서 진주를 만들어내고, 불순물을 걸러 내 순금을 얻기도 한다. 다시 말해, 창조성은 놀이보다 더 강한 열정을 담고 있다.

승화와 창조성은 가슴 깊은 곳에서 본능적으로 우러나오는 것이다. 그러나 놀이는 어디까지나 의식 안에서만 존재하며, 창조성이 지니는 깊이를 따라갈 수 없다. 창조성의 원천은 다양하지만 그것을 표현하려면 재능이 필요하다. 창조적인 재능은 감상하는 사람과 창조하는 사람 모두에게 기쁨과 즐거움을 선사한다. 창조성과 재능이 성공적인 노화에 필수적인 요소는 아니지만 노년을 더 풍요롭게 하는 것만은 틀림없다.

창조성은 승부를 다투어서는 안 된다. 창조적인 재능을 발휘했을 때, 누군가로부터 "아하, 훌륭하군요."라는 소박한 찬사를 듣는 정도만으로도 충분하다. 메리 엘더가 자두잼을 만들어 선물할 때 그녀의 주치의가 건네는 소박한 찬사는 천재 화가 조지아 오키프Georgia O'Keeffe가 수천 명으로부터 받은 열렬한 찬사만큼이나 소중하고 값진 것이다.

노년에 이르면 창조성이 약화되는가? 이 질문에 답하기 위해 두 관점에서 살펴보자. 우선, 노년의 창조적인 성과물과 명성은 과거에 쌓아둔 업적의 후광을 업고 빛을 발할 수 있다. 그러나 다른 한편, 노년에 이르면 뇌질환에 걸릴 위험이 높아질 수도 있다. 이 둘을 각각 '후광효과'와 '코르크'에 빗대어 설명할 수 있다. 먼저 명성은 아주 중요한 역할을 한다. 똑같은 와인이라도 1970년산 샤토 라투르

Château Latour 상표가 붙은 병에 담아놓으면 훨씬 더 맛이 좋게 느껴질 것이다. 창조성도 마찬가지다. 피카소의 만년 작품들 중에는 어린아이의 장난처럼 조잡해 보이는 작품들이 많지만 그런 작품들도 '피카소'라는 서명이 붙으면 뭔가 달라 보이는 게 사실이다. 그러나 아인슈타인과 피카소가 1905년 한창 젊은 시절에 그들 생애에서 가장 훌륭한 성과물들을 내놓았을 당시에는 그 천재성을 제대로 인정해주는 사람이 드물었다. 한편 진품 샤토 라투르 1970년산이라 하더라도 코르크 마개가 헐거워진 상태로 보관되었다면 맛이 형편없을 것이다. 마찬가지로 유진 오닐Eugene O'Neill이 55세 이후로 창조성이 떨어진 것은 55세가 넘은 사람은 희곡을 쓸 수 없어서가 아니다. 소포클레스가 그 증거다. 오닐은 오늘날까지도 원인을 정확히 알 수 없는 뇌질환을 겪으면서 작가로서의 길을 접게 되었을 뿐이다.[11] 물론 반고흐 Vincent Van Gogh처럼 뇌질환에 걸린 뒤 오히려 더 훌륭한 작품을 창조해 낸 예술가들도 있지만 그런 경우는 극히 드물다.

뇌질환을 앓지 않으면서도 나이가 들어가면서 창조성을 포기하는 이들이 있다. 창조성 대신 생산성generativity을 택하는 경우다. 한때 번뜩이는 재능을 발휘하던 과학자들이 젊은 과학자 양성을 위해 실험실을 떠나 강단을 선택하곤 한다. 루이스 터먼이 연구한 영재 소년들 중 한 명이었던 로버트 시어스는 스탠퍼드대학교 문예지 편집장을 지냈다. 졸업한 뒤 중년에 이르기까지 그는 대학교수로 재직하면서 문학에 열정을 쏟았다. 그러나 은퇴한 뒤에는 터먼 연구와 관련된 자료들을 정리하는 데 대부분의 시간을 보냈다. 시어스는 연구 조사에 탁월한 자기 재능을 살려 터먼 연구를 통해 수집된 60년간의 자료들을 분류해서 컴퓨터에 입력하는 일을 맡았다. 그의 노고 덕분에 나나 내 아내처럼 한창 일할 시기에 있는 젊은 연구자들이 그 자료를 유용하게 쓸 수 있었고, 또 그 덕분에 새로운 연구 성과를 세상에 내놓을 수 있었다.

물론 나이에 따라 창조적 능력이 조금씩 변해 가는 것은 인정할 수밖에 없다. 반응속도나 기억력, 숫자감각, 정확성 등은 20세에서 30세 사이에 절정을 이루며, 70세 이후로 급속하게 떨어진다. 심리학자들은 이를 일컬어 '유동성 지능fluid intelligence'이라고 하며, 이는 특히 수학을 이해하는 데 중요한 역할을 한다.

한편, '결정성 지능crystallized intelligence'은 비교 구분하고 논리적으로 추론하는 능력과 어휘력 등을 말한다. 이 능력은 회상이나 기억보다는 사색과 인식 능력에 따라 좌우되며, 60세까지 꾸준히 발전된다. 경우에 따라서는 80세에 이른 사람이 30세와 똑같은 능력을 지닐 수도 있다.

마지막으로 예술가들 중에는 여유로운 은퇴 생활을 위해 매우 창조적인 직업을 포기하는 이들도 있다. 마지막으로, 창조성이 많이 필요한 직업을 가졌지만, 여느 사람들과 마찬가지로 은퇴 후 놀이를 즐기며 여유롭게 살기 위해 그 직업을 포기하는 이들도 있다. 만년에 유화 그리기를 즐긴 윈스턴 처칠Winston Churchill은 전쟁이나 선거에서 이기거나 노벨상이라도 타려고, 또는 그의 유려한 글에 쏟아지던 찬사를 다시 얻기 위해 붓을 잡은 게 아니었다. 은퇴한 처칠은 펜을 치워버리고 자신을 위해 붓을 잡았다. 만년의 처칠이 즐긴 것은 놀이였다.

"노년에 이르러서도 창조성을 발휘할 수 있는가?" 이 문제에 대한 내 대답은 "당연하지."다. 모네^{Claude Monet}는 76세 이후부터 수련을 그리기 시작했으며, 벤저민 프랭클린^{Benjamin Franklin}은 78세에 2초점 안경을 발명했다. 휴스턴의 심장 전문의인 마이클 드베이키는 90세에도 신기술 특허권을 소유하고 있었으며, 티치아노 베첼리오^{Tiziano Vecellio}는 76세 이후부터 그의 생애에서 가장 아름답고 심오한 작품들을 그려내기 시작했다. 세계적인 지휘자 레오폴드 스토코브스키^{Leopold Stokowski}는 94세에 계약기간이 6년인 녹음 계약서에 서명했고, 그랜드마 모지즈^{Grandma Moses}는 100살에도 그림을 그렸다.

레만^{H. C. Lehman}[12]과 딘 키이스 시몬턴^{Dean Keith Simonton}은 연령에 따른 창조성이라는 주제로 심도 깊게 연구를 했다. 두 사람은 대부분의 분야에서 창조성을 가장 풍부하게 발휘하는 시기가 35세에서 55세라는 동일한 결론에 이르렀다. 그러나 시몬턴은 최근에 다음과 같은 결론을 제시했다. "60세와 70세에 이르더라도 20대 때와 똑같은 창의력을 발휘할 수 있다. ……80세에도 속도가 조금 느리기는 하지만, 여전히 중요한 일들을 훌륭하게 해낼 수 있다."[13]

물론 시간이 흐르면서 활동력이 떨어지는 것은 무시할 수 없다. 활동력은 20세부터 급속도로 저하되기 시작한다. 90세의 파블로 카잘스는 아침나절에는 피아노와 첼로를 훌륭하게 연주할 수 있지만, 늦은 오후가 되면 피곤에 지칠 때가 많았다. 80대에도 마라톤 경기에 참가하는 사람들이 있기는 하지만, 달리는 속도가 매우 느린 데다 자주 시도하지도 못할 것이다.

결론적으로 말하면, 인생도 여행이나 마찬가지다. 여행이 다 끝나갈 무렵, 피로에 지쳐 발걸음은 점점 더 느려지겠지만 시작점에 서 있을 때보다는 목적지에 훨씬 더 가까이 다가가 있을 것이다. 윌리엄 오슬러^{William Osler}가 쓴 명저 《의학의 원리와 실제^{The Principles and Practice}

of Medicine》(의학계의 표준 교과서로 널리 읽혔으며, 저자 생존시 8판까지 발행되었고 여러 나라 언어로 번역되었다—옮긴이) 8판이, 비록 초판에 비해 참신함은 줄어들었을지 모르나 내용만큼은 훨씬 더 좋아졌던 것처럼 말이다. 에디슨이 만들어낸 전구 역시 세대를 거듭할수록 경외심을 일으킬 정도는 아니어도 이전보다 성능이 좋아지지 않았던가.

심리학자인 미하이 칙센트미하이^{Mihaly Csikszentmihalyi}는 젊은 시절 뛰어난 창조성을 발휘했던 수많은 70대들을 대상으로 면담을 나누었다. 그는 창조성을 계속 유지하는 것이 성공적인 노화와 어떤 연관이 있는지 정확하게 설명해 주었다. 칙센트미하이는 "그들의 관심사는 좀 더 폭넓은 문제로 심화되었다. 그들은 정치, 인류 복지, 환경, 때로는 우주의 미래에 대해서까지 깊은 관심을 보였다."[14]고 썼다. 30대에 훌륭한 육아 지침서를 집필했던 소아과 전문의 벤저민 스포크는 70대에 접어들어서는 세계 평화를 위해 일했고, 90대에는 영성에 대해 글을 썼다.

중년에 마음껏 창의력을 발휘한 사람들은 노년에 이르러서도 정신사회적인 면이나 신체 활력 면에서 훌륭한 상태를 유지할 수 있었다. 칙센트미하이가 예견했던 것처럼, 하버드 집단과 터먼 여성 집단의 경우에도 창조성이 뛰어난 사람들이 그렇지 않은 사람들에 비해 훨씬 더 만족스러운 노년을 맞이했다. 독특한 점이라면, 터먼 집단의 여성들이 하버드 집단의 남성들에 비해 행복하고 건강한 노년에 이르는 비율이 두 배 더 높게 나왔다는 사실이다.

창조성이 뛰어난 남성과 여성은 생산적인 성취도 역시 높았다. 그러나 새로운 것을 창조하는 활동이 곧 다음 세대를 돌보는 활동으로 이어지는 것은 아니었다. 피카소는 창조성이 뛰어나기는 했지만 지나칠 정도로 자기중심적일 때가 많았다.

하버드 출신 남성들에 비해 터먼 여성들은 나이가 들면서 더 창의력이 높아지는 경우가 많았다.[15] 정확하게 검증된 바는 아니지만, 70세 전후로 남성들의 창의력은 점차 저하되는 데 비해 여성들의 창의력은 꾸준히 상승하는 경향을 보인다. 칙센트미하이도 그런 현상에 대해 언급한 바 있다. 터먼 여성들 대부분은 10대에 화가나 시인, 소설가를 꿈꾸었다. 실제로 거의 모든 터먼 여성들이 고등학교 시절 학교 연극반이나 신문 편집부원으로 열심히 활동했다. 그러나 18세 이후, 대부분의 여성들이 꿈을 포기하고 말았다. 그들은 대공황기에 가족의 생계를 책임지기 위해 부모에게 등 떠밀려 일터로 나가야만 했고, 제2차 세계대전으로 남편을 잃은 여성들은 혼자 힘으로 자녀들을 양육해야만 했다. 어느 누구도 프랭크 라이트처럼 일찌감치 직장일을 그만둘 만큼 여유 있는 생활을 누리지 못했다.

65세 이후, 터먼 여성들은 마침내 버지니아 울프가 역설했던, 당시 여성들의 최대 소망인 '연간 수입 500파운드와 자기만의 방'을 갖게 되었다. 또한 연금과 사회복지 덕분에 70대에 이르러서는 메리 엘더처럼 자유롭게 창의력을 발휘할 수 있는 여유가 생겼다. 게다가 앞서 언급했듯이, 남성들과 달리 여성들은 남성호르몬이 증가한다.[16] 그것이 터먼 여성들에게 더 신선한 활력을 불어넣었다. 그들은 60세를 넘기면서부터 오히려 더 높은 생산성을 성취했고, 그에 힘입어 더 적극적으로 살 수 있었다. 이와 달리 대부분의 남성들은 65세를 넘기면서부터 활력이 현저하게 떨어졌으며, 더 이상 과거의 영광을 누릴 수 없다는 실망감에 젖어 살기도 했다.

65세 이후의 터먼 여성들 중 25퍼센트 정도는 '무에서 유를 창조하는 작업'을 계속해 나갔다. 메리 엘더는 젊은 시절에는 비록 작가의 꿈을 접을 수밖에 없었지만, 75세 이후 신문사 편집장이 되었다. 3장에서 소개했던 마사 미드는 65세에 생애 처음으로 자신의 책을 출판했다. 75세에 비로소 대중문학 분야에서 인기를 얻기 시작한 여성도 있었으며, 60세 이후에 화가로서 성공한 여성도 둘이나 있었다. 1장에서 소개했던 마틸다 라이어처럼 70세 이후에 첫 연주회를 가진 여성들도 있었다. 나머지 다른 여성들은 두드러진 성과를 보이지는 못했다 하더라도 바느질이나 정원 손질, 꽃꽂이 등에서 나름의 창조성을 발휘했으며, 도그쇼에 참가하거나 우표 수집, 무용 강습 등에 몰두하기도 했다. 터먼 여성들에게 은퇴의 순간은 곧 삶의 즐거운 전환점으로 작용했다.

CASE STUDY 존 보트라이트 | 하버드 졸업생 집단

꽉 막힌 공학도에서 예술과 놀이의 전문가로

버지니아 울프가 여성들에게 '자기만의 방과 독자적인 수입'이 있어야 한다고 역설했듯이, 창조성을 위해서는 경제적인 여건이 뒷받침되어야 한다. 존 보트라이트는 열악한 환경을 딛고 마침내 하버드대학교에서 박사학위까지 받았지만, 그 위치에 도달하기까지 몇십 년동안 경제적 부담감 때문에 힘겨운 시간을 보내야만 했다. 하버드대학교 학부 시절, 그는 마치 직업학교를 다니듯 대학생활을 했다. 공학을 전공한 보트라이트는 사람들이 보기에 좀처럼 동료들과 어울리는 일도 없었고, 창조적인 일에는 관심이 없었을뿐더러 전공 외에는 특별한 관심사도 없어 보였다. 그는 모든 전공과목에서 A학점을 받았으며, 대학 2학년 때 미국의 최우등 대학생 사교 모임인 파이베타카파 클럽의 회원이 되었다. 보기와 달리 그는 여름방학 동안《허클베리 핀의 모험》을 읽었고 영국문학에도 관심이 있긴 했지만, 그 해 유일하게 수강했던 문학 강의 '빅토리아 소설'에서는 C학점을 받았다. 보트라이트는 아버지로부터 일년에 1천 달러씩 받았고, 성적 장학금을 받기도 했다. 그는 음악을 사랑했고 음악 강의에서 A학점을 받기도 했지만, 그 정도 형편으로는 도저히 음악 강의를 계속 들을 수가 없었다.

보트라이트는 메인 주에 있는 작은 예술대학의 수학교수가 되었다. 그러나 47세에 벌써 교수직에서 물러날 생각을 품었다. 퇴직한 뒤 목수가 되는 게 그의 꿈이었다. 대학 시절에 비해 형편이 많이 나아졌지만, 보트라이트는 아들이 길이 1.5미터짜리 요트를 만들어달라고 요청했을 때 단호하게 거절했다. 요트란 고전음악 강습과 마찬가지로 부자들에게나 어울린다고 여겼기 때문이다. 47세 때 보트라이트는 아주 수동적이고 말수가 적었다.

1975년에 다시 만났을 때 보트라이트는 64세였고, 은퇴한 뒤 일년 소득은 1만 달러였다. 65세가 되자 그의 연금은 2만 5천 달러로 많아졌다. 보트라이트가 일찍 은퇴하기로 결심한 데에는 몇 가지 이유가 있었다. 그 당시 그가 소속된 대학이 재정적으로 매우 어려운 상태였다. 그런데다 학생들의 수준까지 점점 떨어져 가르치는 일에서도 만족감을 못 느꼈다. 그는 요즘 대학생들이 매우 무례한 데다학업에는 도통 관심이 없다고 여겼다.

그러나 그것만이 전부는 아니었다. 존 보트라이트의 적응 능력과

방어기제는 서서히 성숙되어 갔다. 지나칠 정도로 지적인 것에 집착
했던 20세에서 45세 사이, 보트라이트의 방어기제는 매우 미성숙한
상태에 머물러 있었다. 그러나 50세에서 75세 사이, 보트라이트의
방어기제는 한층 성숙해졌다. 보트라이트는 이제 승화는 물론 이타
주의까지 구현할 수 있었다. 그는 공동체 기금 조성을 위해 적극적
으로 활동하는 자기 모습에 스스로도 놀랐다고 했다.

20년 전, 존 보트라이트는 특별한 인상이 남지 않는 그저 평범한
인물일 뿐이었다. 그러나 64세에 이른 보트라이트는 누구보다 기억
에 남는 사람이었다. 그에게 생긴 변화 중에 가장 두드러진 것이 바
로 창조성을 발휘하게 된 것이었다. 그는 위엄이 있고 스스로를 잘
다스릴 줄 알았으며, 품위 있고 교양이 넘쳤다. 장학금에 연연하던
꽉 막힌 공학도의 면모는 완전히 사라졌다. 이제 그는 경제적으로
아쉬울 것 없는 예술 애호가나 화가를 연상시켰다. 값비싼 스포츠셔
츠로 멋을 낼 줄도 알았고, 자연스럽게 턱수염도 길렀으며, 유머감
각도 풍부해졌다. 감정 표현이 풍부하고 솔직해서 사람들과도 쉽게
친해졌다. 그의 집에 도착했을 때 처음 받은 느낌은 예전의 그 공학
교수와 별반 다르지 않았지만, 면담이 끝날 즈음에는 마치 예술가와
오랫동안 대화를 나눈 것 같은 기분이었다.

대학 시절 존 보트라이트는 음악을 포기할 수밖에 없었다. 그러나
지금은 수학을 가르치는 일 대신 음악에 심취했고, 문학에 대한 관
심을 살려 서평 쓰는 일에 주력하고 있다. 그는 일년에 100여 권의
책을 읽고 그중 50여 권의 책에 대해 서평을 쓴다고 했다. 그는 최근
새뮤얼 리처드슨Samuel Richardson이 18세기에 쓴 소설 《클래리사Clarissa》
에 대해 쓴 서평을 자랑삼아 보여주기도 했다.

그에게는 젊은이처럼 생동감과 활력이 넘쳤고, 면면에 창조성이

배어 있었다. 그 넘치는 활력과 정열 덕분에 보트라이트에게 글쓰기는 일이 아니라 놀이가 되었다. 그는 처음에는 주로 과학책에 대해 서평을 썼지만, 최근 20년 동안 관심의 폭이 점점 넓어져 지금은 소설 작품까지 논할 수 있는 수준이 되었다.

문학에 관심을 가지게 된 계기가 무엇인지 묻자, 하버드 재학 시절 얘기를 들려주었다. "하버드 재학 당시 가장 자신 없었던 분야가 바로 문학이었어요." 소설 쓰기 강좌에서 축구선수에 대한 이야기를 발표한 적이 있었는데, 그때 교수는 보트라이트의 생각이 전혀 현실적이지 못하다면서 간단하게 무시해 버렸다. 문학에 대한 보트라이트의 순수한 열정이 한낱 비웃음거리로 전락한 순간, 그의 기분이 어땠을지 충분히 상상이 갔다. 결혼하고 나서도 단편소설을 몇 편 써본 적이 있지만, 감히 출판할 엄두는 내지 못했다. 대신 그 이야기들을 자녀들에게 들려주는 데 만족할 따름이었다. 그가 창조해 낸 이야기 속의 주인공 머거 미거리지 경은 영화 〈핑크 팬더Pink Panther〉에 나오는 형사 클루소와 비슷한 인물이었다. 그 이야기를 듣고 자란 보트라이트의 자녀들은 30년 세월이 지난 지금까지도 그처럼 재미난 이야기는 들어본 적이 없다고 말했다. 그러나 보트라이트가 47세 되던 해 면담을 하면서는, 그가 그런 이야기를 썼으리라고는 상상도 하지 못했다. 단지 기계에만 관심이 많은 깐깐한 공학교수인 줄만 알았으니까 말이다.

면담이 끝나갈 즈음, '최근 6개월 동안의 마음 상태'가 어땠는지 물었다. 그는 "너무 들뜨지도 않고 그렇다고 너무 가라앉지도 않는, 늘 잔잔한 물 위에 떠 있는 배처럼 평온했어요."라고 대답했다. 배 이야기가 나온 김에 그가 요즘 아들과 함께 만들고 있다는 요트 얘기 좀 해달라고 했더니, 보트라이트는 눈빛을 반짝이면서 곧 요트가 완성되는 대로 아들과 함께 메인 주 연안을 항해할 계획이라고 들뜬 목소리로 말했다. 20년 전과는 사뭇 다른 모습이었다. 나는 그를 통해 또 한 번 성인의 발달과 성숙이 이룬 놀라운 기적을 볼 수 있었다.

평생토록 배워라

마지막으로, 은퇴 이후의 윤택한 노년을 위해 꼭 필요한 것이 교육이다. 배움을 통해 맛보는 즐거움은 노년의 심리적인 건강에 중요한 영향을 끼친다. 사물을 새롭게 인식하는 능력은 노년에 이른 이들에게 젊음을 선사해 준다. 연구 대상자들 중에 평생 교육을 실현한 대표적인 예로, 앞에서 소개한 퇴역 작가인 프랭크 라이트를 들 수 있다. 라이트는 몇 년 동안 줄리아드음악학교에서 음악 강좌를 들어왔으며, 최근에는 음악을 더 깊이 이해하기 위해 현익 4중주 과정도 수강 중이다.

CASE STUDY 메리 파사노 │ 비연구 대상자

89세 최고령으로 하버드대학교를 졸업하다

평생 교육과 관련해서 가장 기억에 남는 인물로 메리 파사노를 들 수 있다. 그녀는 비록 우리 성인발달연구의 대상자는 아니었지만, 어린 시절 가정 형편이 좋지 못했고 뛰어난 두뇌를 가졌으며 하버드대학교 출신이라는 점에서 세 집단의 요건을 고루 갖춘 인물이라고 볼 수 있다. 메리 파사노는 89세에 최고령으로 하버드대학교를 졸업했다. 여기에 《하버드대학교신문Havard University Gazette》 1997년 6월 12일자에 실린 메리 파사노의 졸업 연설을 인용해 보겠다.

몇 년 전, 딸이 나 때문에 한걱정을 했던 어느 날 밤이 기억납니다. 나는 보통 밤 11시쯤이면 집 근처 버스 정류장에 도착했습니다. 늘 그곳에 딸이 마중 나와 기다렸는데, 그날은 아무리 기다려도 내가 오지 않더라는 것이었습니다. 딸은 걱정이 되어 내 친구들에게 일일이 전화를 걸어 수소문을 했지만 헛일이었죠. 급기야 그날 천문학 수업 담당 교수에게까지 전화를 걸었고, 그제야 비로소 딸은 내가 과학관 옥상에서 망원경으로 별을 보고 있더라는 말을 전해 들을 수 있었습니다. 나는 시간이 얼마나 흘렀는지도 잊은 채, 그날 저녁 강의 시간에 배운 새로운 내용에 온통 정신이 팔려 있었습니다. 그리고 지난 몇 년 동안, 새로운 내용을 배울 때마다 그런 일들이 습관처럼 반복되곤 했습니다.

나는 7학년까지 다니고는 학교를 그만두어야만 했습니다. 계속 학교에 다니고 싶었지만 가족들의 생계를 위해 일터로 나가야만 했죠. 그 뒤로 로드아일랜드의 방적공장에서 몇 년 동안 일했고, 그러다가 결혼하여 아이 다섯을 낳았고, 손자도 스무 명이나 됩니다. 그러나 나는 늘 주변에 있는 사람들보다 열등하다는 생각을 떨쳐버릴 수가 없었습니다. 나는 비록 교육을 많이 받지는 못했지만 대학 졸업자들만큼 명석하다고 자부하고 있었고, 내게 맡겨진 일들도 잘 해내고 있다고 믿고 있었습니다. 그러나 거기서 만족할 수가 없었어요. 나는 자신감 있게 사람들 앞에 나서고 싶었고, 사람들에게 존중받고 싶었습니다.

그리고 마침내 여러분처럼 나도 이 자리에 서게 되었습니다. 사회적 지위나 나이에 관계없이 누구든 세계를 인식하고 이해할 수 있는 힘을

지닐 수 있다고 믿었고, 그 믿음 덕분에 나는 75년 만에 내 꿈을 실현
할 수 있었습니다.

더 이상 사회에서 중요한 역할을 해내지 못하고 관절염으로 고생
하고 있다 하더라도, 놀이에 참여하고 창조성을 발휘하며, 새로운
것을 배우고 새로운 친구를 사귄다면, 아침마다 잠자리에서 일어나
는 일이 즐거울 것이다.

9장
나이가 들수록 더 지혜로워지는가?

피터 월시는 모자를 들고
리젠트 파크를 빠져나오면서 이렇게 생각했다.
나이 들어가는 데서 얻는 보상이란,
열정은 여느 때와 다름없이 강렬하지만
드디어 삶에 최고의 향취를 가미해 줄 수 있는 힘,
살아온 경험을 포착하여 천천히 빛 속에서
돌이켜볼 수 있는 힘을 얻는 것이라고.
_ 버지니아 울프의 《댈러웨이 부인》에서

나는 어리석기 짝이 없는 노인에 지나지 않는다.
_ 윌리엄 셰익스피어의 《리어왕》에서

노년과 지혜는 결코 간단한 개념이 아니다. 이 책을 쓰기 17년 전, 그러니까 내 나이 쉰에 이 연구를 위해 국립노화연구소에 보조금을 신청했다. 그런데 거절당하고 말았다! 신청서를 검토한 70세 심사위원장은, 노화를 쇠퇴라는 관점에서 정의하면서 어떻게 노화에 관해 연구할 수 있겠냐며 강한 의문을 피력했다. 그 위원장은 노화를 "가능한 한 뒤로 연기하고 싶은 노쇠 과정이 아니라, 생기 넘치는 삶의 한 과정"이라고 여겼다.

거절 통지를 받았을 때, 나는 그 의장이 학자연하면서 나의 훌륭한 연구계획을 폄훼하는 심술궂은 노인네라며 불평을 늘어놓았다. 그러나 그의 생각이 전적으로 옳았다. 당시 한낱 쉰 살 풋내기에 지나지 않았던 내가 노화에 대해 알면 무엇을 알았겠는가? 나는 노화와 관련해서, 그저 신체적인 쇠퇴의 진행과정에만 관심을 쏟고 있었을 뿐이었다. 사실 그때까지만 해도 노인들에게 진정으로 관심을 가져본 일이 거의 없었다.

그러므로 이 글을 쓰고 있는 나는 당시 심사위원장이자 노년학 분야의 숨은 실력자였던 칠순의 제임스 비렌James Birren에게 지혜와 경험을 크게 빚진 셈이다. 그의 충고 덕분에 나는 노화에 대해 다시 충분히 검토할 수 있었고, 노화를 삶의 한 과정으로 연구하기 시작했다. 나는 다시 보조금 신청서를 작성해 제출했고, 승인을 받을 수 있었다. 그에 덧붙여 국립보건원에서도 그 뒤로 10년 동안 보조금을 지원해 주었다. 그때 내가 제시했던 주요 주제가 바로 '70세가 50세보다 더 현명할 수 있다'는 내용이었다.

크림과 달걀은 오래되면 상하게 마련이고, 20년 된 시보레 자동차는 좀처럼 사람들의 시선을 끌기 어렵다. 그러나 어떤 치즈나 와인은 오래 숙성할수록 맛이 깊어진다. 호머 역시 트로이 원정대 중에서 최고령자인 네스터를 가장 현명한 인물로 그리지 않았던가.

그러나 제비 한 마리가 왔다고 해서 봄이 오는 것은 아니다. 몇몇 일화들만 가지고서는 나이가 들수록 점점 더 지혜로워진다고 단정할 수 없다. 나이가 들수록 더 지혜로워진다는 말은 옛이야기 속에서나 있을 법한 이야기인가, 아니면 단순히 노인들을 기쁘게 해주기 위해 일부러 지어낸 말인가? 지혜는 삶이 노인들에게 부여한 특별한 보상인가, 아니면 원래부터 현명한 사람이었는데, 나이가 들어서야 그 사실을 깨달은 경우를 두고 그런 말을 하는 것일까? 또는 나이가 들면서 감퇴하는 운전 기술이나 성 능력, 기억력과는 달리 지혜는 그렇지는 않다는 이유로 지혜와 나이를 연관시키는 것인가?

도대체 어느 말을 믿어야 하는가? 셰익스피어의 말을 믿어야 하는가, 아니면 버지니아 울프의 말을 믿어야 하는가? 현자 중에 현자였던 윌리엄 셰익스피어는 《리어왕》에서 어린 광대에게는 지혜를 부여하고 80세 노인 리어왕은 어리석은 인물로 만들었다. 리어왕의 광대는 "당신은 충분히 현명해진 다음에 늙었으면 좋았으련만."이라며 왕에게 훈계를 늘어놓는다. 지혜는 자기중심적인 것과는 거리가 멀다. 그러나 리어왕은 자식들에게 "나를 좀 더 기쁘게 해주지 못할 바에야, 너희는 차라리 태어나지 않은 편이 나았을 텐데."라고 불평을 늘어놓으면서 어리석은 자아도취를 그대로 드러내고 만다. 그에 비하면 젊은 에드거와 코딜리어가 훨씬 더 현명하다.

나는 우연히 젊은 친척들로부터 지혜에 관해 아주 훌륭한 두 가지 정의를 듣게 되었다. 먼저, 젊고 현명한 조카 메리언 브로벨은 "지혜는 풍부한 경험의 산물이며, 다른 사람과 진정한 의사소통을 하면서 축적되는 것이다."라고 정의했다. 한편 젊은 내 사위 마이클 뷸러는 "판단을 내려야 하거나 다른 사람과 의견 충돌이 생길 경우, 균형 있는 시각을 갖게 될 때까지 기꺼이 한 발짝 뒤로 물러서서 기다릴 줄 아는 능력"이 바로 지혜라고 정의했다.

75세에 이른 하버드 출신자들에게 노년과 지혜는 어떤 연관성이 있느냐고 묻자, 몇몇 사람은 젊은 시절보다 지금이 훨씬 더 지혜로워졌다고 대답하면서 지혜를 다음과 같이 정의했다.

다른 사람에 대한 이해

모순과 아이러니를 이해할 수 있는 능력과 참을성

감정과 이성의 조화

자기중심주의에서 벗어난 자기인식

다른 사람의 말에 귀 기울일 줄 아는 능력

균형 있는 시각, 삶에 대한 폭넓은 이해, 사물의 양면성에 대한 인식, 인내, 삶의 아이러니에 대한 깊은 이해

주변 사물과 사람에 대한 호기심

세상과의 연관성 인식

지혜의 가장 두드러진 특성은 무엇인가? 사람들은 저마다 지혜의 정의를 다르게 내린다. 그러나 지혜를 정의하는 언어는 각자 다를지 모르나, 그 어조는 모두 동일하다. 지혜는 매우 다양한 측면을 지닌다. 그중에서 가장 중요한 것으로는 바로 성숙, 지식, 경험, 지적·정

서적 이해력을 꼽을 수 있다.[1]

지혜가 성공적인 노화의 필수 요소라는 데에는 누구나 동의할 것이다. 그러나 노년에 이른 사람들이 30세를 갓 넘긴 이들보다 더 현명하다고 주장할 만한 근거를 찾아내기란 쉽지 않을 것이다. 첫째, 구약에 등장하는 솔로몬왕은 나이 들어서보다는 젊었을 때가 훨씬 더 지혜로웠다. 젊은 솔로몬왕이 "오, 주여……. 나는 한낱 어린아이에 지나지 않습니다. 나는 아직 들고 나는 것도 모릅니다."[2]라고 울부짖자, 하나님이 "보라! 나는 이미 네게 현명하고 이해심 넘치는 가슴을 주었느니라."[3]라고 대답했다. 그 대답을 들은 뒤 젊은 솔로몬왕은 유명한 솔로몬의 판결을 내렸다. 그러나 솔로몬왕은 노년에 이르자 리어왕만큼이나 어리석은 왕이 되고 말았다.

둘째, 역사적으로 잘 알려진 현자들을 떠올려보자. 제퍼슨, 간디, 마틴 루터 킹, 무하마드 알리, 링컨, 톨스토이, 셰익스피어 등은 모두 30세에서 50세 사이에 지혜의 절정에 다다른 이들이다.

셋째, 한때 지혜로운 능력을 발휘했지만 지금은 평범한 할머니로 늙어가는 한 터먼 여성의 이야기를 예로 들어보자.

제2차 세계대전 당시 총명했던 그 여성은 20대였고, 루이지애나에서 와이오밍 주 코디로 이주했다. 그곳에서 서부 연안에서 미국 정부가 강제 추방한 일본계 미국인들의 처지를 알게 되었다. 일본계 미국인들은 외국인을 혐오하는 영국계가 많은 와이오밍 주의 분위기 때문에 코디에서 2등시민으로 전락했다. 대부분의 가게는 그들의 출입을 금지했으며, 그들은 기본적인 시민권마저 박탈당할 때가 많았다. 젊은 터먼 여성은 그와 같은 부당한 현실에 맞서 한 가지 해결책을 내놓았다. 그녀는 영향력 있는 시의원들에게 일본계 미국인들에게도 투표권이 있으며, 그들의 수가 순수 미국 시민들보다 더 많다고 강조하면서 다음 선거에서 일본인 시장이 나올 수도 있고, 일본인 교장, 일본인 경찰서장이 나올 수 있다는 점을 상기시켰다. 마침내 시의원들은 그녀의 주장에 관심을 보이기 시작했다. 주민들은 일본계 미국인들에게 노골적으로 거부감을 드러내지 않게 되었고, 그들을 좀 더 너그럽게 받아들이기 시작했다. 하지만 현명한 이 젊은 정치운동가는 과거와 미래에 걸친 역사의 맥락을 이해했기 때문에 시내 약제사 가족에게만큼은 예외를 적용해서 약제사가 자기 약국 안에서만큼은 차별을 지속하는 것을 용인했다. 간호병이었던 약국집 딸이 제2차 세계대전 당시 필리핀 루손 섬 바탄에서 일어난 '죽음의 행진'(일본군이 전쟁포로 7만여 명을 뙤약볕 아래에서 100여 킬로미터를 강제 행진시킨 사건. 행진 도중 2만여 명이 사망한 것으로 알려진나—옮긴이)에 휩쓸려 잔인하게 처형되었기 때문이었다.

지혜의 다양한 측면들에 관해 살펴보면, 첫째, 이 젊은 여성은 어느 한 문화만을 인정하는 것이 아니라 두 문화를 똑같이 공감할 수 있을 정도로 '성숙'했다. 둘째, '사리분별력과 건전한 도덕적 통찰력'을 겸비하고 있었다. 셋째, 과거와 미래의 '맥락을 이해'했기 때문에 모든 코디 주민이 그녀에게 신뢰를 보냈다. 넷째, 사물의 핵심을 꿰뚫을 줄 아는 '지적인' 존재였다. 그 덕분에 폭력이 아니라 평화를 해결책으로 내놓을 수 있었다. 다섯째, '정서적인 이해력'도 풍부했다. 솔로몬왕이 젊었을 때 더 지혜로웠던 것과 마찬가지로, 그녀 역시 젊었지만 지혜로웠다.

그러나 또 한편에서 보면, 시간이 흐를수록 더 지혜로워지는 것은 어쩌면 당연한 일이다. 오래 살면 살수록 경험의 폭은 점점 넓어지고 편견은 줄어든다. 일단 자전거 타는 법을 배우면 절대로 잊지 않는다. 험난한 길을 따라 여행했던 기억은 결코 잊히지 않을 것이다. 역사적인 예를 살펴보더라도, 대통령 자문위원이던 클라크 클리포드, 버나드 바루치, 헨리 키신저, 조지 마셜 국무장관은 55세 이후에 그 어느 때보다 국제문제 해결에 뛰어난 재능을 발휘했다. 엄밀하게 지혜를 측정할 수 있는 방법만 있다면, 아마 지혜도 경험이나 흰머리처럼 나이가 들어감에 따라 점차 늘어난다는 것을 밝혀낼 수 있을 것이다.

그러나 이제까지 진행되어 온 경험적 연구들은 이러한 믿음을 대부분 잘못된 것으로 결론지었다. 예를 들어 한 연구에서 회고적 판단에 근거해 면담을 진행해 본 결과, 분명 35세까지는 지혜가 늘어난다는 사실이 밝혀졌지만 그 시기 이후에 대해서는 믿을 만한 근거를 찾아내지 못했다.[4] 또 다른 한 연구에서는, 중간관리자들이 사회적 관계를 풀어나가는 능력면에서 볼 때, 28세에서 35세 사이나 45세에서 55세 사이나 별반 차이가 없는 것으로 나타났다. 그러나 65세에서 75세 사이에는 관리자로서 업무수행 능력이 현저하게 떨어지는 것으로 나타났다.[5] 다른 연구들에서도 이와 같은 결과를 공고히 하는 실험 결과들이 주를 이루었다.[6, 7]

독일 막스플랑크연구소의 폴 발테스Paul Baltes는 지혜에 관한 연구를 이렇게 요약했다. "전문적 식견이나 지혜의 영역에서 나이 많은 성인 대다수는 확실히 젊은이들보다 뛰어나지 않다."[8]

그러나 삶의 경험이라는 면만 봐도 노인들이 젊은이들보다 지혜로운 것이 자연스러워 보이기는 한다. 그래서 한 연구에서는 각기 다른 연령대를 대상으로 가장 지혜롭다고 생각하는 인물을 꼽아보라고 요청했다. 그 결과 20대가 꼽은 인물들은 평균 50세였고, 40대들은 평균 55세의 인물들을 꼽았으며, 60대 이상은 70대를 선택했다.[9]

그렇다면 나이가 들수록 지혜로워진다고 보는 이유는 무엇인가? 첫째는, 나이가 들수록 경험의 폭이 넓어진다는 점이다. 우리는 40세가 넘어서야 비로소 현자의 반열에 오를 만한 경험들을 갖추게 된다. 노련한 판사, 야구 감독, 고위 외교관, 국제조직의 지도자가 되려면 수십 년간의 경험이 뒷받침되어야 한다. 나이가 들어갈수록 좀 더 폭넓은 관점으로 삶을 조망하는 것이 가능해지기 때문이다.

또 다른 이유로는, 다른 사람들의 공감을 불러일으킬 수 있는 지혜는 어느 정도 세월이 흐른 뒤에야 비로소 체득되기 때문이다. 그리스 신화에 나오는 여자 예언가 카산드라는 젊은 시절부터 매우 현명한 여인이긴 했지만 마을 사람들을 자기 주위로 결집시키는 데는 오랜 시간이 걸렸다. 톨스토이는 아내 소냐 곁을 뛰쳐나와 망령든 노인 행색으로 기차역에서 죽음을 맞았을 때보다는 《전쟁과 평화》를 집필 중이던 30대 후반이 훨씬 더 현명했을지도 모른다. 그러나 우리의 기억 속에 강하게 남아 있는 모습은 바로 노년 톨스토이다. 간디, 토머스 제퍼슨, 아인슈타인 역시 젊은 시절에도 현명했지만, 우리의 마음속에는 노인이 된 간디, 제퍼슨, 아인슈타인의 인상이 훨씬 더 강하게 남아 있다.

성인발달연구에서는 지혜를 측정하는 한 방법으로 워싱턴대학교의 제인 뢰빙거Jane Loevinger가 개발한 필답식 문장완성검사SCT, Sentence Completion Test를 도입해 보았다.[10] 그 검사에서 응답자는 제시된 문장을 완성해야 한다. 예를 들어, "사람들이 무력해할 때……."라는 문장에 대해, "도망치고 만다."(낮은 성숙도) 또는 "그들 스스로 무력감을 딛고 일어날 수 있도록 방법을 제시해 주려고 노력한다."(높은 성숙도)라는 대답이 나올 수 있다. 이 검사에서는 청소년들에 비해 성인들이 높은 점수를 받았고, 18세 비행청소년들에 비해 평범한 16세 청소년이 더 높은 점수를 받았다. 그 검사를 통해 대인관계, 정서적 상태, 도덕적 성숙 등을 평가해 볼 수 있다. 그러나 하버드 출신자들의 경우, 문장완성검사 결과가 곧 방어기제의 성숙도와 일치하는 것은 아니었다. 더 중요한 사실은 하버드 집단과 이너시티 집단의 경우, 문장완성검사에서 높은 점수를 받는 것이 곧 성공적인 노화로 이어지지는 않았다는 사실이다. 이와 같은 부정적인 결과를 통해 볼 때, 글과 말만으로는 사람들의 미래를 정확하게 예견할 수 없다.

지혜의 발달에 대해 전향적 연구를 시도했던 라베나 헬슨Ravenna Helson과 폴 윙크Paul Wink도 우리와 똑같은 결론에 도달했다. 그들 역시 필답검사를 통해 '지혜'를 측정했다. 그들은 27세에서 52세 사이에 지혜가 꾸준히 늘어난다고 결론 내렸다. 그러나 그들이 시행한 필답검사 결과 역시 실제 일이나 사랑에서의 성공과는 아무런 연관성이 없는 것으로 나타났다.[11]

결국 우리는 방어기제의 성숙도를 통해 지혜를 가늠해 보는 것이 더 적합하다는 결론에 이르렀다. 방어기제는 연구 대상자들의 말이 아니라 행동을 반영하기 때문이다. 하버드대학교의 저명한 철학교수 로버트 노직Robert Nozick은 지혜의 개념을 가장 보편적인 의미로 정의 내리기를, "잘살고 잘 대처하기 위해 꼭 알아야 할 필요가 있는 것"[12]이라고 했다. 하버드 집단의 한 연구 대상자 역시 그 교수와 비슷한 맥락에서 다음과 같이 지혜를 정의했다. "인도주의, 역사 감각(예견), 인내(억제), 관용과 연민의 정(이타주의), 유머감각……." 다시 말해 지혜와 성숙한 방어기제 사이에는 공통점이 많다. 우리 성인발달연구에 근거해 보면, 방어기제는 나이가 들수록 점점 더 성숙되었다. 그러므로 지혜도 나이가 들수록 늘어난다고 볼 수 있다. 물론 지혜를 어떻게 정의 내리고 어떻게 측정하는가에 따라 다양한 결론이 나올 수 있다. 그러나 이 장에서는 그러한 다양성을 여전히 여지로 남겨놓은 채, 윈스턴 처칠의 명언으로 결론을 대신하고자 한다.

"여러 면에서 볼 때, 우리 모두는 젊은 시절보다는 나이 든 뒤에 더 행복해진다. 젊은이는 난봉을 일삼지만, 노인은 점점 더 현명해진다."

10장
영성과 종교, 그리고 노년

삶의 내면을 들여다보라. 그곳에 음악이 존재한다.

_ 요요마

아름다운 파도가 해변으로 밀려왔다.

그는 바위를 바라보면서,

"아아, 슬프도다. 나는 저 바위에 산산이 부서져

흔적 없이 사라지고 말 것이다."라고 울부짖었다.

그때 뒤에서 누군가 충고한다.

"내 아들아, 마음을 편히 먹으렴. 너는 절대로 무너지지 않을 것이다.

너는 파도가 아니라, 바다이기 때문이다."

_ 무명씨

희망과 사랑의 중요성에 대해 이의를 제기할 사람은 아무도 없을 것이다. 3장에서 소개했듯이 콘래드가 희망이라고 칭했던 것과 에릭슨의 이른바 '기본적인 신뢰'는 건강한 성숙이나 성공적인 노화와 연결된다. 성 바오로는 사랑을 '박애'라고 칭했으며, 에릭슨은 사랑을 '친밀감' '생산성'과 동일한 개념으로 사용했다. 4장에서도 사랑과 성숙, 성공적인 노화를 뚜렷하게 연관지어 설명한 바 있다. 희망과 사랑을 어떻게 표현하든 간에, 그 의미는 한 가지다. 노랫말은 다른 듯해도 모두 같은 곡조를 따라 흐른다. 하지만 사랑과 희망이 없는 생의 마지막 나날은 무작정 울려대는 징 소리나 꽹과리 소리 같을 것이다.

그렇다면 믿음은 어떠한가? 깊은 믿음과 영성 속에서 생의 마지막을 보내는 것 역시 사랑 속에서 생을 마감하는 것만큼이나 소중한 일이다. 기본적인 신뢰와 희망은 미래에 대한 믿음에 달려 있고, 통합의 임무를 완성하는 것은 과거에 대한 믿음 위에서 가능하다. 그러나 나이가 들수록 종교적인 믿음이나 영성이 더 깊어지는가 하는 데 대해서는 여전히 논란의 여지가 많다.

지혜와 마찬가지로 영성 역시 나이가 들수록 더 깊어진다고 여겨진다. 2장에 소개했던 애덤 카슨의 경우에는 실제로도 그러했다. 그러나 전체 연구 대상자들을 두고 볼 때, 애덤 카슨의 경우는 보기 드문 예외에 속할 뿐이었다. 대부분의 사람들은 나이가 들수록 종교나 영성으로부터 멀어지는 경향을 보였기 때문이다. 하버드 집단의 한 연구 대상자는 "결혼 전에는 저녁 잠자리에 들 때마다 기도를 올렸다. 그러나 요즈음 내 영적 활동은 고작 한 달에 한 번, 클리블랜드에 있는 성 요한 교회에 나가 일요 예배를 보는 것뿐이다."라고 썼다.

행복하고 건강한 노년에 이른 올리버 홈스 판사는, 나이가 들수록 종교에서 얻는 만족감이 줄어들었다고 느꼈다. 그의 개인적인 삶은 그 어느 누구보다 사랑으로 충만했지만, 종교활동에 대한 평가는 40세에는 '그럭저럭 만족하는 수준'에서 68세에는 '그다지 큰 만족감을 얻지 못하는 수준'으로 그리고 80세에는 '내 삶과 별 연관성이 없는 수준'으로 변해 갔다. 그러나 '내 삶에 전력을 다할 때 나의 영적인 믿음도 깊어진다'라는 전제를 제시했을 때에는, 그도 여러 답변들 중에 '전적으로 동의한다'를 선택했다. 그러나 그때도 그는 "나는 개인적인 원칙을 지키며 살아가려고 노력한다. 그러나 엄밀히 말하면, 나의 원칙들은 영적이라기보다는 도덕적인 성격에 더 가깝다."라고 덧붙였다. 75세에 홈스는 판결문 작성 대신에 시 쓰기를 선택했다. 홈스는 블록 섬으로 여름휴가를 온 친구들에게 다음과 같은 이야기를 들려주었다.

옛 퀘이커 교도들이 쓰는 표현 중에 '기도회에 참가할 때는 기도에 전념하려고 노력해야 한다'는 말이 있다. 우리는 뭔가 삶에 중대한 일이 생겨나기를 기대하면서 조용하게 앉아 귀 기울이며 곰곰이 반성한다. 이 블록 섬이 바로 무엇인가에 전념할 수 있도록 나를 도와주었다.

……생명력이 넘치는 아름다운 섬에서 새소리, 밀려오는 파도소리를 들으며 시간을 보내고, 따스한 태양 아래에서 몸을 쬐고, 신선한 안개 속을 거닐었다. 그리고 그 속에서 친구들과의 관계도 더 새롭고 깊어졌다. 아이들, 그리고 그 아이들의 아이들이 자라나는 모습을 지켜보았고, 자질구레한 일상사를 반복하며 하루하루를 보냈다. 이 모든 것들이 내게는 더할 수 없이 크나큰 축복으로 다가왔다.

홈스는 블록 섬이 바로 자기 자신을 움직이는 힘이라고 인식했다. 이러한 홈스의 인식은 단순히 삶에 대한 세속적 경외심에서 나온 것인가. 아니면 영성이 깊어지면서 생겨난 것인가? 그 의미를 구분하기란 그리 쉽지만은 않을 것이다.

영성과 종교는 어떻게 다른가

사람들은 특정 종교나 전통적인 신념이 주는 확실성에서 마음의 평온을 얻는다. 청소년들은 종교적 믿음을 얻은 뒤에 정체성을 확립해 나가기도 한다. 정체성은 성인 발달의 첫 번째 과업이며, 종교는 종종 청소년들이 정체성을 확립하는 데 도움을 주기 때문이다. 에릭슨은 "청소년들은 악의라고는 눈곱만큼도 없는 사람들을 억지로라도 적대시할 수밖에 없다. 그리고 그들은 이미 영구불변하는 우상이나 관념을 궁극적인 정체성의 수호자로 내세울 만반의 준비가 되어 있다."라고 했다.[1]

코튼 매더Cotton Mather(17~18세기 미국의 청교도 목사이자 역사가―옮긴이)나 토르케마다Torquemada(이단자를 고문, 처형한 것으로 유명한 스페

인 최초의 종교재판장—옮긴이)라면 당연한 얘기라며 고개를 주억거릴
것이다. 그런 과정을 거치지 않는다면 우리는 결코 성장하지 못할
것이다. 성숙한 성인이 되어갈수록 사람들은 역설과 모호함을 더 너
그럽게 받아들일 수 있게 된다. 성숙은 국수주의를 범민족주의로 변
화시키고, 종교의식을 영성으로 발전시킨다. 그러나 성인발달연구
를 통해 발견한 놀라운 사실 하나는, 영성이나 종교적 믿음이 성공
적인 노화에 그다지 크게 영향을 끼치지 않는다는 것이다. 만족스러
운 노년, 성숙한 방어기제, 생산성에 가장 결정적인 영향을 끼치는
것은 믿음이 아니라 사랑과 희망이었다. 연구 대상자들이 믿음을 종
교적인 것과 결부시키든 영적인 깊이와 연관짓든 그것은 전혀 중요
하지 않았다. 노년에 이르면 종교나 영성이 중년에 그랬던 것만큼
그렇게 중요한 문제로 다가오지 않는다.

우선 종교와 영성의 차이점을 살펴보자. 여기서는 둘 사이의 차이
점을 좀 더 확연하게 드러내기 위해 조금은 과장해서 흑백논리로 접
근할지도 모르겠다. 독자들은 이 점을 이해해 주기 바란다. '종교'라
는 용어는 다른 종교와 구분하기 위해 선을 확실하게 긋는 배타적인

미성숙한 종교적 신념	성숙한 영적 확신
에릭슨의 정체성 과업	에릭슨의 통합 과업
도그마	메타포
전능하고 폐쇄적임	자발적이고 열려 있음
"주는 나의 목자시니, 나는 아무것도 바라지 않네."(부모-자식 관계)	"상처를 입었으니, 신이여 상처를 치유해 주소서."(협력 관계)
수치심, 의무감, 심판	긍정, 감사, 용서
지옥에 떨어지지 않으려는 바람	지옥에 다녀온 결과

믿음을 내포한다. 대학 시절, 우리 역사교수는 "자신의 종교가 유일한 종교라고 믿지 않는다면, 그 사람은 종교가 없는 것이나 마찬가지다."라고 주장했다. 이와 대조적으로 영성은 온 세상을 품어안는 포괄적인 믿음을 말한다. 모든 인간이 신의 자녀라고 믿지 않는 사람이라면, 영성을 좀 더 발전시킬 필요가 있다. 앞의 표에서 종교와 영성의 차이를 좀 더 뚜렷하게 구분해 볼 수 있다. 그러나 앞의 표에서는 종교적 신앙이 깊은 사람이 성숙할 수도 있고, 반대로 영성이 깊은 사람이 극히 자기중심적일 수도 있다는 사실은 논외로 하고 있음을 밝혀둔다.

종교에는 강령과 교리문답이 뒤따르게 마련이다. 그러나 영성에 필요한 것은 언어를 초월하는 감정과 경험이다. 종교는 모방적이며 외부로부터 오지만, 영성은 '나의 능력, 희망, 경험'에서 나온다. 종교는 언어나 성서, 문화에 뿌리를 두고 있으므로 '좌뇌' 활동과 연관되지만, 영성은 육체나 언어, 이성, 문화의 한계를 초월하므로 '우뇌' 활동과 연관된다. 그러나 양쪽 뇌 활동을 결코 분리해서 생각할 수 없는 것처럼 대부분의 경우 종교와 영성 역시 따로 떼어 생각할 수 없다.

종교적 신념들은 대부분 도그마를 수반하지만 영적인 확신은 메타포를 내포한다. 그렇다면 도그마와 메타포의 차이는 무엇인가? 메타포는 자유로이 열려 있고 즐거우나 도그마는 융통성이 없고 진지하다. 메타포는 '비유'와 '직유'로 의미를 전달하지만 도그마는 '성경 속에 적혀 있는 내용 그대로'를 전달한다. 메타포는 이론이나 시를 더 풍부하게 하지만 도그마는 토미즘(중세 신학자 토마스 아퀴나스의 사상에 토대를 둔 사상 체계—옮긴이)이나 탈무드에 중압감만 더한다. 메타포는 개념화하지만 도그마는 있는 그대로 모셔둘 뿐이다.

메타포는 과학을 진보시키지만 도그마는 과학을 퇴보시킨다.

심리학자들의 오랜 연구에 따르면, 어린아이들의 인식은 구체적이고 사실적인 작용에서 시작해 점차 세계에 대한 좀 더 복잡하고 은유적인 관점으로 발전한다. 저명한 유아심리학자 장 피아제는 어린아이들의 도덕성은 종교적 가르침과는 완전히 별개로 성숙한다고 지적했다.[2] 피아제가 아이들의 구슬치기 놀이를 통해 살펴본 바에 따르면, 어린아이들의 도덕률은 처음에는 자기중심적인 성격을 지니다가 점차 구약의 보복율(이에는 이, 눈에는 눈, 실수로 컵 10개를 깨뜨린 것이 고의로 컵 1개를 깨뜨린 것보다 더 나쁘다)처럼 흑백논리로 변화되어 간다. 그 뒤 차츰 성숙해 감에 따라 점점 더 너그럽고 상대론적인 황금률(무엇이든지 내가 대접받고자 하는 대로 남을 대접하라)로 발전된다. 여기서부터는 동기가 중요하게 여겨진다. 다시 말해, 실수로 컵 10개를 깨뜨렸을 때보다 고의로 컵 1개를 깨뜨렸을 때 더 크게 처벌받는다.

발달심리학자이자 에모리대학교 신학자 제임스 파울러James Fowler[3]와 워싱턴대학교 심리학자 제인 뢰빙거[4]는 피아제의 이론을 성인성장이론으로 발전시키는 데 일생을 바쳤다. 어린아이들이 성장해 감에 따라 '수치심과 의무감, 심판'을 고집하는 기독교적 주장은 점차 '긍정과 용서, 감사'라는 영적 영역으로 뻗어나간다. 청소년기에는 지적인 확신과 젊음을 즐기지만, 노년에 이른 대법원 판사들은 노년과 회의懷疑를 감내한다. 종교적인 순교자는 많지만 영적인 순교자는 찾아보기 힘들다.

운이 좋은 사람이라면 청소년기에 벌써 정체성을 확립할 것이다. 정체성 확립은 성인 발달의 첫 단계다. 종교 역시 정체성을 확립하는 데 확고한 기초를 제공한다. 그러나 시간이 지날수록 개인에게 위안이 되던 신은 점차 불가해하고 보편적인 고매한 권능이 되어간다. 앞장에서 보았듯이 우리는 다른 사람들과 공감대를 형성하고 사회적 맥락을 이해함으로써 지혜를 얻는다. 거기에 '다른 사람과의 대화' 한 가지를 더하면 영성으로 이어진다. '당신'과 '나'는 각기 개별적인 정체성을 지닌다. 그러므로 우리는 모두 자기만의 종교를 갖고 있는 셈이다. 그러나 서로 대화를 나눠보면 결국 우리가 똑같이 고매한 권능을 공경한다는 사실을 알게 될 것이다. 분명 영적인 성숙에는 과학과 윤리학, 심리학, 종교, 세대들 간의 변증법적 관계가 필요하다. 신의 관점에서 보면 진실이 단 하나뿐이지만, 인간의 관점에서 보면 수없이 많을 수 있다. 다행히도 사람들은 나이가 들어가면서 다양한 종교적 전통을 따르는 다른 사람들과 의사소통하는 방법을 배운다. 잘 늙어가는 데 필요한 것은 독백이 아니라 대화라는 점을 명심해야 한다. 76세에 이른 하버드 출신 목사에게 "외설, 노출, 혼전 성관계, 동성애, 포르노에 대한 금기들이 이미 사라졌거나 또는 사라지는 중인데, 이 현상이 바람직하다고 생각하는가?"라는 질문을 던졌다. 그는 이 질문에 "어느 쪽도 아니다. 인간은 자기 자신의 행동에 제약을 가해야 하기도 하고, 또 진정한 자아를 깨닫기 위해 무한한 자유가 필요하기도 하다. 우리에게는 제약과 자유 사이의 균형이 필요하다. 나는 이러한 제약과 자유, 그리고 그 사이의 균형이 문화를 변화시킨다고 생각한다."고 대답했다. 그는 자기만의 개인적인 시각에서 벗어나 다른 사람의 눈으로 세상을 볼 줄 아는 사람이었다.

다른 사람의 종교적, 영적 경험에 귀 기울일 줄 알게 되면 영성도 함께 발전할 것이다. 영성은 다른 사람과의 비교가 아니라 동일시를 발전시킨다. 우리는 다른 이들의 영성보다는 종교적 신념에 의심을 품을 때가 더 많다. 개인적인 신앙을 가지는 것, 다시 말해 특정 종교로부터 위안을 구하는 것이 미성숙하다는 얘기는 아니다. 내가 말하려는 것은, 성숙을 통해 모든 종교에 공통적으로 내재된 가치를 이해하고 경외할 수 있다는 사실이다. 기품 있게 늙어가기 위해서는 모든 비본질적인 것들을 버릴 수 있어야 하며, 대부분의 종교적 차이들은 바로 그 비본질적인 것들에서 생겨난다.

나는 나이가 들어갈수록 영성이 깊어진다는 확신을 가지고 수십 년 동안 연구 대상자들과 면담을 해왔다. 시간이 지날수록 나의 확신은 점점 더 확고해졌다. 횡단여론조사(조사 시점에서 사회를 절단하여 그 절단면에서 볼 수 있는 여러 요인의 상호관계를 찾아내는 조사법—옮긴이) 결과도 나의 확신과 일치했다. 통합의 과업을 완수하기 위해서는 믿음이 필요하므로, 나는 통합의 과업 성취가 깊은 영성과 밀접하게 연관되어 있을 것이라고 믿었다. 그러므로 나는 처음에는 애덤 카슨처럼 나이가 들어갈수록 실제로 영성이 깊어진 몇몇 연구 대상자들에게 매달렸다.

그러나 곧 나의 가설이 잘못되었음을 깨달았다. 영성이나 신앙은 성공적인 노화와 아무런 연관성이 없는 것으로 밝혀졌기 때문이다. 75세가 된 하버드 출신자들과 터먼 여성들에게 '영적 삶이 깊어졌다고 생각하는지' 묻자, 그들 대부분은 "아니요."라고 대답했다.

교회에는 젊은 사람보다 노인들이 더 많은 게 사실이지만, 그렇다고 해서 나이가 들수록 교회에 더 많이 나간다고 단정할 수는 없다. 교회에 노인들이 더 많은 것은 단지 젊은 세대들이 할아버지 세대에

비해 과학이나 인류학, 역사적 지식을 더 손쉽게 많이 접하게 되어
교회나 사원을 찾는 일이 훨씬 줄어들었음을 반영할 뿐이다. 이후
젊은 세대들이 노인이 되더라도 마찬가지 현상이 나타날 것이다.

지혜와 마찬가지로 노년과 영성의 연관성은 횡단연구의 인위적인
산물일 뿐만 아니라 잘못된 기억의 산물이기도 하다. 우리는 위대한
영적 지도자들의 모습을 떠올릴 때 그들의 마지막 모습, 즉 노년에
이른 모습을 기억하게 된다. 그러나 실제로 영적인 지도자들은 대부
분 젊은 시절에 위대한 업적을 이루었다. 간디나 빌리 그레이엄 목
사, 톨스토이, 마더 테레사 수녀의 영성은 그들이 40, 50대였을 때보
다 생의 마지막에 가서 더 깊어졌던가? 내가 보기에는 그렇지 않다.
알베르트 슈바이처의 삶을 이끌었던 도덕률, 즉 '삶에 대한 외경'은
40세 때부터 이미 그의 삶을 지배하기 시작했다. 슈바이처는 40세에
이미 그와 같은 도덕률이 인간은 물론 온 세상 만물과 영적, 인간적
관계를 수립하는 데 필수 요소임을 깨달았다. 그러나 우리는 모기
한 마리도 죽이지 못할 만큼 영성이 깊었던 슈바이처 박사를 백발이
성성한 노인의 모습으로만 기억한다.

우리는 터먼 여성과 하버드 졸업생들을 통해, 우울증과 종교적 참
여 사이에 아주 깊은 연관성이 있다는 흥미로운 사실을 발견했다.
하버드 졸업생들 중에서 종교적 믿음이 매우 강했던 30명과 지난 20
년간 종교하고는 담을 쌓다시피 했던 127명의 경우를 대비해 보았
다. 그 결과 영적, 종교적 믿음이 깊다고 해서 성공적인 노년에 이를
가능성이 높은 것이 아닐 뿐 아니라 놀랍게도 우울증에 걸린 비율이

네 배나 높았다. 윌리엄 제임스는 100년 전에 이미 심각한 우울증을 깊은 영성이나 정신적인 '재생 경험'과 연관시켰다.

과거에 우울증을 앓았던 병력, 즉 50세 이전에 우울증 징후가 나타났거나, 친지들 중에 우울증에 걸린 사람이 있거나, 꾸준히 향정신성 약물을 복용한 경험이 있는 사람들일수록 종교적인 신앙이 매우 깊은 것으로 나타났다.[5] 그러나 그들 중에 사회적 유대관계가 풍부하거나 행복하고 건강한 노년을 맞이한 이들은 드물었다. 그러나 종교가 나쁜 영향을 끼친다고 말할 수는 없다. 의사나 병원이 건강에 해로운 영향을 끼치지 않는 것처럼 말이다. 고통받는 이들은 병원을 찾듯이 종교를 더 자주 찾게 마련이다. 종교는 정신의학과 마찬가지로 언제나 외로운 이들에게 다정한 친구가 되어주었다.

듀크대학교에서는 노인 252명을 대상으로 25년에 걸쳐 장기 노화 연구를 꾸준히 진행해 왔다. 연구 결과, 종교적인 신앙이 우울증 치료에 효과가 있는 것으로 나타났다.[6] 종교와 정신과의사는 우울증이나 애정 결핍을 효과적으로 치유할 수 있다. 예를 들어, 예전에 우울증을 앓았다 해도 지금 종교활동에 열중하는 사람은 정신과를 찾는 일도 없고 우울증 증세도 보이지 않는다. 다시 말해, 우울증을 치료하기 위해 정신과 대신 종교를 찾는 경우가 많았다. 일반 인구 조사에서도 종교활동 참여도가 높은 사람들 중에서는 우울증 증세를 보이는 경우가 드물었다.[7, 8] 뿐만 아니라, 병원 치료보다는 종교에 의지해 우울증을 치료할 경우, 회복 속도가 훨씬 더 빨랐다.[9, 10]

한 가지 역설을 들어보자. 에릭슨은 기본적인 신뢰와 희망은 어린 시절 어머니로부터 받은 사랑과 관심에서 발전한다고 보았다. 그러나 영성은 어머니의 사랑을 받지 못한 경우에도 발전될 수 있다. 한때 죄수로 복역했던 사람이 찬송가 〈어메이징 그레이스Amazing Grace〉

를 썼다는 것은 결코 우연이 아니다. 고아였던 레오 톨스토이의 영성이 마하트마 간디나 마틴 루터 킹 주니어에게 영감을 불러일으킬 정도로 심오했던 것도 우연이 아니다.

내 가까운 친구 하나는 넷째 아이가 태어난 뒤로 교회에 나가지 않았다. 자식이 넷이나 되자 더 이상 폭넓은 사회적 유대가 필요 없었기 때문이다. 그러나 그로부터 30년 뒤 자녀들이 성장하고 아내가 세상을 떠나자, 그는 다시 교회로 돌아왔다. 4장에서 소개한 애너 러브는 사회적 유대가 강한 대표적 인물이었다. 그러나 "나이가 들수록 종교적 믿음이 깊어졌는가?"라는 질문을 던졌을 때, 그녀는 "남편이 죽기 전까지는 크게 변화가 없었어요. 그러나 남편이 죽은 뒤로는 신과 기도 그리고 교회 신자들에게서 힘을 많이 얻었어요. 내겐 종교의 도움이 절실했기 때문에 믿음은 시간이 지날수록 점점 더 깊어졌어요." 많은 종교에서 독신주의가 영적인 깊이를 더하는 강력한 수단으로 받아들여지는 것도 결코 우연이 아니다. 고독한 사람만이 신에게 더 가까이 다가간다. 각 집단을 살펴보더라도 어린 시절 희망과 사랑을 가져보지 못했던 사람들이 오히려 더 종교적 믿음과 영성이 깊은 것으로 나타났다.

CASE STUDY 마사 조브 | 터먼 여성 집단

영성은 깊었으나 사회적 유대관계를 외면하다

터먼 여성 집단의 마사 조브는 백내장 때문에 시력을 거의 잃다시피 했지만, 77세가 되어서도 여전히 일을 하고 있었다. 스스로 원해서

라기보다는 생계를 위해 어쩔 수 없이 일해야 하는 처지였지만, 불만이라고는 전혀 없었을 뿐만 아니라 삶을 위엄 있게 받아들일 줄 알았다. 아무리 그렇더라도 삶에 몹시 지쳤을 텐데, 정신질환으로 고통받는 것 같지는 않았다. 조브는 안달하는 일 없이 삶을 있는 그대로 담담하게 받아들일 줄 알았다. 그녀는 한 번도 정신과의사를 찾아가거나 신경안정제를 복용한 적이 없었다.

당시 조브는 일시적인 동맥염에 걸려 고생하고 있었다. 게다가 치료를 위해 부신피질 호르몬제를 계속 복용한 탓에 백내장이 급속도로 악화되고 말았다. 조브는 "백내장 때문에 더 이상 수채화도 그릴 수 없고, 아름다운 경치도 볼 수 없어요. 이제 내게 남은 것은 아무것도 없어요. ……어느 나이에 이르면 인생에서 모든 것이 빠져나가 버리는데, 지금이 바로 그때인가 봐요."라고 말했다. 뿐만 아니라, 부신피질 호르몬제가 면역기능까지 떨어뜨려 대상포진에 계속 시달려야 했다(대상포진은 현존하는 질병 중 가장 고통스러운 병으로 알려져 있다). 그녀는 "남들에게는 평생 한 번 찾아올까 말까 한 병이지만, 나는 작년에 네 번, 올해에도 네 번씩이나 그 고통을 당해야 했어요."라고 말했다. 수차례 대상포진에 걸리는 바람에 다리까지 절게 되었다. 조브는 "나는 이제 장애인이나 마찬가지예요. 하지만 내 취미는 걷기가 아니라 그림 그리기니까 염려할 건 없어요."라고 말했다. 그녀는 비록 병을 앓고 있었지만 유머감각까지 잃어버리지는 않았다. 실제로 마사 조브에게서 가장 인상적인 점은 바로 얼굴에 활짝 피는 웃음이었다. 그 웃음을 마주하면 순식간에 그녀의 세계속으로 들어선 느낌이 들었다. 조브는 10대를 불행하게 보내면서도 재미있는 이야기들을 즐겨 읽곤 했다. 면담이 진행되는 동안 잠시도 우리를 의기소침하게 만드는 법이 없었다. 우리는 그녀의 모습에 찬사를 보내지 않을 수 없었다.

영성이 깊었던 여느 다른 사람들과 마찬가지로 마사 조브 역시 엄한 어머니 밑에서 자라났다. 마사의 어머니는 어린 마사가 자기에게 대들 때마다 매질을 하곤 했다. 마사는 30세에 "어머니는 끊임없이 불화와 불행을 만들어내고 있다."라고 썼다. 그리고 77세에 이르러서는 마침내 "나는 진정으로 어머니를 좋아한 적이 한 번도 없다."라고 고백했다. 그러나 조브가 우수한 성적으로 대학을 졸업하던 바로 그 해, 어머니가 심장발작을 일으켰다. "그 사건으로 인해 모든 것이 사라져버렸어요." 어린 시절부터 어머니에 대한 반감을 키우며 자라난 마사 조브는 '병든 어머니의 수발을 들어야 할 운명'에 처했다. 그러나 조브는 모든 것을 자기 탓으로 돌렸다. "나는 모든 일을 해내기에는 역부족이었어요. ……나는 겁이 많았고, 어머니의 뜻을 거스를 수가 없었어요. ……어머니는 정말 이기적이셨죠."

어머니가 돌아가신 뒤로는 메시에 의존적이며 광적인 애국지였던 남편을 위해 희생해야만 했다. 그러다가 10년 전, 마침내 마사는 남편과 이혼했다. 남편과 가장 행복하게 보냈던 적이 언제인지 묻자, 조브는 자기도 처음에는 열렬하게 사랑에 빠졌다고 말했다. 마사는 남편이 예술가라고 생각했고, 함께 예술활동을 해나갈 수 있을 거라고 기대했다. 그러나 남편이 도자기 사업을 시작하면서 그녀는 남편이 운영하는 가게에서 회계를 맡아야만 했다. 그녀는 "그 일이 너무 지겨웠어요. 남자라면 자기 돈 관리 정도는 직접 할 수 있어야 하지 않나요?"라고 그때의 심정을 토로했다.

마사는 자기 인생을 어머니가 가로막았던 것은 담담하게 받아들였다. 그러나 남편에 대해서만은 분통을 터뜨리면서 불만을 쏟아냈다. 도자기에 유약 칠하는 일이 그녀가 하는 예술 작업의 전부였다.

"나는 열심히 일만 했고, 창조는 늘 그의 몫이었죠!" 남편이 그리스 친구들과 밖에서 즐기는 사이 그녀는 집 안에 틀어박혀 유약을 칠해야 했다. 그러나 마사는 목소리를 누그러뜨리면서 "내가 그리스어를 못해서 데려가지 않았을 거예요. 일부러 그런 건 아니었겠죠."라고 말했다. "이혼하고 나서는 남편과 완전히 연락을 끊고 살았어요. 그나마 내가 할 수 있는 가장 냉정한 행동이었죠." 우리가 "정말 힘들었겠어요."라고 말하자, 그녀는 우리가 남편을 동정해서 한 말로 잘못 이해한 듯했다. 그래서인지 그녀는 "아마 그랬을 거예요. 나도 그를 떠나겠다고 마음먹기가 참 힘들었어요."라고 대꾸했다.

마사 조브는 25세부터 40세까지 낭포성 섬유증을 앓는 큰아들을 보살폈다. 그녀는 아들이 죽어가는 모습을 속수무책으로 지켜봐야만 했다. 그러던 어느 날, 조브는 도서관에서 책을 읽다가 놀라운 경험을 했다. "갑자기 어디선가 신비로운 황금빛 광채가 내려왔어요. 한 줄기 빛이 나를 비추었죠." 그 뒤 그녀는 알 수 없는 힘에 이끌려 교회로 향했고, 그곳에서 가슴 벅찬 위안을 얻었다. "교우들이 우리 집으로 찾아와 기도해 주었어요. 기도 덕분에 우울증에서 벗어났죠."

아들이 죽은 뒤, 마사는 예술대학을 최우등으로 졸업했으면서도 간호조무사의 길을 선택했다. 1960년 당시, 그녀의 급료는 시간당 1달러 35센트에 지나지 않았다. 어느 날 그녀는 캘리포니아공과대학 물리학과에서 예술에 재능이 있는 고등학교 졸업자를 구하고 있다는 소식을 들었다. 수간호사에게 일을 그만두겠다고 하자, 수간호사는 캘리포니아공과대학에서 '고작 간호조무사인' 마사가 할 수 있는 일은 없을 거라고 충고했다. 그러나 수간호사의 생각이 틀렸다. 마사 조브는 "캘리포니아공대에서 아주 흥미롭고 멋진 경험을 했죠.

363

원자핵 물리학이라는 고차원적인 과학의 세계에서 내 능력을 발휘할 수 있다는 사실만으로도 난 충격과 환희에 휩싸였어요. ……훌륭한 인재들과 함께 일하면서 그들의 위대한 연구를 가까이에서 지켜볼 수 있었던 건 내게 큰 행운이었죠."라고 말했다.

원자의 섬광을 컴퓨터로 기록하기 전이었던 그 시절, 마사 조브는 필름에 찍힌 원자 입자의 충돌을 관찰한 뒤 필름을 알아보기 쉽게 손질하는 일을 맡았다. 조브는 그 일에 대해 "마술과도 같은 일이었어요. ……나는 지금까지도 물리학에 관심이 많아요. 물리학은 모든 가능성에 근거한 이론이죠."라고 설명했다. 조브는 천체 물리학에 관한 논문을 읽으면서 거대한 천체에 미세한 입자 물리학을 적용할 수 있다는 사실에 매료되었다. 마사 조브는 마침내 거대한 우주와 심오하게 소통하기에 이르렀다. 그녀는 더 이상 바위에 부서져 가뭇없이 사라지고 마는 불행한 파도가 아니었다. 그녀는 이제 바다가 되었다.

다시 태어난다면 어떤 삶을 택하겠냐고 묻자, "예술가가 될 거예요. 어릴 때부터 꿈이었거든요. 비록 내 꿈은 이루어지지 않았지만, 그게 무슨 문제겠어요. 나는 이미 태어날 때부터 예술가였고, 늘 예술가로 살아온 걸요."라고 대답했다. 이 사회가 자신에게 기회를 공평하게 주었다고 생각하는지 묻자, 조브는 "예술가의 꿈을 이루지 못한 건 전적으로 내 잘못이에요. 여성의 불평등에 대해 말들이 많지만…… 대부분은 여성들 스스로의 잘못으로 빚어진 일들이에요."라고 대답했다. 조브는 여성들이 호르몬으로 가득 차 있어서 변덕스럽게 마련이며, 또한 여성에게는 나약하고 양면성이 많다고 생각했다. 5장에서 소개한 가엾은 라틴계 여성 마리아처럼, 조브는 사회로부터 받은 불행을 스스로 발목을 잡는 자기비판으로 내면화했다.

마사 조브 스스로 불행을 자초한 점이 있다면, 그것은 아마도 예술가들이나 물리학자들처럼 사회적 유대관계를 적절하게 지속하지 않은 데서 찾을 수 있을 것이다. 조브는 몹시 외롭게 살았다. 교회에서 마음의 위안을 찾긴 했지만 공동체 활동은 전혀 하지 않았으며, 손녀딸을 매우 사랑했지만 자주 만나지는 못했다. 조브가 캘리포니아공대에서 받는 연금은 한 달에 고작 140달러였고, 손녀딸은 멀리 노스다코타 주에 살고 있었기 때문이다. 다른 손자 손녀들과는 어떻게 지내는지 묻자, 그녀는 한숨을 내쉬면서 "그 애들하고는 편지만 주고받아요."라고 대답했다. 마사는 손자들의 모습이 담긴 사진첩을 꺼내와 우리에게 보여주었다. 마사의 가장 오랜 친구는 죽은 큰아들의 담임선생님이었다. "그 친구는 추수감사절마다 나를 초대한답니다." 그러나 조브에게 그녀 말고 다른 친구는 한 명도 없었다.

다른 사람들과 함께 하는 일이 있는지 묻자, 그녀는 "다리가 아파서 아무것도 못해요."라고 대답했다. 친구를 대신할 만한 일이 있는지 다시 묻자 "적을 만들지요."라고 우스갯소리를 하며 슬쩍 빠져나갔다. 그러나 그 말을 하는 순간, 그녀는 무척이나 슬퍼 보였다. 주위 사람들 중 마사가 인사라도 가끔 나누며 지내는 이라고는 동네 레스토랑 점원들이 전부였다. 마사는 날마다 그 레스토랑에 가서 아침식사를 했다. 점원들이 반갑게 인사를 건넬 때마다 그녀는 늘 기분 좋게 그 인사에 답하려고 노력했다. "나를 웃으며 반겨주는 이는 그들뿐이죠. 다른 사람들은 내게 관심조차 보이지 않아요." 그녀는 누군가로부터 관심을 받기 위해 사람들이 드나드는 장소로 나가야 할 때, 그런데 그곳에 가서도 사람들의 관심을 받지 못할 때, 그때가 가장 비참하다고 말했다. 그는 교회 신도들과의 만남을 빼놓고는 사회적 유대관계에서 즐거움을 얻은 적이 거의 없다고 했다.

성공적인 노년을 맞이하는 게 무엇이라고 생각하는지 묻자, "늙어가면서 좋을 게 뭐가 있겠어요. 눈에 보이느니 내리막일 뿐이지요. 늙으면 남자들은 모두 머리가 벗겨지고 몰골이 추해지며, 여자들은 머리카락을 염색하느라 바쁘죠. 고상하게 늙어갈 방법은 어디에도 없어요."라고 대답했다.

면담을 마치고 떠나기 전, 그녀에게 수채화 작품을 보여달라고 청했다. 마사는 창고에서 아름다운 그림 한 폭을 가져왔다. 우리는 내퍼 계곡을 그린 풍경화를 감상하면서, 영성이 무척 깊었지만 사회적 유대관계를 끊고 살았던 화가 반 고흐를 떠올렸다.

CASE STUDY | **테드 머튼(2)** | 하버드 졸업생 집단

종교 활동으로 사회적 지평을 넓혀 삶을 구원하다

테드 머튼은 1장에서는 '노년에 대해 좀 더 깊은 관심을 촉구하던' 퉁명스러운 조언자로, 그리고 3장에서는 '아버지의 부족한 부분을 전혀 메워주지 못했던 어머니'를 둔 사람으로 소개되었다. 그는 72세에 다음과 같은 글을 남겼다.

나는 유년기를 불행하게 보냈다. 다른 사람들은 좀 더 넓은 세계로 나가 뭔가 대단한 업적을 세우려 했지만, 나는 내면적인 여행을 즐기는 데 만족하며 살아왔다. 일을 통해서도 얼마간 만족을 얻었다. 그러나 가장 만족스럽게 여기는 점이 있다면, 바로 내가 서서히 편안하고 유쾌하며, 일관성 있고 유능한 존재로 발전해 왔다는 사실이다. 폐결

핵으로 일년간 병석에 있기도 했고, 수십 년 동안 정신과 치료를 받았으며, 우울증으로 아홉 달 동안 병원에 입원해 있기도 했지만, 그것은 내 삶에서 일부분일 뿐이었다.《사랑받는 날에는 진짜가 되는 거야*The Velveteen Rabbit*》라는 이야기(벨벳 토끼인형이 한 아이의 사랑을 받아 생명을 얻게 된 이야기—옮긴이)를 떠올려보자. 우리는 살아가면서 피치 못하게 불행을 겪을 수도 있지만, 불행을 겪고 난 사람은 오히려 더 견실하고 완전한 존재가 된다. 벨벳 토끼인형 이야기에서처럼, 오직 사랑만이 우리 자신을 진정한 존재로 만들어준다. 어린 시절에는 이 말을 받아들일 수 없었지만, 이제는 충분히 이해가 간다. 물론 그 진정한 의미를 내 삶에 적용하기까지는 많은 세월이 걸렸다. 사람이란 무척 강인한 동시에 유연한 존재이며, 사람과 사람의 관계 속에는 사랑과 온정이 넘쳐흐른다. ……나의 노년이 이처럼 활기차고 보람되리라고는 꿈조차 꾸지 못했다.

벨벳 토끼인형처럼, 테드 머튼 역시 사랑을 통해 마음의 병을 치유했다. 그러나 그는 두 번의 결혼, 두 번의 정신분석 요법, 두 명의 자녀들을 통해서가 아니라 교회에 의탁함으로써 비로소 고통을 완전히 치유할 수 있었다.

테드 머튼은 기독교 재단에서 운영하는 사립학교를 졸업했고, 대학에서도 의과대학을 선택하기 전에 아주 잠깐 성직자가 되기를 꿈꾼 적이 있었다. 열아홉 살 때는 가장 친한 친구 밥과 함께 캐나다의 래브라도로 선교활동을 다녀오기도 했다. 그는 한참 뒤, 그때를 회상하며 다음과 같이 말했다. "자연 속에 있을 때면 자주 영적인 체험을 하곤 했어요. 래브라도에서 밥과 함께 보낸 그해 여름, 나는 그 어느 때보다 영적으로 충만했지요. ……우리는 밤마다 바닷가 언덕에 누워 영롱하게 빛나는 오로라를 올려다보곤 했어요." 그러나 그로부터 폐결핵에 걸리기까지 15년 동안은 종교가 그의 삶에서 그다지 중요한 부분을 차지하지 않았다.

어느 날 밤, 저녁식사를 마친 뒤 곧 잠자리에 들었는데 갑자기 놀라운 일이 일어났다. 황혼의 고요함 속에 갑자기 눈부신 빛 한 줄기가 방으로 들어왔다. 나는 나도 모르게 침대에서 내려와 무릎을 꿇고 앉았다. 구약의 등장인물과도 같은 거룩한 존재가 내 방에 들어와 있다는 느낌을 받았다. 소리는 들리지 않았지만 "나를 따르라." 하는 부름이 분명하게 느껴졌다. 나는 눈물을 머금은 채 다리를 절며, 천천히 침대로 되돌아갔다. 몇 년 동안 나는 그 신비로운 경험을 잊고 살았다. 그러나 그 부름을 들은 뒤로 내 삶이 훨씬 나아졌다. 지금 다시 되돌아보건대, 그날 밤 나는 신으로부터 메시지를 받았던 것 같다. 실로 성스러운 경험이 아닐 수 없었다.

그러나 그런 경험을 한 뒤 25년이 지나도록 머튼의 종교는 기독교가 아니라 정신분석에 머물러 있었다. 55세에 첫 번째 이혼을 한 뒤, 머튼은 "나는 교회에 전혀 나가지 않으며, 종교 조직에 진력이 났다."라고 썼다.

그 뒤로 5년이 지나 머튼은 두 번째 이혼을 하고 아주 심각한 우울증에 빠지고 말았다. 그는 아내와 재산, 직업을 잃었을 뿐만 아니라 동료들과의 관계까지 끊어지고 말았다. "마치 내 마음에 짙은 남빛 잉크를 엎지른 것만 같았어요." 바로 그때, 그는 대학 졸업 뒤 처음으로 다시 교회로 돌아갔다. "예전에는 없었던 무언가가 내 안으로 밀려들었어요. 처음에는 마치 몽유병에 걸린 듯했지요. 하지만 서서히 종교활동에 참여하기 시작했어요."

77세가 된 머튼은 지난 5년이 인생에서 가장 행복했던 시기였다고 말했다. 그는 교회에서 공동체를 위한 삶을 이끌어내고자 적극적으로 일했다. 교회에서 그가 맡은 직책만도 여러 개였다. 노년에 이른 머튼은 통합의 기초가 무엇인지 정확하게 이해하고 있었으며, "신은 불가사의한 방법으로 나를 불러들였어요. 그분은 나에게 그무엇보다 소중한 사랑을 느끼게 해주었어요. 죽을 때가 가까워졌지만 난 두렵지 않아요. 많은 이들이 경험한 죽음의 순간을 나 역시 경험하고 싶어요."라고 솔직하게 털어놓았다.

머튼은 시간이 갈수록 점점 더 폭넓은 사회적 지평을 이해해 나갔다. "모든 삶은 생물학적, 생태학적 그리고 영적으로 연관되어 있다는 걸 깨달았어요. 모든 삶은 존경받고 이해받을 만한 가치가 있어요. ……나는 시간이 갈수록 점점 더 신의 부르심에 다가가는 것 같아요. 《칠층산 Seven Story Mountain》의 저자 토머스 머튼의 이야기가 몇십년 전에는 상상도 못했을 정도로 명쾌하게 마음에 와 닿더군요." 머튼은 사람들을 사귀기 위해 굳이 마사 조브처럼 동네 레스토랑까지 가지 않아도 되었다.

 CASE STUDY 빌 그레이엄 | 이너시티 집단

영적 치유로 짙은 우울과 무력감을 걷어내다

빌 그레이엄의 삶은 조브나 머튼의 삶보다 행복하지 못했다. 68세가 된 그레이엄에게 유년기에 대해 묻자, "어렸을 적에 즐거웠던 기억

이라고는 하나도 없어요."라고 말했다. 그의 유년기는 '학대, 배고픔, 사랑의 결핍, 외로움'으로 가득할 뿐이었다. 50년 전 기록을 살펴보니 그의 말은 결코 과장이 아니었다. 그레이엄의 어머니는 세 살 반 된 아들의 양육을 포기했다. 그 뒤로 그레이엄은 한 번도 어머니를 만나지 못했다. 열두 살쯤 되자 어머니 모습마저 떠오르지 않았다. 사실 그레이엄은 여섯 살까지 어디에 살았는지조차 기억나지 않았다. 여섯 살 때 아버지가 정신병으로 주립병원에 수용된 뒤, 그레이엄은 보스턴의 한 가정에 입양되어 열한 살까지 그곳에서 살았다. 양부모는 그레이엄을 상습적으로 때렸다. 그레이엄이 생각하기에, 양부모는 그를 키우는 것보다는 주정부에서 나오는 생활보조금에 더 관심이 많은 것 같았다. "맞은 기억만 날 뿐, 뭔가 제대로 먹어본 기억이 한 번도 없어요." 또 그는 "아무도 나에게 관심을 가져주지 않았다는 게 그 무엇보다 참기 어려웠어요. 아무도 나를 돌봐주거나 나에게 책임감을 느끼지 않았거든요."라고 말했다.

어린 시절의 경험이 성인이 된 그에게 어떤 영향을 끼쳤는지 묻자, "남들에게 많이 베풀 줄 알게 되었고, 불행이 닥치더라도 어떻게든 극복해 나가게 되었어요."라고 말했다.

그레이엄은 이를 말보다는 행동으로 분명하게 보여주었다. 아버지는 한 번도 그를 보살펴준 적이 없었지만, 어른이 된 그레이엄은 늙은 아버지를 형편없는 주립병원에서 모셔와 함께 살았다. 또한 자기를 양육기관에 내팽개치고 달아났던 어머니까지 정기적으로 찾아가 보살폈다. 그레이엄의 어머니는 고독하게 죽음을 기다리는 처지였다. 1976년, 47세가 된 그레이엄을 방문한 연구원은 "그는 내가 만나본 사람들 중에 가장 불우한 유년기를 보낸 사람이었다."라고 기록했다. 실제로, 이너시티 출신 456명 중에 그레이엄보다 더 불행하게 유년기를 보낸 사람은 고작 16명이었다. 그러나 연구원의 이야기는 거기서 끝나지 않았다. "그러나 불행한 유년 시절을 보낸 그가 자기 힘으로 부유하고 충만한 삶을 이뤄낸 데 놀라지 않을 수 없다. 내가 만나본 연구 대상자들 중에 그레이엄만큼 자기 일에 열정적인 사람은 드물었다."

그레이엄이 과거의 불행을 딛고 일어설 수 있었던 가장 큰 계기는 바로 결혼이었다. 그는 비록 희망이라고는 찾아볼 수 없이 불행한 유년기를 보냈지만 결혼생활만큼은 무척이나 행복했다. 열 살 연상인 여인과 결혼한 그레이엄은 결혼의 연금술 덕분에 마침내 생산성 과업을 성취했다. 연구원이 보기에도 그레이엄은 스물다섯 살밖에 안 된 나이에도 그의 아내를 무척이나 자랑스럽게 여기고 있었으며, 아내 역시 그레이엄을 훌륭한 남성이라고 믿었다. 장인과 장모도 아내와 똑같은 생각이었다. 그레이엄은 결혼과 함께 생애 처음으로 진정한 가정을 갖게 되었다.

25세 때 그레이엄은 종교적 믿음이 없었다. 가끔 교회에 나가긴 했지만, 그나마도 45세 이후로는 아예 발길을 끊어버렸다. 앞서 얘기한 올리버 홈스 판사처럼 그레이엄은 가족 안에서 고매한 권능을 발견했다. 45세에 그레이엄은 아내에 대해 "나와 가족에게 헌신적인 사람"이라고 묘사했다. 그는 아내의 이해와 사랑에 깊이 감명을 받았으며, "믿음직하고 사려 깊으며 꼼꼼하게" 집안을 돌보는 아내에게 더없이 고마워했다.

그러나 빌 그레이엄이 53세 되던 해, 33년 동안 함께 살아온 그의 아내가 암으로 세상을 떠나고 말았다. 아내가 떠나고 5년 사이에 그레이엄의 삶은 엉망이 되고 말았다. 아내가 죽고 2년 뒤 연구원이 찾아갔을 때 그는 다음과 같은 이야기를 들려주었다.

나는 아내를 잃었어요. 알겠어요? 아내를 잃었다고 말하기는 이렇게 쉽고 간단한데, 왜 현실은 그렇지 못할까요? 나는 아내 한 사람을 잃음과 동시에 친구도 잃었고, 연인도 잃었고, 어머니도 잃었고, 누이도 잃었으며, 의사·간호사·스승·재정관리자까지 한꺼번에 다 잃었어요. 사람들은 내가 아내 단 한 사람을 잃었을 뿐이라고 쉽게 생각하겠죠. 하지만 당신이 내 처지라면 갑자기 모든 일들을 혼자 힘으로 해나가야 한다는 사실이 도무지 믿기지 않을 거예요.

아내가 죽고 5년 뒤, 58세가 된 빌 그레이엄은 우울증으로 병원에 입원했다. 59세에는 심각한 신체적 무능 상태에 빠졌으며, 삶에서 어떤 즐거움도 느끼지 못했다. 그러다가 영성 치유과정에 참석하고 나서 오랫동안 앓던 위장병이 말끔하게 나았다. 그 뒤 어느 가톨릭 신부가 주관하는 치유 과정에 참가한 뒤로는 신체적 무능의 근본 원인이었던 척추 통증도 사라졌다. 영적 치유에 대해 더 자세히 배워보고 싶었던 그는 형이상학 박사학위를 받았다. 그의 논문 주제는 〈형이상학적 치유: 자연스럽고 성스러운 과정〉이었다. 60세에 교육과정을 마친 뒤부터 그레이엄은 '인생에서 가장 행복한 10년'을 맞이했다.

68세에 빌 그레이엄은 영성이 매우 깊어져 있었다. 그는 당시 은퇴한 상태였고, 둘째 부인과 함께 케이프코드에 살고 있었다. 키가 작고 마른 편인 그레이엄은 안경을 쓰고 있었고, 턱수염과 머리카락은 살짝 희끗희끗했다. 어린 시절에는 가톨릭을 믿었지만 사춘기에 접어들면서 '가톨릭이 나에게 맞지 않는다는 사실'을 발견했다고 했다. 그레이엄은 최근에는 특정 종교에 관계없이 다양한 예배에 참석하면서 조직화된 종교를 바라보는 시각을 넓혀나가고 있다.

그러나 그레이엄의 영적 삶은 최근에 하고 있는 일, 즉 그가 '희망의 봉사'라고 부르는 치유 활동에 집중되어 있다. 치유자로 활동하기 시작한 뒤, 그레이엄은 마침내 삶의 진정한 목표를 발견했다. 인생 초반에는 불안과 우울증으로 불행한 나날을 보냈지만, 이제 그레이엄은 내적 평화를 얻는 것이 인생에서 가장 중요한 과업 중 하나라고 생각하게 되었다. 그는 사람들의 육체만큼이나, 아니 그 이상으로 정신을 세심하게 보살폈다. 그는 사람들에게 내적 평화에 대해 가르치면서 사람들이 편안하고 안정된 생각을 가지도록 도와주었다. 그레이엄은 양손을 포개고 있으면 몸속에서 자연스럽게 치유가 시작된다고 설명했다. 지금은 그런 치유 과정이 분명 효과가 있다고 확신했지만, 그도 처음에는 잘 이해할 수 없었다고 인정했다. 그레이엄은 모든 사람은 저마다 존재 이유가 있으며, 그 사실을 자각한다면 누구나 충일감과 감사하는 마음을 가질 수 있다고 믿었다.

그레이엄은 치유 활동을 하거나 영적인 주제로 강의했지만 강의료를 받지 않았다. 다른 사람들을 도우면서 스스로 보람을 얻는 데 만족했지, 대가를 받고 싶은 마음은 추호도 없었다. "사람들이 내가 대가를 받지 않고 치유해 준다는 사실을 아는 게 중요해요. 나는 그들에게 말하죠. '나한테 감사하지 말고 신을 찬미하세요.'라고요." 그레이엄은 치유의 기초는 종교가 아니라 사랑과 영성이라고 결론지었다. 54세에서 68세 사이, 그레이엄이 영적인 활동을 하면서 생겨난 변화는 정말 놀라웠다. 빌 그레이엄의 영적 삶은 점점 깊어져 갔으며, 정신병 징후는 말끔히 사라졌다. 69세의 그레이엄은 객관적으로는 분명 신체적 무능 상태(방광암, 신장염, 세 번에 걸친 심장 수술)라 할 수 있지만 주관적으로는 자기 자신이 무능 상태라고 전혀 느끼지 않았다. 현재 그의 삶 만족도는 행복하고 건강한 삶에 포함되기에 충분했다. 그는 영성은 물론 두 번째 아내에 대해서도 '매우 만족한다'고 답했다. 하지만 33년 동안 함께 살았던 첫 번째 아내 레이첼은 자기 마음속에 여전히 살아 있다면서 그녀가 "내가 해왔던 모든 활동을 뒷받침해 주었지요. 거기에는 음악도 포함된답니다."라고 설명했다.

그레이엄은 노래책을 보여주면서 직접 작곡한 곡들에 대해 열정적으로 설명했다. 부드럽고 사랑스러운 목소리로 몇 소절을 불러주기도 했다. 그레이엄은 자기 노래 대부분이 세상을 떠난 사람들과 교감하면서 영감을 얻었다고 생각하는 듯했다. 자신도 모르게 악상이 떠올랐고 그래서 자신이 전혀 모르는 것에 대해 노래를 지었기 때문이다. 그의 노래는 아름답고 감동적이었다. 그는 〈기도의 힘〉이라는 노래를 몇 소절 불러주는가 하면, 어머니가 천둥소리에 놀란 아기를 달래는 내용이 담긴 노래도 불러주었다.

우리는 빌 그레이엄과 이야기를 나누면서 아주 멋진 4시간을 보냈다. 나는 그에게서 깊고 참된 내적 평화를 보았으며, 버림받고 학대받았던 어린 시절과 암, 그리고 첫 번째 아내의 죽음을 극복하고 만족스러운 삶에 다다른 그의 모습에 깊이 감명받았다.

그레이엄은 신장염 때문에 정기적으로 신장투석을 받아야 했지만, 그 힘든 치료를 받으면서도 아주 의연했다. 그 모습을 본 담당 간호사들이 그레이엄에게 신장투석 치료를 꺼려하는 환자들에게 조언을 좀 해줄 수 있겠냐고 부탁할 정도였다. 이처럼 그레이엄의 내적 평화와 희망을 불러일으키는 능력은 연구원이나 그의 고객뿐 아니라 그를 돌봐주는 이들에게까지 깊은 감동을 주었다.

이듬해 그레이엄은 우리가 보낸 질문서에 "은퇴 생활에 매우 만족한다."는 답변을 써서 보냈다. 그는 아침마다 "새로운 하루가 담

긴 선물 꾸러미를 열어보기 위해" 잠자리에서 일어난다고 했다. 그
는 은퇴한 뒤로 "아내와 함께 극장에도 가고 사람들을 돕거나 정원
을 가꾸거나 여행이나 독서를 하면서 즐겁게 시간을 보내며, 존재하
는 것 자체를 즐기며 산다."고 했다. 그레이엄보다 신체적으로 훨씬
건강한 하버드 연구 대상자 중에도 일주일에 20시간 이상 텔레비전
을 끼고 사는 이들이 많았지만, 중학교도 마치지 못한 그레이엄은
텔레비전에 의지해 무기력하게 시간을 보내는 일이 없었다.

그레이엄은 성공적인 노화에 대해 "지나온 삶을 되돌아보면서,
과거에는 가지지 못했지만 지금에 와서 비로소 누리는 모든 것에 감
사하며 살아가는 법을 배우는 것"이라고 정의했다. 이는 발달과업
중 가장 마지막 단계인 통합의 정의로서 꽤나 훌륭하다. '자기가 원
하는 바를 성취하는 것'은 어디까지나 그 다음으로 좋은 정의다.

끝으로 그레이엄에게 일어난 기적 같은 일을 소개하면서 그에 대
한 이야기를 마치려 한다. 신장 기능은 나이가 들면서 쇠퇴하게 마
련인 생리적 기능이다. 그러나 이 책을 다 쓴 뒤 그레이엄은 우리에
게 "일년 넘게 신장투석 치료를 하지 않고 살고 있다."는 놀라운 소
식을 전해 주었다.

영성은 나이가 들수록 깊어지는가?

이론적으로 본다면 나이가 들수록 영성이 더 깊어지는 것은 당연
하다. 노화 자체가 영성에 도움이 되는 방향으로 삶의 조건을 변화
시키니까 말이다. 나이 들면서 우리는 느긋해지고, 인생의 꽃향기를
맡을 시간과 평화를 얻는다. 일상은 단조로워지고, 바꿀 수 없는 상

황들을 담담히 받아들이게 된다. 불타오르는 본능을 잠재우고 내면의 평화를 향유할 줄 알게 된다. 죽음에 대해 숙고하고, 이제는 딱히 특별할 것이 없어진 자신에게 익숙해져야만 한다. 나이가 들면서 우리는 각자를 근본적인 토대로 삼아 하나가 되는 데 관심을 모으게 된다. 그리고 자신을 거대한 바다의 일부로 느끼기에 이른다. 힌두교에서는 "노인이 되면 세속으로부터 벗어나 영적인 문제에 관심을 가져야 한다."고 말한다.[11] 독실한 브라만교 신자들은 손자를 보고 나면 모든 세속적인 소유물을 자기 아들에게 물려준다.

노년의 영적인 발달을 다룬 횡단연구들 가운데 라스 톤스탐Lars Tornstam[12]의 연구를 손꼽을 수 있다. 연구 대상은 75세를 넘긴 덴마크 사람 912명이었는데, 연구 결과 그들 중 대다수는 젊은 시절에 비해 훨씬 더 영성이 깊어졌다. 50대 때에 비해 그들은 "내적 삶에서 더 큰 기쁨을 맛보고 있다." "삶과 죽음의 경계는 그리 중요하지 않다." "삶의 지속성 측면에서 보면 개별적인 삶은 참으로 보잘것없다." 같은 진술에 훨씬 더 힘을 실었다. 하지만 톤스탐의 연구는 횡단연구였으며 그 결과는 동시집단 효과cohort effect(출생시기가 비슷한 집단 내에서 특정 경향이 동일하게 나타나는 것. 장기간 연구가 아닌 한 차례에 걸친 횡단연구로는 진정한 발달의 경향을 밝히기가 어렵다—옮긴이) 때문이었을 수 있다.

성인발달연구에서 종교적 신앙, 새로운 생각에 대한 열린 태도, 편견 없는 정치적 관점 등은 만족스러운 노년을 맞이하는 데 직접적으로 영향을 끼치지 않았다. 이 장에서 소개한 조브, 머튼, 그레이엄은 영성이 깊은 대표적인 인물들이었지만 성공적인 노화 면에서는 그리 높은 점수를 받지 못했다. 행복하고 건강한 노년에 이른 사람들에 비해 그들의 사회적 지평은 그다지 폭넓지 못했다. 이 점을 볼

때, 성공적인 노화로 향하는 길은 세속적인 인간관계 속에 있다는
게 더 설득력 있게 다가온다.

하지만 동시에 영성은 세속으로부터 고립된 상태로 존재하지는
않는다. 영성은 두 사람 또는 그 이상과의 관계를 통해 자기 자신보
다 더 위대한 힘을 지닌 존재가 있음을 인식하게 될 때, 그리고 아름
다운 선율이 흘러넘치는 내적 삶에 귀 기울일 수 있을 때 생겨난다.
사랑이 신에 대한 믿음을 불러오는가, 아니면 신이 사랑을 창조한
것인가 하는 문제는 물리학자들이 빛이 입자로 만들어진 것인가 아
니면 파장으로 이루어진 것인가를 두고 논하는 것이나 마찬가지다.
그것은 전적으로 빛과 사랑을 바라보는 방식에 따라 결정되기 때문
이다.

11장
세월이 흐르면 사람도 변하는가?

내가 말하려는 바는

모든 형체가 다른 형태로

변화된다는 것이다.

하늘과 그 아래 모든 것,

대지와 그 위의 창조물들.

만물은 변화하며,

창조의 일부인 우리도

역시 변화를 겪어야 한다.

_오비디우스의 《변신》에서

이제까지 나는 성인의 발달에 대한 믿음, 즉 노화가 결코 쇠퇴의 문제에 그치는 것이 아니라는 신념을 전제로 이야기를 전개해 왔다. 여러 근거들을 통해 살펴본 결과, 노화는 쇠퇴라기보다는 오히려 사회적 지평을 확장하고, 인내심을 강화하며, 무의식적 방어기제를 성숙시키는 과정이었다. 성공적인 노화는 곧 성공적인 생존이며, 다른 사람을 받아들이면서 끊임없이 성장하는 방법을 배우는 과정이다. 칼 융이 말했듯이 "너무나 다양한 삶의 양상들이 먼지 자욱한 기억의 창고 속에 갇혀 있다. 그러나 그것들은 이따금씩 잿더미 아래에서 숯을 달구기도 한다."[1] 연구 대상자들의 삶을 추적하는 여정에서 그 숯들이 불꽃을 일으키며 타오르는 광경을 목도하게 되는 순간은 아주 짜릿했다.

하지만 방금 말한 전제는 어디까지나 내가 세운 두 가지 가설에 의존하고 있다. 첫째, 인간의 성격과 행동은 서른 살쯤 되면 석고처럼 굳어버리는 게 아니며, 그 뒤로도 계속해서 본질적인 변화가 일어난다. 둘째, 어린아이들처럼 성인들도 계속해서 발달한다. 그러나 이러한 가설은 보편적으로 받아들이기는 매우 힘들다.[2]

이와 관련된 논의들을 역사적으로 되짚어보자. 시간의 흐름에 따라 인성이 변화한다고 믿었던 사람들에게 1970년대는 그야말로 흥분의 시대였다. 에릭슨은 버클리대학교의 인간발달연구소에서 산출한 자료에 근거를 두고 《유년기와 사회Childhood and Society》를 집필했고, 그것을 필두로 1930년대에 시작한 수많은 장기 연구들(특히 버클리대학교의 연구들)이 마침내 결실을 맺기 시작했다.[3-5] 칼 융과 단테 알리게리Dante Alighieri는 중년의 위기를 강조했고, 게일 쉬히Gail Sheehy는 기록적인 베스트셀러 《이행Passage》[6]을 통해 에릭슨이 말한 인간발달단계 개념을 대중화하는 데 기여했다. 역시 1970년대에 예일대학교의 명석한 사회심리학자 다니엘 레빈슨은 30세에서 60세 사이에 자신에게 일어난 놀라운 변화를 기초로 《남자가 겪는 인생의 사계절》[7]이라는 책을 집필해 주목을 끌었다. 그 책의 주제 역시 인성의 변화와 중년의 위기였다.

나 또한 1970대에 《성공적 삶의 심리학》이라는 책을 발표하면서 그 시류에 편승했다. 그 이전에도 나는 방어기제와 인격의 성숙을 주된 논조로 삼는 저명한 학술지에 논문을 여러 편 발표했다. 투사는 이타주의로 발전할 수 있고, 도착倒錯은 승화로 발전할 수 있다. 수동 공격을 일삼던 시시한 녀석이 성숙한 인본주의자가 될 수도 있다. 성격은 결코 석고처럼 굳어버리는 것이 아니다!

그러나 1980년대에 들어서면서 반발이 거세졌다. 유전자 결정론에 대한 믿음은 더 이상 우익 보수학파만의 몫이 아니었으며, 자유주의자들까지도 이 믿음에 합류했다. 동일한 대상을 놓고 6년, 10년, 심지어 30년에 걸쳐 인성의 변화를 조사한 심리학자들은 연구 대상자들의 인격에 아무런 변화도 일어나지 않았다고 발표했다.[8] 외향적인 성격은 여전히 외향적이었고, 내성적인 성격은 내성적인 성격 그대로 유지되었다는 것이다. 젊은 시절 신경증을 심하게 앓은 사람들은 중년에도 신경증을 앓았으며, 신경증 증세가 없던 사람들은 몇십 년이 지나도 멀쩡했다. 사실 나 역시 5장에서 한 사람의 정치적 성향은 세월이 흘러도 좀처럼 바뀌지 않았다고 인정한 바 있다.

1970년대에 레빈슨의 책이 출간된 뒤로 객관적인 연구들이 수없이 시도되었으나, 중년의 위기라는 레빈슨의 개념은 극히 예외적으로 적용될 수 있을 뿐이라는 결론들만이 줄을 이었다.[9, 10] 청소년들이 성인으로 성장해 가는 과정을 전향적으로 연구했던 버클리대학교 교수 잭 블록Jack Block 역시 똑같은 결론에 도달했다. 즉, 그는 "변화하고 변형되는 와중에도 인격만큼은 늘 일관성 있게 유지된다."[11]라고 결론지었다.

그러나 나는 이러한 시류의 변화에도 아랑곳없이 내 믿음을 확고하게 지켜나갔다. 그랬기에 2000년 무렵, 나는 행복하고 건강한 노년을 맞이했다고 평가받은 사람들 중에서 1945년 당시 평가에서는 C등급을 받은 이들이 많을 것이라고 확신했다. 마찬가지로 대학 시절 적응도 평가에서 A등급이었던 이들 중에도 불행하고 병약한 노년에 이른 사람이 많을 것이라고 믿었다.

그러나 놀랍게도 내 추측은 완전히 빗나갔다. 하버드 졸업생들이 노년에 적응하는 양상은, 그들이 대학 시절 적응도 평가에서 A등급(최고 등급)을 받았는가 C등급(최하 등급)을 받았는가에 크게 좌우되었다. A등급을 받은 85명 중 28명은 행복하고 건강한 노년에 이른데 비해, 불행하고 병약한 노년을 맞이한 사람은 9명에 지나지 않았으며, 그들 대부분은 알코올 중독이나 우울증을 겪었던 이들이었다. 한편, 대학 시절 적응도 평가에서 C등급을 받았던 40명 중에서는 80세에 행복하고 건강한 노년을 맞이한 사람이 단 3명뿐이었다. 3장에서 살펴보았듯이 과거가 미래에 영향을 끼친다는 말이 진실로 밝혀진 것 같았다.

이너시티 집단의 경우에는 중학교 시절에 얼마나 잘 적응했는지가 성공적인 노년을 맞이하는 데 크게 영향을 끼쳤다. 중학교 시절 적응도 평가에서 최고 점수를 받았던 150명 중 56명이 행복하고 건강한 노년에 이르렀고, 13명만이 불행하고 병약한 노년을 맞이했다. 최하 점수를 받았던 19명 중에서는 단 한 사람만이 행복하고 건강한 노년에 이르렀으며 11명은 불행하고 병약한 노년에 이르렀거나 조기사망했다. 즉, 행복하고 건강한 청소년기 역시 행복하고 건강한 노년을 예견하는 결정적인 지표였다.

그러나 삶은 흑백논리로 해결할 수 있는 문제가 아니며 얼마든지 역설이 가능하다. 인격은 기질과 성격의 총합이다. 기질은 우리의 인격에 연속성을 부여해 준다. 기질은 대체로 유전적인 성격이 강하고, 외향성 또는 내향성 같은 인격 구성요소와 지능지수 등을 결정하며 변화가 거의 없다. 쌍둥이는 태어나자마자 수십 년을 떨어져 지내더라도 여전히 서로 닮은 점이 많다. 이것도 바로 기질 때문이다.[12] 그러므로 지능이나 외향성, 자부심 등을 평가하는 필답검사 결과를 통해 인격을 정의한다면, 시간이 지나더라도 인격은 변화가 많지 않다는 결론에 다다르게 될 것이다.

그러나 성격은 변화한다. 만약 인격을 개인의 적응 양상(예를 들어, 부모에게 학대받으며 자란 여성이 40세에 이르러 다시 구타하는 남성과 재혼을 선택하는가, 아니면 학대받는 여성을 위해 보호소를 운영하는가?)으로 정의한다면, 시간이 지나면서 인격은 많은 변화를 거칠 것이다. 기질과 달리 성격은 환경이나 성숙의 영향을 많이 받는다. 뿐만 아니라 유전자가 고정되어 있는 것은 사실이나 대부분의 유전자는 적응력을 높이는 방향으로 변화하게끔 되어 있다.[13] 사람들은 성숙한다. 사람들은 환경의 제약을 벗어나고 극복한다. 병에 걸리지만 않는다면 정신건강은 70년 동안 꾸준히 좋아진다.[14]

우리 모두는 나이가 들수록 점점 더 연륜이 깊어지고, 다른 사람 앞에서 당당해지며, 자기 생각을 편안하게 표현할 수 있게 된다. 사춘기 시절에는 그 반대이기가 쉽다. 그러나 30세와 70세는 자기 확신이나, 어린 세대들을 바라보는 태도, 자기 운명에 대한 만족도 등에서 매우 큰 차이가 있다.[15] 60세에 이르면 우리 대부분은 청소년기에 좋아했던 시끌벅적한 음악을 거부하고 대신 예전부터 늘 모차르트를 좋아해 왔다고 믿게 된다. 이론적으로만 보면 우리의 박자 감각은 석고처럼 굳어지는 것이다. 그러나 실제로는 청소년 시절의 박자 감각이 노년기의 박자 감각과 전혀 다른 경우가 많다. 기질은 비록 어린 시절 그대로일지 모르나 성격은 끊임없이 변화한다.

1장에서 앤서니 피렐리의 예를 통해 보았듯이 불행한 상황을 딛고 회복하는 능력, 즉 '회복탄력성resilience' 역시 변화를 이끈다. 회복탄력성을 지닌 사람은 신선하고 푸른 고갱이를 지닌 나뭇가지에 비유할 수 있다. 그런 나뭇가지는 휘어져 모양이 변형되더라도, 힘없이 부러지는 일 없이 금세 다시 제 모습을 찾아 계속 성장한다. 유전자와 환경은 모두 회복탄력성에 중대한 영향을 끼친다. 우리는 사랑하는 친구들과 교제하면서 유머감각이나 이타주의와 같은 적응적 방어기제를 발전시킨다. 그러나 다른 사람의 마음을 끄는 능력은 많은 부분 유전적으로 물려받은 능력, 즉 타고난 성격이나 외모에 좌우될 때가 많다. 심리학자 에미 워너^{Emmy Werner}는 사회경제적 환경이 매우 열악한 하와이 카우아이 섬에서 불쌍하고 가난한 아이들이 어떻게 유능한 성인으로 성장할 수 있었는지 그 원인을 추적해 보았다. 그녀는 '꼭 껴안아주고 싶을 정도로 귀여운' 아이, 주변 사람들로부터 긍정적인 반응을 불러일으키는 아이, 양부모가 되어줄 사람들의 눈에 띄기 위해 자기 재주를 최대한 발휘하는 아이가 사람들의 마음을 끈다고 강조했다.[16] 이에 비해 성인의 매력을 좌우하는 것은 지적 능력이나 성숙한 방어기제일 때가 많다. 즉, 회복탄력성을 드높이는 요소들은 부분적으로는 회복탄력성 그 자체가 촉진하는 경우가 많다. 다시 말해 회복탄력성의 원천에 대해 이야기할 때에는 원인이 결과가 되고 결과가 원인이 되기도 한다.

게다가 사랑은 아무리 강조해도 지나치지 않다. 사회적 유대관계는 그저 존재하는 것으로 끝나는 것이 아니라 적극적으로 인식하고 받아들여서 마침내 '섭취하고 배출해야' 한다. 미식축구에서 훌륭한 러닝백이 되려면 상대 진영 선수의 위치를 정확하게 간파하는 능력을 갖추어야 하듯이, 회복탄력성을 갖추려면 사회적 관계 속에서 건강하게 사랑을 주고받을 대상들을 찾아낼 수 있어야 한다. 확대가족이 정신건강에 좋은 이유도 이 때문이다. 확대가족 속에서 우리는 건전한 동일시 기회를 더 많이 접하며, 다양한 취향을 가질 수 있다.

이너시티 출신자 중에서 41명은 문제가 심각한 가정에서 자라났다. 그런 가정들은 10점 이상의 점수를 받았다. 몹시 가난한 가정에는 0.5점, 어머니가 정신적으로 모자라거나 아버지가 알코올 중독이거나 어린 나이에 부모와 6개월 이상 떨어져 지낸 경험이 있을 경우에는 각각 1점씩 주었다.[17] 그러므로 점수가 10점 이상인 사람들은 어린 시절 굉장히 열악한 가정에서 자라났다는 말이 된다.

그러나 47세에 이르렀을 때, 열악한 가정환경에서 자라난 사람들이 정상 가정에서 자라난 사람들에 비해 만성적 실업상태에 놓이거나 빈곤선 이하로 생활할 가능성이 더 높은 것은 아니었다. 그들 중에 70세에 이르러 '불행하고 병약한 삶'을 살아가는 사람은 단 9명에 지나지 않았으며, 13명은 '행복하고 건강한 삶'을 누렸다. 이는 행복한 가정에서 성장한 사람들과 거의 비슷한 비율이다. 이너시티 출신자들 중에서 아버지가 사회 최하층(5등급), 즉 비숙련 노동자이거나 생활보호 대상자인 사람은 99명이었다. 그들의 교육 수준은 평균 10학년 미만이었으며, 어린 시절에 모두 초라한 공동주택에서 살았다.[18] 그러나 성인이 되었을 때, 99명 중 13명만이 사회 최하층에 머물렀으며, 불행하고 병약한 노년에 이른 사람은 16명뿐이었다. 47세에 이르렀을 때, 빈곤선 이하로 생활하는 사람은 16명에 불과했으며, 10년 동안 무직 상태로 있었던 사람도 13명뿐이었다.[19] 이미 언급한 바 있듯이, 이들은 백인 남성이었으며, 제대군인원호법의 수혜를 누리고 있었고, 1950년대 호황기를 거쳐온 사람들이었다. 이들의 아버지 세대가 경제적으로 궁핍했던 것은 부분적으로는 대공황 때문이기도 했지만, 또 한편으로는 그들이 아일랜드나 이탈리아 출신 이민자였기 때문이기도 했다. 아버지 세대까지만 해도 비주류 이민자 계층은 멸시의 대상이었지만, 아들 세대에 와서는 더 이상 그렇지 않았다. 세대가 바뀌면서 사람도 변하고 세상도 변하기 때문이다.

언제고 다시 일어서는 삶

CASE STUDY 데이비드 굿하트 | 하버드 졸업생 집단

삶의 불연속성을 뛰어넘은 회복탄력성의 화신

삶은 변화한다. 그리고 그 결과 삶의 과정은 불연속성으로 채워진다. 한때 신경증처럼 보이던 증세들도 나중에 삶에 도움이 되는 기제로 변화될 수 있다. 67세에 이른 하버드 졸업생 데이비드 굿하트의 이야기를 예로 들어보자.

대공황은 어린 나에게 일종의 서바이벌 게임처럼 다가왔다. 위탁판매원이었던 아버지의 수입만으로는 우리 네 식구가 함께 앨라배마 주버밍엄에서 살아가기가 어려웠다. 그래서 1931년 여름, 어머니와 형과 나는 짐을 꾸려 고향 미시시피 주에 있는 외삼촌의 집을 '방문'했다. 아버지는 버밍엄에 그대로 남아 수단과 방법을 가리지 않고 일에 매달렸다. 그러나 그 방문은 2년하고도 6개월 동안이나 지속되었다.

농장에서의 삶은 무척 단조로웠다. 전기도 들어오지 않았고, 중앙난방 시설이나 수도관도 없었다. 대신 나무로 불을 지피는 난로와 화덕, 뒷마당의 우물, 등유로 밝히는 등불, 옥외 화장실이 있을 뿐이었다. 형과 나는 학교 버스를 타기 위해 네거리까지 왕복 8킬로미터 거리를 걸어다녔다. 학교에 불이 난 뒤부터는 난방도 되지 않는 싸늘한 다락방이나 다 쓰러져가는 오래된 강당에서 수업을 받았다.

시골 아이들은 도시에서 온 나를 낯선 침입자로 취급하면서 놀리고 조롱했다. 나의 학업 성적은 전국 기준에서 볼 때 전혀 호들갑을 떨 수

준이 못 되었지만, 머리를 써야 하는 활동은 모두 거만하고 남자답지 못하다고 여기던 시골 아이들에게는 나 정도만 되어도 꽤나 높게 보였 던 모양이었다. 나는 그 어려운 상황에 적응해 나갈 방법을 찾기 위해 무진 애를 썼다.

그리고 마침내 해결책이 하나 떠올랐다. 반에서 가장 심각한 문제아 가 되는 게 바로 그 방법이었다. 규칙이란 규칙은 모두 다 어겼고, 혼 잣말로 농담을 지껄이거나 반칙을 일삼았으며, 나를 애지중지 아껴주 시던 선생님의 화를 돋웠다. 심각하게 교칙을 어긴 학생은 반 아이들 이 보는 앞에서 자기가 직접 꺾어온 회초리로 선생님께 매를 맞아야만 했다. 나는 하루도 거르지 않고 매를 맞았다. 한 번은 매 맞는 도중에 선생님 손에서 회초리가 반으로 뚝 부러진 적이 있었다. 내가 미리 회 초리에 칼집을 내어놓았다는 사실이 밝혀진 뒤 반 아이들은 왁자하게 웃음을 터뜨렸고, 대신 나는 두 배로 더 세게 매를 맞았다. 몸은 고통 스러웠지만 마음만은 해방된 기분이었다. 오래전, 시골에 살고 있던 내 사촌들은 모두 내가 도시에서 온 착한 아이라고 여겼다. 그러나 상 황은 달라졌다. 다른 과목은 모두 성적이 A인데, 왜 늘 행동 평가에서 만은 F를 받아오는지 그 이유를 어머니께 설명해 드릴 수는 없었다. 심리학자들은 그 당시 나에 대해 '환경 부적응 아동'이라고 평가했을 지도 모른다. 내 행동은 누구의 눈에도 그렇게밖에 비치지 않았을 것 이다.

그러나 굿하트의 고난은 거기서 끝나지 않았다. 청소년 시절, 굿 하트의 가정에는 민족적 편견이 강하고 완고하며 삶에 지친 부모님 의 다툼이 끊이지 않았다. 늘 아버지의 술주정이 무서워 떨었으며, 대학생이 된 뒤에도 어린 시절의 그 공포스러웠던 기억들을 연구원에게 솔직하게 털어놓지 못했다. 그러므로 연구팀 정신과의사들은 굿하트가 "수줍음이 많고 우울하고 염세적이다. 사회적 유대관계가 없고 개성도 없으며 괜스레 걱정을 사서 할 때가 많다. 무력한 데다 매력적인 구석이 없고 성급한 사람"이라고 평가했을 뿐이다. 또 한 연구원은 수척한 외모의 굿하트가 매우 깍듯하게 행동하지만 "겁이 많고 수줍음을 많이 타며 냉정한 듯 유약한 사람"이라고 평가했다. 알다시피 이런 수식어들은 "정이 많고 호감과 연민이 가면서도 사근사근한 사람"이라는 수식어들에서 갈라져나왔다고도 볼 수 있다. 하지만 결과적으로 굿하트는 대학 시절에도 역시 '사회적 행동 평가'에서 여전히 낮은 점수를 받았으며, '신경질적'이라는 꼬리표가 늘 따라다녔다.

열아홉 살 굿하트는 숨겨진 자기감정에 관심을 갖기 시작했다. 그리고 그 감정들을 숨기려고 스스로 '가면을 쓰고 있다'는 사실을 깨달았다. 그는 "현명한 사람이라면 수많은 공격을 슬쩍 피해 갈 수 있는 법이지요."라고 설명했다. 유머감각을 활용하면 다른 사람들을 향한 화살을 무디게 할 수도 있다. 굿하트는 대학 유머잡지에 재미있는 글을 써서 올리는 것이 자신의 성난 감정을 누그러뜨리는 데 많은 도움이 된다는 사실을 알고 있었다.

제2차 세계대전 당시 데이비드 굿하트는 대부분 흑인 병사들로 구성된 대대의 장교였다. 굿하트는 여전히 인종차별이 극심했던 미군부대에서 백인 상사와 흑인 병사들 관계를 조정하는 까다로운 임무까지 떠안게 되었다. 그러나 굿하트는 장교로서 자기에게 맡겨진 임무를 훌륭하게 수행했고 상관들로부터 신임을 톡톡히 받았다. 더 이상 굿하트를 '매력 없는 사람'으로 보는 사람은 아무도 없었다.

전장에서 화려하게 성공을 거두고 돌아온 굿하트는 시민사회에서

첨예하게 대립하는 세력들을 중재하기 시작한다. 25세에 굿하트는 "예전에는 그런 상황을 볼 때면 '알 게 뭐야!' 했지만 이제는 사회적 양심에 따라 행동한다."라고 말했다. 굿하트는 그 뒤로 10년 동안 디트로이트와 시카고의 도시 빈민가를 중심으로 시 공무원, 행정관들과 (흑백을 막론한) 남부 출신 노동자들 사이에서 중재자 역할을 했다. 이는 어린 시절 가족이나 초등학교에서 얻은 경험들을 재연하는 것이나 다름없었다. 굿하트는 공공연하고도 전문적으로 사회의 소외계층 편에 서서 자기 아버지가 가졌던 것과 같은 편견에 맞섰지만, 실질적으로는 고집불통인 아버지 같은 백인들까지도 보호했다.

초등학교 시절처럼 굿하트는 다른 사람들의 웃음을 자아내는 방식으로 문제를 해결했다. 어린 시절에는 그의 '유머'가 수동 공격성 형태를 띠거나 나쁜 행실로 받아들여졌지만, 마흔 살 굿하트는 유머 덕분에 시민의 영웅으로 떠올랐다. 《라이프Life》지는 굿하트를 용감한 민권운동 지도자이자 도시 하층민의 권리를 보호하려고 전장에 나선 지도자로 소개하면서, 머레이 겔만, 버크 마셜, 상원의원 다니엘 이노우에, 뉴욕 시장 존 린제이와 나란히 국가의 미래를 책임질 100명의 젊은 지도자 중 하나로 지목했다. 마치 간디처럼 그는 자신의 '수동 공격성'을 가장 훌륭한 이타주의로 발전시켰다. 중년의 굿하트를 '차가운 손에 식은땀이 밴 신경질적인 사람'으로 보는 사람은 아무도 없었다.

열아홉 살 대학생이었던 굿하트와 면담을 나눈 정신과의사와 달리, 나는 47세의 굿하트에 대해 이렇게 묘사했다. "그는 느긋하고 개방적이며 관대하고 따뜻한 사람이었다. 학식 높은 하버드대학교 교수처럼 보였다. 그와 함께 있으면 그렇게 편안할 수가 없다. 그의 유머는 조금 엉뚱하긴 하지만 그에게는 압도적으로 사람의 마음을 끄는 친절함과 온화함이 있다. 그는 자신의 삶에 대해 '내가 하는 모든 일은 인간관계가 좌우한다'라고 요약했다."

굿하트는 67세에 "대공황을 겪지 않았더라면 내 삶이 어떻게 달라졌을지 모른다. 그런 경험 없이도 사회의 패배자, 이유없이 학대받는 희생자들과 공감할 수 있었을지는 의문이다."라고 썼다. 그의 과거는 문제가 좀 있었지만, 그는 그 과거를 오히려 좋은 방향으로 변화시켰다.

그러나 데이비드 굿하트는 나이가 들어갈수록 마크 스톤 교수와는 전혀 다른 인물이 되어갔다. 굿하트는 제때에 맞춰 답변서를 제출한 적이 거의 없었으며, 어린 시절의 수동 공격성에서 완전히 벗어나지 못한 것 같았다. 그는 너무 많이 먹고 마셨으며 담배도 너무 많이 피우다가 결국 생각보다 이른 나이에 세상을 떠났다. 나 역시 한편으로는 그의 사회적 행동 평가에 F점수를 주고 싶을 정도였다. 정말 사람은 변하지 않는 것인가?

데이비드 굿하트는 70세에 사망했다. 당시 《뉴욕타임스》는 부고 기사에서 굿하트를 다음과 같이 묘사했다. "그는 누구보다 앞서 민권운동에 뛰어들었다. 다른 사람들이 모두 흥미를 잃고 떠난 뒤에도 그는 오랫동안 계속해서 대의를 위해 헌신했다. ……흑인과 백인들이 나란히 함께 번영하는 하나 된 미국을 위해 헌신한 사람! 그는 지혜롭고 유능하며 지칠 줄 모르는 지도자였다."

장례식에 참석한 한 굿하트 예찬자는 "굿하트는 기지의 마법사였다. 그는 온정, 사랑, 유머, 기지, 지혜로 나를 비롯한 수백 명에게 깊은 우정을 선사했다. 수치심이라곤 모르는 마약중독자와 허세꾼들이 들끓는 이 어리석은 세상에, 그는 이름 없는 성인이었고 유머와 사랑과 희망을 전하는 천사였다."

다시 한 번 현실세계가 굿하트에게 A를 선사했다. 사람은 변화하는 존재임에 틀림없다.

짐 하트 | 하버드 졸업생 집단

행복한 결혼에서 삶의 획기적인 전환점을 찾다

반세기 동안 사회적 혜택을 받지 못한 하와이 청년들의 삶을 꾸준히 추적했던 에미 워너는, "고난에 찬 젊은이들에게 가장 획기적인 전환점이 되었던 것은, 바로 좋은 친구를 사귀고 이해심 많은 배우자를 만난 것이었다."라고 말했다.[20]

짐 하트 역시 '획기적인 전환점'을 맞은 사람이었다. 연구 대상자들 중에서 가장 행복한 유년기를 보낸 사람으로 프레드 칩을 꼽는다면, 가장 불행한 유년기를 견뎌낸 사람으로는 짐 하트를 꼽을 수 있다. 유년 시절, 짐 하트의 어머니는 심각한 정신병을 앓았다. 47세에 이른 그는 유년 시절에 대해 이렇게 말했다. "열 살 때 부모님께 불만 가득한 편지를 쓴 적이 있어요. ……나는 버릇처럼 학대를 일삼는 아버지를 전혀 존경하지 않았고, 그런 아버지를 그저 두고만 보는 어머니가 싫었어요." 49세에 부모님과 가장 친근하게 지냈던 때가 언제였는지 묻자, 하트는 "여덟아홉 살 이전에는 어땠는지 모르겠지만, 기억이 미치는 한에서는 그런 시절이 전혀 없었어요."라고 대답했다. 어린 시절, 하트는 부모보다는 오히려 브루클린의 또래 친구들이나 외할아버지와 훨씬 더 가깝게 지냈다. 하트는 가족들 중에서 정상적인 사람은 외할아버지뿐이었다고 생각했다. "외할아버지는 늘 내 기를 살려주셨고, 내게 가장 친근한 동무가 되어주셨어요."

몇 년 뒤, 짐 하트는 절친한 친구이자 아내인 줄리아를 만났다. 줄리아 역시 그녀가 만나본 사람들 중에 하트의 외할아버지가 가장 훌륭한 사람이라고 여겼다. 줄리아와 결혼한 뒤로 짐 하트의 삶은 꾸준히 변화하기 시작했다.

결혼은 건강한 노화에 중요한 역할을 할 뿐 아니라 성인의 회복탄력성을 다지는 초석이 되기도 한다. 젊었을 때 하트는 아내에 대해 이렇게 묘사했다. "그녀는 내가 바라던 이상형이에요. 우리는 서로 닮은 점이 많아요. 가치관도 비슷하고, 관심 분야나 성장 배경도 비슷하죠. 나는 줄리아와 멋지게 결혼생활을 하고 싶었고, 그 바람대로 살고 있어요." 47세에도 그의 생각에는 변함이 없었다. "내 인생에 가장 큰 선물은 바로 내 아내입니다." 56세에 결혼생활에서 크게 변화된 점이 있는지 물었을 때에도, 하트는 "날이 갈수록 점점 더 부부 사이가 좋아지는 것 말고는 별로 달라진 게 없어요."라고 대답했다. 58세에 결혼생활에 대해 평가를 청했을 때에도 9점 만점에 9점, 즉 '매우 행복한 결혼생활'이라고 평가했다. 남편에 비해 자기 표현에 소극적이었던 줄리아는 하트와의 결혼생활에 대해 8점을 매겼다. 56세의 줄리아는 오랜 세월 동안 하트와 결혼생활을 유지할 수 있었던 이유로 "첫째, 남편은 나의 절친한 친구다. 둘째, 해가 갈수록 우리의 사랑은 점점 더 깊어졌다. 셋째, 우리는 함께 지내는 생활이 즐겁다."라는 점을 들었다. 하트의 두 아이 역시 하트 부부의 결혼생활이 다른 여느 친구들 부모의 결혼생활보다 더 훌륭하다고 평가했다.

그러나 결혼 전의 짐 하트에 대해 연구원들은 "가공되지 않은 다이아몬드, 즉 소질은 있으되 전혀 다듬어지지 않은 사람"이라고 평가했다. 한 연구원은 그에 대해 "우울하고 공격적이며 융통성이 없

고 무감각하며 감정이 메마른" 사람이라고 묘사했다. 연구팀 소속
한 정신과의사는 "그의 세계관은 우리와 전혀 안 맞는다."라고 성급
하게 결론짓기도 했다. 굿하트가 힘겨운 유년기를 견뎌내기 위해 수
동 공격성에 의지했듯이, 짐 하트는 살아남기 위해 딱딱한 등딱지
아래로 몸을 숨길 수밖에 없었다. 그러나 오랜 기간의 연구를 통해
짐 하트의 진면목이 서서히 드러나기 시작했다. 짐 하트는 필답식
지능검사에서 평균 이하의 점수를 받았지만, 하버드대학교 경영학
과를 차석으로 졸업했다. 75세에 이른 하트의 정서생활은 그에 대해
비판적 평가를 내렸던 연구원들의 생활보다 훨씬 더 풍부했다.

하트는 산더미처럼 재산을 불려보고 싶다고 입버릇처럼 말했지만
그에게 돈은 그저 수단일 뿐이었으며, 궁극적인 목적은 늘 행복한
가정을 꾸리는 데 있었다. 50세에 하트는 "나 역시 권력과 지위와
성공을 원할 때가 있어요. 거대기업의 사장이 되어 있는 동창들을
보면 부러울 때가 많아요."라고 솔직히 털어놓았다. 그러면서 덧붙
이기를 "그러나 나는 그 모든 바람이 한낱 허영에 지나지 않는다고
결론 내렸어요. 내가 늘 가슴 깊숙이 진심으로 바라왔던 것은 가족
관계를 훌륭하게 유지하는 것, 그리고 내 아이들이 행복하고 올바로
살아가도록 기반을 마련해 주는 것이에요. 문제는 시민활동에 적극
적으로 참여하는 많은 사람들이 자기가 하는 일을 너무 떠들썩하게
떠벌리는 데 있지요. 누가 뭐라 해도 나는 조용히 집에서 지내는 것
이 더 좋아요."라고 했다. 하트는 자기 바람대로 살았고, 그 결과 대
학 시절 그에게 시민의식이 부족하다고 비판했던 연구원들보다 훨
씬 더 행복한 노년에 이르렀다.

그러나 짐 하트를 처음 만났던 1970년에는, 나 역시 그가 노년에
이르러 우리 연구의 이상적인 모델이 되리라고는 상상조차 하지 못

했다. 나는 하트에 대해 "우리 연구원들에게 좋은 인상을 심어주지는 못했지만 분명 빈틈없고 승부욕이 강한 사람이다. 하트는 그의 부모와 달리 성실하고 강인한 사람이다."라고 간단하게 기록했다. 그러나 그때까지 나는 여전히 그의 외적인 면만 보았을 뿐, 그 안에 감추어진 다이아몬드를 보지 못했다.

나는 1998년 짐 하트와 다시 만났다. 일리노이 주 레이크포레스트에 있는 그의 집에 도착했을 때, 하트 부부는 나를 진심으로 반겼다. 하트의 집은 부부가 세계 곳곳을 여행하며 수집해 온 그림과 조각품들로 아름답게 장식되어 있었다. 그러나 그보다 더 인상적이었던 것은 지극히 인간적이고 편안한 집 안 분위기였다. 거실에는 훈훈한 온기가 감돌았고 의자는 푹신푹신하고 안락했다. 손님용 욕실에는 손님들의 이름 머리글자를 수놓은 수건들이 가지런히 준비되어 있었다. 정성스레 손님을 맞이하는 부부의 마음이 집 안 곳곳에 배어 있었다.

반백의 머리에 보기 좋게 살이 오른 짐 하트는 화려한 문양으로 수놓은 털스웨터와 통이 넉넉한 바지에 고급스러운 구두를 신고 있었다. 그는 다정하면서도 강한 인상을 풍겼다. 그의 태도는 솔직하고 나무랄 데가 없었으며, 말을 아끼는 편이었다. 외향적이고 겉치레라고는 모르는 사람이었지만, 사람의 마음을 끌어당기는 담백함이 배어 있었다.

나는 하트 부부에게 처음에 어떤 점 때문에 서로에게 끌렸는지 물었다. 하트는 "줄리아는 아주 착해 보였어요. 유머도 풍부했지요. 줄리아는 적극적인 성격에 자기 주관이 뚜렷했어요. 현명한 데다 외모까지 아름다웠어요."라고 말했다. 서로에게 어느 정도로 의지하며 지내는지 묻자, 짐은 "그녀는 내 전부나 마찬가지예요. 내 생에 가장 소중한 사람이지요. 나는 그녀와 함께 지내는 게 행복해요. 그녀가 없었다면 나도 없었을 거예요. ……그녀를 놓쳤다면, 스물두 살에 결혼하지 못했을지도 몰라요."라고 대답했다. 그는 그녀를 잃게 될 지도 모른다는 염려 따위는 떨쳐버리고 싶은 것 같았다. 그들은 그 해 6월에 결혼 50주년을 맞이했다. 그런데 얼마 전에 줄리아가 암 진단을 받은 뒤부터 서로 헤어지게 될지도 모른다는 우려가 점점 더 현실적으로 다가왔다.

지난 6개월 동안 주로 어떤 기분으로 생활했는지 묻자, "그럭저럭 밝게 지내온 편이지만, 줄리아가 암 진단을 받은 뒤로 몹시 불안할 때가 많았어요."라고 말했다. 짐 하트는 줄리아가 암 진단을 받았을 때는 하늘이 무너지는 것 같았다고 솔직하게 털어놓았다. 줄리아는 "하트가 나를 위해 부엌을 새로 꾸며주겠다는 말까지 하더군요."라고 말했다. 그녀의 말이 끝나기가 무섭게 하트는 줄리아의 암 수술이 성공적으로 끝난 뒤 "부엌 얘기는 없던 걸로 하자고 합시다."라고 했다며 웃으며 받아넘겼지만, "지난여름은 정말이지 너무 힘들었어요."라며 우울한 어조로 말을 맺었다.

줄리아 하트는 남편에 대해 "짐은 나의 둘도 없는 친구예요. 우린 함께 웃고 함께 토론하고, 모든 일을 함께해요."라고 했다. 하트가 옆에서 "정말 멋들어진 결혼생활이죠!"라며 흥이 나서 거들었지만, 줄리아는 "하지만 당신은 좀 더 느긋해질 필요가 있어요."라고 침착하게 대꾸했다.

면담을 진행하는 내내 두 사람이 어찌나 주거니 받거니 박자를 잘 맞추던지 정말 놀라울 정도였다. 줄리아는 무용치료사였다. 그 두 사람은 우아하게 보조를 맞추었다. 하트는 줄리아를 성가시게 구는 척하면서 자기감정을 은근슬쩍 숨기는 편이었고, 줄리아는 하트의 숨은 애정을 지혜롭고 품위 있게 받아들일 줄 알았다. 두 사람은 나와 함께 이야기를 나누거나 서로 얘기를 주고받을 때, 서로 겨루거나 의견이 빗나가는 법이 없었다. 그들은 모든 질문에 함께 대답했지만, 각자 각각의 질문에서 다른 면을 볼 줄 알았고 또 서로의 의견을 존중할 줄 알았다. 줄리아는 늘 서로의 의견을 조율하는 방향으로 생각을 전개시켰지만, 하트는 그녀보다는 조금 더 자기중심적인 면이 있었다. 그러나 줄리아는 자신이 천성적으로 사람을 잘 다루는 편이라면서, "짐이 결국에는 내 의견을 따라오는 경우가 많지요." 하고 설명해 주었다.

부부 싸움은 어떻게 하는지 묻자, 하트는 "싸우지 않아요."라고 대답했다. 줄리아는 그에 덧붙여, "나는 화를 내거나 흥분할 때가 많지만, 금세 잊어버리는 편이에요."라고 말했다. 하트는 "나는 화라고는 모르는 사람이에요. 그러니 싸움이 안 되죠."라고 말했다. 줄리아는 하트가 싫어하는 일은 되도록 하지 않으려고 조심하며, 만약 그런 일이 생길 경우에는 하트가 먼저 정중하게 자기 뜻을 이해해 달라고 부탁하는 편이었다. 두 사람은 수동 공격성을 드러내며 다투기보다는, 마치 조화롭게 보조를 맞추며 춤을 추듯이 합의점을 찾아나갔다.

하트는 심리적인 통찰력이 뛰어났다. 그는 사람들을 잘 다스릴 줄 아는 고참 상사였다. 크게 신경 쓰지 않고도 작은 감정 변화까지 민감하게 감지할 줄 알았다. 그는 '친밀하고 안정적인 친구 관계'를 좋아한다고 말했다. 47세였을 때, 가장 오래된 친구에 대해 이야기해 달라고 하자, 그는 "가장 오래된 친구가 아니라 가장 좋은 친구에 대해 얘기하죠."라고 하면서 친구 두 명을 소개했다. 한 명은 30년 동안 사귄 친구였고, 다른 한 명은 25년 된 친구였다. 74세에 이른 그에게 똑같은 질문을 던지자, 그는 고등학교 시절부터 사귀어온 가장 친한 친구가 얼마 전 세상을 떠났다고 했다. 그러면서 가깝게 지내는 다른 친구들 이야기를 들려주었다. 우선 대학 1학년 때부터 알아온 마크가 있었다. 마크는 부유하고 탐미적인 기질이 강하지만, 하트는 그를 무척 좋아했다. 대학 친구 중에 최근에 다시 친해진 베넷도 있었다. 또 30년 동안 우정을 쌓아온 모리스가 있는데, 그와 함께 스키를 타러 다녔다고 했다. 또 한 사람, 레그와는 매주 화요일마다 만나서 함께 점심을 먹는다고 했다. 하버드 졸업생 중에 하트만큼 그렇게 스스럼없이 친근한 우정을 맺고 있는 사람은 찾아볼 수 없었다.

하버드 25번째 동창회에서 만났을 때, 은퇴하고 처음 한 주 동안 어떻게 지낼 생각이냐고 묻자, 하트는 "아이고! 난 한 번도 그런 생각을 해본 적이 없어요. 아마 손자들을 만나러 가겠죠."라고 대답했다. 그는 여행이나 스키, 스쿼시를 즐기거나 독서를 할 것 같다고도 했다. 또한 언젠가 때가 되면 사업을 그만두고 고등학교 교사가 되고 싶다고 오래전부터 꿈꿔왔다며, 가정형편이 어려운 아이들에게 공부를 가르쳐줄 수도 있을 거라고 했다.

30번째 동창회에서 만났을 때에는, 아이들을 가르치고 싶다는 꿈은 접었다고 인정하더니, 대신 젊은 사업가들을 지도하고 싶다고 했다. 그러자 줄리아가 끼어들더니 "당신은 이미 당신 분야에서 최고참이니 그럴 수 있고말고요."라고 말했다. 하트는 동창회 기간에 에릭 에릭슨이 주재하는 토론회에 참가했다. 하트는 그 토론회가 자신이 충분히 생산성을 발휘하면서 살아왔는지를 되돌아보는 계기가 되었다고 했다. "우리 모두는 삶에서 의미 있는 일을 찾고 싶어하지요. 지난 10년 동안은 그렇게 살아왔던 것 같아요." 그는 여전히 경쟁 속에서 살고 있긴 했지만 이제 더 이상 브루클린 거리에서 주먹을 휘두르지도 않았고, 도쿄 고층빌딩 사이를 누비며 돈을 좇아 경쟁하지도 않았다. 50세가 된 하트는 이제 에릭슨의 삶의 과업들을 충실히 수행함으로써 삶에서 성공을 이루고 싶었다.

55세에 은퇴에 대해 물었을 때, 하트는 "나는 7월에 새 회사를 열었다. 이제 책임감이 더 커졌다."라고 질문서에 대답했다. 은퇴 희망 시기에 대해서는 "내 생에 은퇴란 말은 없을 듯하다. 나는 아직도 일이 너무 즐겁다."라고 대답했다. 그리고 2년 뒤에는 "나는 지난해부터 부분 퇴직 상태다."라고 답했지만, 그 뒤 일년도 채 못 되어 다시 본격적으로 일에 매달렸다. 62세 때는 은퇴 생활에서 특히 기대하는 것이 무엇인가라는 질문에 "아직 그 문제에 대해 진지하게 생각해 본 적이 없다."고 대답했다. 그는 당시 일주일에 60시간씩 업무에 매달렸다. 그는 66세에 CEO 자리에서 물러나 이사장이 되었지만, 그때까지도 일주일에 50시간씩 일을 계속하고 있었다. 그는 아직도 "일이 좋고, 일에서 삶의 활력을 찾기 때문에" 퇴직하고 싶은 생각이 없다고 했다. 70세에는 "내 후임자로 지목되었던 동료가 몇 달 전에 세상을 떠나고 말았다. 그 때문에 나는 아직까지도 어쩔 수 없이 평소 업무를 계속하고 있다."라고 질문서에 답했다.

내가 세 번째 면담을 위해 레이크포레스트로 그를 찾아갔을 때, 74세의 하트는 은퇴한 지 2년째에 접어들어 있었다. 그의 아내 줄리아는 "짐은 하루하루를 아주 즐겁게 보내고 있어요. 은퇴한 뒤로는 둘이 함께 할 수 있는 일이 많아졌어요. 골프도 치고 낙엽을 긁어모으고 시장도 가고 조조 영화도 보러 다니지요. 함께 있으니까 좋은 점이 많아요. 오랜 친구들과 함께 보내는 시간도 더 많아졌고요."라고 말했다.

1970년 이후로 하트는 단 하루도 병원에 입원해 본 적이 없었다. 그는 이를 해넣은 곳도 두 군데밖에 없었으며, 하버드 연구 대상자들 중에서 객관적인 신체건강 상태가 가장 양호한 축에 속했다. 나이가 들면서 가장 참기 어려운 것이 바로 관절염이라고 말했다. 그는 손, 무릎, 어깨 관절염에 시달리고 있었지만, 아직도 자신보다 스물다섯 살 아래 사람들과 스쿼시 경기를 즐겼다. 76세에 짐 하트가 복용하는 약이라고는 비타민제와 관절염 치료제가 전부였다. 그는 "나이가 많아서 포기해야 하는 일은 아무것도 없었다."고 말했다.

은퇴하고 나서 가장 좋은 점이 무엇인지 묻자, 짐 하트는 "모든 게 다 좋아요. 삶을 즐길 수 있으니까요. 그것만으로도 축복받은 느낌이에요."라고 대답했다. 어린 시절 부모와 친근하게 지내본 적이 한 번도 없었다는 그의 노년은 이렇게 달라져 있었다. 인생을 통해 깨달은 지혜가 있다면 무엇인지 묻자, "매 순간 감사하면서 충실하게 살아야 해요. '현재'는 안중에도 없이 과거에만 빠져 있거나 미래만 기다린다면, 삶이 주는 놀라운 기적들을 놓치고 말지요."라고 말했다.

유년기는 비참하게 보냈지만, 짐 하트는 연구 대상자들 중에서 가장 훌륭하게 노후를 보낸 사람 중 하나였다. 젊은 시절, 우리 연구원들의 비판의 대상이 되었던 하트는 노년에 이르러 동경의 대상으로 떠올랐다. 무뚝뚝하기 그지없던 그 어린아이가 자애로운 할아버지로 바뀐 것이다. 그러나 그 변화는 어느 날 갑자기 이루어진 것이 아니었다. 그가 불행한 과거를 딛고 놀라운 회복탄력성을 발휘할 수 있었던 가장 중요한 요인은 바로 행복한 결혼생활에 있었다.

중년의 인격 변화에 부정적인 영향을 끼쳤던 주요 요인들은 70세의 노화 과정에서도 역시 부정적으로 작용한다. 나쁜 생활습관들, 불행한 결혼생활, 부적응적 방어기제들과 질병들이 바로 그 요인들이다. 이너시티 출신자들 중 중년에 만성적인 실업상태에 놓였거나 빈곤선 이하의 삶을 연명하는 사람들의 90퍼센트는 정신질환이나 알코올 중독을 겪거나 지능지수가 80 이하였다. 20년 뒤 불행하고 병약한 상태로 노년을 맞은 48명 중에서 9명은 50세 이전에 이미 정신질환을 앓았거나 알코올 중독에 걸린 사람들이었다. 다시 한 번 강조하건대, 불행한 노년을 초래하는 가장 주도적인 원인은 경제적 빈곤 그 자체가 아니라 질병이며, 이것은 한편으로 뿌리 깊은 사회적 편견 또는 사회적 질병이라고도 할 수 있다.

한때 정신병적 우울증을 겪은 연구 대상자들은 치료 뒤에도 오랫동안 심한 후유증을 앓았다. 상처가 치유되어 더는 의사의 도움이 필요 없었지만 마음의 흉터는 사라지지 않고 다시 정상적인 삶을 방해하는 요소로 작용했다. 그 누구도 담 위에서 떨어진 험프티 덤프티Humpty Dumpty(전래동요에 나오는 달걀 아저씨—옮긴이)를 원래 모습으로 되돌려놓지 못했다. 50세 이전에 우울증 진단을 받았던 하버드 졸업생 21명 가운데 65세에 실시한 정신사회적 적응도 평가에서 상위 15퍼센트 안에 들거나 85세에 행복하고 건강하게 사는 사람은 아무도 없었다. 그러나 연구 대상자에 포함될 당시에만 해도 그들에게는 아무런 문제가 없었다.

실패한 결혼과 사랑 없는 인생 속에서 길을 잃다

젤다 마우스 역시 처음에는 아무런 문제도 없었다. 마우스의 유년기는 터먼 여성 집단 중에서 '비교적 행복한' 수준에 속했으며, 가족간의 결속력과 친밀도도 높은 편이었다. 짐 하트와 달리 마우스는 어머니와 아주 가깝게 지냈으며, 신경증 징후도 없었다. 알코올 중독에 걸린 변호사 빌 로먼이 고등학교 시절 학교 미식축구팀 주장이었다면, 마우스는 고등학교 시절 학교 농구팀 주장이자 교지 편집장이었다. 사춘기 시절엔 또래들에 비해 성적인 관심도 높은 편이었다. 하버드 집단에 포함되었더라면, 그녀는 아마도 'A'등급으로 분류되었을 것이다.

젤다 마우스는 스물한 살에 결혼했다. 그러나 그녀의 인생은 거기서 끝이 나버렸다. 마우스는 스물다섯 살에 이혼했으며, 78세에 우리와 면담을 가지기 전까지 우울증 발병과 치료 과정을 다섯 차례나 겪었다. 우울증이 발병할 때마다 전기충격 요법을 받아야 할 만큼 증세가 심각했다. 마지막으로 우울증 치료를 받은 지 15년이 되긴 했지만, 마우스는 우리와 면담하기 몇 달 전에도 주치의로부터 항우울제를 처방받았다.

마우스는 인적이 드문 새크라멘토 외곽에 살고 있었다. 그녀의 집까지 차를 몰고 가는 동안, 마치 캘리포니아 교외를 빠져나가 애팔래치아 산맥으로 진입하는 기분이 들었다. 꼬불꼬불한 길을 달려 좁다란 다리를 건너자, 그녀가 사는 작은 집이 나타났다. 그녀의 집 앞마당에는 쓰레기가 어지럽게 널려 있었고, '개조심'이라는 경고문이

침입자를 맞았다. 그녀의 집은 번지수도 없었으며, 집 안에는 거실 겸 부엌으로 쓰는 큰 방 하나와 침실 하나, 욕실 하나가 전부였다. 지저분한 창문 너머로 정원의 무성한 잡초들이 내다보였다. 마우스는 창문을 닦아주던 남자가 오래전에 죽어버려서 창문이 이 지경이 되었다고 설명했다.

면담을 요청하기 위해 처음 전화를 걸었을 때, 그녀는 다짜고짜 "도대체 무얼 팔려고 그래요?"라며 쏘아붙였다. 터먼 연구를 맡고 있는 사람이라고 나를 소개하고 나서야 그녀는 면담을 허락했다. 그러나 면담을 시작하자마자 그녀는 "당신을 여기로 오라고 한 게 잘못이었어요."라며 불평을 늘어놓았다.

마우스는 몸집이 작은 여성이었다. 짧은 갈색 머리카락에 무표정하고 우울한 얼굴, 커다란 두 눈과 큼지막한 뿔테 안경은 마치 판다 곰 같은 인상을 풍겼다. 집 안은 깔끔한 편이었지만 음울한 분위기가 감돌았다. 밖에는 비까지 내리는데도 젤다 마우스는 불조차 켜놓지 않았다. 면담은 그녀의 외로운 생활과 그녀 곁을 떠나간 사람들의 이야기가 주를 이루었다. 그녀는 가끔 웃음을 머금을 때 외에는 내내 표정이 우울했다.

거실 책장에는 책이라고는 한 권도 없는 대신 그녀의 애장품인 1930년대판 78rpm 레코드 앨범들이 덩그러니 놓여 있었다. 그 앨범들은 마우스가 가진 전 재산이기도 했다. 벽에는 고양이 사진이 큼지막하게 걸려 있었고, 그 옆으로 아들과 손자의 자그마한 사진이 걸려 있었다. 2년 동안 손도 대지 않은 채 고이 모셔둔 파이프 오르간도 있었고, 아들이 심야 텔레비전쇼를 녹화해 보라고 사다 준 VCR도 있었다. 하지만 마우스는 아이큐가 거의 150에 가까우면서도 한 번도 VCR 작동법을 배워보려 하지 않았다. 그녀보다 아이큐가 훨씬 낮은 헨리 에머슨이 인터넷을 통해 사람들과 백혈병에 관한 정보를 주고받았던 것과는 좋은 대조를 이루었다. 긍정적인 노화는 새로운 세계의 규칙을 배우고 소중히 여김으로써 이루어질 수 있다.

면담이 시작된 지 얼마 되지 않았을 때, 털이 축축하게 젖은 고양이 토머스가 들어오는 바람에 대화가 중단되고 말았다. 마우스는 내게 등을 돌려 앉더니 털을 말려주면서 토머스에게 내 이야기를 했다. "만약에 저이가 고양이를 좋아하지 않으면, 밖으로 쫓아버리자꾸나." 그러더니 다시 내 쪽으로 돌아앉아서는 "토머스는 유독 나만 따라요."라며 자랑스럽게 말하더니, 이어서 자신이 살아야 하는 유일한 이유가 바로 토머스를 돌봐주기 위해서라고 했다.

가장 즐거웠던 일이 무엇이냐고 묻자, 한숨을 내쉬면서 "요즘처럼 이렇게 쉬면서 지내는 게 좋아요."라고 대답했다. 최근 10년 사이에 건강이 많이 나빠졌으며, 이젠 할 수 있는 일이 아무것도 없다고 했다. 그러더니 불만이 가득한 목소리로, "꼭 무슨 일이든 해야 하는 건가요?"라고 되물었다. 그녀는 독서를 많이 해왔다고 주장했다. 그러나 정작 구체적으로 무슨 책을 읽었냐고 묻자, 요즘에는 주말에 오는 신문만 읽고 있을 뿐이라고 대답했다. 잡지를 하나 구독 중인데, 요사이는 통 읽히지가 않아 그 잡지도 끊어버릴 계획이라고 했다. 그녀는 지난 5년 동안 책이라고는 한 권도 읽지 않았다. "그저 아무 하는 일 없이 지내는 게 내 생활이에요. 내가 행복하면 그걸로 족하지, 뭐 문제될 게 있나요?" 그녀가 정말 행복하게 지내고 있었더라면야 그녀의 힐책은 얼마든지 정당화될 수 있었을 것이다.

가장 중요하게 여기는 활동이 무엇인지 묻자 마우스는 한참 동안 말이 없더니 "너무나 많은 친구들이 세상을 떠나버렸어요."라고 입을 열었다. 그 말에서 그녀의 내적인 고통이 얼마나 큰지 읽어낼 수 있었다. 최근에 가장 중요하게 여기는 활동이 무엇인지 다시 한 번 묻자, "왜 당신을 오라고 했는지 모르겠군요."라며 투덜거렸다.

마우스는 세 번이나 결혼을 했지만 모두 불행하게 끝이 났다. 짐 하트나 애너 러브, 수잔 웰컴과 달리 마우스는 결혼을 통해 삶의 동반자를 발견하지는 못했다. 마우스는 세 번째 남편이 죽기 전, 알코올 중독이었던 그 남편과 10년 정도 결혼생활을 지속했다. 마우스는 그와 함께 사는 동안 우울증을 치료하기 위해 네 차례나 입원을 해야만 했다. 15년 전 남편이 죽은 뒤로는 더 이상 병원 신세를 질 필요가 없어졌지만 마우스는 요양소에 있는 시어머니를 계속 돌보아야 했다. 마우스는 시어머니와 사이가 좋지 않았으며, 석 달 전 시어머니의 100세 생신 뒤로는 요양소에 찾아가지도 않는다고 했다. 마우스는 남편이 살아 있고 대신 시어머니가 죽었더라면 상황이 훨씬 더 나아졌을 거라고 말하면서 급기야 눈물을 흘리고 말았다.

남편이 세상을 떠났을 때 그 상황을 어떻게 이겨냈는지 묻자, 마우스는 "글쎄요. 삶은 공평치가 못한 것 같아요."라며 어깨를 으쓱했다. 그녀는 고양이를 바깥으로 내보내주려고 다시 자리에서 일어섰다. 남편에 대해 좋은 기억이 남아 있는지 묻자, "우린 친구들과 함께 지내는 걸 별로 좋아하지 않았어요. 둘 다 조용하게 지내는 걸 좋아했죠. 그밖에는 생각나는 게 거의 없네요."라고만 대답했다. 행복한 노년에 이른 사람들은 대부분 과거의 나쁜 기억들은 잊고 좋았던 일들만 기억한다. 하지만 마우스는 좋았던 기억들은 모두 잊어버린 채 불행했던 일들만 자세하게 기억하고 있는 것 같았다. 그녀는 "모든 일이 사람 생각대로 되기가 어려운 것 같아요."라고 말했다. 그녀는 갑자기 화제를 돌려, 터먼 박사를 한 번도 만나보지 못해 아쉽다고 말했다. 그러더니 수심에 잠긴 채 터먼 박사 역시 세상을 떠났다고 말하고는 그의 아들도 세상을 떠났을 거라고 말했다. 그녀가 떠올린 사람들은 모두 이미 세상을 떠난 이들이었다.

마우스가 삶에 대해 고마움을 느낄 만한 일은 아무것도 없었다. 마우스는 정신과의사들이 자기를 만나고 싶어했던 건 단지 돈 때문이었다고 믿었다. 그녀는 이제까지 만나온 정신과의사들 중에 진정으로 믿고 의지한 의사는 한 명도 없었다고 했다. 아이큐가 삶에 축복이 되었는지 부담이었는지 묻자, "부담일 뿐이었어요. 반만 어수룩했어도 친구들을 훨씬 많이 사귈 수 있었을 거예요. 교회도 내게 별 도움이 되지 않았어요."라고 말했다. 마우스는 사람은 물론 신을 통해서도 위안을 찾지 못했다. 그녀에게 위안을 주는 유일한 대상은 털이 축축하고 늙수그레한 고양이 토머스뿐이었다. 생계는 어떻게 유지해 나가는지 묻자, IBM에 근무했던 남편 앞으로 연금이 나오며 사회보장연금도 받고 있다고 했다. 마우스는 "사회보장연금은 요청하지도 않았어요."라고 말하면서, 65세가 넘은 사람들 모두에게 연금을 계속 준다면 정부가 어떻게 유지될 수 있겠냐며 투덜거렸다. 그녀는 정부의 지원도 고맙게 받아들일 줄 몰랐다.

젤다 마우스의 삶에서 진짜 비극은 사랑하는 사람을 죽음으로 잃어서가 아니라 애초부터 사람을 거의 사랑하지 않은 데 있다. 마우스의 거실 벽에 걸린 사진들이 이를 잘 설명해 준다. 그녀에게는 살아 있는 아들이나 손자보다는 고양이가 더 의미가 컸다. 아직 살아 있는 오빠나 죽은 언니, 마음으로는 아직도 애도하고 있다는 죽은 세 번째 남편 역시 그녀의 삶에서 지워진 지 오래였다.

마우스는 아들과 일주일에 한 번씩 전화 통화를 하고 지냈다. 그러나 추수감사절이 지난 지 닷새밖에 지나지 않았는데도 아들과 함께 휴가를 보냈다느니 하는 얘기는 한마디도 없었다. 아들에게서 배운 점이 있다면 무엇인지 묻자, 그녀는 한숨을 내쉬더니 "자식이 하나밖에 없어서 그나마 다행이에요. 나는 아이들 키우는 일에는 소질이 없는 사람이거든요."라고 말했다. 손자에게는 아직 관심이 있다고 했지만, 손자를 마지막으로 본 지도 6개월이나 지났다고 했다. 가끔 아들 지니가 집으로 찾아오면 함께 나가 저녁을 먹는다고 했다. 그러나 마우스는 세 명의 사촌들과는 연락을 끊고 지냈으며, 가까이 사는 사촌과도 통 왕래가 없이 지낸다고 했다.

마우스는 오빠가 그녀의 '마음을 흔들어놓을 정도로' 무척 재미난 사람이었다고 말했다. 그는 할머니를 쏙 빼닮아 유머감각이 넘치고 낙천적이었다. 마우스는 아들보다는 오빠와 함께 이야기를 나눌 때가 더 푸근하고 정겹다고 말했다. 추수감사절에 오빠 집을 방문할 생각은 해보지 않았는지 묻자, "한 번도 초대받은 적이 없어요."라며 못마땅한 기색을 내비쳤다. 직접 오빠를 초대했더라면 어떠했겠냐고 묻자, 마우스는 웃음을 터뜨리면서 "오빠는 아마 내가 반쯤 정신이 나갔다고 생각할지도 몰라요. 게다가 추수감사절이라고 해야 그저 평범한 날일 뿐이잖아요."라고 말했다.

살아오면서 가장 행복했던 시절이 언제였는지 묻자, 처음에는 내 말을 잘못 알아듣고는 "가장 불행했던 시절이요?"라고 반문했다. 그 질문에 대답해야 한다는 생각에 벌써부터 얼굴에 슬픔이 가득해 보였다. 내가 다시 "가장 행복했던 시절 말이에요."라고 하자, 조금 마음이 놓이는 모양이었다. 그녀는 자기 생에서 가장 행복했던 시절은 한 유부남과 사랑에 빠졌을 때였다고 말했다. 당시 그녀는 37세였고 그 남자는 35세였으며, 그녀는 피닉스에 살고 있었다. 두 사람은 서로 깊이 사랑했지만 그 남자는 아내와 이혼할 생각이 전혀 없었고, 마우스 역시 이혼한 남성을 남편으로 믿고 의지할 생각은 없었다. 그 뒤로 마우스가 두 번째 남편과 이동주택에 살고 있을 때, 그 남자가 전화를 걸어 "우리 처음부터 다시 시작해 봐요."라고 말했다. 그 남자는 마우스의 마음을 움직였던 유일한 사람이었고, 그녀는 평생 그에 대한 사랑을 고이 간직하며 살아왔다. 그 남자 역시 그녀가 우울증에 시달리는 모습을 곁에서 지켜보았던 사람이었다. "평생 그 사람만큼 나를 사랑해 준 사람은 없었어요." 얼마 전에도 그 남자가 생일 카드를 보내왔다고 했다. 아마도 해마다 생일 때면 꼬박꼬박 카드를 보내오는 것 같았다.

마우스는 집 안에 불을 켜지 않았듯이 마음에도 전혀 밝은 생각을 품지 않으려는 것 같았다. 그녀에게는 죽은 사람들이 살아 있는 사람들보다 훨씬 더 현실적으로 여겨졌다. 연구 대상자 누구에게나 하는 질문, 나이 들어가면서 가장 괴로운 점이 무엇인지 물었다. 그녀는 "기력이 점점 떨어지는 게 아무래도 가장 괴롭지요. 이제 인생의 끝에 다다랐다는 사실을 깨닫게 되니까요. 정말 끔찍한 일이죠."라고 대답했다. 마우스는 90세까지 살게 될까 봐 두렵다고 말하면서도 죽음 역시 두렵기는 마찬가지였다.

우울 장애는 매우 끔찍한 병이지만 노년과는 아무런 상관이 없는 병이다. 역학 연구에 따르면, 노년에 이를수록 신체건강이 나빠지는 것은 사실이지만 우울증에 걸릴 위험은 오히려 줄어든다고 한다.[21] 마우스의 괴팍한 성격은 나이가 들어서가 아니라 스스로 병약하다고 느끼기 때문에 생겨난 것이었다.

젤다 마우스의 집을 떠나올 때 그녀는 내 손을 꼭 잡으면서 그동안 내가 보내주었던 관심을 은근히 즐겨왔노라고 슬그머니 털어놓았다. 터먼 여성들 대부분은 내가 먼저 안아볼 꿈도 못 꿀 정도로 당당하고 점잖은 노부인들이었다. 그러나 마우스는 마치 집 잃은 판다 곰처럼 애처로워 보였고, 그런 그녀를 어두운 굴속에서 구출해 주고픈 생각이 들 정도였다. 그러나 아무것도 할 수 없는 나는 그녀의 손을 꼭 잡아주었을 뿐이다. 나는 성인발달연구의 모든 사례들이 해피엔딩으로만 끝을 맺는다면 얼마나 좋을까 생각하며 그녀의 집을 나섰다.

그래서 우리의 인격이 변한다는 말인가, 그렇지 않다는 말인가? 유전자는 매우 중요한 역할을 하며 태어날 때부터 변하지 않는다. 그러나 우리가 성장하고 변화할 수 있도록 해주는 것 역시 유전자다. 맨발로 험한 길을 걸어갈 때 우리 유전자는 발바닥에 굳은살을 만들어준다. 이와 마찬가지로 앤서니 피렐리처럼 불행한 유년기를 보낸 사람들의 유전자는 과거의 기억을 새롭게 변화시키고, 다른 시각으로 부모의 모습을 기억할 수 있도록 도와줄 것이다. 타고난 기질이 별 도움이 되지 않더라도, 환경이 우리를 변화시킬 수 있을 것이다. "역경이 인격 구조에 지울 수 없는 손상을 입힌다는 생각은 실제 경험적 사실과는 무관한 가설일 뿐이다."[22]라고 말했던 마이클 루터 경Sir Michael Rutter(영국 최초의 아동정신의학 상담의—옮긴이)이 분명 옳았다. 물론 유년기에 성폭력을 당하거나 전쟁의 잔악성을 경험하는 등 극심한 외상 장애를 겪은 경우라면, 예외적으로 평생 외상후스트레스장애PTSD, post-traumatic stress disorder에 시달릴 수도 있을 것이다.

이른 아침이나 감기가 다 나은 뒤에 마시는 커피 한 잔이 더 맛있게 느껴지는 것과 마찬가지로 잔인한 운명을 극복한 뒤라면 자신의 인격이 달라진 듯한 환상이 생겨날 수도 있다. 그러나 우리의 밑바탕은 예전 그대로다. 그 사실을 인정한다면 어떤 이론이든 증명하기가 쉽다. 예를 들어, 1장에서 소개했던 이너시티 출신 앤서니 피렐리가 사업가로 성공한 데는 분명 어딘가에 근원이 있다. 정신분석가인 내가 판단하건대, 그는 자신의 삶을 변화시킬 수 있게 해주었던 누이 애나, 형 빈스, 아내의 사랑을 내면화할 수 있었으며, 그 덕분에 성공할 수 있었다. 유전학자라면 피렐리의 훌륭한 기질, 그리고 피렐리의 대학 진학을 도왔고 이후 은행장이 된 형 빈스를 그 성공의 토대로 꼽았을 것이다. 또한 오래전 이탈리아에서 은행장을 지냈던 외증조부를 꼽았을 수도 있다. 이러한 관찰들은 모두 유효하다.

그러나 피렐리가 어머니의 조울증이나 아버지의 알코올 중독 증세와 관련된 유전자 대신 이재理財에 밝은 재능이 담긴 유전자를 받을 수 있었던 것은 불가사의한 행운이 따라주었기 때문에 가능했다. 피렐리가 긍정적인 노화의 모델이 되거나 그의 아들이 수학 박사학위를 받게 될 것이라고 예견했던 사람은 아무도 없었다. 또한 빌 로먼이나 젤다 마우스가 비참한 노년을 맞이하게 되리라고 예견한 사람 역시 아무도 없었다.

그렇다면 우리는 어떻게 미래를 예견해야 하는가? 내 생각으로는 삶의 위험요소들보다는 건설적이고 방어적인 요소들을 세어보는 것이 더 좋을 듯하다. 피렐리는 7장에서 제시했던 일곱 가지 방어요소를 모두 갖추고 있었다. 그는 담배를 피우지 않았고 알코올 중독도 아니었다. 그는 아내를 사랑했으며 성숙한 방어기제를 지녔다. 그는 14년 동안 교육을 받았으며, 몸매를 균형 있게 유지할 줄 알았고 꾸준히 운동을 했다.

그러나 이러한 방어요소들도 네 가지 개인적인 자질이 뒷받침되지 않았더라면 아무 소용이 없었을 것이다. 그 네 가지 자질은 짐 하트나 수잔 웰컴, 앤서니 피렐리에게서 찾아볼 수 있으며, 세 연구 집단들 모두에 똑같이 적용될 수 있는 자질들이다. 먼저 첫 번째 자질은 미래 지향성, 즉 미래를 예견하고 계획하고 희망을 가질 수 있는 능력이다. 두 번째 자질은 감사와 관용, 즉 컵에 물이 반만 남았다고 불평하는 것이 아니라 반이나 차 있다고 여길 줄 아는 능력이다. 추수감사절은 '그저 그런 평범한 날'이 아니며, 편집증이나 부정축재는 노년을 망쳐버릴 수 있다. 세 번째 자질은 다른 사람의 처지에서 세상을 바라볼 줄 아는 능력, 즉 다른 사람을 사랑하고 느긋한 태도로 다른 사람을 이해할 줄 아는 능력이다. 네 번째 자질은 세 번째와도 연관성이 깊은 것으로, 사람들에게 무엇을 해준다거나 사람들이 우리를 위해 무엇인가 해주기만 바라는 것이 아니라, 사람들과 어우러져 함께 일을 해나가려고 노력하는 자세다. 나이가 들어갈수록 수잔 웰컴처럼 빗장을 활짝 열어놓고 살 필요가 있다.

12장
또다시, 행복의 조건을 묻다

앞을 볼 수 있는 눈을 부여받았으니

사물의 아름다움을 볼 수 있을 것이고,

태어나 죽을 때까지 각각의 시기가 다 본디 좋은 시절이라는 것도

알게 될 것이며, 건강하고 행복하게 살 것이다.

_ 에드먼드 샌퍼드의 《정신적 성장과 쇠퇴》에서

알코올중독방지회의 슬로건들은 노년과 원예술에 많은 도움이 된
다. 나이가 들어가거나 정원을 가꾸기 위해 우리는 변화를 기꺼이
받아들일 줄 아는 용기를 가져야 한다. 또한 우리가 변화시킬 수 없
는 것에 대해서도 진지하게 받아들이고 현명하게 차이를 인정할 줄
도 알아야 한다.

- 신의 섭리를 받아들이라 신은 정원의 화초들을 자라나게 한다. 계
  절이 바뀌면, 그저 그 변화를 받아들이면 된다. 우리가 서두른
  다고 해서 식물들이 빨리 자라나는 것은 아니다. 토마토는 양
  분을 충분히 공급받은 다음에야 비로소 익는다. 그 사실을 받
  아들이면 침착하게 기다릴 수 있을 것이다.
- 가장 중요한 일부터 먼저 하라 갓 옮겨 심은 화초들, 특히 손자 손
  녀들에게 물을 주는 것이 무엇보다 중요하다.
- 소박하게 살라 노년을 행복하게 보내려면 볼테르의 《캉디드》에
  담긴 충고를 따라야 하며 정원을 가꾸어야 한다. 치열한 경쟁
  은 끝났고, 휴대전화도 잠잠해졌다. 새벽 5시면 어김없이 귀가
  따갑게 울려대던 자명종 소리도 잠잠해졌다. 이제 땀에 흠뻑
  젖어 잡초를 뽑아라. 정원이 훨씬 더 근사해질 것이다. 《노년에
  관하여》에서 키케로는, 나이 든 로마인들이 문학이나 철학보
  다는 오히려 포도 재배나 과수원 가꾸기, 양봉, 정원 손질에 더

관심이 많다고 한 바 있다.

● 현재를 즐기라 인생을 즐기되 과거와 미래는 잠시 잊고 현재에 집중하라. 정원에서 현재를 만끽할 수 있다. 노년에는 오늘 하지 못한 일을 내일로 미룰 수 있으니 무리하지 마라. 노년에는 무엇보다 건강이 소중하니까.

● 전화를 잘 이용하라 원한을 키우거나 자기 탓만 하지 말고 도움을 청하라. 헨리 에머슨과 리처드 럭키는 다른 사람에게 곧잘 불평을 늘어놓으며 도움을 청했다. 그러나 알프레드 페인은 한 번도 불평을 늘어놓지 않았다. 그는 혼자 끙끙대며 안간힘을 썼을 뿐, 아무런 변화도 만들어내지 못했다. 성공적인 노화는 마음의 평정이나 만족감과 마찬가지로 인간관계를 통해 가장 훌륭하게 성취될 수 있다.

노인들에게 변화가 늘 쉬운 것만은 아니다. 나무나 진달래 가지, 다년생 식물들은 심어둔 그 자리에 그대로 머물러 있지만, 고양이나 자동차 열쇠를 간수하는 것은 전혀 다른 문제다. 나이가 들면 후손들에게 무엇인가를 물려줄 수 있어야 하고, 자기 몸은 자기 스스로 돌볼 수 있어야 한다. 그래야만 멀리 사는 손자의 생일잔치에 훌쩍 다녀올 수 있고, 기분 좋게 영화 구경도 다니고, 급할 때는 병원도 혼자 다닐 수 있다. 정원의 초목은 누가 늘 곁에서 돌보지 않아도 스스로 자란다. 그러나 강아지나 실내에서 키우는 관상용 화초, 어린 아이들은 (꽤 자랄 때까지도) 스스로를 돌보지 못한다.

정원 가꾸기에도 노력이 필요한 것은 사실이지만, 대신 시간에 쫓기는 일 없이 천천히 쉬엄쉬엄할 수 있다. 어린아이들과 마찬가지로 정원 역시 우리에게 기쁨과 경이로움을 선사한다. 아이 하나를 키우려면 뜀박질도 할 수 있어야 하고, 겨울 내내 남쪽으로 여행 갈 엄두를 내서도 안 된다. 그러나 정원은 결코 보채는 법이 없다. 정원의 화초들은 눈에 덮인 채 홀로 내버려지더라도 얼마든지 스스로 이겨낼 수 있기 때문이다.

골프도 정원 가꾸기와 조금 비슷한 점이 있다. 각각의 홀 앞에 설 때마다 새로운 하루가 시작되는 듯한 느낌이 든다. 골프를 하기 위해 달리기를 할 필요도 없고, 어디로 여행을 가든 늘 골프를 즐길 수 있다. 그러나 골프보다는 정원의 화초들을 가꾸며 얻는 기쁨과 경이로움이 더 크며 자책감도 덜하다. 정원의 화초들은 원하는 대로 얼마든지 계속 관심을 쏟아부을 수 있으며, 동반자가 세상을 떠났을 때에도 마음에 위안을 준다.

정원은 소포클레스처럼 부활의 메타포를 잘 이해하고 있을 뿐만 아니라 사랑의 씨앗이 영원히 거듭해 뿌려져야 한다는 사실도 이해하고 있다. 우리가 죽더라도 정원은 계속 살아남는다. 정원에는 일종의 불멸성이 내재해 있으므로 적어도 다음 봄, 그 이듬해 봄까지는 죽지 않고 계속 살아남을 것이다.

정원에서 꽃을 꺾어와 집 안을 꾸미는 것도 기쁨 가운데 하나다. 10년 전에 찍은 정원 사진을 보는 것만으로도 마음이 흐뭇해질 것이다. 그러나 구석에 처박아둔 낡은 골프 퍼터나 5년 전 골프 대회에서 버디를 잡을 때 썼던 골프공은 별다른 의미를 전해 주지 않는다. 홀인원의 순간이나 골프장의 잔디 위에 촉촉이 맺힌 이슬방울, 두 번째 티(각 홀을 향해 공을 치기 시작하는 장소—옮긴이) 옆으로 울창하게 자라난 층층나무들을 떠올리면서도 흐뭇할 수는 있겠지만, 알다시피 나의 눈은 다시 골프에서 정원으로 옮아간다. 실제로 골프의 가장 큰 매력 역시 18홀로 구성된 너른 풀밭 위에서 즐길 수 있는 경기라는 점일 것이다.

노년에 이를수록 행복감을 맛보기가 점점 더 어려워지는 게 사실이지만, 정원을 통해 삶의 즐거움을 다시 만끽할 수 있다. 늙은 남자들은 아침에 잠자리에서 일어날 때마다 비참한 생각이 들 것이다. 무릎은 쑤시고 결리는 데다 아랫도리는 축 처져 있고, 두 손이 쉴 새 없이 떨릴 테니까 말이다. 그러나 문득 창밖을 내다보면 그곳에 정원이 자리잡고 있을 것이다. 신의 작품인 동시에 그의 땀과 정성이 배어 있는 정원! 그 생각에 가슴 뭉클한 즐거움이 밀려들 것이다.

미주리식물원 원장 피터 레이븐Peter Raven은 《타임》지 기자와의 인터뷰에서 그 느낌을 다음과 같이 멋들어지게 표현했다.

"우리 생은 짧디짧지만, 우리에게 맞게 세상을 가꾸어가다 보면 불멸성과 비슷한 그 무언가를 얻게 됩니다. 우리는 세상을 관리하는 청지기가 되는 거죠."

"정원사 말인가요?"

"네. 맞아요. 바로 정원사가 되는 거죠." [1]

그러므로 정원을 가꾸는 일은 스러져가는 노년의 삶에 귀감이 되고 메타포가 된다. 훌륭한 정원사들은 생산적인 성취도가 높다. 그들은 나이가 들면 '의미의 수호자'가 되어 젊은 정원사들에게 정원을 손질하는 비법을 전수해 준다. 그리고 11월이 되면 '통합'을 이해하게 된다. 그들은 장미꽃이 시들고 토마토 열매가 떨어져 썩어도 슬퍼하지 않는다. 그들은 시들어 스러진 다년생 화초들이 언젠가 다시 되살아나리라고 확신하면서, 즐거운 마음으로 낙엽을 긁어모아 덮어줄 것이다.

E. B. 화이트는 세상을 떠난 아내 캐서린의 마지막 모습을 이렇게 묘사했다. "체구가 작고 등이 구부정한 아내는 다시 새로운 봄을 맞이할 수 있을 거라는 불가능한 생각에 골몰해 있었다. 생명이 꺼져가는 10월, 그녀는 조용히 부활을 계획하고 있었다."[2]

그러므로 성공적인 노화는 수확을 마치고 겨울에 대비해 꼼꼼하게 월동 채비를 하면서 가을을 성공적으로 보내는 것과 흡사하다. 우리는 생의 마지막 1, 2퍼센트의 나날이 그다지 즐겁지만은 않으리라는 사실을 냉정하게 받아들여야 한다. 그러나 성공적인 노화, 즉 성공적인 생존은 노년을 삶의 일부로 받아들이는 것을 의미한다. 앞서 언급했듯이, 100세 이상 장수하는 사람들은 평균 97세까지 매우 건강하게 산다는 사실을 잊지 말아야 한다.[3]

세 번째 관문 : 품위 있게 나이 드는 것

나는 1장에서 이상적인 노화의 한 전형으로 앤서니 피렐리를 소개하면서, 건강한 노화가 관용과 감사하는 마음, 즐거움과 깊은 관련이 있다고 했다. 7장에서는 신체적 무능 상태를 겪지 않고 오랫동안 건강하게 살아가는 것이 건강한 노화라고 설명하기도 했다. 그러나 이 장에서는 이제까지 다루었던 모든 내용들을 종합하여 제3의 전형, 즉 품위 있게 늙어가는 방법이 무엇인지 제시해 보고자 한다. 나는 이 책을 통해 75세에서 85세 사이에 다음과 같은 특성을 갖춘 연구 대상자들에 대해 거듭 관심을 집중시켜 왔다.

첫째, 그들은 다른 사람을 소중하게 보살피고, 새로운 사고에 개방적이며, 신체건강의 한계 속에서도 사회에 보탬이 되고자 노력했다. 딸들에게 자기를 보살피라고 요구했던 리어왕과 달리, 그들은 사랑이 어디까지나 내리사랑이라는 사실을 늘 염두에 두었다.

둘째, 그들은 노년의 초라함을 기쁘게 감내할 줄 알았다. 그들은 다른 사람의 도움이 필요하다는 사실을 인정했고, 그 사실을 품위 있게 받아들였다. 몸이 아플 때면 의사를 찾았고, 감사하는 마음을 잊지 않았으며, 늘 적극적으로 삶의 자잘한 고통을 극복해 나갔다.

셋째, 그들은 언제나 희망을 잃지 않았고, 스스로 할 수 있는 일은 늘 자율적으로 해결했으며, 매사에 주체적이었다. 그들은 삶 전체가 하나의 여정이며, 살아가는 동안 꾸준히 성장하고 있다는 사실을 늘 마음에 새겼다.

넷째, 그들은 유머감각을 지녔으며, 놀이를 통해 삶을 즐길 줄 알았다. 그들은 삶의 근본적인 즐거움을 위해 겉으로 드러나는 행복을 포기할 줄 알았다. 볼테르의 말대로, 그들은 정원을 가꿀 줄 알았다.

다섯째, 그들은 과거를 되돌아볼 줄 알았고, 과거에 이루었던 성과들을 소중한 재산으로 삼았다. 그러나 그들은 호기심이 많았고, 다음 세대로부터 끊임없이 배우려고 노력했다.

여섯째, 그들은 오래된 친구들과 계속 친밀한 관계를 유지하려고 노력했다. 그러면서도 "사랑의 씨앗은 영원히 거듭해 뿌려져야 한다."는 앤 머로 린드버그의 금언을 늘 가슴에 새겼다.(부록 K에 실었듯이 나는 이 여섯 가지 특성을 토대로 '품위 있는 노년'의 정도를 측정해 보았다.)

CASE STUDY 브래드퍼드 배빗 | 하버드 졸업생 집단

품위 있는 노년의 핵심이 모두 결여된 메마른 삶

브래드퍼드 배빗은 이 여섯 가지 특성을 모두 결여한 사람이었다. 그는 하버드대학원까지 졸업했으며, 은퇴하고 나서도 연간 수입이 12만 5천 달러에 달했다. 1998년 나와 면담을 가질 당시 그는 경제적, 신체적으로 양호한 상태였으며 돌봐야 할 손자도 없었다. 그는 필라델피아 근교에 있는 고급 저택에 살고 있었고, 너른 정원에는 아름다운 화초들이 자라나 있었다. 그러나 20년 동안 살아온 집 내부는 마치 초라하고 값싼 여관 같은 느낌을 주었다. 집 안은 텅 비고 칙칙했으며, 어디에서도 화사한 색상을 찾아볼 수 없었다. 기념할 만한 물건이나 취미 생활의 흔적도 없었다. 배빗의 사회적 지평은 결코 자기 자신 너머로 확장되지 못한 것처럼 보였다.

그의 서재 벽면에는 최근 멕시코 여행에서 찍어온 사진 넉 장만 덩그러니 걸려 있었다. 인물 사진이라고는 한 장도 없었으며, 가구나 책, 소장품이나 과거를 기억할 만한 물건을 찾아볼 수 없었다. 일본에서 2년 동안 근무한 적이 있지만, 그 시절을 기념할 만한 물건은 집 안 어디에도 없었다.

브래드퍼드 배빗은 비만인 데다 늙고 병들어 보였지만, 자기 삶에 대해 불평 한마디 늘어놓을 줄 몰랐다. 은퇴 이후 건강상태는 어떤지 묻자, 그는 "그럭저럭 좋은 편이에요."라고 대답했다. 가끔 무릎이 쑤시고 아프기는 하지만 큰 문제는 아니라고 했다. 나이 들어가면서 가장 괴로운 점은 무엇인지 묻자, "허리를 구부리지 못해 잔디씨를 뿌리지 못하는 것"이라고 대답했다. 그러나 그는 정원 가꾸는

일에도 별 흥미가 없었다.

아내와 함께 점심을 먹는지 묻자, 그는 아내가 아직도 낮에는 은행에서 일을 한다고 설명했다. 배빗은 저녁마다 자원봉사자로 지역 도서관에 나가 일했기 때문에 도서관 책상에 앉아 혼자서 저녁을 먹곤 했다. 부부는 점심은 물론 저녁까지 각자 따로 해결하는 처지였다. 배빗은 일주일에 30시간씩 일을 했는데, 도서관에 찾아오는 사람들과 한담을 나눌 수 있어 그 일이 좋았다. 부부간에 서로 협력해서 함께 하는 일이 있는지 묻자, "아내는 집에 있을 때는 대부분 옆방에서 텔레비전을 봐요. 낮에는 각자 방식대로 살아가고요. 우리는 각자 독립적으로 살고 있지요. 그 점에서 서로 잘 맞는 편이에요"라고 대답했다.

배빗에게는 미혼인 딸이 하나 있는데, 그녀는 아버지한테 불만이 많았다. 딸에게서 배운 점이 있다면 무엇인지 묻자, 배빗은 쓴웃음을 지으며 "젠은 늘 실망만 안겨주었어요. 결국 우리가 그애를 망쳐놓은 꼴이 됐지만 말이에요."라고 말했다. 배빗은 리어왕처럼 남에게 자신의 고통을 전가시켰다. "그 애에게 무엇을 배울 수 있었겠어요? 그런 건 기대하지도 않지만, 그래도 난 늘 그 애 편을 들어줬어요." 딸에 대한 사랑이 없었더라면, 그는 아마도 의무감만으로 딸을 대했을 것이다.

배빗은 네 살 때부터 글을 읽을 수 있었다고 했지만, 집에서 책이라고는 한 권도 찾아볼 수 없었다. 그는 은퇴한 뒤로 줄곧 일주일에 20시간씩 텔레비전을 보았다고 했다. 물론 재미를 찾을 수만 있다면 텔레비전을 보는 것 자체가 잘못이라고 할 수는 없을 것이다. 그러나 배빗은 자기 생에서 가장 불행한 시기가 바로 지금이라고 했다. 그는 은퇴 생활을 견뎌내기가 힘들었다. 공인회계사로 일하던 시절,

그는 업무 절차를 강화하고 사람들의 업무를 점검하는 데 많은 시간을 보냈다. 배빗은 조직 체계나 구조, 규칙과 규제 속에 사는 것이 편했으며, 사회적 지평을 넓히는 데에는 전혀 관심이 없었다. 가장 오래된 친구가 누구인지 묻자, "아무도 없어요. 그런 문제는 그냥 넘어갑시다."라고 퉁명스럽게 대꾸했다. 그러나 그는 이전에 제출한 설문지에서 똑같은 질문에 대해 "나는 사람들과 적당히 거리를 유지하고 산다."고 답한 적이 있다. 그는 자기가 선택한 삶에서도 행복을 느끼지 못했다.

그처럼 메마른 삶은 대개 가난이나 정신질환, 낮은 교육 수준, 뇌 질환으로 설명할 수 있을 것이다. 그러나 배빗은 그중 어느 하나와도 관련이 없었다. 배빗은 정신과의사를 찾거나 신경안정제를 복용한 적이 단 한 번도 없었다. 물론 심각한 우울증에 빠진 적도 없었다. 다만 문제는 그의 삶에 즐거움이나 다채로움이 없다는 것뿐이었다. 배빗이 물려받은 유전자도 아주 훌륭해 보였다. 배빗의 친척들 74명 중에는 정신질환에 걸린 사람이 단 한 명도 없었다. 연구 대상자들 중에서도 찾아보기 드문 경우였다. 대학 시절 그는 '심리적 건강 평가'에서 'A' 등급을 받았다. 그에게는 세심하고 자상한 면도 있었다. 그는 나를 친근하게 "조지"라고 부를 때가 많았으며, 내 찻잔이 비었는지 수시로 관심을 보여주었다.

배빗이 이야기를 하는 사이, 나는 창밖으로 펼쳐진 아름다운 잔디밭을 바라보았다. 봄이었다. 하늘은 더없이 맑고 푸르렀다. 바깥 세상은 화사한 햇살과 화려한 색으로 가득 차 있었다. 그러나 그 어떤 화사함도 그의 집 창문을 뚫고 들어오지 못하는 것 같았다. 그의 삶에 대해 알면 알수록 나는 사하라 사막의 모래가 바람을 타고 그의 집 마루로 들어오는 상상에 점점 더 깊이 빠져들었다. 그는 웃을 때조차 고통스러워 보였다. 즐겁게 웃는 모습이라고는 단 한 번도 볼 수가 없었다. 내가 사하라 사막에 대한 상상에 빠져 있느라 자세히 관찰하지 못한 탓이었을까.

배빗은 신체적으로 양호한 건강상태를 유지하고 있었지만, '품위 있는 노화' 평가에서는 15점 만점에 3점밖에 받지 못했다.(부록 K 참조) 그에 반해 6장에서 소개한 바 있는 헨리 에머슨은 13점을 받았다. 배빗은 불행한 유년기를 보내지 않았으므로 단 한 가지 항목, 즉 신뢰, 자율성, 주도성에서만 유일하게 좋은 점수를 받았다. 그러나 '품위 있는 노화'에서 정말로 중요한 요소인 다른 다섯 가지 항목, 즉 사회적인 기여도, 과거의 자양분 흡수, 유머감각과 삶의 여유를 즐길 줄 아는 능력, 자기관리, 인간관계 유지 등에서는 굉장히 낮은 점수밖에 받지 못했다.

그러나 그 무엇도 흑백논리로 간단하게 결론 내릴 수는 없다. 성공적인 노화 역시 복잡하기 그지없는 문제다. 에머슨은 100일 동안 병원에 입원해 있다가 지금은 세상을 떠나고 없지만, 배빗은 입원이라고는 한 번도 해보지 않았으며 아직도 살아 있지 않은가? 그런 사실들 역시 간과할 수는 없는 문제다. 그러나 무엇보다 중요한 것은, 에머슨이 세상을 떠난 뒤에도 그의 포도나무는 계속 살아남았다는 것이다. 그러나 배빗은 살아오면서 잔디 씨를 뿌려본 적이라도 있는지조차 의문이다. 부디 단 한 번만이라도 있었기를 바란다.

인생의 정원사, '품위 있는 노년'의 최고 전형

아이리스 조이는 배빗과는 전혀 딴판이었다. 그녀는 내가 이 연구를 진행하면서 만나본 사람들 중에 가장 훌륭한 '정원사'였다. 그녀는 자신의 삶과 다른 사람의 삶을 훌륭하게 잘 가꿔왔다는 점에서 말 그대로 정원사였다. 조이는 태어날 때부터 생을 마감하는 순간까지 내내 빈곤선 이하의 생활을 했다. 그러나 성인발달연구에 포함된 전체 814명의 연구 대상자들 중에서 긍정적인 노화를 대표할 만한 가장 훌륭한 전형이 바로 그녀였다. 그녀는 '품위 있는 노화' 평가에서도 15점 만점을 받았다. 독자들도 나와 똑같이 생각할지는 모르겠지만, 나는 그저 내가 본대로 평가했을 따름이다.

아이리스 조이는 자기 경험만으로도 얼마든지 이 책을 쓰고도 남았을 것이다. 그녀는 소박하게 살았고 유머감각을 지녔으며, 사랑의 씨앗을 다시 뿌릴 줄 알았다. 애거서 크리스티 소설 속의 탐정 에르퀼 푸아로의 말처럼 "회색 뇌세포를 조금씩 써가며" 건강을 돌볼 줄도 알았고, 부모를 보살피는 것도 잊지 않았다. 조이는 비록 가난하게 자랐지만 그녀의 유년기 성장 환경 역시 높은 점수를 받았다. 조이의 부모는 에릭슨이 말한 삶의 첫 네 단계, 즉 기본적인 신뢰, 자율성, 주도성, 근면을 성취할 수 있도록 조이를 도와주었다. 이 네 가지 과업은 모두 부모의 가정교육과 밀접하게 연관되어 있다.

유전적으로 보더라도 조이는 부모로부터 훌륭한 지능을 물려받아 학교생활에 잘 적응했다. 아이리스 조이는 모든 면에서 축복받은 존재라고 볼 수 있었다. 학창 시절, 조이는 늘 제때 수학 숙제를 제출하는 모범 학생이었다. 그녀는 담배를 피우지 않았으며 알코올 중독에 걸린 적도 없었다. 기나긴 삶을 살아오면서 그녀 역시 깊은 슬픔과 고뇌에 잠길 때도 있었지만, 심각한 우울증을 겪은 적은 한 번도 없었다. 조이는 아들과 마찬가지로 아이큐가 158이었으며, 내 눈에 그녀의 감성지수는 최고 수치도 훌쩍 넘어선 것처럼 보였다.

아이리스 조이의 정원은 바로 그녀의 가정이었다. 1936년, 조이 부부는 샌프란시스코의 마차 차고를 1,500달러에 구입한 뒤 그곳에 튼튼한 나무로 들보를 건너질러 단단하게 못을 박고, 밖에는 하얀 말뚝으로 울타리를 둘렀다. 조이는 늘 깨끗하게 유리창을 닦았으며, 바닥을 평평하게 고르기 위해 목수의 손을 빌리기도 했다. 그들은 차고 꼭대기에 달린 문을 모두 떼어내고 그 자리에 헐린 건물에서 주워온 유리창을 달았으며, 벽면에는 따뜻한 분위기가 감도는 불그레한 나무 널빤지를 덧붙였다. 그리고 집 앞으로는 인근에서 모아온 벽돌로 보도를 만들었다.

조이가 거실 겸 식당으로 쓰는 자그마한 방 안은 마치 멋스러운 선물 가게 내부처럼 보였다. 아주 밝고 따뜻하고 편안한 분위기였다. 12월 중순의 어느 날 우리 부부가 그녀를 방문했을 때, 조이는 크리스마스카드를 쓰고 있었다. 가스난로에서 은은하게 온기가 퍼져나왔고, 크리스마스트리가 아름답게 장식되어 있었다. 벽에는 골동품 수저 한 쌍이 걸려 있고 마루에는 따스한 깔개가 덮여 있었다. 빠끔히 열린 서랍 속 칸칸에는 가지런히 정리된 편지들이 가득 들어차 있었다.

한쪽 벽면에는 고전에서부터 실용서적에 이르기까지 다양한 장르의 책들이 한가득 진열되어 있었다. 제인 그레이Zane Gray(미국 서부 개척시대를 배경으로 하는 작품을 주로 쓴 미국 작가—옮긴이) 전집,

1940~50년대 베스트셀러 작품들, 백과사전……. 그곳은 한 명석한 여성이 평생 가꾸어온 도서관이나 다름없었다. 대학 문턱에도 못가본 배관공의 딸이었고, 남편은 그녀가 글을 가르쳐주기 전까지 책이라고는 단 한 권도 읽어본 적 없지만, 조이는 기나긴 세월 동안 혼자 힘으로 차곡차곡 지성을 쌓아올려왔다.

테이블 위에는 푸른 이파리들과 예쁜 양초들이 가득했고, 호두까기 인형 하나가 보초를 서고 있었다. 방 안에는 비록 값비싼 물건은 없었지만, 그 어느 것도 싸구려처럼 보이지는 않았다. 벽에 걸려 있는 유화들은 그녀의 친지들이 직접 그려 선물한 작품들이었다. 나무 팔걸이가 달린 의자에는 포근하고 깔끔한 덮개가 얌전하게 덮여 있었고, 소파 위에는 조이가 손수 만든 화려한 문양의 쿠션들이 가지런히 놓여 있었다. 조이의 집에 처음 들어설 때, 나는 마치 요술에 걸린 오두막 속으로 걸어 들어가는 기분이었다. 아마도 나는 조이에게서 풍겨나오는 따스한 분위기에 매료되어 환영을 본 것일 게다. 심리학에서는 이와 같은 현상을 '긍정적 역전이positive countertransference'라고 부른다.

젊은 시절, 조이는 우리가 보낸 설문지에 매우 성실하게 답변을 써서 보내주었다. 글을 통해 그녀를 처음 알게 되었을 때에는, 그녀가 엘레노어 포터의 폴리아나, 아니면 디킨스의 맥코버 씨, 볼테르의 팡글로스 선생과 유사한 인물이 아닐까 의문을 품었다. 그러나 조이를 직접 만나 두 시간 동안 이야기를 나눠본 뒤에는 전혀 그런 생각이 들지 않았다. 조이는 분명 사회적으로 바람직하지 못한 인물로 비치게끔 답변을 작성했던 게 사실이다. 그러나 70년 동안 꾸준히 밝은 면을 관찰할 수 있다면, 진실이 서서히 드러나게 마련이다.

아이리스 조이의 아버지는 배관공이자 우편 배달부였다. 조이의 어린 시절, 아버지는 아이들의 신발을 꿰매느라 밤늦도록 깨어 있을 때가 많았고, 어머니는 아이들 옷을 모두 손수 만들어 입혔다. 집에는 책이 20권밖에 없었지만, 집 뒤에 마음껏 뛰어놀 수 있는 널찍한 뒤뜰이 있었다. 조이의 부모는 경제적으로 넉넉한 형편은 아니었지만 "소박하나마 아이들을 즐겁게 해줄 만큼의 여유"는 늘 있었다. 조이는 "우리 가족은 무척이나 행복하게 살았어요. 나는 내게 허락된 최고의 행운을 누리며 성장했다고 할 수 있어요."라고 말했다. 조이의 네 형제가 모두 장성해서 집을 떠나가던 어느 날, 아이들은 자라는 동안 누가 가장 부모님의 사랑을 많이 받았는지에 대해 옥신각신 이야기꽃을 피웠다. 형제들은 하나같이 자기가 가장 부모님의 사랑을 많이 받았다고 믿고 있었고, 모두들 그 사실에 매우 놀랐다.

조이는 부모님이 "한 번도 다툰 적이 없고, 각자 나름의 역할을 훌륭하게 해내신 분들"이었다고 했다. 그들은 자식 넷을 모두 고등학교까지 교육시키겠다고 목표를 세웠고, 그대로 실행에 옮겼다. 이후 조이의 오빠는 야간 법과대학을 졸업했으며 마침내 꿈꾸던 대로 변호사로 성공했다. 그 역시 한때 터먼 연구 대상자였다.

조이는 키가 작고 땅딸막한 여성이었다. 머리카락은 검게 염색을 했고, 볼에는 커다란 사마귀가 하나 나 있었다. 얼굴에는 주름이 거의 없어서 77세가 아니라 60세쯤으로 보였다. 그녀는 빨간 바지와 화사한 분홍빛 블라우스 차림에 실내화를 신고 있었으며, 작은 장식이 달린 귀고리를 하고 있었다. 그녀는 사람을 편안하게 만드는 놀라운 재능이 있었다. 그리 자주 웃는 편은 아니었지만 그녀가 웃을 때마다 나와 내 아내도 저절로 웃음이 나왔다. 그녀는 거침없이 열정적으로 이야기했고, 자기 생각을 제대로 전달하기 위해 간간이 재미난 농담을 곁들이기도 했다. 화사하게 빛을 발하는 크리스마스트리와 조이의 노련한 장식 기술이 무대효과를 냈다. 그러나 그 무엇보다 분위기를 화기애애하게 만드는 것은 바로 만족스럽고 평온하게 살아가는 아이리스 조이의 삶 그 자체였다. 면담이 진행되는 동안 나는 내 공책 한 귀퉁이에 이렇게 기록했다. "그녀의 얼굴에서 계속 빛이 뿜어져 나온다. 그녀의 눈이 빛난다."

처음에 대화를 나누기 시작했을 때만 해도 조이가 구사하는 어법이나 억양, 어휘 등은 지적인 것과는 거리가 멀어 보였다. 그러나 그녀는 탁월한 언어구사력을 발휘해 쉬운 어휘로 자기 생각을 정확하게 전달할 줄 알았다. 그녀의 이야기를 듣고 있노라면, 대학 문 앞에도 가보지 못한 평범한 미국인보다는 처칠이나 헤밍웨이의 이미지가 더 생생하게 떠올랐다. 그녀는 사람들이나 감정적인 문제에 대해 진술하게 털어놓다가, 갑자기 말머리를 돌려 현재 경제 형편에 대해 상세하게 설명해 주었다. 그녀는 매달 사회보장연금으로 300달러, 직장연금으로 300달러 정도를 받고 있었다. 투자 소득도 조금 있었지만, 투자 자금에 대해 이자를 복리로 지불하고 있었다. 그 이야기 끝에 조이는 "어쩌면 나는 평생 빈곤선 이하로 살아왔을지도 몰라요. 모르는 게 약이죠."라고 웃으며 한마디 덧붙였다.

그러더니 조이는 불쑥 "내 자랑 좀 해도 될까요?"라고 물었다. 그녀는 아무런 직무교육도 받지 않고 대형 슈퍼마켓 울워스에서 임금대장 관리하는 일을 맡은 적이 있는데, 다행히 그 일을 아주 잘 해냈다고 했다. 그녀는 함께 일하던 사람들이 아주 일을 잘 해주었으며, 그 덕분에 그녀도 좋은 인상을 남길 수 있었다고 덧붙였다. "그때 생각을 하면 얼마나 흐뭇한지." 그녀는 과거를 떠올리며 평화로운 기분에 젖어들었다.

조이를 가장 돋보이게 만드는 것은 바로 삶을 소박하게 꾸려나갈

428

줄 아는 재능이다. 조이는 읍내 목사의 아들과 결혼했다. 배관공이었던 남편은 당시 실직 중이었던 데다 문맹이나 다름없었다. 제2차 세계대전이 끝날 무렵, 남편은 캐나다 앨버타 주에 있는 인구 100명 남짓한 작은 마을에 농장을 하나 구입했다. 여름이면 초원 위에 직접 지은 자그마한 집에 살면서, 앨버타의 굳어 붙은 토양을 일구고 가혹한 기후를 이겨내며 근근이 살아갔다. 1950년에 조이는 루이스 터먼에게 다음과 같은 내용의 편지를 보냈다. "우리는 도시에서 각자 다른 일에 종사하며 살 때보다는, 이곳에서 함께 농장 일을 하며 지내온 최근 4년 동안이 훨씬 더 행복했어요." 그곳에서 그들은 대부분 물물교환으로 생계를 유지했다. 겨울에 샌프란시스코에서 생활할 때에는 울워스에서 반일 근무로 일을 했으며, 그 덕분에 아들을 도시의 우수한 공립학교에 보낼 수도 있었다.

남편이 죽은 뒤에도 조이는 캐나다에서 6개월을 더 살았다. 캐나다 시민증 덕분에 무료로 의료 혜택을 받을 수 있었기 때문이다. 조이는 흥정을 하거나 좋은 조건으로 물물교환을 성사시키는 일에 재능이 있었다. 고등학교 시절, 의사나 소설가의 꿈을 키웠던 아이리스 조이는 이제 앨버타의 작은 마을에서 현명한 마을 어른으로 자리를 잡았다. "문제가 생길 때마다 마을 사람들이 내게 와서 의논을 했지요. 응급조치나 다양한 질병들, 셈하는 문제, 예의범절에 대해 묻기도 했어요. 이웃들이 병에 걸리거나 일손이 필요하거나 위급한 처지에 놓였을 때, 나는 힘 닿는 데까지 그들을 도왔어요. 사람들에게 필요한 존재가 된다는 것만큼 보람 있는 일이 없다는 사실을 깨달았지요." 조이의 친구들은 농장으로 커피를 마시러 오기도 했고, 갓난 아기나 할머니들을 보살펴달라며 데려오기도 했다. 그녀는 34세에 가톨릭으로 개종하면서 "내 마음속에 평화가 들어차는" 느낌이었다고 했다. 50세에는 뇌졸중으로 쓰러져 사지가 마비된 노인들의 재활치료를 도우면서 붕대를 갈아주고 고름도 짜주었다. 또한 중국 상인의 아이들에게 영어를 가르쳐주기도 했다. 현명한 사람이 되기 위해꼭 대학을 나와야 할 필요는 없는 법이다.

나이 든 사람들은 날마다 다양한 나이대의 사람들 20명과 만나야한다는 얘기를 어디선가 들은 뒤로, 조이는 주위 사람들에게 무슨문제가 생길 때마다 부담 없이 자기에게 찾아와 도움을 청하라고 말했다. 캐나디언 친구 두 사람은 매년 봄 조이가 캐나다로 돌아오면늘 기분이 설렜다고 말했다. 조이는 "신앙을 가진 사람들은 자만에빠지면 안 된다고 말들 하지만, 다른 사람을 도우면서 자부심을 느끼는 것은 오직 인간밖에 없잖아요."라고 말했다. 자부심은 분명히성공적인 노화에 큰 도움이 된다.

조이는 남편과 결혼해서 45년을 함께 살았다. 조이는 남편에 대해"내가 남편보다 더 똑똑하고 교육을 많이 받은 건 사실이지만, 그는나보다 사람 보는 눈이 좋았어요. 그는 아이들을 사랑했고 사람들흉내를 잘 냈지요. 무척 재미난 사람이었어요."라고 말했다. 결혼할당시 남편은 책 한 권도 제대로 읽을 줄 몰랐지만, 조이 덕분에 잭런던Jack London의 소설이나 《내셔널 지오그래픽 National Geographic》을 즐겨읽게 되었다. 그는 외모가 출중했으며, "내가 하는 일이면 무엇이든지지해 주었어요. 아침마다 침대에 누워 있는 나를 위해 커피를 타주었죠. 그러면 나는 하루 종일 정성을 다해 그를 대했어요." 조이는수줍은 미소를 지으며 이렇게 덧붙였다. "성생활도 무척 훌륭했어요. 남편이 세상을 떠났을 때 나는 생각했죠. 이 세상에 이이만큼 나와 조화를 잘 이루며 살 수 있는 사람은 많지 않을 거라고요." 아이리스 조이는 늘 사물의 밝은 면을 볼 줄 알았다. 또한 잊지 말아야 하는 것은, 어린 시절 그녀의 가정생활 역시 최고 점수를 받았다는 점이다. 훌륭한 과거 역시 매우 중요하다.

45년 동안 살아오면서 남편과 이혼 직전의 상황까지 가본 적이 있는지 물었다. 그녀는 질문을 받자마자, "이혼할 생각은 한 번도 해보지 않았어요. 하지만 죽이고 싶을 때는 있었죠."라며 짓궂게 대답했다. 그러나 그녀는 부부간에 폭력을 쓴 적은 한 번도 없었다고 말하면서 우리를 안심시켰다. "대신에 우리는 말로 싸우는 편이었어요. 남편이나 나나 책임감이 강한 사람들이니까요!" 조이가 남편에게 귀찮은 잔소리를 늘어놓으면, 남편은 조이를 맨디의 집으로 보내곤 했다. 맨디의 집까지 가려면 흙탕길을 3킬로미터씩이나 걸어가야 했다. 맨디에게는 어린 자식들이 여덟 명 있었다. 그 집에서 개구쟁이 아이들과 2시간 동안 씨름하다가 집으로 돌아올 때면, 조이는 자기가 얼마나 운이 좋은 사람인가 하고 감사하는 마음을 느꼈다. 남편 역시 화가 머리끝까지 치밀어오를 때면, 집을 나가 시내로 가곤 했다. 그러고는 늘 파인애플과 초콜릿을 두 손 가득 사들고 다시 집으로 돌아왔다. 남편은 노르웨이계 출신답게 별로 말이 없었다. 게다가 조이는 "부부 싸움을 해결하는 데에는 푹신푹신하고 낡은 더블 침대만큼 좋은 게 어디 있겠어요."라고 덧붙였다.

지난 15년 동안 조이의 생활은 그다지 평탄하지만은 않았다. 1973년에 단 하나뿐인 언니가 먼저 세상을 떠났다. 그녀는 언니와 아주 가깝게 지냈다며, "아직도 언니 모습을 지울 수가 없어요."라고 말했다. 조이는 언니 얘기를 꺼내자 가슴이 북받쳐올라 말문이 막히는 듯했다. 1974년 5월에는 어머니가 돌아가셨는데, 조이는 어머니 장례식 이틀 뒤 심장마비로 쓰러지고 말았다. 1980년에는 남편마저 세상을 떠났다. 그러나 조이는 그나마 남동생이 '지브롤터의 바위산'처럼 든든하게 버티고 있어서 다행이라고 했다.

1974년 이후로 조이는 심장발작 증세를 자주 겪었으며, 운전면허를 갱신하기 위해 해마다 시험을 치러야 했다. 2년에 한 번씩 후두염 때문에 병원 치료를 받았으며, 마지막으로 병원에 들렀던 게 그해 8월이었다. 그외에도 식도공 탈장, 충치, 관절염으로 고생하기도 했다. 조이는 오래전 폐경기를 지나는 동안 "이런 게 늙어가는 거라면, 늙기 싫다."고 생각했다. 그러나 조이가 '아프다는 느낌'을 받았던 때는 아마 그때뿐이었을 것이다.

조이는 요즘 들어서는 병이 생겨도 별로 당황하지 않았다. 한 번은 심한 가슴 통증을 겪은 적이 있는데, 기도를 올리자마자 그 통증이 금세 사라졌다. 그녀는 웃으면서 "속으로 생각했죠. '이렇게 빨리 지나가는 거였어?' 하고요."라고 말했다. "나는 늘 기도에 의지하며 살아요. 한 번에 하나씩만 생각하죠. ……유머에 의지하는 것도 도움이 돼요." 한때는 조이도 부자가 된 오빠에게 "내가 죽을 때 무덤 파는 인부들에게 줄 삯이라도 남기고 갈 수 있을지 걱정이에요."라고 한탄을 늘어놓기도 했다. 조이의 오빠는 그런 동생을 보면서, "걱정 마, 아이리스. 널 땅 위에 내버려두고 내빼지는 않을 거야."라고 농담을 건네며 토닥거려주었다. 조이는 또 91세가 된 한 노부인의 이야기를 들려주었다. 그 노부인은 아직까지도 신이 자기를 데려가지 않는 게 놀라울 따름이라고 딸에게 말했다. 그러자 예순 살이 된 딸이, "신이 아직도 어머니에게 시킬 일이 있어서 그런 게 아닐까요."라고 대답했다. 그 말에 90대 노부인은 "글쎄다. 분명히 말하건대, 만약 신이 내게 와서 뭐든 하나라도 더 하라고 시키면, 난 절대 그 일을 하지 않고 계속 버텨볼 생각이란다."라고 말했다.

그러나 조이는 그 이야기와는 상관없이 늘 바쁘게 생활했다. 얼마 전에는 한 여성 모임으로부터 초청을 받았다. "그 모임은 자선활동을 위한 조직이라기보다는 문화와 사교를 목적으로 만들어진 것 같았어요. 행사장에 들어서니 식탁이 근사하게 차려져 있었고, 사람들이 죽 늘어서서 손님을 맞더니 행사 주최자들이 직접 커피를 따라주더군요."라고 조이는 말했다. 그녀는 남편이 죽은 뒤로는 차림새에 신경을 쓰지 않고 살았지만, 그 모임에 나가기 위해 모처럼 옷도 잘 갖춰 입었고, 브리지 게임을 즐기는 소모임에도 가입했다. 그곳에 오는 사람들은 대부분 그녀보다 열 살쯤 아래였는데, 조이는 그것도 마음에 들었다. "그들도 나를 좋게 기억할지는 모르겠어요. 게임만 했다 하면 내가 대부분 이겼거든요." 조이는 한 역사학회에도 소속되어 있었다. 이번에도 그녀는 자기 자랑을 좀 해도 되겠냐고 양해를 구한 뒤 "뭔가 보여드릴 게 있어요."라고 말했다. 그녀는 물이 채워진 파이 접시에 담긴 굴껍데기를 몇 개 가지고 왔다. 집 근처에 있는 오래된 인디언 조개무지에서 파온 것이었다. 그녀는 그 껍데기들이 300년이나 되었다는 것이 놀랍고 신기하다고 했다. 조이는 잠시 할 말을 잃더니 "우와, 정말 멋지지 않아요?"라고 말했다.

　면담을 진행할 때마다 연구 대상자들에게 제시하는 다섯 가지 기본 질문에 대해 조이는 어떻게 대답했는지 살펴보자. 첫째, 지능이 그녀에게 축복으로 작용했는지 아니면 부담만 되었는지 묻자, 그녀는 "당연히 축복이었죠! 셰익스피어, 플라톤, 프로이트를 읽으며 즐거움을 찾을 수 있었으니까요."라고 대답했다. 그녀는 어디서 일하든 늘 착실하고 믿음을 주는 사람이 되려고 노력했다. "그러면 사는 게 훨씬 더 쉬워져요. 나는 누구의 도움 없이도 내게 맡겨진 일을 훌륭하게 해낼 수 있었기에 어디서든 능력을 인정받았어요." 조이는 자신의 지적 재능이 "신이 내게 준 좋은 선물"이라고 믿고 있었다.

터먼 연구가 그녀에게 얼마나 도움이 되었는지 묻자, 그녀는 "적절한 대답일지는 모르겠지만, 터먼 연구가 평생 나를 성가시게 만들었던 건 사실이에요."라고 불쑥 내뱉었다.

둘째, 훌륭한 노화를 위해 꼭 필요한 것이 무엇이라고 생각하는지 묻자, 조이는 "늘 열린 마음을 갖는 것"이라고 대답했다. 조이도 젊었을 때는 모든 것을 흑백논리로 파악하곤 했지만, 나이가 들면서부터 어떤 상황에서건 양쪽 면을 두루 살피려고 노력했다. "나도 이제 늙은이가 다 되었나 봐요." 조이는 어휘력을 잃지 않기 위해 저녁마다 오빠와 함께 낱말 맞히기 놀이를 즐겼고, 늘 두꺼운 사전을 끼고 다니면서 헷갈리는 단어들을 찾아보곤 했다.

그녀는 점진적인 은퇴를 주제로 글을 쓴 적이 있었다. 그 글에서 조이는, 나이가 들어갈수록 한 해마다 일하는 시간을 조금씩 줄여나가는 방법을 제안했다. 그렇게 해나가다 보면 젊은 사람들을 위해 일자리를 양보해 주면서도 동시에 여유시간을 활용하는 방법까지 쉽게 배워나갈 수 있을 거라고 했다. 그러나 그녀는 시대를 너무 앞서갔기 때문에 그 글을 출판하지는 못했다고 설명했다. 그녀는 자기를 추켜세우지 않으면서 익살스럽게 그 이야기를 했지만, 자신의 지적 재능에 은근히 만족하고 있는 듯했다. 그러고는 웃으면서 자기가 케네디 대통령보다 먼저 평화봉사단Peace Corps을 창안했다고 말하기도 했다. 그녀는 1950년대에 발표했던 한 논문에서, 미국 대학생들이 대학을 졸업하기 전에 개발도상국으로 건너가 2, 3년 동안 자신의 재능을 발휘하고 온다면 풍부한 현장경험을 쌓는 데 많은 도움이 될 것이라고 제안한 바 있다.

조이는 요즘도 글을 계속 쓰고 있지만, 글 쓰는 일보다는 사람들과 건설적인 만남을 유지하는 것이 훨씬 더 중요하다고 강조했다. 아이리스 조이처럼 모든 일을 미리 내다보고 이해할 수 있을 정도로 현명하다면, 분명 훌륭하게 나이 들어가기가 훨씬 더 쉬워질 것이다.

셋째, 은퇴 생활에서 가장 즐거운 점이 무엇인지 묻자, 서슴없이 "아이들과 함께 지낼 수 있는 거지요!"라고 대답했다. 조이는 평생 아이들 돌보는 일을 취미로 삼고 살아왔다. 그녀는 은퇴 이후 가장 책임감 있게 여기는 일이 바로 아이들을 돌보는 일이라고 했다. 조이의 조카들과 손녀들은 여름마다 앨버타에 있는 조이의 농장에 1, 2주씩 다녀가곤 했다. 어느 해 여름에는 한꺼번에 아이들 다섯이 몰려오기도 했다. 아이들은 돼지에게 먹이 주는 일을 재미있어했으며, 밤마다 기름 램프를 밝혀놓고 할머니 주위에 둘러앉아 도란도란 이야기 나누는 것도 무척 좋아했다. 농장에 전깃불이 들어오자 아이들은 오히려 많이 실망하는 눈치였다.

조이는 또한 일주일에 한 번씩 이웃에 사는 여자아이들을 초대해 요리도 가르쳐주고 밤을 새워 파티를 열기도 했다. 그녀에게 가장 소중한 유산은 바로 '아이들'이었다. "생각만큼 아이들에게 많은 영향을 주지는 못하지만, 아이들에게 행복한 추억을 남겨줄 수는 있잖아요." 그 누구의 삶에도 그만한 선물이 없을 것이다. 그녀는 요즈음도 아이들을 불러모아 함께 시간을 보내곤 했다. 그러나 77세가 되자 아이들과 밤을 새며 파티를 여는 것은 힘에 부쳐서 더 이상 못한다고 했다.

조이의 집 건너편에 레이첼이라는 여자아이가 살고 있었다. 조이는 레이첼의 엄마가 직장에 간 사이, 레이첼을 데려와 하루 종일 돌봐주었다. "이젠 레이첼이 다 커서 오히려 나를 도와주고 있어요." 레이첼은 조이의 집에서 집안 정리를 거들기도 했는데, 조이는 그 모습이 기특해 레이첼의 읽기 공부를 꾸준히 도와주었다. 조이는

"레이첼이 작년에 읽기 과목에서 A학점을 받아왔어요."라며 신이
나서 이야기하다가, 이내 차분한 음성으로 이렇게 말했다. "내가 훌
륭하게 지도해 주었기 때문이 아니라 레이첼이 워낙 똑똑하기 때문
이에요." 그러고는 조금 우울한 목소리로 "나에겐 아이가 하나밖에
없어요. 아이를 더 낳고 싶었지만, 그건 우리의 선택을 넘어선 문제
였지요."라고 말했다.

넷째, 우리는 조이에게 "아이들에게서 무엇을 배웠는가?"라는 질
문을 던졌다. 대부분의 연구 대상자들이 이 질문 앞에서는 한참을
머뭇거리기 일쑤였다. 그러나 조이는 이번에도 거침없이 "아이들의
참신한 시각"을 배웠다면서, 아이들은 모든 사물을 새로운 시각에서
바라볼 줄 안다고 했다. "아이들의 눈으로 세상을 바라보면 새롭게
젊음이 샘솟는 것 같아요. 우리는 살아오는 동안 만나온 모든 사람
들에게서 무엇인가를 배우고 익히며 서서히 변화하지요." 어른들은
그 사실을 잊고 살 때가 많지만, "아이들이 부모의 모습을 보고 배우
듯이, 부모들도 아이들을 통해 많은 것을 배우고 또 아이들을 닮아
가요."라고 했다.

조이는 아들을 매우 사랑하고 아꼈으며, 서로 자주 왕래하며 살았
다. 조이는 아들과 함께 샌프란시스코로 연극을 보러 갈 때가 그 어
느 때보다 즐거웠다. 가장 감명 깊게 본 작품은 뮤지컬 〈마이 페어
레이디My Fair Lady〉로, "그보다 멋진 작품은 없을 거예요."라고 들뜬 목
소리로 말했다. 뮤지컬 작품에 열광하는 그녀의 모습은 10대 소녀와
다를 바 없었다. 조이는 주인공 렉스 해리슨을 실제 무대에서 보는
게 얼마나 흥미진진했는지를 열정적으로 설명해 주었다. 나이가 많
다고 해서 반드시 고리타분하다는 법은 없다.

다섯째, 가장 가깝게 지내는 친구에 대해 묻자, "앨버타에 살고

있는 두 친구"를 소개했다. 샤론은 40대였고 우체국을 운영하고 있었다. 매리는 그녀보다 훨씬 더 젊은 친구였다. 그 두 사람이 바로 조이가 캐나다로 찾아올 때마다 설렌다고 했던 그 친구들이다. 샌프란시스코에도 브리지 모임에서 만나 가깝게 지내온 친구들이 세 명이나 있었다. 그들은 보통 2주에 한 번씩 만났고, 그 중간중간에도 가끔씩 만나 함께 시간을 보내곤 했다. 그 친구들은 모두 손자 손녀들을 키워냈고, "지금은 증손자들까지 돌보고" 있었다. 조이의 가장 오래된 친구는 단연 '로지'였다. 로지 역시 여성 모임에서 만난 친구였다. 그들은 1919년부터 줄곧 가깝게 지냈으며, 그녀와 함께 쌓아온 행복하고 소중한 추억들이 많았다. 조이는 금문교가 놓이기 전, 로지의 가족들과 함께 금문해협(태평양과 샌프란시스코 만을 잇는 해협 —옮긴이)에 나가 마지막 호위선들이 샌프란시스코 만으로 미끄러지듯 들어서는 광경을 지켜보기도 했다.

아이리스 조이의 종교적 신앙은 소박하고 현실적이었다. 조이는 어린 조카딸에게 이런 이야기를 들려주었다. "만일 150에이커나 되는 울창한 숲에서 길을 잃으면, 우선 통나무에 걸터앉아 신에게 도움을 청해 보렴. 기도를 끝마친 뒤에는 자리를 훌훌 털고 일어나 울타리가 보일 때까지 걷고 또 걸으려무나. 마침내 울타리가 나타나거든 그 울타리를 따라 계속 걸어가거라. 그러면 분명 집 한 채가 나타날 것이다. 그 집에 들어가 도움을 청하려무나." 분명 조이가 믿고 있는 신은 스스로 돕는 자를 도울 것이다. 그러나 조이는 늘 자혜로운 신의 은총을 믿고 의지했다. 조이는 삶을 즐기고 삶에 감사할 줄 알았다.

조이의 삶을 통해 성공적인 노화에 필요한 모든 교훈을 배울 수 있었다. 조이는 부모의 사랑 속에 성장했으며, 담배를 피우지도 알코올 중독에 걸리지도 않았다. 그녀는 삶의 즐거움을 음미할 줄 알았고 고통의 순간들을 현명하게 극복할 줄 알았으며, 평생 동안 캘리포니아와 캐나다에서 자신의 '정원'을 가꾸었다. 조이는 아이들로부터 소중한 배움을 얻을 줄 알았지만, 사랑은 어디까지나 내리사랑이라는 사실을 한 번도 잊어본 적이 없었다. 그녀는 삶 전체를 하나의 기나긴 여정으로 볼 줄 알았으며, 사랑의 씨앗이 영원히 거듭해 뿌려져야 한다는 사실도 늘 가슴에 새겼다. 마지막으로, 그녀는 100년 전 심리학자 에드먼드 샌퍼드Edmund Sanford가 했던 충고, 즉 "행복한 노년의 진짜 비결은 생의 마지막 순간까지 다른 사람을 위해 봉사하는 데 있다. 노인들은 봉사를 통해 자신과 관련된 모든 이들의 삶에 참여할 수 있으므로 삶에 대한 끊임없는 흥미를 얻게 되며, 그 보답으로 주위 사람들의 사랑까지 되돌려받게 된다."[4]는 말을 귀담아 들었다. 그렇다면 이 책을 읽는 독자들은 과연 인생의 마지막 순간들을 어떻게 보내야 하는가?

매사추세츠 주 명문 기숙학교인 '노블 앤 그리노' 교사, 티모시 코게셜Timothy Coggeshall이 1987년 6월에 남긴 고별 연설이야말로 위의 질문에 가장 훌륭한 대답일 것이다. 《스튜어트 리틀Stuart Little》의 저자 E. B. 화이트 역시 내 생각에 동의할 것이다. 코게셜의 연설은 소포클레스를 떠올리게 하지만 그보다 경쾌하다. 또한 고대의 눈먼 왕이 아니라 사람과 매우 비슷한 점이 많고 현대적인 생쥐 스튜어트 리틀을 모델로 삼았기에 우리 자신의 모습을 동일시해 볼 여지가 있다. 코게셜 선생의 고별 연설은 이렇게 끝을 맺는다.

어린아이들은 여름 소나기나 무지개, 깊고 푸른 숲에서 불어오는 바람소리, 촉촉한 바다 공기, 태양빛이 이글거리는 고운 모래언덕과 같은 원시적인 대상을 자유롭게 느낄 수 있습니다. 어린 시절에 느꼈던 그 신선하고 새롭고 경이로운 신비를 평생 가슴에 품고 살아가십시오.

여러분 가슴속에 살아 있는 유년의 추억을 소중히 간직하며 살아가길 바랍니다. 풍선을 꽉 움켜쥐고 하늘로 높이 날아오르는 푸우, 토끼 구멍 속으로 떠내려가기도 하고 거울로 된 유리문을 훌쩍 뛰어넘던 앨리스를 잊지 마세요. 아기사슴 플랙과 행복하게 뛰어놀던 조디에게 아버지는 "삶은 아름답기 그지없지만 그렇게 호락호락하지 않단다. 삶이 너를 쓰러뜨리더라도 네 임무를 다하며 묵묵히 살아가거라."라고 일러주셨습니다. 그 말도 꼭 기억하세요.

우리 남매가 가장 좋아했던 스승은 키가 5센티미터밖에 안 되는 생쥐 '스튜어트 리틀'이었습니다. 스튜어트는 어린아이들에게 세 가지 중요한 규칙을 꼭 기억하라고 당부했지요.

"진실한 친구가 되어라."

"올바로 살아라."

"세상의 모든 영광을 누려라."

스튜어트 리틀은 지금쯤 아마 화사한 햇빛을 받으며 자작나무 껍질로 만든 카누에 느긋하게 올라타고 강을 거슬러 북쪽으로 탐험 여행을 떠나고 있을 것입니다. 스튜어트는, 무언가 찾는 게 있는 사람은 여행에서 서두르는 법이 없고 유년 시절과 작별을 고하지도 않는다고 일깨워주었습니다. 유년 시절은 이미 훌쩍 지나가버린 과거를 안전하게 지켜주고 훈훈하게 해주니까요.

"하지만 스튜어트는 이 사실을 알고 있었습니다.

일단 한번 활짝 핀 꽃은 영원히 계속해서 어디선가 꽃을 피운다는 것을.

우리가 모른 척 내버려두지만 않는다면 변화하기 시작한 것은 결코
사라지지 않는다는 것을.

당신이 기억하면,

당신도 누군가에게 기억될 수 있다는 것을."

부록

하버드대학교 성인발달연구의 연구 대상이 된 세 집단

하버드 집단

성인 발달에 관한 '그랜트 연구'는 알리 복 박사에게 큰 액수를 기부했던 고마운 환자 윌리엄 T. 그랜트 덕분에 하버드대학교 공중보건학부(당시에는 위생학부라고 불렸다)에서 시작되었다. 윌리엄 T. 그랜트는 W. T. 그랜트 다임 스토어(10센트짜리 싸구려 물건을 파는 잡화점. 요즘의 1달러 숍—옮긴이)의 설립자로, 이 기부금이 바로 그 유명한 그랜트 재단 Grant Foundation의 첫 기금이 되었다. 기금을 조성하면서 그랜트는 바람직한 점포 관리자에게 필요한 자질이란 어떤 것인지 알아내고 싶어했다.

알리 복은 1938년 9월 30일자 보도자료에서 두 사람(알리 복과 윌리엄 그랜트)의 목적을 설명하면서 이런 글을 남겼다. "지금까지 엄청난 기부금을 모으고 연구 계획을 실행한 것은 질병에 걸린 사람들, 즉 정신적·신체적으로 문제가 있는 환자들을 연구하기 위해서였다. ……건강하고 성공한 사람들을 놓고 체계적으로 질문들을 던져가며 연구해야 마땅하다고 생각하는 사람은 거의 없었다."

최종적으로 선발을 담당했던 하버드대학교 학장은 알리 복의 표현을 빌리자면 "자기 힘으로 카누의 노를 저을 수 있는" 대학교 2학년생을 뽑았으며, 신입생 학생부장 말로는 "하버드 입장에서 기쁘게 받아들일 만한 남학생"들을 선발했다. 해마다 선발된 100명의 학생들 중에서 약

80명이 이 연구에 참가하는 데 동의했다. 선발 조건에는 평생 동안 이 연구에 동참하겠다는 암묵적인 동의와 함께 여러 각도에서 이루어질 정밀조사에 적어도 연간 20시간 이상 할애하겠다는 까다로운 조건이 있었다.

이 학생들은 비교적 안정된 생활을 하고 있는 가정 출신이었다. 열아홉 살 기준으로 불과 14퍼센트만이 사망으로 인해 부모 중 한쪽을 잃었으며, 7퍼센트만이 이혼으로 부모와 떨어져 살고 있었다. 하지만 이런 수치는 그 시절 미국 중산층의 평균치와 그다지 차이가 없었다.

연구에 참여하지 않은 다른 동급생들은 26퍼센트만이 우등으로 졸업한 반면, 연구에 참여한 학생들은 61퍼센트나 우등으로 졸업했다. 사실상 연구에 참여했던 사람들은 대부분 연구팀이 정의했던 정상의 범주, 즉 "자기 스스로에게, 또는 다른 사람에게 말썽을 일으키지 않는" 생활을 했다. 연구에 참여했던 사람 중에서 가장 성공한 사람은 "누구에게도 신세지지 않으면서 다른 사람들에게 도움을 주는" 삶을 살았다.

대학에서 연구팀은 '심리적 건강' 정도에 따라서 피험자를 다음과 같이 분류했다. A: 매우 건강함. B: 건강함. C: 앞으로 문제의 소지가 있음. 하지만 연구 책임자로서 사례 발표회 기간에 다음과 같은 점을 심사숙고했다. 인생에서 정말로 성공한 사람들을 B와 C 범주에 넣고 있는가? 그리고 무엇인가를 이루기 위해 온 힘을 쏟아 노력하는 사람들을 A 범주에 넣고 있는가? 사실상 연구팀은 B와 C 범주에 속한 사람들이야말로 신문의 머리기사를 장식할 정도로 유명해지고 역사에 남을 만한 일을 하지 않을까 예측했다. 그리고 A 범주는 그냥 '사회의 중추'가 되지 않을까 생각했다. 하지만 결과는 연구팀의 예측과 달랐다. 왜냐하면 건강이 결코 무시할 수 없는 요소로 나타났기 때문이다.

현대적인 관점에서 볼 때 이 연구는 구태의연한 것이다. 실험에 참여한 사람의 혈액형은 네 가지(I, II, III, IV)로 분류되었다. ABO 분류 관행은 그때까지만 해도 보편적으로 사용되지 않았다. 또한 뇌파 전위電位

기록장치가 사용되었다. 이 기술은 당시 개발된 최신의 과학기술이었다. 연구원들은 그랜트 연구에 참여한 젊은이들의 성격을 직관적으로 이해하기 위해 뇌파계에 찍힌 짧고 불규칙한 뇌파 곡선들을 마치 점괘라도 읽듯이 분석했다. 자연인류학자들은 각각의 젊은이들을 체형(외배엽형·중배엽형·내배엽형 등)뿐만 아니라, 신체 크기가 그 사람의 성격과 맞아떨어지는지 아니면 전혀 상관이 없는지를 연구했다. 연구팀이 자연인류학과 성격이 아무런 관련이 없다는 것을 알아내는 데는 자그마치 30년이 걸렸다. 하지만 성인발달연구는 이 양자 사이에 아무런 연관성이 없다는 결과와 데이터를 도출해 낼 수 있었던 거의 독보적인 연구다.

1940년이 되도록 이 연구는 중년과 노년의 변화무쌍한 부침과 관련된 사항엔 질문도 대답도 하지 않은 채 많은 의문점을 남긴 상태였다. 버클리대학교에서는 에릭 에릭슨이 성인발달연구를 막 시작한 참이었다. 그로 인해 성인 발달이라는 개념이 널리 알려졌으며, 포괄적인 지적 개념으로 정립되었다. 해리 스택 설리번Harry Stack Sullivan과 멜라니 클라인 Melanie Klein 같은 제자들은 그 무렵에야 겨우 정신분석학계를 향해 대인관계가 환상보다 훨씬 더 중요하다는 주장을 하기 시작했다. 그러다 보니 당시 하버드 연구 대상자들은 자위행위나 꿈에 관해서는 질문을 받았지만 우정이나 애인에 관해서는 질문을 받지 않았다. 이 점은 참으로 유감이 아닐 수 없다.

제2차 세계대전이라는 역사적 사건은 하버드 연구 대상자들과 다른 동료들을 비교할 수 있는 기회가 되었다. 말하자면 학문의 장에서가 아니라 다른 장에서 일반인들과 비교할 기회가 생긴 것이다. 연구 대상자들은 전쟁터에서도 잘 견뎌냈다. 정신의학적 이유로 입대 부적격 판정을 받을 사람이 통계상 36명 정도 되리라 예상했지만 실제로는 고작 3명에 그쳤다. 연구 대상자의 10퍼센트만이 장교로 입대했지만, 제대할 무렵에는 71퍼센트가 장교가 되었다. 전투에 참가한 남성들에 관한 다른 연구의 대상자들에 비해 구토, 빠른 맥박, 요실금 등의 증상도 훨씬 적게 나타났다. 전쟁터에서도 하버드 연구 대상자들은 영웅적인 행동으로 무공훈장을 타는 횟수가 다른 집단에 비해서 많았다.

이 연구는 또한 미국 내 사회계급의 불안정성을 잘 보여주었다. 그들의 출신이 어떠하든지 간에, 하버드 졸업장은 중상위 계급으로 진입하는 자격증이 되었다. 하지만 그들이 대학에 입학했을 당시에는 누구나 집안이 부유했던 것은 아니었다. 설령 그들이 부잣집 출신이었다고 하더라도 그들의 부모 세대는 보잘것없는 집안 출신이었다. 예를 들어 하버드 졸업생 중에 자신이 언제나 특권층 자손이라고 생각했던 사립 기숙학교 출신이 있었다. 그는 태어날 때부터 신탁재산을 가지고 있었고, 그의 아버지는 뉴욕 증권거래소 회장이었으며, 할아버지는 성공한 금융인이었다. 나중에 안 사실이지만, 부유한 그의 할아버지가 최초로 번 1천 달러는 변경의 개척자로서 각 지역을 떠돌아다니면서, 밤에 대평원에서 거둬들인 들소 뿔을 뉴잉글랜드로 실어보내고 그것을 팔아서 장만한 돈이었다.

또 다른 연구 대상자였던 브라이언 파머의 아버지는 페인트공이자 도배장이였다. 브라이언이 태어난 지 얼마 되지 않아 일거리가 줄어들자 그의 아버지는 가족을 데리고 사우스다코타로 이사하는 게 좋겠다고 생각했다. 아내가 장모로부터 혹시라도 농장을 물려받지 않을까 기대해서였다. 생계를 꾸리기 위해 파머 부부와 여섯 명의 아이들은 사탕무 농장으로 일하러 다녔다. 그들 가족이 모두 힘을 합쳐 1에이커의 밭에서 사탕무를 뽑고 받는 임금은 고작 11달러였다. 그 돈으로는 가족이 먹고 살기에도 빠듯했다. 친절한 이웃이 자기 농장에서 콩과 감자를 힘 자라는 대로 거둬가라고 했다. 그들은 힘을 합쳐 콩과 감자를 거둬들였다. 한해 겨울을 날 수 있을 만큼 충분한 양이었다. 비축하고 남은 것들은 설탕이나 소금 등 다른 기본 식료품들을 사기 위해 내다팔았다. 파머는 이 일 저 일 가리지 않았다. 하지만 그들의 이웃도 너무 가난해서 현금으로 샀을 줄이 수가 없었다. 오랫동안 파머네 가족은 신선한 채소와 과일의 맛이 어떤지도 잊고 살았다. 브라이언 파머가 하버드대학교에 들어 갔을 때, 그의 아버지는 여전히 하루에 5달러밖에 벌지 못했다.

75세의 또 다른 연구 대상자는 이렇게 고백했다. "난 친구들 사이에 서는 대단히 쾌활한 녀석으로 알려져 있었지요. 하지만 난 정말 힘든 시 절을 보냈어요. ……어린 시절에는 어머니가 알코올 중독자라서 암울 했어요. 어머니는 60대 초반까지 그랬죠. 초등학교 2학년, 4학년, 6학년 때는 정말 끔찍했어요. 상급 학년으로 진급할 때마다 문제가 있었거든 요. 아마도 선생님들이 나를 쫓아내고 싶었던가 봐요. 이 시기 내내 우 리 가족은 수입이 한 푼도 없었어요. 우리는 잡화점이나 주유소를 잊고 살았어요. 겨우내 담요 한 장으로 추위를 견뎠지요. 어렸을 때 겨울철이 면 나는 사람들이 두런두런 이야기하는 소리를 들으면서 잡화점에 있는 커다란 난로 뒤에 있는 의자에 몸을 구부리고 잠들었어요. 그곳이 집보 다는 훨씬 더 따뜻했거든요."

이너시티 집단

1925년과 1932년 사이에 태어난 이너시티 연구 대상자 대다수는 대 공황을 겪었으며, 차별과 박탈감을 겪은 기억이 있었다. 하지만 1950년 대에 이르러 그들은 제대군인원호법의 수혜자가 되었으며, 미국의 전후 경제회복에 따른 혜택을 입게 되었다. 게다가 한때는 멸시받았던 아일 랜드와 이탈리아 이민자의 자손들인 그들은 이제 소수집단의 자리를 도 시 아프리카계 미국인(흑인)들에게 넘겨주었다. 그들은 투표권을 쥔 다 수가 되었으며 정치적으로는 보스턴의 주인이 되었다. 하지만 그들의 아버지 세대는 10명 중 1명이 겨우 중산층에 속했으며, 이너시티 출신 자의 절반은 47세가 되어서야 그런 중산층 범주에 들었다.

민족성에 대한 명백한 편견, 소년원에 수감된 비행 청소년들과 대조 실험집단을 견주기 위한 학업성취도 결과 말고도 이너시티 집단의 선택 기준에는 다른 편견도 덧붙여졌다. 글루엑의 원래 표본집단에는 흑인과 여성은 포함되지 않았다. 여기다 글루엑 집단은 연구 대상자들 중 10퍼센트를 차지하는 열네 살 무렵에 심각한 비행을 저지른 사람들을 배제했다. 따라서 하버드 집단이 수동적이고 성적이 좋지 않다고 해서 다른 면에서는 아주 건강한 대학생들을 배제했던 것과 마찬가지로, 이너시티 집단도 어린 시절에는 비행을 저질렀지만 그 이후에는 성적이 좋았던 모험적이고 활기찬 학생들을 배제해 버렸다.

마지막이자 가장 중요한 편견의 원천은 이너시티 집단의 건강이 68세에 이르러(1999년) 하버드와 터먼 여성 집단이 78세에 보여주었던 건강상태 정도로 악화되었다는 점이다. 다른 말로 표현하면, 교육을 많이 받은 다른 두 집단에 비해서 나이는 10년이나 젊었지만, 이너시티 집단의 신체 장애와 사망률은 앞의 두 집단의 10년 후와 거의 비슷했다는 것이다.

30년 동안 진행되었던 하버드 그랜트 연구와 하버드 글루엑 연구가 그 기간에 서로 어떤 접촉과 교류도 없었다는 것은 놀라운 일처럼 보일 것이다. 내가 이 두 연구를 통합했을 당시, 글루엑 연구(이너시티 연구) 대상자들은 주소지를 다시 파악할 때까지 15년 동안 연락이 끊긴 상태였다. 그러나 엘레노어 글루엑이 친척들의 주소까지 철저하게 기록해 놓았고, 또 우리 연구팀의 수완과 인내심 덕분에 40세 이후부터는 살아 있는 모든 이너시티 연구 대상자들을 다시 접촉할 수 있게 되었다. 그러기까지 20년이 걸렸으며, 인터넷의 발명 덕분에 마침내 마지막 456번째 연구 대상자의 주소를 알아낼 수 있었다. 우리는 현재 456명의 이너시티 집단 중에서 2명을 제외한 사람들 모두가 60세 당시 살아 있었는지 아니면 세상을 떠났는지 알고 있다(하버드 집단 268명의 경우는 75세 기준으로 살아 있는지 죽었는지를 파악하고 있다). 한 남자를 찾다찾다 여러 번 포기했다가도 결국 5년쯤 지나 찾아내는 일들이 비일비재했다.

그들과 다시 면담을 하는 것은 결코 쉬운 일이 아니었다. 예를 들어 우리는 이너시티 연구 대상자였던 48세의 빌(윌리엄) 오닐이 케임브리지 알코올해독센터에서 2월 3일 수요일에 퇴원한다는 사실을 알게 되었다. 면담자는 오닐이 집에 있을 것으로 생각하고 2월 4일 그의 집을 방문했다. 그러나 집에는 아무도 없었다. 면담자는 세 시간 뒤에 다시 그의 집을 방문했다. 오닐의 아파트에서 키 작은 남자 한 명이 커다란 쓰레기 봉투를 들고 현관으로 나왔다. 40대 후반으로 보이는 그 남자는 회색 곱슬머리가 텁수룩하기 짝이 없었고 면도도 하지 않았다. 그는 아파트를 느릿느릿 청소하고 있는 것처럼 보였다. 윌리엄 오닐이냐고 묻자, 그 사람은 '빌'은 다음 날 오후 3시에 알코올해독센터에서 퇴원할 것이라고 대답했다.

2월 6일 면담자가 다시 오닐의 집을 방문했다. 이번에는 키가 크고 머리카락이 검은 남자가 문을 열어주었다. 방 안에서는 남자 몇이 앉아서 텔레비전을 보고 있었다. 윌리엄 오닐이냐고 묻자, 키 큰 남자는 자신은 오닐이 아니라고 대답하더니 면담자가 세금 징수원이 아니라는 사실을 확인하고 나서야 빌 오닐을 문간으로 데려왔다. 키가 작고 곱슬머리인 그 남자는 이틀 전 병원에서 빌이 아직 퇴원하지 않았다고 말해 주었던 바로 그 남자였다. 그때와 차이가 있다면 머리를 단정히 빗고 면도를 했다는 점이다. 며칠 전의 만남을 언급하지 않았지만 그는 자신이 오랫동안 연락이 끊겼던 윌리엄 오닐이라고 인정했다. 그는 병원에서 방금 퇴원해 집으로 왔으며, 현재 건강상태가 좋지 않다고 설명했다. 연구팀의 질문에 부정확하게 대답하고 싶지 않다면서 그는 면담자에게 몇 주 뒤 다시 찾아오라고 요구했다. 면담자가 빠르면 빠를수록 좋겠다고 말했더니 오닐은 이틀 뒤에 만나자고 제안했다. 그래서 2월 8일 월요일 오후 2시에 다시 방문하기로 했다.

이번엔 놀랍게도 오닐이 직접 문을 열어주었다. 비록 바짓단이 닳아서 해지기는 했지만 깨끗한 옷차림새였다. 그는 마지막 순간에 다시 생각에 잠겼다. "이 면담이 얼마나 걸릴 것 같소?" 면담자는 되도록 빠르게 진행하겠다고 대답했다. 오닐은 면담자를 부엌으로 안내하고 커피를 대접하면서 두 시간 동안 면담에 협조했다. 그와 면담하는 동안 키 크고 머리카락이 검은 남자는 옆방인 거실에서 조용히 앉아 텔레비전을 보았다. 만화에 나오는 카우보이와 인디언의 목소리가 면담자에게는 마치 배경음악처럼 들렸다. 그후 17년 동안 오닐은 헷갈리는 인물이었다. 마침내 65세에 그는 다시 한 번 짧은 면담을 하는 데 동의했다. 이번에도 그는 면담자에게 정중하게 대했다. 오닐은 50대에 알코올중독방지회에 가입, 그후로 10년 동안은 술을 끊고 살았다. 이 사실은 다른 출처를 통해 확인된 것이다. 그는 암으로 66세에 죽었다.

　면담자가 이너시티 연구 대상자의 주소를 추적하기란 대단히 힘들었다. 나아가 그들로부터 면담에 우호적인 태도를 이끌어내는 것 역시 무척 힘들었다. 60년이 넘는 세월 동안 이 연구를 위해 집단적으로 성실하게 노력한다는 것은 대단히 어려운 일이다.

터먼 여성 집단

　1920년대 캘리포니아는 아직도 신생 주에 불과했다. 로스앤젤레스의 인구가 50만 명이었다면 오클랜드의 인구는 2만 명이었다. 학교 운동장은 풀로 뒤덮여 있었고, 터먼 여성들은 현대 도시의 학교들처럼 교내 폭력으로 몸살을 앓는 학교생활이 아니라, 19세기 동부 연안 미국 어린이들의 어린 시절에 더 가까운 생활을 했다. 이 터먼 연구 대상자들은 오래전 금문교가 세워지기 직전에 금문해협을 마지막으로 항해하는 선박이 미끄러져 나가던 모습을 기억하고 있었다. 터먼 여성들은 개척자들의 후손이었다. 한 여성의 할머니는 침입자를 인디언 도끼로 찍어 죽임으로써 자기 목숨을 건졌다. 콜로라도 주 리드빌에서 고등학교 교사를 했던 한 터먼 여성의 아버지는 날마다 학생들이 학교에 들어오기 전에 그들이 갖고 있는 총이며 칼 등을 빼앗았다. 세 번째 터먼 여성의 아버지는 포커 게임에 이겨서 애리조나행 역마차 노선을 따냈다. 터먼 여성들은 밸리걸(1980년대 유행했던 독특한 유행어와 말씨로 한 시대의 풍습을 상징했던 소녀들—옮긴이)로 성장하지 않았다.

터먼 여성들의 아버지들 가운데 20퍼센트가 블루칼라였고, 30퍼센트는 전문직에 종사하고 있었다. 전문직 아버지를 둔 비율은 공립학교 출신 동급생들에 비해 열 배나 높은 수치였다. 이때 전문직에는 넓은 의미에서 고등학교 교사도 포함되었다. 오직 한 명의 아버지만이 '미숙련 노동자'였다. 그는 버클리대학교에서 수위로 일했다. 그 덕분에 똑똑한 그의 다섯 자녀들은 공짜로 대학에 다닐 수 있었다!

어렸을 때부터 터먼 여성들은 조숙했다. 그들은 동급생들에 비해 한 달 먼저 걸음마를 했고 석 달 먼저 말을 했다. 이들 중 20퍼센트는 다섯 살이 채 되기도 전에 글을 읽을 줄 알았다. 그리고 60퍼센트는 열여섯 살이나 그보다 어린 나이에 고등학교를 졸업했다. 터먼 여성들의 높은 아이큐(평균 151)는 심리적으로 불리하게 작용하지 않았다. 오히려 그들의 정신건강은 같은 반 친구들보다 훨씬 좋았다. 터먼 여성들은 유머가 있었고 건전한 상식이 있었으며, 인내심과 지도력에 인기까지 있었다. 결혼 문제에서는 동급생들과 비슷했지만 신체건강은 훨씬 좋았다. 동급생과 비교할 때, 영양상태가 좋았고 심리적으로도 안정되어 있었다. 두통을 호소하는 경우도 적었고, 중년에 청각 장애를 호소하는 경우도 드물었다. 터먼 여성들 형제자매의 유아 사망률은 동급생들의 경우에 비해 절반밖에 안 되었다. 마지막으로 80세에 이른 하버드 남성 집단들의 사망률과 마찬가지로, 터먼 여성의 사망률은 미국의 다른 백인 여성들의 평균 사망률의 절반 정도였다. 하버드 집단과 마찬가지로 터먼 여성의 절반 이상이 80세가 넘도록 살았다.

터먼 여성들의 높은 지능은 좋은 환경 덕분이기도 하지만 생물학적 요인에서 비롯되었다는 것이 입증되었다. 예를 들어 표준 아이큐 테스트에서 입증되었듯이, 그들 자녀들의 지능은 교육적인 측면과 경제적인 측면에서 더 유리했던 하버드 남성 집단의 자녀들보다 우수해 명백히 타고난 것임을 알 수 있다. 여기서 한 가지 미루어 알 수 있는 것은, 부정적인 환경에서 자란 아이는 지능이 심각하게 낮아질 수 있지만, 환경이 긍정적이라고 해도 지능지수가 올라가는 정도는 불과 10~15점이라는 사실이다.

이처럼 높은 지능을 가진 여성들이 전문직을 가질 수 있는 기회는 모순으로 가득 찼다. 터먼 여성들의 어머니들은 그들의 딸이 열 살이 될 때까지 투표권을 갖지 못했다. 반면 캘리포니아주립대학교의 학비는 저렴해서(스탠퍼드와 버클리 모두 한 학기당 25달러에서 50달러 선이었다) 똑똑한 캘리포니아 여성들에게 대학 학위는 실현 가능한 꿈이었다. 그들이 20세 때는 공황이, 30세 때는 제2차 세계대전이 일어났다. 전쟁이 일어나자 그들은 노동력을 투입하지 않을 수 없었다. 터먼 여성들에게 일자리가 주어지긴 했지만 임금도, 취업 기회도 극히 제한되어 있었다. 제2차 세계대전으로 인해 그들에게 어떤 일자리가 생겼느냐고 묻자, 한 버클리 출신 터먼 여성은 이렇게 대답했다. "마침내 타이핑을 할 줄 알게 되었지요. '리벳공 로지Rosie, the riveter(2차 세계대전 당시 일하는 여성의 상징이 된 미국 대중가요 제목으로, 실상은 전시 고용 극대화라는 명분 아래 여성들의 값싼 노동력을 제공하던 시대상을 반영한다―옮긴이)' 현상은 고등학교 중퇴생들에게는 경제적 혜택을 가져다주었지만, 재능 있는 터먼 여성들에게는 경제적인 면에서 덫이 되었어요."

간단히 말해 이 연구에서 성인 발달에 관한 사회적 편견의 부정적인 효과를 가장 잘 보여주고 있는 집단은, 친척들 대다수가 여러 세대에 걸쳐 미국에서 살아왔고 대학교육을 받은 중산층 터먼 여성들이었다. 적어도 터먼 여성들 중 253명은 거의 평생을 안정된 상근직으로 일했고, 대다수가 대학과 대학원을 다녔다. 하지만 그들의 연평균 수입(1989년 3만 달러)은 평균 10~11년의 교육을 받고 아이큐가 95 정도인 이너시티 남성들의 수입과 같았다. 이와 대조적으로 제2차 세계대전과 더불어 대학원생들의 학자금을 지원했던 제대군인원호법은 터먼 연구 대상자였던 남성들에게 로스 알라모스 국립연구소(최초로 원자폭탄을 개발한

맨해튼 프로젝트가 진행된 원자력, 핵물리학 연구소—옮긴이), 리버모어
국립실험실, 궁극적으로 실리콘 밸리를 창조할 수 있는 기회를 주었다.
루이스 터먼의 두 자녀도 천재아 연구에 포함되었다. 두 명 모두 스탠퍼
드대학교를 졸업했으며, 그들 생애의 대부분을 대학에서 일했다. 터먼
의 아들은 스탠퍼드대학교 학장이었고 수많은 실리콘 밸리 설립자들의
스승이었으나, 터먼의 딸은 스탠퍼드대학교 기숙사에서 사무직원으로
일했다.

1987년, 캐롤라인 베일런트와 나는 평균연령이 77~78세였던 이들
여성과 면담했다. 우리의 면담 방식은 이들 여성의 전생애를 종단적으
로 조사 검토하는 것이었다. 나의 아내는 이들의 과거를 몰랐기 때문에
나보다는 생애 자체에 더 관심을 보였다. 아내는 내가 메모를 하는 동안
이야기를 나누었다. 이런 면담 방식 덕분에 과거의 후광 효과에 의한 편
견을 덜 가질 수 있었다. 면담이 끝나고 난 뒤 우리는 각자가 알아낸 결
과들을 취합했다.

우리가 면담을 하지 않았던 50명의 터먼 여성들 중 대다수도 반세기
동안 추적 조사를 해왔기 때문에 그들도 데이터 분석에 포함시킬 수 있
었다. (몇십 년에 걸쳐서 진행된 연구의 탁월한 장점이라면, 그 연구 기
간이 심지어 도중하차한 사람들까지 특성화할 수 있을 정도로 충분히
긴 세월이라는 점에 있다.) 지나친 음주와 흡연으로 신체건강이 아주
좋지 않았다는 점을 제외한다면, 면담을 하지 않았던 50명의 터먼 여성
들도 면담을 했던 40명의 터먼 여성들과 그다지 다르지 않았다.

방어기제 용어 해설

성숙한 방어기제와 미성숙한 방어기제

방어기제를 설명하기 위해 가공의 여성을 예로 들겠다. 그녀는 서른 살에 결혼했으며 한 번 유산했다. 그 뒤로 7년간 아이를 가지려고 노력했지만 실패했다. 그녀는 늘 여동생에 비해 자신이 사회 부적응자라는 느낌을 갖고 있었다. 여동생에게는 아이들이 넷이나 있어, 가족들은 "아이를 잘 낳고 잘 돌본다."고 그녀를 칭찬했다. 이 여성의 남편은 아이를 몹시 원했다. 그녀는 서른여덟 살에 암 검사 결과 초기 자궁경부암 진단을 받고 자궁을 들어냈다(그녀의 갈등이 본능적 소망, 부모가 되고 싶다는 기대, 현실, 그녀가 사랑했던 사람들의 요구 등과 얽혀 있었다는 점을 주목하라). 아래의 짤막한 이야기들은(연구팀에게 방어기제를 식별하는 데 사용한 것과 유사한 이야기들이다) 자궁절제술 이후에 그녀가 보여줄 수 있는 반응들을 묘사한 것이다. 처음의 여섯 가지 이야기는 미성숙한 방어기제의 사례이고, 나머지 다섯 가지는 성숙한 방어기제를 묘사한 것이다.

미성숙한 방어기제

수술 후 상처 부위가 약간 감염되자, 그녀는 화가 나서 병원의 비위생적 환경을 비난하는 장문의 편지를 신문사에 보냈다. 그녀는 의사가 제때에 조치를 취하지 않았다고 비난하면서 의료사고 소송을 낼까 궁리

중이다.(투사)

마취에서 깨어난 뒤, 그녀는 유감스럽게 생각하는 대신 종교적인 경험을 했다고 즐거워했다. 또한 수술 이후 주변의 모든 친구들에게 이번 고통으로 인해 도처에서 고통받는 자들과 교감할 수 있게 되었다고 말했다. 그녀는 내면적으로 굉장한 행운을 경험했다고 느꼈으며, 신의 은총으로 암을 조기에 발견하여 수술을 무사히 끝내게 되었다고 말했다.(해리)

그녀는 간호사에게 문병객을 들여보내지 말라고 부탁했다. 문병객들을 보면 '슬퍼진다'는 것이 그 이유였다. 그녀는 꽃을 모두 쓰레기통에 던져버리고 아기들 사진만 보며 지냈다. 신생아실로 내려가서 만약 그곳에 누워 있는 아기들이 자신의 아기라면 어떤 이름을 지어줄까 꿈꾼다. 한 번은 당직 간호사가 브람스의 자장가를 그렇게 큰 소리로 휘파람불지 말라고 주의를 줬다.(환상)

그녀는 암이 임파선으로 전이될까 봐 노심초사했다. 그래서 병문안 온 사람들에게 자신의 목과 사타구니에 생긴 작은 덩어리에 관해 지칠 줄 모르고 끝없이 이야기를 늘어놓았다. 여동생이 문병 왔을 때 그녀는 꽃다발을 쓰레기통에 내던지면서 동생이 자기 아이들을 돌보느라고 언니가 암으로 죽어가는데도 전혀 신경쓰지 않는다면서 분노를 터뜨렸다.(건강염려증)

인턴이 정맥주사를 놓으면서 혈관을 찾지 못해서 고생하자 웃으면서 걱정하지 말라고 한다. "선생님은 아직 의대생이니까 혈관을 찾기가 쉽지 않을 테죠." 잠을 이루지 못하던 그녀는 자신의 링거액이 다 떨어진 것을 보았다. 새벽 4시였다. 그녀는 야간 당직 간호사를 호출한 다음 인턴을 깨워 링거를 갈아달라고 요구한다. 그녀는 쾌활한 목소리로 인턴에게 좀 더 일찍 간호사에게 알리지 않은 것은 병원 사람들이 너무 바쁘다는 걸 알기 때문이었다고 말했다. 그리고 그가 당연히 체크할 것으로 생각했다고 말했다.(수동 공격형)

병원에서 퇴원한 직후, 그녀는 한 달 사이에 네 명의 다른 남자와 잠자리를 함으로써 남편에게 부정한 짓을 저질렀다. 두 번은 칵테일 라운지에서 만난 남자와, 한 번은 열여덟 살짜리 배달직원을 유혹하여 관계를 맺었다. 그전까지는 남편 말고 다른 남자와 관계를 맺은 적이 없었다.(행동화)

성숙한 방어기제

수술한 지 한 달 뒤, 그녀는 유방암과 신장암에 걸려 수술받은 경험이 있는 여성들을 모아 부인과 수술 환자들을 문병하고 위로해 주었다. 또한 자신의 경험을 바탕으로 정보도 알려주고 조언도 해주었다.(이타주의)

그녀는 병원에서 마르쿠스 아우렐리우스의 《명상록》과 구약성서 중 전도서를 읽었다. 그녀는 눈물 젖은 손수건을 남편에게 내보이지 않으려고 무척 애를 썼다. 실을 뽑는 날도 (고통스러웠지만) 불평을 조금도 하지 않았다. 아기 사진이 자신을 심란하게 만든다는 것을 알고서는 평소 좋아하던 잡지였지만 육아 특집이 실린 잡지를 일부러 읽지 않았다.(억제)

그녀는 조카들로부터 건강을 염려하는 안부 편지를 받고 기뻐했다. 그녀는 주일학교에서 취학전 아동을 맡아 가르치기로 했다. 그리고 동네에서 발행하는 주간 소식지에 아이 없는 이모의 쌉쓸달콤한 즐거움을

시로 표현했다.(승화)

그녀는 《플레이보이》지에 나온 자궁절제술의 정의를 읽으면서 갈비뼈가 아프고 눈물이 날 정도로 웃었다. 자궁절제술이란 "유모차를 내버리고 아기 놀이터만 놔두는 것"이라고 정의했던 것이다. 그녀는 자기가 왜 그렇게 즐거워하는지 놀라서 궁금해하는 간호사들에게 "이 모든 게 너무 아이러니컬하잖아요."라고 대답했다.(유머)

담당 의사는 수술 후 그녀가 너무나 의연하게 잘 견디는 모습을 보고 놀랐다. 그녀는 아이 문제로 속을 끓인 것을 후회한다고 담담하고 솔직하게 말했다. 의사가 그처럼 놀랐던 것은 수술 전 그녀가 보였던 태도와 수술 후 그녀의 모습이 너무 달랐기 때문이다. 수술 전에는 앞으로 생길지 모르는 수술 합병증을 걱정하면서 두 번 다시 아이를 가질 수 없을 거라며 울고불고했던 것이다.(예견)

정신적 적응기제(방어기제)의 성숙도를 평가하는 방법

방법론은 조지 E. 베일런트의 《자아의 방어기제: 임상의와 연구 조사자들을 위한 지침Ego Mechanisms of Defense: A Guide for Clinicians and Researchers》에 상세히 설명되어 있다. 이 책은 1994년 워싱턴 D.C. 소재 미국심리학회에서 발행한 것이다. '창조성'이나 '인내심' 같은 방어기제는 추상화된 것이기 때문에, 성숙한 방어기제(도움이 되는 부정)와 미성숙한 방어기제(해가 되는 부정)를 구별하는 것은 중요하다. 세 연구 집단 각각에서 헤아릴 수 있을 만큼 자주 나타난 15가지 개별적인 방어기제들을 세 그룹으로 나눴다.

1. 성숙한 방어기제(승화, 억제, 예견, 이타주의, 유머)
2. 중간 단계 또는 신경증적 방어기제(대체, 억압, 고립, 반동 형성)
3. 미성숙한 방어기제(투사, 분열증적인 환상, 수동 공격성, 행동화, 건강염려증, 해리).

연구 대상자 전반에 걸쳐 자주 나타나는 방어기제에서 눈에 띄는 변수들을 밝히기 위해 방어기제의 절대적 횟수보다는 성숙도가 다른 차원에서 드러난 방어기제 비율을 이용했다. 그래서 방어기제의 한 형태로서 한 이야기에 나타난 억제는 동일한 비율로 셈했다. 말하자면 어떤 사람에게서 10번의 이야기에서 억제라는 방어기제가 3번 나타났다면, 30

번의 이야기를 한다면 9번 나타난 것으로 간주한다는 의미다.

　세 가지 일반 범주(성숙, 중간, 미성숙) 각각을 통해 방어기제 이야기의 상대적인 비율이 결정되었다. 방어기제의 성숙도에서 9점을 얻기 위해 성숙한 방어기제와 미성숙한 방어기제 사이의 비율은 총 8점을 배분하는 것으로 했다. 8점 중에서 1점부터 5점까지가 성숙도의 세 단계에 각각 할당될 수 있었지만, 점수의 총합은 어쨌거나 8점이어야만 했다. 그리고 각 단계에 적어도 1점은 할당되어야 했다. 예를 들어 어떤 사람이 성숙한 방어기제를 반영한 사례가 10개이고, 신경증적인 방어기제를 보여준 사례가 4개, 그리고 미성숙한 방어기제를 드러낸 사례는 전혀 없는 경우 점수는 다음과 같다. 성숙한 방어기제: 5점, 신경증적인 방어기제: 2점, 미성숙한 방어기제: 1점. 성숙한 방어기제를 보여준 사례는 6개이고, 신경증적인 방어기제는 8개이며, 미성숙한 방어기제를 보여준 사례가 9개인 경우가 있다면, 이 사람의 점수는 다음과 같다. 성숙한 방어기제: 2점, 중간 방어기제: 3점, 미성숙한 방어기제: 3. 만약 +4에서부터 -4점이 전체 총점이라면(예를 들어 점수표가 9점일 때), 성숙한 방어기제 비율(1-5)에서 미성숙한 방어기제 비율(1-5)을 뺀다. 계산을 하기 위해 각 개인이 보여준 방어 스타일의 전반적인 성숙도는 총점에 5점을 가산함으로써 1-9점이 된다. 따라서 1점은 가장 성숙한 스타일이고, 9점은 가장 미성숙한 적응 스타일을 반영한 수치다(예를 들어 미성숙한 스타일: 5점, 성숙한 스타일: 1점). 이런 절차를 거친 결과, 점수 분포는 정상분포곡선(종 모양 곡선)을 따랐으며 이너시티 집단의 경우에는 0.84, 터먼 여성 집단의 경우에는 0.87의 평가신뢰도(피어슨 상관계수)를 산출했다.

유년기 평가

1. 어린이 기질 측정

유년기 감정적인 문제(0~10세까지)

1=수줍음을 몹시 탐, 틱 장애, 여덟 살이 넘어서까지 오줌 싸기, 비
　사회적, 심각한 식습관 장애, 기타 주목할 만한 문제점.

3=평균(대체로 무난하지만, 아무런 문제가 없는 것은 아님).

5=좋은 성질, 정상적인 사회성, '순한 아이'.

2. 유년기 환경의 영향력

(이 측정표에서 점수는 아래 항목에 주어진 점수의 총합과 같다. 범
위는 5~25점이다.)

a. 전반적인 인상

1=평가자의 전반적인 인상 : 부정적, 양육하기에 적당하지 않은 환
　경.

3=유년기에 대해 부정적인 감정도 긍정적인 감정도 없는 경우.

5=긍정적, 손상받지 않은 어린 시절 : 부모와 형제자매는 물론 다른
　사람들과 좋은 관계 유지, 자기 존중감을 유지하는 데 도움이 되

는 환경. 평가자가 소망했을 법한 어린 시절.

b. 형제자매들과의 관계

1 = 심각한 경쟁관계, 파괴적인 관계, 형제자매들이 아이의 자존심을 짓밟거나 아예 형제자매가 없는 경우.

3 = 정확히 평가할 근거가 없음. 사이가 특히 나빴다는 이야기도 없지만 그렇다고 좋았다는 근거도 없는 경우.

5 = 적어도 한 명 이상의 형제자매들과 친밀하게 지냄.

c. 집안 분위기

1 = 기질과 전혀 맞지 않는 집안, 가족의 응집력이 없음, 부모가 함께 있지 않음, 일찍이 어머니와 떨어져 살고 있음, 여러 사회단체에 잘 알려짐, 잦은 이사, 가족생활을 심각하게 침해할 정도의 재정적인 곤란.

3 = 평균적인 가정 : 좋지도 나쁘지도 않은 경우 또는 평가할 정보가 부족한 경우.

5 = 따스하고 결속력이 강함, 부모가 함께 있고 가족과 함께 뭔가를 하고 서로 나누는 분위기, 아버지와 어머니 둘 다 있으며 이사를 거의 하지 않음, 재정적으로 안정되어 있으며, 어려움이 있어도 특별히 화목하게 지내는 가정.

d. 어머니-아이의 관계

1 = 거리가 있음. 적대적. 그릇된 양육방식에 대해 다른 사람을 비난함(예를 들어 아버지나 선생님을 비난함). 과잉 처벌. 과잉 보호. 지나치게 많은 것을 기대함. 부정적으로 부추김. 아이의 자존심을 세워주지 않음. 또는 어머니가 없음.

3 = 평가 정보가 부족하거나 어머니에 대한 구체적인 인상이 없는 경

우.

5＝잘 양육하고 있으며 자율성을 북돋아줌. 아이가 자기존중감을 발
전시키는 데 도움을 주며, 따뜻하게 대해 줌.

e. 아버지-아이의 관계

1＝거리가 있음. 적대적. 지나치게 엄격하게 처벌. 비현실적인 기대.
또는 아이가 원치 않는 것을 기대함. 아버지가 없거나, 부정적이
거나 파괴적인 관계.

3＝평가 정보가 부족하거나 아버지에 대한 뚜렷한 인상이 없는 경우.

5＝따스하고, 아이가 자율성을 키우도록 격려하며, 자기존중감을 발
전시키도록 도와줌. 아이와 함께 뭔가를 함. 문제를 상의하고 아
이에게 관심을 가짐.

부록 E

유년기 환경과 관련하여
50세 무렵에 보여주는 기본적인 신뢰와
미래의 성공적인 노화

50세 무렵에 대답한 '예/아니요' 진술

	노년 75세		유년기 10~20세	
	행복하고 건강함 n=43	불행하고 병약함 n=25	따스함 n=29	쓸쓸함 n=28
A. 부재의 감정				
• 다른 사람들이 보기에 성관계를 두려워한다.	12%	30%	0%	32%
• 성생활 없는 결혼이 나에게 맞는 것 같다.	0%	16%**	0%	7%
• 성적으로 적응하는 것이 힘들다.	5%	33%**	0%	18%
• 때로 강렬한 감정이 치밀어 몸이 마비되는 듯한 느낌을 받는다.	19%	48%	17%	39%
B. 압도적인 감정				
• 내 감정에 사로잡혀 내가 파피될지도 모른 다는 생각에 종종 사로잡힌다.	2%	32%***	14%	32%*
• 사람들이 나에게 지쳐서 나가떨어질 것이 라는 두려움을 종종 느낀다.	19%	48%**	10%	42%**
• 사람들이 나에게 모욕을 주거나 실망시킨다.	0%	24%***	3%	11%
• 때로 다른 사람들을 상당히 힘들게 만들고 있다고 스스로 느낀다.	26%	60%**	24%	39%
위의 8개 진술 중에서 '참'이라고 대답한 것 이 두 개 이상일 경우	21%	81%***	25%	63%***

*P⟨0.05   **P⟨0.01   ***P⟨0.001

부록 F

주관적인 신체건강 측정

연구에 필요한 질문은 굵은 서체, 79세 된 연구 대상자의 대답은 보통 서체로 되어 있다. 점수 체계는 괄호 안에 적혀 있다. 이 연구 대상자는 총 23점 중에서 17점을 받았다. '행복하고 건강함/불행하고 병약함' 분류표에서 19점 이상이면 '신체적 무능 상태가 아님'으로 간주된다.

1. **건강 때문에 당신은 60세에는 할 수 있었던 일을 할 수 없는가?**
   전혀 줄어들지 않았다. (2)
   어느 정도 줄어들었다. (1)
   기술하기: 예를 들어 장작을 예전만큼 팰 수는 없지만 요즘에는 천연가스 난방을 이용하므로 땔감이 그리 많이 필요하지도 않다. (1)

2. **과거에 당신은**
   a) **심한 육체적 활동에 참여했는가?**
      그렇다. (3)
      그렇다. 하지만 천천히 하는 편이다. (2)
      아니다. (1)
      기술하기: 지난해부터 활강 스키를 포기했다(77세). 활강 스키를 좋아했지만, 뒤에서 스키보드 타는 젊은 친구가 나를 칠까

봐 가족들이 (조금이라도) 걱정하는 것은 원치 않는다. 나는 다섯 살 때부터 스키를 탔는데 말이다. 젠장. (1)

b) 쉬지 않고 층계를 두 개씩 올랐는가?

그렇다. (3)

그렇다. 하지만 지금은 천천히 오르는 편이다. (2)

아니다. (1)

c) 쉬지 않고 3킬로미터 이상 또는 도심지를 20블록 이상 걸은 적이 있는가?

그렇다. (3)

그렇다. 하지만 천천히. (2)

아니다. (1)

기술하기: 그렇다. 지난달 시카고의 도심지를 쉬지 않고 25블록 정도를 걸었다. (3)

3. 아직도 가벼운 기구를 움직이고 가벼운 옷가방을 공항에서 직접 나를 수 있는가?

그렇다. (2)

아니다. (1)

기술하기: 운동은 이 나라에서 끝없는 생활이다. (2)

4. 건강 때문에 대부분의 활동이 위축되었는가?(예를 들어 마당에서 하는 일 등이 줄어들었는가?)

그렇다. (1)

아니다. (2)

기술하기: 어두운 데서 뭘 보기가 조금 힘들지만 아직 큰 문제가 있는 것은 아니다. 더 이상 장거리 여행은 하지 못한다. (1)

5. 건강 때문에 대부분의 활동을 그만두었는가?(예를 들어 낚시나 정원 가꾸기 등을 그만두었는가?)

그렇다. (1)

아니다. (2)

기술하기: 젊은 여자 친구들과 함께 여러 가지 활동을 계속하고 있다. 그들 중 세 명과 지난 4월에는 파리, 1월에는 산타페에 갔고, 다가오는 10월에는 플로렌스와 베니스를 갈 것이다. (2)

6. 건강 때문에 자동차를 운전하거나 다른 대중교통 수단을 이용하는 것이 힘들어졌는가?

그렇다. (1)

아니다. (2)

기술하기: 아니다. (2)

7. 시내로 갔을 때 휠체어나 지팡이에 의존해야 하는가, 아니면 짐꾸러미를 옮기려면 누군가의 도움이 필요한가?

그렇다. (1)

아니다. (2)

기술하기: 아니다. (2)

8. 건강 때문에 일상생활을 하는 데 다른 사람의 도움이 필요한가?(예를 들어 목욕, 옷입기, 생필품 쇼핑하기)

그렇다. (1)

아니다. (2)

기술하기: 아니다. 브룩스 브라더스(캐주얼하면서도 세련되고 품격 있는 정장으로 알려진 브랜드—옮긴이) 옷이 어떤 건지 한 번도 본 적 없는 어떤 사람은 나보고 '걸어다니는 잡동사니'라고 한다. (2)

부록 G

객관적인 정신건강 측정(50~65세)

1. 65세 이전의 직업	1=상근직으로 일함 2=업무량이 눈에 띄게 감소 3=65세 이전에 은퇴
2. 직업적 안정	1=현재(45세 때보다 은퇴 이전에 책임도 더 커지고 성공도 함) 2=(은퇴 이전에) 좌천 또는 생산성의 감소
3. 재직 중 또는 은퇴 후 즐기기	1=의미 있고 즐거움 2=잘 모르겠음 3=일하는 이유는 오직 퇴직하는 것이 위신이 떨어지고 권태롭기 때문임.
4. 휴가	1=3주 이상 재미있게 지냄 2=일을 한다면 3주 이하의 휴가, 퇴직 상태라면 재미있게 보냄.
5. 정신과 이용	1=방문한 적 없음 2=1~10회 방문
6. 진정제 복용 (1년 동안 먹은 최대치)	1=한 번도 없음 2=1~30일 3=한 달 이상
7. 병가 일수 (회복 불가능한 질병은 제외)	1=연중 5일 미만 2=5일 이상
8. 50~65세 동안의 결혼생활	1=아주 행복함 2=그저 그렇다 3=아주 불행하거나 이혼
9. 다른 사람들과의 놀이	1=규칙적인 사회활동/운동 2=그저 그렇다

합계(점수가 낮을수록 좋다. 14점보다 높은 점수를 받으면 행복하고 건강한 삶에서 제외)

9~14점: 행복하고 건강한 삶과 양립할 수 있다.
15~23점: 밑에서 1/4에 해당. 행복하고 건강한 삶에서 배제된다.

부록 H

객관적인 사회적 유대
(50~70세, 하버드 집단에만 국한됨)

---

1. 결혼에 대한 평가(남편과 아내 모두를   0=험난한 결혼생활 또는 이혼
   면담하기 위해 다양한 설문지 사용)   2=결혼했으며, 좋지도 나쁘지도 않음
      4=훌륭하고 오래된 결혼생활

2. 다른 사람의 활동과 놀이   0=다른 사람과 전혀 놀지 않음
      1=한때는 어울렸음
      2=47세에서 65세까지 다른 사람들과 게임을 함

3. 형제자매들과의 관계   0=형제자매가 없거나 형편없는 관계
      1=좋지도 나쁘지도 않음
      2=적어도 한 명의 형제자매와는 관계가 좋음

4. 종교적 참여   0=종교하고는 상관이 없음
      1=약간
      2=교회 참석/규칙적으로 예배에 참석하며 종교
      가 인생에서 대단히 중요한 역할을 함

5. 아이들과의 친밀 정도(면담 자료와   0=아이가 전혀 없거나 아이들 모두와 거리를 둠
   아이들의 질문지 참조)   1=아이들을 좋아하나 자주 만나지 않음
      2=종종 만나는 아이가 적어도 한 명 있으며, 친밀
      한 관계임

6. 1967~91년까지   0=흉금을 털어놓은 친구가 없음
   흉허물을 털어놓는 관계   1=아내나 의사에게만 마음을 털어놓음
      2=아내 말고 적어도 한 사람 있음

7. 사회적 유대   0=사회적 유대가 전혀 없음
      1=그럭저럭
      2=사회활동을 열심히 함. 클럽 회원, 친구들과 잘
      지냄

합계: 항목 1~7까지(지난 20년간 사회적 유대 관계) 점수를 더해 6점 미만인 경우 행복하고 건강한 삶에서 배제된다.

부록 I

주관적인 인생의 만족도

과거 20년 동안 다음 분야에서 얼마나 만족했는지 표시해 주십시오.*

생활 분야	(2) 매우 만족	(1.5) 대체로 만족	(1) 조금 만족	(0.5) 만족 못함	(0) 전혀 만족 못함
직업	✕(2)				
취미		✕			
결혼	✕(2)				
자녀	✕(2)				
친구 관계		✕(1.5)			
공동체 활동			✕		
여가생활/운동	✕(2)				
종교					✕
기타(특수한 것)					

전체 점수는 밑줄친 영역(직업 · 결혼 · 자녀 · 친구 관계)의 점수를 합산하고 다른 다섯 가지 영역(취미 · 공동체 활동 · 스포츠 · 종교 · 기타)의 만족도를 합산한 것이다. 설명에 도움이 되는 사례는 본보기로 주어져 있다. 피험자의 대답은 ✕로 표시했다. 배당된 점수는 총 9.5다(7점 미만인 사람은 행복하고 건강한 삶에서 배제된다).

* 이 설문 내용은 1995년과 1997년 하버드 집단과 1998년과 2000년 이너시티 집단에게 했던 것이다.

부록 J

'행복하고 건강한 삶'을 '불행하고 병약한 삶' '조기사망'군과 비교한 표

	승산비 Odds Ratio (95% 신뢰구간)[a]	
	하버드 집단 n=162[b]	이너시티 집단 n=217[c]
통제할 수 있는 방어요인(범위)		
1년에 30갑 미만 흡연(예/아니요)	4.81(0.84, 27.7)[d]	4.56(2.29, 9.11)***
알코올 남용(예/아니요)	주 참조[e]	1.11(.527, 2.35)[f]
성숙한 방어기제(예/아니요)	2.65(1.22, 6.80)*	2.98(1.40, 6.10)**
안정적인 결혼생활(예/아니요)	1.94(0.70, 5.35)	2.75(1.24, 6.81)*
BMI(신체질량지수) 21 초과 29 미만(예/아니요)	3.05(0.99, 9.40)[h]	1.71(0.85, 3.43)
규칙적인 운동(예/아니요)	3.09(1.30, 9.75)*	해당사항 없음
교육(햇수로 따져서)	해당사항 없음	.855(0.77, 0.96)*[g]
통제 불가능한 방어요인		
우울증에 걸린 적 없다(예/아니요)	10.4(4.75, 23.2)*	3.51(1.20, 9.99)
부모의 사회계층이 상층이다(1~5등급)	1.46(0.91, 2.36)	1.12(0.63, 1.96)
안정된 어린 시절(1~5)	.919(0.68, 1.24)	1.10(0.85, 1.42)
유복한 어린 시절(5~25)	.980(0.89, 1.12)	.985(0.92, 1.11)
조상의 수명(햇수로 따져서)	1.00(0.97, 1.04)	.998(0.97, 1.00)

a. 나머지 10가지 변인을 통제한 결과(하버드 집단은 교육이, 이너시티 집단은 운동이 해당사항 없음)
b. 중간 정도 노화로 분류된 75명의 하버드 남성은 배제되었다.
c. 중간 정도 노화로 분류된 114명의 이너시티 출신자는 배제되었으며, 1명은 데이터가 분실되어 배제되었다.
d. p=.079
e. 하버드 연구 대상자 중에서 행복하고 건강한 삶을 산 사람 중에 알코올 중독자는 없었기 때문에 비율을 산정할 수 없었다. 하지만 알코올 중독은 모델에 남겨두었다.
f. 알코올 중독은 흡연과의 뗄 수 없는 관계로 인해 독자적인 기여를 할 수 없는 것으로 나타났다.
g. 교육년수가 일년씩 늘 때마다 65세에 '불행하고 병약한 삶'이나 조기사망에 해당할 가능성은 .85만큼 줄어들었다.
h. p=.051   *p<.05   **p<.01   ***p<.001

부록 K

품위 있는 노화 측정

1. 사회적으로 아직 더 기여할 수 있다. 새로운 사상에 개방적이고, 다른 사람을 배려한다(신체건강이 허락하는 한도 내에서). (0~3)
2. 과거를 받아들이며, 과거에 이룬 것들이 삶의 자양분이 된다(에릭 에릭슨이 말하는 통합). (0~2)
3. 에릭슨이 분류한 그밖의 다른 기술, 즉 기본적인 신뢰(인생에 대한 희망), 분별 있는 자율성과 주도권(나이 들어서 근면성, 생산성, 친밀성은 언제나 지닐 수 있는 것이 아니다)을 갖고 있다. (0~3)
4. 인생을 즐기고, 유머감각이 있으며, 즐기고 놀 줄 아는 능력.(심약한 사람들에게는 나이 든다는 것도 쉽지 않은 일이다 보니, 모두가 행복할 수는 없게 마련이다.) (0~3)
5. 나이 들면서 느끼는 수치심을 유쾌하게 받아들이고 남의 도움을 받아야 할 때는 우아하게 받는다. 또 자신을 잘 관리한다. 병이 났을 때 의사가 기꺼이 돌봐주고 싶어하는 인물이다. (0~2)
6. 나이 들어서도 생존해 있는 친구들과 관계를 유지하고 새로운 친구를 잘 만든다. (0~2)

총계

등급 요약

13~15 = 유난히 정력적으로 늙어간다. 성공적인 노화의 거의 모든 기준을 충족시키며, 의사와 손자들로부터 사랑받는다.

10~12 = 평가자가 75세라면 동의할 만한 적응력을 지닌 노년.

7~9 = 정말 뛰어난 면도 있지만 심각한 한계도 있다.

4~6 = 늙어가는 일에 그럭저럭 적응한다. 젊은 사람들이 생각하는 상투적인 노인 유형에 속하거나 또는 좀 더 완고하고 불만이 많다. 앞에 제시한 판단기준을 많은 부분 만족시키지 못한다.

0~3 = 보통 수준의 우울증, 불평, 의존성, 경직성, 퇴행, 소심함을 보이며 자기중심적이다. 나이 들어가는 것을 받아들이지 못함. 이런 부류의 노인들은 의사나 젊은 친척들도 싫어한다.

| 미주 |

1. 성인발달연구, 그 기나긴 여정The Study of Adult Development

1) H. Amiel, *Journal Intimé* (London: Macmillan, 1985).

2) J. W. Rowe and R. L. Kahn, *Successful Aging* (New York: Dell, 1999).

3) P. B. Baltes and K. V. Mayer, eds., *The Berlin Aging Study* (Cambridge, England: Cambridge University Press, 1999).

4) M. Rutter, B. Yule, D. Quinton, W. Yule, and M. Berger, "Attainment and Adjustment in Two Geographical Areas, III: Some Factors Accounting for Area Differences," *British Journal of Psychiatry* (1974), vol. 125, pp. 520?533.

5) E. E.Werner and R. S. Smith, *Vulnerable but Invincible* (New York: Mc-Graw-Hill, 1982).

6) W. Garmezy, "Stressors of Childhood" in *Stress, Coping and Development in Children*, N. Garmezy and M. Rutter, eds. (New York: Mc-Graw-Hill, 1983).

7) M. Cowley, *The View from Eighty* (New York: Viking Press, 1980).

8) C. W. Heath, *What People Are* (Cambridge, Mass.: Harvard University Press, 1945).

9) S. Glueck and E. Glueck, *Unraveling Juvenile Delinquency* (New York: Commonwealth Fund, 1950).

10) S. Glueck and E. Glueck, *Delinquents and Nondelinquents in Perspective* (Cambridge, Mass.: Harvard University Press, 1968).

11) Glueck and Glueck, *Unraveling Juvenile Delinquency.*

12) R. Sampson and J. Laub, *Crime in the Making* (Cambridge, Mass.: Harvard University Press, 1993).

13) Glueck and Glueck, *Delinquents and Nondelinquents in Perspective.*

14) G. E. Vaillant, *The Natural History of Alcoholism Revisited* (Cambridge, Mass.:

Harvard University Press, 1995).

15) L. M. Terman, *Mental and Physical Traits of a Thousand Gifted Children, vol. 1. Genetic Studies of Genius* (Stanford, Calif.: Stanford University Press, 1925).

16) G. E. Vaillant and C. O. Vaillant, "Determinants and Consequences of Creativity in a Cohort of Gifted Women," *Psychology of Women Quarterly* (1990), vol. 14, pp. 607-616.

17) R. R. Sears, "The Terman Gifted Children Study" in *Handbook of Longitudinal Research*, S. A. Mednik, M. Harway, and K. M. Finello, eds. (New York: Praeger, 1984), pp. 398-414.

18) M. H. Oden, "The Fulfillment of Promise: 40-Year Follow-up of the Terman Gifted Group," *Genetic Psychological Monographs* (1968), vol. 77, pp. 3-93.

19) C. K. Halloran and R. R. Sears, *The Gifted Group in Maturity* (Stanford, Calif.: Stanford University Press, 1995).

20) A. J. Garfein and A. R. Herzog, "Robust Aging Among the Young-Old, Old-Old, and Oldest-Old," *Journal of Gerontology: Social Sciences* (1995), vol. 50B, pp. 577-587.

21) G. E. Vaillant and K. Mukamal, "Positive Aging," *American Journal of Psychiatry* (2001), vol. 158, pp. 839-847.

22) A. B. Hollinghead and F. C. Redlich, *Social Class and Mental Illness* (New York: Wiley and Sons, 1958).

23) G. E. Vaillant, *Adaptation to Life* (Boston: Little, Brown, 1977).

24) G. E. Vaillant, *The Natural History of Alcoholism Revisited.*

25) O. Hagnell, E. Essen-Moller, J. Lanke, L. Ojesjo, and B. Rorsman, *The Incidence of Mental Illnesses over a Quarter of a Century* (Stockholm: Almquist and Wiksell International, 1990).

26) From D. J. Levinson, *The Seasons of a Man's Life* (New York: Knopf, 1978), p. 34.

27) From B. Friedan, *The Fountain of Age* (New York: Simon & Schuster, 1993), p. 87.

2. 사람은 안팎으로 어떻게 성숙하는가 Ripeness Is All: Social and Emotional Maturation

1) W. James, *The Principles of Psychology* (New York: Henry Holt, 1890), vol. 1, p. 121.

2) S. Freud, "Femininity" (1933), in J. Strachey, ed., *The Standard Edition of the Complete Psychological Works of Sigmund Freud* (London: Hogarth Press, 1965), vol. 22, pp. 134-135.

3) H. C. Covey, "Old Age Portrayed by the Ages-of-Life Models from the Middle Ages to the 16th Century," *The Gerontologist* (1989), vol. 29, pp.692-698.

4) A. Quetelet, *A Treatise on Man and the Development of His Faculties* (Edinburgh: William and Robert Chambers, 1842).

5) I. L. Nascher, *The Diseases of Old Age and Their Treatment* (Philadelphia: Blakiston, 1914).

6) G. S. Hall, *Senescence* (New York: D. Appleton, 1922), p. 100.

7) C. Bühler, "The Curve of Life: Life as Studied in Biographies," *Journal of Applied Psychology* (1935), vol. 19, pp. 405-409.

8) Rheinischen Museumsamtes, *Die Lebenstreppe* (Cologne: Rheinland-Verlag, 1983).

9) E. Frenkel-Brunswik, "Studies in Biographical Psychology," in *Character and Personality* (1936), vol. 5, pp. 1-34 (pp. 4-6).

10) W. Shakespeare, *As You Like It*, Act II, Scene 7.

11) E. Frenkel-Brunswik, *Studies in Biographical Psychology*, p. 8.

12) E. Erikson, "The Life Cycle," in *The International Encyclopedia of the Social Sciences* (1976), vol. 9, pp. 286-292.

13) E. H. Erikson, "Identity and the Life Cycle," *Psychological Issues* (1959), vol. 1, p. 59.

14) E. H. Erikson, J. M. Erikson, and H. Q. Kivnick, *Vital Involvement in Old Age* (New York: W. W. Norton, 1986), p. 60.

15) E. Erikson, *Childhood and Society* (New York: W. W. Norton, 1950).

16) N. Haan, R. Millsap, E. Hartka, "As Time Goes By: Change and Stability in Personality over Fifty Years," *Psychology and Aging* (1986), vol.1, pp. 220-232.

17) Carol Gilligan, the author of *In a Different Voice* (Cambridge, Mass.: Harvard University Press, 1980), deserves credit for suggesting this model as an alternative to Erikson's upwardly leading staircase.

18) R. Havinghurst, *Developmental Tasks and Education* (New York: David McKay, 1972).

19) C. E. Franz, "Does Thought Content Change as Individuals Age? A Longitudinal Study of Midlife Adults," in T. F. Heatherton and J. L. Weinberger, eds., *Can Personality Change?* (Washington, D. C.: American Psychological Association, 1994).

20) E. Erikson, *Childhood and Society*, p. 232.

21) E. H. Erikson et al., *Vital Involvement in Old Age.*

22) G. E. Vaillant, *The Wisdom of the Ego* (Cambridge, Mass.: Harvard University Press, 1993).

23) G. E. Vaillant and E. M. Milofsky, "The Natural History of Male Psychological Health, IX: Empirical Evidence for Erikson's Model of the Life Cycle," *American Journal of Psychiatry* (1980), vol. 137, pp. 1348-1359.

24) A. J. Stewart, J. M. Osborne, and R. Helson, "Middle Aging in Women: Patterns of Personality Change from the 30s to the 50s," *Journal of Adult Development* (2001), vol. 8, pp. 23-37.

25) Ibid., p. 25.

26) G. E. Vaillant and E. M. Milofsky, "The Natural History of Male Psychological Health, 1: The Adult Life Cycle from 18-50," *Seminars in Psychiatry* (1972), vol. 4, pp. 415-427.

27) Ssu Shu, *The Four Books: Confucian Anelects* (c. 470 B.C.), trans. J. Legge (Shanghai: Chinese Book Company, no date), pp. 13-14.

28) W. R. Miller, A. L. Leckman, H.D. Delaney, and M. Tinkcom, "Long-Term Follow-up of Behavioral Self-Control Training," *Journal of Studies on Alcohol* (1992), vol. 53, pp. 249-261.

29) Project MATCH Research Group (T. F. Babor, W. R. Miller, C. Di-Clemente, R. Longabaugh, eds., "Comments on Project MATCH: Matching Alcohol Treatments to Client Heterogeneity," *Addiction* (1999), vol. 94, pp. 31-69.

30) F. M. Benes, "Human Brain Growth Spans Decades," *American Journal of Psychiatry* (1998), vol. 155, p. 1489.

31) F. M. Benes, M. Turtle, Y. Khan, and P. Farol, "Myelinization of a Key Relay in the Hippocompal Formation Occurs in the Human Brain During Childhood, Adolescence and Adulthood," *Archives of General Psychiatry* (1994), vol. 51, pp. 477-484.

32) S. Freud, "The Neuro-Psychoses of Defense"(1894), in *Standard Edition*, vol. 3, pp. 45-61.

33) G. E. Vaillant, *Ego Mechanisms of Defense: A Guide for Clinicians and Researchers* (Washington, D.C.: American Psychiatric Press, 1992).

34) G. E. Vaillant, "Adaptive Mental Mechanisms: Their Role in a Positive Psychology," *American Psychologist* (2000), vol. 55, pp. 89-95.

35) G. E.Vaillant, "zNatural History of Male Psychological Health, V: The Relation of Choice of Ego Mechanisms of Defense to Adult Adjustment," *Archives of General Psychiatry* (1976), vol. 33, pp. 535-545.

36) E. Semrad, "The Organization of Ego Defenses and Object Loss," in D. M. Moriarty, ed., *The Loss of Loved Ones* (Springfield, Ill: Charles C. Thomas, 1967).

37) G. E. Vaillant, "Theoretical Hierarchy of Adaptive Ego Mechanisms," *Archives of General Psychiatry* (1970), vol. 24, pp. 107-118.

38) N. Haan, *Coping and Defending* (San Diego, Calif.: Academic Press, 1977).

39) G. E. Vaillant, "Adaptive Mental Mechanisms."

40) N. Haan, *Coping and Defending.*

41) H. Steiner, K. B. Araujo, and C. Koopman, "The Response Evaluation Measure (REM-71): A New Questionnaire for the Measurement of Defenses in Adults and Adolescents," *American Journal of Psychiatry* (2001), vol. 158, pp. 467-473.

42) S. Folkman, R. S. Lazarus, S. Pimley, J. Novacek, "Age Differences in Stress and Coping Processes," *Psychology and Aging* (1987), vol. 2, pp. 171-184.

43) P. T. Costa and R. R. McCrae, "Personality Continuity and the Changes of Adult Life," in M. Storandt and G. R. Vanden Bos, eds., in *The Adult Years:*

Continuity and Change (Washington, D. C.: American Psychological Association, 1989), pp. 45-77, p. 58.

44) C. J. Jones and W. Meredith, "Developmental Paths of Psychological Health from Early Adolescence to Later Adulthood," *Psychology and Aging* (2000), vol. 15, pp. 351-360.

3. 어린 시절이 인생을 좌우하는가? _{The Past and How Much It Matters}

1) G. E. Vaillant, "Natural History of Male Psychological Health, II: Some Antecedents of Healthy Adult Adjustment," *Archives of General Psychiatry* (1974), vol. 31, pp. 15-22.

2) M. Rutter, *Material Deprivation Reassessed, 2nd ed.* (Hammondsworth: Penguin Books, 1987).

3) G. E. Vaillant, *The Natural History of Alcoholism Revisited.*

4) G. E. Vaillant and C. O. Vaillant, "Natural History of Male Psychological Health, X: Work as a Predictor of Positive Mental Health," *American Journal of Psychiatry* (1981), vol. 138, pp. 1433-1440.

5) G. E. Vaillant, "Natural History of Male Psychological Health: Effects of Mental Health on Physical Health," *New England Journal of Medicine* (1979), vol. 301, pp. 1249-1254.

6) A. Lazare, G. L. Klerman, D. J. Armor, "Oral, Obsessive and Hysterical Personality Patterns," *Archives of General Psychiatry* (1966), vol. 14, pp. 624-630.

7) G. E. Vaillant and E. M. Milofsky, "Empirical Evidence for Erikson's Model of the Life Cycle."

8) M. Rutter, *Maternal Deprivation Reassessed.*

9) A. B. Zonderman, P. T. Costa, R. R. McCrae, "Depression as a Risk for Cancer Morbidity and Mortality in a Nationally Representative Sample," *Journal of the American Medical Association* (1989), vol. 262, pp. 1191-1195.

10) L. Tolstoy, *Childhood, Boyhood, Youth* (New York: Scribners, 1852, 1904), p. 109.

4. 생산성 : 만족스러운 인생의 열쇠 Generativity: A Key to Successful Aging

1) 14명의 가임기 여성의 93퍼센트와 40세의 비가임기 여성의 56퍼센트가 '보통' 또는 '언제나' 오르가슴에 도달하는 것으로 보고되었다. (카이자승값 37.3, d.f. 12, p < .001).

2) G. E. Vaillant, L. N. Shapiro, P. P. Schmitt, "Psychological Motives for Medical Hospitalization," *Journal of the American Medical Association* (1970), vol. 214, pp. 1661-1665.

3) J. Kotre, *Outliving the Self* (Baltimore: Johns Hopkins University Press, 1984), p. 10.

4) E. Erikson, *Childhood and Society*, p. 141.

5) A. Lindbergh, *The Unicorn* (New York: Pantheon, 1954), p. 32.

5. 과거와 미래를 잇는 의미의 수호자 Keeper of the Meaning

1) C. D. Ryff, "Successful Aging: A Developmental Approach," *Gerontologist* (1987), vol. 22, pp. 209-214 (p. 210).

2) W. James, *The Principles of Psychology*, vol. 2, p. 110.

3) F. W. Purifoy, L. H. Koopmans, and R. W. Tatum, "Steroid Hormone and Aging: Free testosterone, Testosterone and Androstenedione in Normal Females Aged 20-87 Years," *Human Biology* (1980), vol. 52, pp. 181-191.

4) E. Hemingway, *The Green Hills of Africa* (New York: Scribners, 1935).

5) R. Helson and P. Wink, "Personality Change in Women from the Early 40's to the Early 50's," *Psychology and Aging* (1992), vol. 7, pp. 46-55.

6) P. Wink and R. Helson, "Personality Change in Women and Their Partners," Journal of Personality and Social Psychology (1993), vol. 65, pp. 597-605.

7) D. L. Gutmann, *Reclaimed Powers* (New York: Basic Books, 1987).

8) C. Jung, *Modern Man in Search of a Soul* (New York: Harcourt, Brace and World, 1933), p. 109.

9) S. de Beauvoir, *The Coming of Age*, p. 77.

10) E. H. Erikson et al., *Vital Involvement in Old Age*, p. 60.

11) F. L. Wells and W. L. Woods, "Outstanding Traits: In a Selected College Group with Some Reference to Career Interests and War Records." *Genetic*

Psychological Monographs (1946), vol. 33, pp. 127-249.

6. 통합의 시간 : 죽음이여, 으스대지 마라 Integrity: Death Be Not Proud

1) M. Barrett, *Second Chance* (New York: Parabola Books, 1999), p. 95.

2) M. Cowley, *The View from Eighty*, pp. 3, 4, 41.

3) M. Cowley, *The View from Eighty*, pp. 45-46에서 인용.

4) S. de Beauvoir, *The Coming of Age*, p. 206에서 인용.

5) H. Zinsser, *As I Remember Him* (Boston: Little Brown, 1940).

7. 두 번째 관문 : 건강하게 나이 들기 Healthy Aging: A Second Pass

1) L. Breslow, "A Quantitative Approach to the World Health Organization Definition of Health: Physical, Mental and Social Well Being," *International Journal of Epidemiology* (1972), vol. 1, pp. 347-355 (p. 348).

2) T. T. Perls and M. H. Silver, *Living to 100: Lessons in Living to your Maximum Potential at Any Age* (New York: Basic Books, 2000), p. 74.

3) P. B. Baltes and M. M. Baltes, *Successful Aging* (Cambridge: Cambridge University Press, 1990), pp. 1-34 (p. 18). 이 6가지 차원을 선택한 것은 폴 발테스와 마거릿 발테스의 연구에 영향을 받았다. 그들은 여러 해 동안 베를린의 막스 플랑크 연구소와 베를린 자유 대학에서 성공적인 노화에 대해 연구했다.

4) P. B. Baltes, and M. M. Baltes, *Successful Aging.*

5) N. Shock, *Normal Human Aging* (Washington, D. C.: U. S. Government Printing Office, 1984).

6) H. Thomae, "Conceptualizations of Responses to Stress," *European Journal of Personality* (1987), vol. 1, pp. 171-191.

7) K. W. Schaie, "The Seattle Longitudinal Study: A 21-Year Exploration of Psychometric Intelligence in Adulthood," in K. W. Shaie, ed., *Longitudinal Studies of Adult Psychological Development* (New York: Guilford Press, 1983), pp. 64-135.

8) R. Bosse, C. M. Aldwin, M. R. Levenson, and K. Workman-Daniels, "How Stressful Is Retirement? Findings from the Normative Aging Study," *Journal of Gerontology: Psychological Sciences* (1991), vol. 46, pp. 9-14.

9) E. W. Busse and G. L. Maddox, *The Duke Longitudinal Studies of Normal Aging: 1955-1980* (New York: Springer, 1988).

10) H. M. Krumholz et al., "Lack of Association Between Cholesterol and Coronary Heart Disease Mortality and Morbidity and All-Cause Mortality in Persons Older than 70 Years," *Journal of the American Medical Association* (1994), vol. 272, p. 1335.

11) Heath, *What People Are.*

12) Wells and Woods, "Outstanding Traits."

13) P. P. Schnurr, C. O. Vaillant, and G. E. Vaillant, "Predicting Exercise in Late Midlife from Young Adult Personality Characteristics," *International Journal of Aging and Human Development* (1990), vol. 30, pp. 153-161.

14) T. R. Dawber, *The Framingham Study* (Cambridge, Mass.: Harvard University Press, 1980).

15) L. F. Berkman, L. Breslow, *Health and Ways of Living: The Alameda County Study* (New York: Oxford University Press, 1983).

16) X. J. Cui and G. E. Vaillant, "Antecedents and Consequences of Negative Life Events in Adulthood: A Longitudinal Study." *American Journal of Psychiatry* (1996), vol. 152, pp. 21-26.

17) G. E. Vaillant, *The Natural History of Alcoholism Revisited.*

18) G. E. Vaillant, P. P. Schnurr, J. A. Baron, and P. D. Gerber, "A Prospective Study of the Effects of Cigarette Smoking and Alcohol Abuse on Mortality," *Journal of General Internal Medicine* (1991), vol. 6, pp. 299-304.

19) G. E. Vaillant and K. Mukamal, "Positive Aging in Two Male Cohorts," *American Journal of Psychiatry* (2001), vol. 158, pp. 839-847.

20) S. de Beauvoir, *The Coming of Age*, p. 571.

21) H. Heimpel, "Schlusswort," in *Hermann Heimpel zum 80 Geburtstag*, Max Planck, ed., Institut für Geschict (Güttingen: Hubert, 1981), pp. 41-47.

22) C. Erhardt, J. E. Berlin, *Mortality and Morbidity in the United States* (Cambridge, Mass.: Harvard University Press, 1974).

23) K. S. Kendler, C. A. Prescott, M. C. Neale, and N. L. Pedersen, "Temperance Board Registration for Alcohol Abuse on a National Sample of Swedish Male

Twins, Born 1902 to 1949," *Archives of General Psychiatry* (1997), vol. 54, pp. 178-184.

24) G. E. Vaillant, *The Natural History of Alcoholism Revisited.*

8. 삶을 즐기는 놀이와 창조의 비밀 Retirement, Play, and Creativity

1) Bosse et al., "How Stressful Is Retirement?"

2) L. T. Midanik, K. Soghikian, L. J. Ransom, I. S. Tekawa, "The Effect of Retirement on Mental Health and Health Behaviors: The Kaiser Permanente Retirement Study," *Journal of Gerontology: Social Sciences* (1995), vol. 50B, pp. S59-S61.

3) D. J. Ekerdt, L. Baden, R. Bossé, E. Dibbs, "The Effect of Retirement on Physical Health," *American Journal of Public Health* (1983), vol. 73, pp. 779-783.

4) G. F. Streib and C. J. Schneider, *Retirement in American Society: Impact and Process* (Ithaca, N.Y.: Cornell University Press, 1971).

5) Ekerdt et al., "The Effects of Retirement on Physical Health."

6) S. R. Sherman, "Reported Reasons Retired Workers Left Their Last Job: Findings from the New Beneficiary Survey," *Social Security Bulletin* (1985), vol. 48, pp. 22-30.

7) S. de Beauvoir, *The Coming of Age*에서 인용.

8) R. C. Atchley, "The Process of Retirement: Comparing Men and Women," in M. Szinovacz, ed., *Women's Retirement* (Beverly Hills, Calif.: Sage Publications, 1982).

9) J. T. Bethel, "John Harvard's Journal," *Harvard Magazine* (2000), Sept.-Oct., p. 61.

10) S. Freud, "Creative Writing and Day-dreaming" (1908), in *Standard Edition*, vol. 8, p. 145.

11) B. H. Price and E. P. Richardson, "The Neurological Illness of Eugene O'Neill—A Clinico-Pathological Report," *New England Journal of Medicine* (2000), vol. 342, pp. 1126-1133.

12) H. C. Lehman, *Age and Achievement* (Princeton, N.J.: Princeton University

Press, 1953).

13) D. K. Simonton, "Does Creativity Decline in Later Years? Definition and Theory," in Marion Permutter, ed., *Late Life Potential* (Washington, D. C.: Gerontological Society of America, 1990), pp. 83-112 (p. 103).

14) M. Csikszentmihalyi, *Creativity*, p. 229.

15) G. E. Vaillant and C. O. Vaillant, "Determinants and Consequences of Creativity in a Cohort of Gifted Women."

16) C. V. Mobbs, "Neuroendocrinology of Aging," in E. L. Schneider and J. W. Rowe, eds., *Handbook of the Biology of Aging* 4th ed. (San Diego, Calif.: Academic Press, 1996), pp. 234-282.

9. 나이가 들수록 더 지혜로워지는가? Does Wisdom Increase with Age?

1) P. B. Baltes and J. Smith, "Toward a Psychology of Wisdom and Its Ontogenesis," in R. J. Sternberg, ed., *Wisdom: Its Nature, Origins, and Development* (New York: Cambridge University Press, 1990), pp. 87-120.

2) Sternberg, *Wisdom: Its Nature, Origins, and Development*.

3) I *Kings* 3:7.

4) I *Kings* 3:11.

5) K. S. Kitchener and H. G. Brenner, "Wisdom and Reflective Judgment: Knowing in the Face of Uncertainty," in Sternberg, *Wisdom: Its Nature, Origins, and Development*.

6) S. Streufert, R. Pogash, M. Piasecki, and G. M. Post, "Age and Management Team Performance," *Psychology and Aging* (1990), vol. 5, pp. 551-559.

7) J. Smith, U. M. Staudinger, and P. B. Baltes, "Occupational Settings Facilitating Wisdom-Related Knowledge: The Sample Case of Clinical Psychologists," *Journal of Consulting and Clinical Psychology* (1994), vol. 66, pp. 989-999.

8) L. Orwell and M. Perlmutter, "The Study of Wise Persons: Integrating a Personality Perspective," in Sternberg, *Wisdom: Its Nature, Origins, and Development*, pp. 160-177.

9) Orwell and Perlmutter, "The Study of Wise Persons: Integrating a Personality Perspective."

10) J. Loevinger, *Ego Development* (San Francisco: Jossey-Bass, 1976).

11) P. Wink and R. Helson, "Practical and Transcendent Wisdom: Their Nature and Some Longitudinal Findings," *Journal of Adult Development* (1997), vol. 4, pp. 1-15.

12) R. Nozick, *The Examined Life* (New York: Simon and Schuster, 1989), p. 268.

10. 영성과 종교, 그리고 노년 Spirituality, Religion, and Old Age

1) E. Erikson, *Childhood and Society* (New York: W. W. Norton, 1950), p. 228.

2) J. Piaget, *The Moral Judgement of the Child* (London: Kegan Paul, 1932).

3) J. Fowler, *Stages of Faith* (New York: Harper and Row, 1981).

4) J. Loevinger, *Ego Development*.

5) G. E. Vaillant, S. E. Meyer, K. Mukamal, and S. Soldz, "Are Social Supports in Late Midlife a Cause or a Result of Successful Physical Aging?" *Psychological Medicine* (1998), vol. 28, pp. 1159-1168.

6) E. B. Palmore, "Predictors of the Longevity Difference: A 25-Year Follow-up," *Gerontology* (1982), vol. 22, pp. 513-518.

7) P. R. Williams, D. B. Larson, R. E. Buckler, R. C. Heckman, and C. M. Pyle, "Religion and Psychological Distress in a Community Sample," *Social Science and Medicine* (1991), vol. 32, pp. 1257-1262.

8) K. S. Kendler, C. O. Gardner, and C. A. Prescott, "Religion, Psychopathology and Substance Use and Abuse: A Multi-Measure, Genetic-Epidemiological Study," *American Journal of Psychiatry* (1997), vol. 154, pp. 327-336.

9) H. G. Koenig, H. J. Cohen, D. G. Blazer, C. Pieper, K. G. Meador, F. Shelp, V. Goli, B. DiPasquale, "Religious Coping and Depression Among Elderly Hospitalized Medically Ill Men," *American Journal of Psychiatry* (1992), vol. 149, pp. 1693-1700.

10) H. G. Keonig, L. K. George, B. L. Peterson, "Religiosity and Remission of Depression in Medically Ill Older Patients," *American Journal of Psychiatry* (1998), vol. 155, pp. 536-542.

11) S. Radhakrishnan, *Indian Philosophy* (London: Unisin Hyman, 1989).

12) L. Tornstam, "Gero-Transcendence: A Theoretical and Empirical Exploration"

in L. E. Thomas and S. A. Eisenhandler, eds., *Aging and the Religious Dimension* (Westport, Conn.: Auburn House, 1994).

11. 세월이 흐르면 사람도 변하는가? Do People Really Change Over Time?

1) C. G. Jung, "The Stages of Life," in J. Campbell, ed., *The Portable Jung* (New York: Viking, 1971), p. 12.

2) R. R. McCrae and P. T. Costa, *Emerging Lives, Enduring Dispositions* (Boston: Little, Brown, 1984).

3) J. Block, *Lives Through Time* (Berkeley, Calif.: Bancroft Books, 1971).

4) G. Elder, *Children of the Great Depression* (Chicago: University of Chicago Press, 1974).

5) N. Haan, *Coping and Defending* (New York: Academic Press, 1977).

6) G. Sheehy, *Passages* (New York: E. P. Dutton, 1976).

7) D. Levinson, *The Seasons of a Man's Life* (New York: Alfred A. Knopf, 1978).

8) J. J. Conley, "Longitudinal Consistency of Adult Personality: Self-Reported Psychological Characteristics across Forty-Five Years," *Journal of Personality and Social Psychology* (1984), vol. 47, pp. 1325-1333.

9) M. P. Farrell and S. D. Rosenberg, *Men at Midlife* (Boston: Auburn House, 1981).

10) P. T. Costa and R. R. McCrae, "Objective Personality Assessment," in M. Storandt, I. C. Siegler, and M. F. Elias, eds., *The Clinical Psychology of Aging* (New York: Plenum Press, 1978), pp. 119-143.

11) J. Block, "Some Enduring and Consequential Structures of Personality," in A. I. Rabin et al., eds., *Further Exploration in Personality* (New York: John Wiley and Sons, 1981), p. 27.

12) J. R. Harris, N. L. Pederson, G. E. McLearn, R. Plomin, J. R. Nesselroade, "Age Differences in Genetic Influences for Health from the Swedish Adaptation Twin Study of Aging," *Journal of Gerontology: Psychological Sciences* (1992), vol. 47, pp. 213-220.

13) E. R. Kandel, "A New Intellectual Framework for Psychiatry," *American Journal of Psychiatry* (1998), vol. 155, pp. 457-469.

14) C. J. Jones and W. Meredith, "Developmental Paths of Psychological Health from Early Adolescence to Later Adulthood," *Psychology and Aging* (2000), vol. 15, pp. 351-360.

15) P. Mussen, D. H. Eichorn, M. P. Honzik, S. L. Bieber, W. M. Meredith, "Continuity and Change in Women's Characteristics over Four Decades," *International Journal of Behavioral Development* (1980), vol. 3, pp. 333-347.

16) E. E. Werner and R. S. Smith, *Vulnerable but Invincible*.

17) G. E. Vaillant, and C. O. Vaillant, "Natural History of Male Psychological Health, X: Work as a Predictor of Positive Mental Health," *American Journal of Psychiatry* (1981), vol. 138, pp. 1433-1440.

18) A. Hollingshead and F. C. Redlich, *Social Class and Mental Illness* (New York: Wiley, 1958).

19) G. E. Vaillant, "Poverty and Paternalism: A Psychiatric Viewpoint," in L. Meade, ed., *The New Paternalism: Supervisory Approaches to Poverty* (Washington, D. C.: Brookings Institution, 1988), pp. 279-304.

20) E. E. Werner and R. S. Smith, *Overcoming the Odds* (Ithaca, N. Y.: Cornell University Press, 1992).

21) Baltes and Mayer, *The Berlin Aging Study*.

22) M. Rutter, "Resilience in the Face of Adversities," *British Journal of Psychiatry* (1985), vol. 147, pp. 598-611.

12. 또다시, 행복의 조건을 묻다 Positive Aging: A Reprise

1) Roger Rosenblatt in P. Raven interview, *Time*, April 26, 1999, p. 51.

2) M. Cowley, *The View from Eighty*, p. 69에서 인용.

3) Perls and Silver, *Living to 100*, p. 74.

4) E. C. Sanford, "Mental Growth and Decay," *American Journal of Psychology* (1902), vol. 13, pp. 426-449.

| 감사의 글 |

터먼 연구는 내가 태어나기 16년 전에 시작되었다. 하버드 대학교 그랜트 성인 발달 연구는 내가 세 살 때인 1937년에 시작되었고, 이 너시티 집단에 대한 글루엑 연구는 내가 여섯 살 되던 해에 시작되었다. 나는 1967년까지 그랜트 연구팀에 합류하지 않았다. 그런 점에서 이 책을 쓰고 있는 나는 말하자면 지난 수십 년간 누군가 씨를 뿌리고 거름을 주며 잘 가꿔놓은 밭에서 곡식을 줍고 있는 것이나 다름이 없다.

나는 이 창조적인 연구가 진행되는 동안 이름이 알려지지 않은 수많은 사람들의 도움을 받았다. 그들에게 일일이 찾아가 감사를 드릴 수 없음을 이해해 주길 바란다.

먼저 내게 혜안을 주신 루이스 터먼 교수, 엘리아노와 셸돈 글루엑 교수, 이 책의 기초가 되는 세 연구를 계획한 알리 복에게 깊은 감사를 드린다. 더구나 내가 연구소장이 되기 훨씬 전인 첫 35년 동안 그랜트 연구를 이끌어온 클라크 히스와 찰스 맥아더 두 분께는 마음으로부터 큰 빚이 있음을 밝혀둔다. 또한 지난 30여 년 동안 이 너시티의 남성들과 하버드 법대생 남성들에 관한 데이터 작업에 참여한 여러 조교들에게도 감사의 말을 전한다.